权威·前沿·原创

皮书系列为

“十二五”“十三五”国家重点图书出版规划项目

中国药品流通行业发展报告（2019）

ANNUAL REPORT ON CHINA'S PHARMACEUTICAL DISTRIBUTION INDUSTRY (2019)

中国医药商业协会
主　　编／邓金栋　温再兴
执行主编／朱恒鹏　唐民皓　付明仲

社会科学文献出版社
SOCIAL SCIENCES ACADEMIC PRESS (CHINA)

图书在版编目（CIP）数据

中国药品流通行业发展报告.2019 / 邓金栋，温再兴主编.--北京：社会科学文献出版社，2019.7
（药品流通蓝皮书）
ISBN 978-7-5201-5046-0

Ⅰ.①中… Ⅱ.①邓… ②温… Ⅲ.①药品-商品流通-经济发展-研究报告-中国-2019 Ⅳ.①F724.73

中国版本图书馆 CIP 数据核字（2019）第 118439 号

药品流通蓝皮书
中国药品流通行业发展报告（2019）

主　　编 / 邓金栋　温再兴
执行主编 / 朱恒鹏　唐民皓　付明仲

出 版 人 / 谢寿光
责任编辑 / 宋　静

出　　版 / 社会科学文献出版社 · 皮书出版分社（010）59367127
地址：北京市北三环中路甲 29 号院华龙大厦　邮编：100029
网址：www.ssap.com.cn
发　　行 / 市场营销中心（010）59367081　59367083
印　　装 / 天津千鹤文化传播有限公司

规　　格 / 开　本：787mm×1092mm　1/16
印　张：27.5　字　数：457 千字
版　　次 / 2019 年 7 月第 1 版　2019 年 7 月第 1 次印刷
书　　号 / ISBN 978-7-5201-5046-0
定　　价 / 198.00 元

药品流通蓝皮书编委会

周建军　屈　兰　赵小川　赵彦娟　赵桂英
赵新华　郝　玲　柯云峰　姜巨舫　姚映佳
姚晓菲　袁　泉　夏　春　徐向平　徐国祥
徐宜富　徐　胜　徐起鼎　高庆辉　高智勇
高　毅　郭亚洲　郭俊煜　陶剑虹　黄　彬
曹伟荣　曹庆恒　崔　琦　梁玉堂　董　清
蒋丽华　程俊佩　鲁　颖　谢子龙　谢元勋
解奕炯　窦啟玲　熊　伟　樊　杰　薛　俊
戴　峰

编辑组　范　晔　康　蕊　孟　鑫　王　蛟　冯泽昆
孟　焕

序　言

自 2014 年出版首部药品流通蓝皮书起，《中国药品流通行业发展报告》连续出版六年，报告内容紧跟时代步伐，紧贴行业现状，从不同角度反映我国药品流通行业发展情况，并以行业研究为主线，深刻剖析行业问题，提出合理建议，具有权威性、系统性、全面性、前瞻性、实用性和准确性等特点。

2018 年是完成“十三五”规划目标的重要阶段，是推进“三医联动”改革的关键之年。近年来，国家出台的一系列政策文件对药品流通行业发展产生深远影响，行业积极顺应政策导向，在复杂环境中探索创新发展思路。随着“两票制”、取消药占比、“4 +7”集中采购等政策的落实和不断推进，政策的叠加效应逐渐显现，竞争愈加激烈，市场格局面临重大变化。全国性药品批发企业借助资本力量的兼并重组仍在继续，行业集中度显著提高，在规模扩张的同时还注重质量的提升；大型药品零售连锁企业在加快全国市场布局的同时努力探索新的经营服务模式，DTP 药房、智慧药房、慢病药房、中（国）医馆等新零售模式不断涌现；目前传统的药品供应模式已无法很好地满足市场对行业的需求，企业逐步向供应链上下游延伸服务与合作，加大现代物流基础设施和技术投入，从配送商向供应链解决方案服务商转型；近年来医药电商业务发展迅速，第三方电商企业也纷纷将目光投向医药行业，运用互联网、大数据、云计算等技术打造线上线下相结合的服务平台模式，整个药品流通领域呈现多模式、多业态共同创新发展的局面。

《中国药品流通行业发展报告（2019）》以“创新药品流通”为主题，对 2018 年以来药品流通行业相关政策、各业态发展特点、企业在技术及经营模式中的创新等进行了探讨，并包含药品批发和零售企业百强排序、各品类区域销售统计、企业数量统计等行业关键数据信息，内容充实丰富，信息量大，是行业内不可多得具有较高参考价值的年度文献，为行业内外人士提供了工作及研究高质量的宝贵资料。

社会科学文献出版社社长

中国社会学会秘书长

2019 年 5 月 16 日

摘 要

《中国药品流通行业发展报告（2019）》共分九大篇章，分别为总报告、政策篇、行业篇、医药供应链篇、中国药店篇、医药电商篇、国际篇、区域篇和附录，分别围绕药品流通行业的发展及相关热点问题进行重点分析和研究。

总报告首先对新中国成立 70 年及改革开放 40 年以来行业发展进行盘点，反映全行业发生的巨大变化及取得的重大成就。其次对 2018 年药品流通行业发展特点进行论述，最后对未来发展趋势做出预测，行业增速保持稳定，集中度进一步提高，医药供应链模式向多元化转型，医药电商向全产业链发展，零售药店纷纷转型升级。政策篇主要研究国家和地方出台实施的药品流通行业政策，分析其对行业及企业发展的影响，并对一些政策目前实施面临的困难提出解决方案。行业篇分析了 2018 年药品流通行业各领域的运行状况，对企业创新发展情况和中药材物流体系建设情况进行了分析。医药供应链篇对 2018 年医药行业供应链发展状况及发展特点进行分析，并对未来发展趋势进行预测。同时，本篇还分享了上药科园信海医药有限公司和广州医药有限公司的成功案例。中国药店篇对中国整体药品零售市场执业药师队伍的发展态势、三医联动新趋势进行分析，研究了中国药店专业化升级道路，并具体介绍了百洋智慧药房、零氪科技全产业供应链大数据应用等企业案例。医药电商篇分析了药品流通行业 2018 年信息化应用情况，介绍了上海医药健康、数衍科技、111 集团等电商企业的发展案例。国际篇介绍了欧洲发布《反假药指令》的背景和政策内容以及医药数字供应链的技术和创新成果，并从四个方面讲述了药品数字供应链的焦点，希望可以拓宽读者国际视野，为企业战略规划提供参考。区域篇介绍了天津市药品流通行业抓住公立医院改革契机，在夯实现有发展的基础上推动经营模式创新；分析了 2018 年湖南省药品流通行业发展情况，总结全省创新发展特点及行业工作推进情况。

本书资料数据翔实，全面反映 2018 年药品流通行业现状，展望行业未来

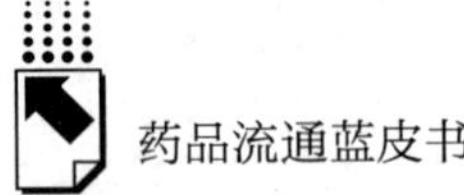

发展趋势。本书是一部系列反映我国药品流通行业发展的年度报告，受到业内高度评价。本书是研究和指导药品流通行业发展的重要文献，具有较高的参考价值。

关键词： 药品流通　医改　医药供应链　中国药店　医药电商

目录

Ⅰ 总报告

Ⅱ 政策篇

Ⅲ　行业篇

Ⅳ　医药供应链篇

Ⅴ　中国药店篇

Ⅵ 医药电商篇

Ⅶ 国际篇

Ⅷ 区域篇

Ⅸ 附录

皮书数据库阅读**使用指南**

总 报 告

General Reports

B.1 中国药品流通行业70年发展历程与成就

中国医药商业协会

2019 年是中华人民共和国成立七十周年。70 年来，在党和政府的领导下，经过老一辈医药商业工作者的艰苦创业和几代药品流通人的努力奋斗，我国的药品流通行业从无到有、从小到大、从计划经济过渡到社会主义市场经济，走过了创立、转轨、发展、壮大的光辉历程。

一 药品流通行业发展70年的历程回顾

我国药品流通行业形成始于 1950 年 8 月 1 日成立的中国医药公司，之后短短几年迅速建立起从中央到地方的各级国营医药商业企业。到 1956 年底，全行业完成公私合营改造以后，全国药品流通行业形成了条块结合的行业组织架构。

回顾我国药品流通行业 70 年来的发展历程，大体可以分为三个时期。第一个时期自1949年10月至1978年，为药品流通计划经济时期；第二个时期是1978～1999年，为药品流通改革开放初期；第三个时期自1999年至现在，为药品流通深化改革时期。以下是各个时期的主要特征。

（一）计划经济时期（1949年10月至1978年）

这一时期，医药市场由国营医药商业一统天下，药品流通行业实行集中统一管理模式，市场上药品品种实行分类分级计划管理、分层次按系统调拨供应，形成了较为完整的经营网络和供应体系，基本上保证了这一时期医药市场的需要。但是，医药市场也存在时代的局限性及弊端。

（二）改革开放初期（1978～1999年）

改革开放初期，药品流通行业管理体制开始发生深刻变革，购销政策放开，企业自主权扩大，形成多渠道、少环节和跨地区、跨层次收购供应的市场格局，同时医药市场出现多种经济成分的流通企业，打破了国有医药商业一统天下的局面。20世纪90年代以来，企业普遍深化内部改革，转换经营机制，实行集约化、集团化、总经销、总代理及连锁化经营，促进了计划经济向市场经济的过渡和转化。

（三）深化改革时期（1999年至今）

这一时期又可分为两个阶段。前一个阶段以1999年底原国家经贸委出台的《深化医药流通体制改革的指导意见》为依据，主要开展企业产权制度改革；后一个阶段以2011年商务部出台的《全国药品流通行业发展规划纲要》为依据，主要开展行业结构调整、转型升级。其特征包括如下几点。

1. 企业产权制度改革阶段

1999年底，原国家经贸委印发《深化医药流通体制改革的指导意见》，明确医药流通体制改革的主要内容是体制机制创新和管理革新。企业加快实现产权多元化、经营方式现代化、经营业态新型化，普遍实行现代企业制度的公司制改革。

2009年3月，中共中央、国务院发布《关于深化医药卫生体制改革的意见》，提出“建立健全药品供应保障体系”，并要求“规范药品生产流通”、

“发展药品现代物流和连锁经营”、“促进药品生产、流通企业的整合”和“建立便民惠农的农村药品供应网”等，指明了新医改下药品流通行业健康发展的基本路径。

2. 行业结构调整、转型升级阶段

2010 年 6 月，中编办下发《关于明确药品流通管理职责分工的通知》，规定“商务部是药品流通行业主管部门”。2011 年 4 月，商务部印发《全国药品流通行业发展规划纲要（2011～2015 年）》，指出药品流通行业处于“结构调整和转变发展方式的关键时期”，以此为标志，行业步入转型升级、创新发展的新阶段。

二　改革开放40年行业发展成就及变化

我国从 1978 年起实行改革开放。40 年来，药品流通行业为促进医药卫生事业发展、服务新医改和保障人民群众生命健康做出突出贡献，并在流通体制、市场格局、经营模式、服务方式等方面发生很大的变化。

（一）市场销售规模快速稳步增长

改革开放 40 年，随着国民经济发展、深化医改和人民生活水平提高等，药品流通市场销售总额保持快速稳步增长。据统计，2018 年全国七大类医药商品销售总额达 21568 亿元，比 1978 年的 71 亿元增长 303 倍，年复合增长率为 15.4%。

（二）药品经营网络遍布城乡各地

改革开放之前，流通组织结构依照计划经济体制设置。通过深化医药流通体制和企业产权制度改革，尤其是开展市场治理整顿和全面推进 GSP 认证，企业经营网点趋于合理布局。截至 2018 年，全国共有药品批发企业 1.36 万家，零售药店 48.91 万个，合计为 50.27 万个，比 1978 年医药批发与零售企业网点合计 2.25 万个增长 21 倍，形成了遍布城乡的药品经营网络。

（三）企业经营由分散向集约转变

改革开放初期，随着市场经济的发展，药品流通呈现多渠道、少环节的发

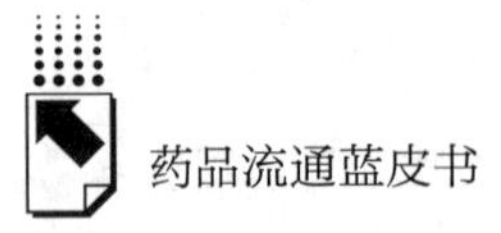

展趋势，竞争加剧，行业发展面临企业“多、小、散”困境。为此，有关部门颁布的《深化医药流通体制改革的指导意见》和《全国药品流通行业发展规划纲要》均要求“提高行业集中度”，推动企业兼并重组，鼓励优势企业做大做强。经过多年发展，企业由分散经营向规模化、集约化经营转变，目前已经形成全国性和区域性骨干企业群；药品批发业集中度逐年提高，2018 年药品批发百强企业主营业务收入合计占全国医药市场销售总额的比重为 71.95%，比 2011 年的 63.33% 提高 8.62 个百分点。

（四）药品储运向现代医药物流发展

几十年来，在传统医药公司中药品储运均是人搬肩扛，劳动强度大，库房使用率、运输时效和客户满意度均不高，企业物流成本大大高于国际同行。21 世纪初，面对中国入世带来的挑战，业内普遍认识到加快现代医药物流发展势在必行。2003 年 12 月，华润医药商业集团有限公司（原北京医药股份有限公司）开发建设的全国首家现代医药物流配送中心建成投入使用，开创了行业物流配送自动化传输、信息化拣选的先河。之后，各地兴起现代医药物流发展热潮，截至 2018 年 6 月，全国 29 个省份共建成现代医药物流中心 400 余个，建筑面积约 1160 万平方米，有力地支撑企业经营规模的扩大。同时，全国范围内加快推进中药材现代物流体系建设。

（五）零售连锁与网上药店发展兴起

计划经济时期，各地零售药店数量很少，且多附属于批发企业。改革开放以来，随着市场环境与需求的变化，零售药店逐步得到发展。借鉴发达国家药品零售连锁经营的经验，1995 年 5 月，深圳中联广深大药房、深圳海王星辰医药有限公司率先建立连锁药店。药品零售连锁有利于规模化与规范化运作，起步虽晚但发展很快，有关主管部门及时倡导“零售连锁经营制”，并认定数批药品零售跨省连锁试点企业名单，使连锁企业数量和药店连锁率大大增加。至 2018 年末，全国已拥有药品零售连锁企业 5671 家，下辖门店 25.55 万个，占零售药店门店总数 48.91 万个的 52.24%。同时，一心堂、老百姓、益丰、大参林等药品零售连锁企业先后在主板上市。同时，随着互联网应用的发展，网上药品销售逐渐兴起。2005 年 12 月，北京京卫大药房的药房网获得全国首个“互联网药品交易服务资格证书”，之后各地拥有网上零售类证书药店达数百家之多，2017 年有关部门又明文取消互联网售药证书的审批，使网上购药及“网订店取、网订店送”业务快速增长，为顾客购药提供了多样化的便利选择。

（六）创新模式向价值型服务商转型

面对激烈的市场竞争，许多业内企业认识到，单纯的药品购销业务将越来越难持续，只有创新经营与服务模式，由药品供应商转变为价值型的医药增值服务商才是生存之道。这一发展思路，早已为发达国家同行几十年的实践所印证。在药品批发环节，近十年来各地有实力的企业积极开展医药物流延伸服务合作，向供应链上下游提供综合的或个性化解决方案，加快向医药供应链服务商转型发展。在药品零售环节，为顾客提供药学服务日益受到重视，逐渐成为专业药店的标配。随着“健康中国”战略的实施，许多有条件的药店普遍为消费者开展用药指导、慢病管理、疾病预防和健康教育等一站式或个性化服务，加快向健康服务商转型发展。同时，“互联网 + 药品流通”的深入和移动互联、物联网、区块链、云计算、大数据、人工智能等技术的应用，正快速催生行业内药品智慧供应链管理与“新零售”业态的产生。

（七）积极履行企业应尽的社会责任

在改革开放 40 年中，遇有灾情、疫情、突发事件及国家举办重大活动之际，全国各地药品流通企业均以高度责任感认真做好应急供应，切实履行社会责任。如 1987 年大兴安岭重大森林火灾、1990 年北京亚运会、1998 年长江特大洪灾、2003 年抗击非典、2008 年 5 月汶川大地震和 8 月北京奥运会等，有关地区药品流通企业争分夺秒、全力以赴地保障药品及医疗器械的供应，为政府分忧，为群众解难，受到社会各界的好评。

（八）医药商业协会助推行业变革与发展

在改革开放期间，为适应医药流通体制变化和商品经济发展需要，1989 年 7 月 12 日中国医药商业协会宣告成立。该协会成立 30 年来，找准定位，抓住机遇，坚持“服务企业、服务行业、服务政府、服务社会”的宗旨，围绕

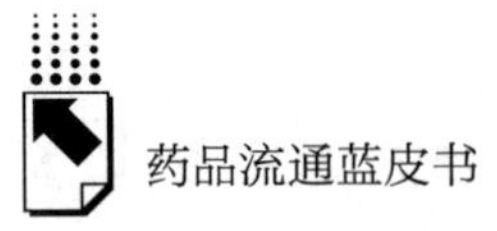

各个时期改革中心任务和行业发展进程重大问题，依靠各会员单位的共同努力和鼎力支持，在行业信息统计、反映企业建议诉求、参与政策标准制定、推进GSP和现代管理、开展各类培训竞赛、建设行业诚信体系、组织国际交流学习等方面做了大量扎实且有效的工作，发挥了“协调、沟通、自律、维权”职能，起到桥梁与纽带的作用。协会的工作得到有关部门的肯定，经评估分别于2009年6月和2015年6月两次被民政部授予“AAAA级中国社会组织”称号。此外，其他多家医药行业协会也相继成立，在推进药品流通改革发展和加强医药工商合作方面，也发挥了积极的作用。

三 行业未来发展任重而道远

我国药品流通行业发展至今已经走过70年历程，尤其是经历改革开放40年，行业发生了巨大变化，从计划经济传统的药品经营迈向流通现代化的发展阶段，并且与国际同行先进服务模式逐渐接轨。回顾行业发展的成就及变化，深切感受到其中饱含着几代药品流通人的努力与奋进，这是行业发展永不衰竭的动力源泉。

药品流通行业关系人们的健康和生命安全，当前面临着深化医改和实施“健康中国”战略的重大任务，处于转型升级、创新发展的历史时期。站在新的起点，药品流通行业必须继续坚持改革开放，发扬艰苦奋斗、努力拼搏精神，不忘初心，在中国特色社会主义进入新时代、实现中华民族伟大复兴新征程中砥砺前行，不断迎接新挑战、再创新辉煌。

展望行业未来，前景光明，但任重而道远。药品流通人要牢记使命与担当，与社会各界携手共进，为保障医疗机构和城乡百姓用药供应、有效满足医药卫生体制改革要求和人民群众不断增长的健康需求做出更大贡献，共同创造中国药品流通行业更加美好的明天！

B.2

2018年药品流通行业运行统计分析报告

中华人民共和国商务部市场秩序司

摘　要： 2018年，全国药品流通市场销售规模稳步增长，增速略有回落。大型药品批发企业销售增长稳中有升，规模化、集约化水平持续提高；零售企业集中度、连锁率进一步提高；医药物流企业信息化、标准化水平进一步提升；医药电商呈现多元发展态势。随着国家各项政策的逐步推进，药品流通市场继续向集约化方向发展，预计2019年行业销售将继续保持稳定增长态势。

关键词： 药品流通市场　销售规模　药品批发企业　零售市场

一　发展概况

2018年是全面贯彻党的十九大精神的开局之年，是决胜全面建成小康社会、实施“十三五”规划承上启下的关键一年，是推进健康中国战略实施、深化医药卫生体制改革的攻坚之年。在《关于促进“互联网+医疗健康”发展的意见》《国家组织药品集中采购和使用试点方案》等医改新政的叠加效应和联动效应作用下，药品流通行业加速转型升级步伐。全行业以信息化、大数据、互联网为手段，不断发展新业务、新业态、新模式、新技术，加快产业突破；持续拓展医药供应链服务，优化供应链运营模式与效率，加速由医药供应链服务商向医疗供应链服务商转型；发展批零一体化运营方式，打造以专业药房、医药电商、第三方平台为主体的“新零售”模式，创造客户价值，提升客户服务内涵与质量，更好地满足人民群众不断增长的健康需求。全年，药品流通行业总体呈现规模稳步增长、集中度进一步提升、结构不断优化、效益水平不断提高、现代化程度显著提高的发展态势。

（一）行业规模

2018 年，全国药品流通市场销售规模稳步增长，增速略有回落。统计显示，全国七大类医药商品销售总额 21586 亿元①，扣除不可比因素同比增长 7.7%，增速同比下降 0.7 个百分点。其中，药品零售市场销售额 4317 亿元，扣除不可比因素同比增长 9.0%，增速与上年基本持平。

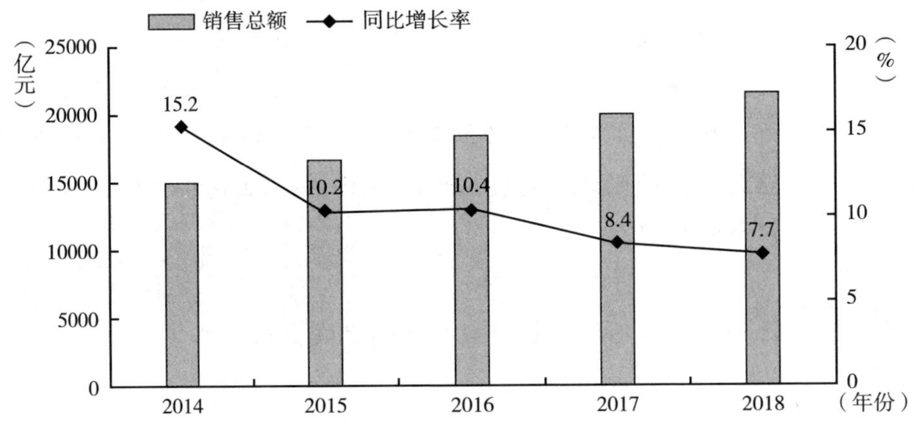

图 1　2014～2018 年药品流通行业销售趋势

截至 2018 年末，全国共有药品批发企业 13598 家；药品零售连锁企业 5671 家、下辖门店 255467 家，零售单体药店 233596 家，零售药店门店总数 489063 家②。

（二）企业效益

2018 年，全国药品流通直报企业主营业务收入 15774 亿元，扣除不可比因素同比增长 8.6%，增速同比下降 0.4 个百分点；利润总额 401 亿元，扣除

① 销售总额为含税值。

② 国家药品监督管理局。数据报告期为 2017 年 12 月 1 日至 2018 年 11 月 30 日。

不可比因素同比增长9.0%，增速同比下降1.9个百分点；平均毛利率8.2%，同比上升1.0个百分点；平均费用率6.5%，同比上升0.4个百分点；平均利润率1.9%，同比上升0.2个百分点；净利润率1.6%，同比上升0.1个百分点。

（三）品类与渠道结构

按销售品类分类，西药类[①]销售居主导地位，销售额占七大类医药商品销售总额的72.2%，其次为中成药类15.1%，医疗器材类4.8%，中药材类3.1%，化学试剂类0.7%，玻璃仪器类0.1%，其他类4.0%。

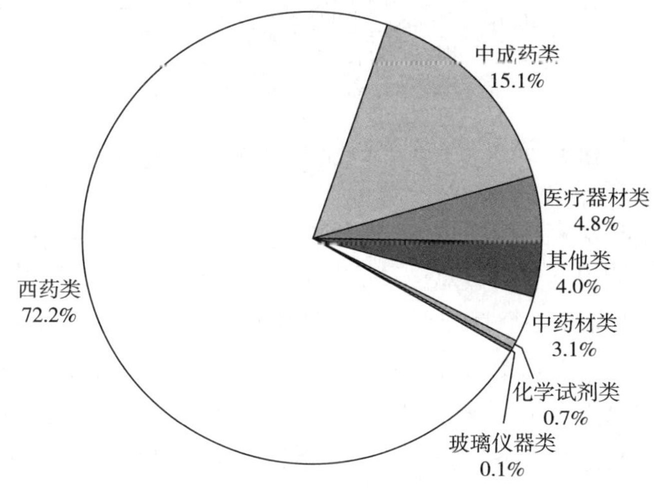

图2　2018年全行业销售品类结构

据中国医药商业协会典型样本城市零售药店2018年品类销售统计，零售药店的药品类销售居主导地位，占零售总额的83.4%，其中西药50.1%（化学药品42.9%，生物制品7.2%），中成药26.6%，中药饮片6.7%；非药品类销售占零售总额16.6%，其中食品（含保健食品）9.0%，医疗器械（含家庭护理）5.9%，而药妆品、日用品、其他商品三类占比不足2%。

---

① 西药类包括化学药品制剂、化学原料药及其制剂、放射性药品、血清疫苗、血液制品和诊断药品等，但不包括化学试剂等。

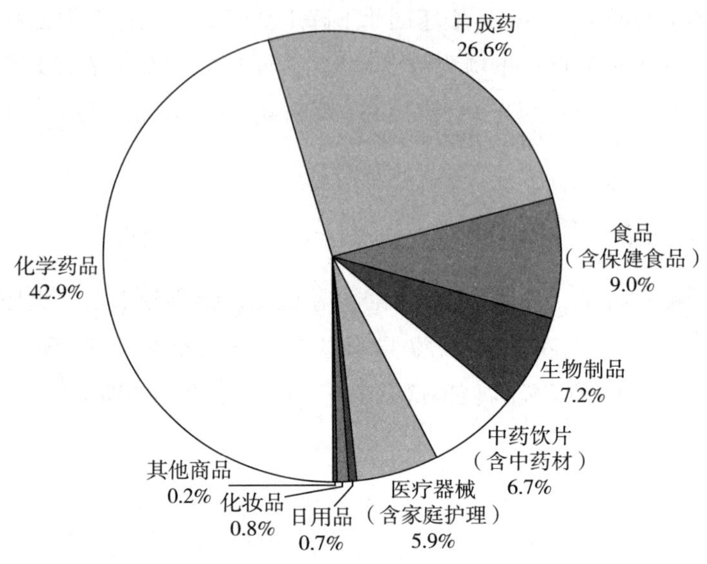

图3 2018 年典型样本城市零售药店销售品类结构

按销售渠道分类，2018 年对生产企业销售额 135 亿元，占销售总额的 0.6%，同比上升 0.1 个百分点；对批发企业销售额 6454 亿元，占销售总额的 29.9%，同比下降 6.2 个百分点；对终端销售额 14933 亿元，占销售总额的 69.2%，同比上升 5.8 个百分点；直接出口销售额 64 亿元，占销售总额的 0.3%。在对终端销售中，对医疗机构销售额 10413 亿元，占终端销售额的 69.7%，同比上升 0.6 个百分点；对零售终端和居民零售销售额 4520 亿元，占终端销售额的 30.3%，同比下降 0.6 个百分点。

（四）销售区域分布

2018 年，全国六大区域销售额占全国销售总额的比重分别为：华东 36.4%，中南 25.8%，华北 16.1%，西南 12.9%，东北 4.6%，西北 4.2%①。其中，华东、中南、华北三大区域销售额占全国销售总额 78.3%，同比下降 0.1 个百分点。

① 华北地区：北京、天津、河北、山西、内蒙古；东北地区：辽宁、吉林、黑龙江；华东地区：上海、江苏、浙江、安徽、福建、江西、山东；中南地区：河南、湖北、湖南、广东、广西、海南；西南地区：重庆、四川、贵州、云南、西藏；西北地区：陕西、甘肃、青海、宁夏、新疆。

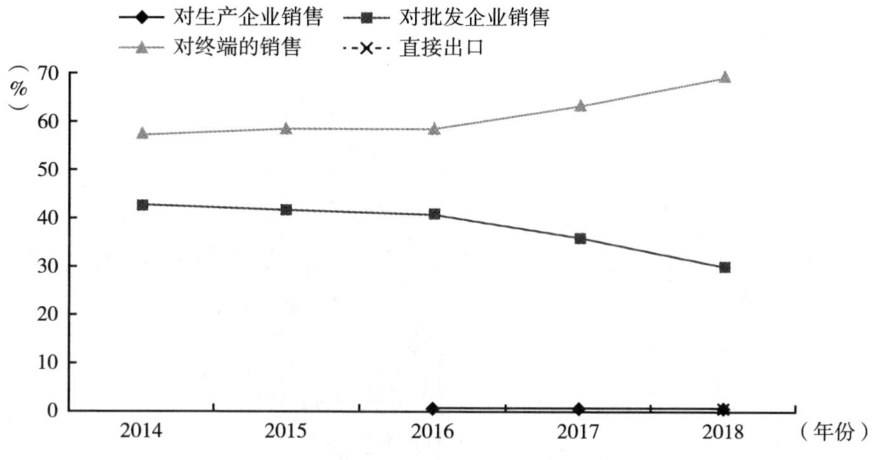

图 4　2014 - 2018 年药品流通行业销售渠道占比

三大经济区药品销售额占全国销售总额的比重分别为：京津冀经济区13.8%，长江三角洲经济区 22.6%，珠江三角洲经济区 10.2%①。

2018 年销售额居前 10 位的省份依次为：广东、北京、上海、浙江、江苏、山东、河南、安徽、四川、湖北。上述省份销售额占全国销售总额的65.3%，与上年持平。

（五）所有制结构

在全国药品流通直报企业中，国有及国有控股药品流通企业主营业务收入9541 亿元，占直报企业主营业务总收入的 60.5%；实现利润 219 亿元，占直报企业利润总额的 54.6%。股份制企业主营业务收入 5034 亿元，占直报企业主营业务总收入的 31.9%；实现利润 153 亿元，占直报企业利润总额的38.2%。此外，外商及港澳台投资企业主营业务收入占直报企业主营业务总收入的 3.5%，实现利润占直报企业利润总额的 4.3%；私营企业主营业务收入占直报企业主营业务总收入的 2.4%，实现利润占直报企业利润总额的 1.5%。

① 京津冀：北京、天津、河北；长江三角洲：上海、江苏、浙江；珠江三角洲：广东。

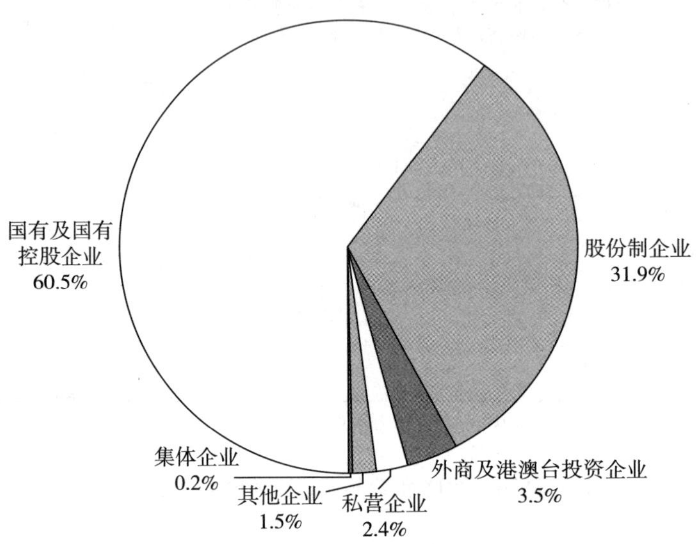

图5　2018年药品流通企业主营业务收入所有制结构

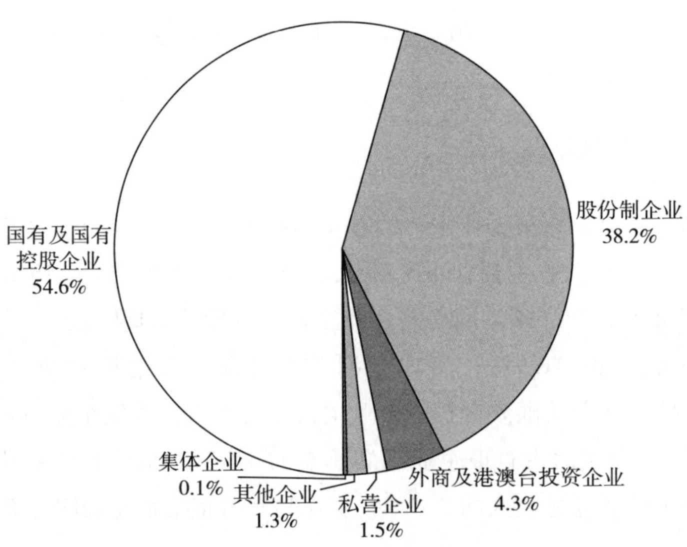

图6　2018年药品流通企业利润总额所有制结构

（六）医药物流

据不完全统计，2018 年全国医药物流直报企业（420 家）配送货值（无税销售额）13154 亿元（具有独立法人资质的物流企业配送货值占 70.9%），共拥有 1132 个物流中心，仓库面积约 1272 万平方米，其中常温库占 28.5%，阴凉库占 68.6%，冷库占 2.9%；拥有专业运输车辆 29186 辆，其中冷藏车占 7.8%，特殊药品专用车占 0.7%。自运配送范围在省级及以下的企业数量占 81.2%；配送范围覆盖全国的企业数量占 4.1%。委托配送范围在各级行政单位较为均衡，承担全国、跨区域、跨省、省内、市内及乡镇范围配送的企业数占比为 12% ~22%。在物流自动化及信息化技术方面，48.0% 的企业具有仓库管理系统，32.0% 的企业具有电子标签拣选系统，25.8% 的企业具有射频识别设备。

（七）医药电商

据不完全统计，2018 年医药电商直报企业①销售总额 2315 亿元（含第三方交易服务平台交易额），占全国医药市场总规模的 10.7%。其中，第三方交易服务平台交易额 1337 亿元，占医药电商销售总额的 57.8%；B2B（企业对企业）业务销售额 931 亿元，占医药电商销售总额的 40.2%；B2C（企业对顾客）业务销售额 47 亿元，占医药电商销售总额的 2.0%。第三方交易服务平台业务中移动端占 4.6%，B2B 业务中移动端占 11.9%，B2C 业务中移动端占 70.9%。订单总数 7556 万笔，其中第三方交易服务平台订单数 1740 万笔，订单转化率 94.5%；B2B 订单数 2026 万笔，订单转化率 94.8%；B2C 订单数 3791 万笔，订单转化率 88.3%。第三方交易服务平台网站活跃用户量 78 万；B2B 网站活跃用户量 47 万；B2C 网站活跃用户量 2072 万，平均客单价 192 元，平均客品数约 7 个。B2B 日出库完成率 98.7%，B2C 日出库完成率 98.6%。B2B 电商业务费用率 14.4%，B2C 电商业务费用率 17.0%，均远超行业平均费用率。B2B 与 B2C 销售结构差异

① 第三方交易服务平台企业 6 家，仅有 B2B 业务的企业为 64 家，仅有 B2C 业务的企业为 65 家，兼有 B2B 和 B2C 业务的企业为 10 家。

较为明显，B2B 业务主要集中在西药类，而 B2C 业务的西药类、医疗器材类、其他类①占比较为平均，为 20% ~30%。

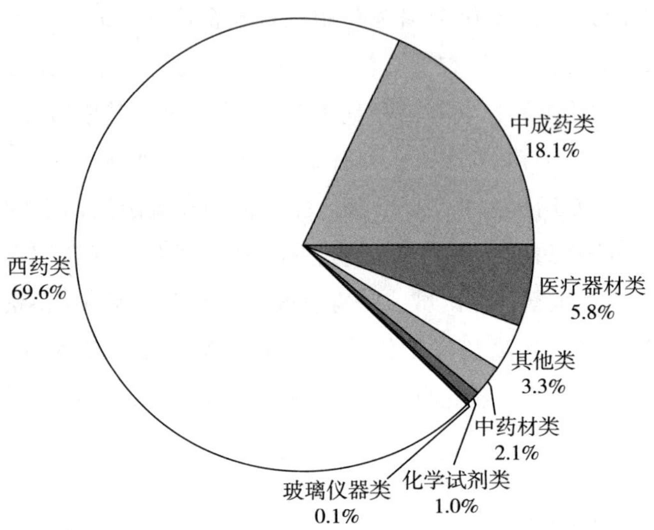

图 7　2018 年药品流通直报企业 B2B 业务销售结构

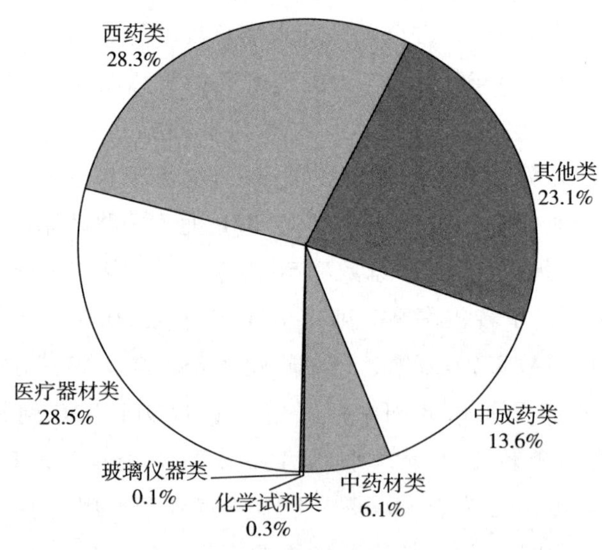

图 8　2018 年药品流通直报企业 B2C 业务销售结构

① 其他类包含保健品类、化妆品及个人护理用品、计划生育及成人用品等。

（八）上市企业

2018年，药品流通行业上市公司新增重药控股股份有限公司1家。目前，全国药品流通行业的25家上市公司2018年主营业务收入总和为11494亿元，同比增长15.5%。平均毛利率为17.7%，同比上升1.0个百分点；平均费用率为12.6%，同比上升1.0个百分点；平均利润率4.1%，同比下降0.1个百分点。年终最后一个交易日市值总计4212亿元，平均市值为168亿元。市值200亿元以上的企业减少到5家，分别是国药控股、华润医药、上海医药、华东医药、九州通。其中，国药控股、华润医药市值均超过500亿元。年内，25家药品流通行业上市公司披露的对外投资活动共有156起，涉及金额219.2亿元。

（九）注册执业药师

截至2018年12月底，全国注册执业药师总数达到468019人，同比增加59588人；全国每万人口注册执业药师数为3.4人，同比增长13.3%①。

（十）社会经济贡献

2018年全国药品流通行业销售总额占第三产业增加值的4.6%，同比下降0.1个百分点。其中药品零售总额占社会消费品零售总额的1.1%，与上年持平；占第三产业增加值的0.9%，与上年持平②。

2018年全国药品流通直报企业纳税额（所得税）82亿元，扣除不可比因素同比增长3.6%。全行业从业人数约为582万人。

二 运行特点

（一）药品批发行业集约化水平持续提高

从销售增速看，药品批发企业销售增速有所上升。2018年，前100位药

① 数据来源于国家药品监督管理局执业药师资格认证中心。

② 数据来源于国家统计局。

品批发企业主营业务收入同比增长10.8%，增速同比上升2.4个百分点。其中，4家全国龙头企业主营业务收入同比增长12.9%，增速同比上升3.6个百分点；前10位同比增长14.2%，增速同比上升5.5个百分点；前20位同比增长13.3%，增速同比上升4.1个百分点；前50位同比增长11.5%，增速同比上升2.5个百分点。

从市场占有率看，药品批发企业集中度有所提高。2018年，前100位药品批发企业主营业务收入占同期全国医药市场总规模的72.0%，同比上升1.3个百分点。其中，4家全国龙头企业主营业务收入占同期全国医药市场总规模的39.1%，同比上升1.4个百分点；前10位占50.0%，同比上升2.4个百分点；前20位占59.0%，同比上升2.4个百分点；前50位占67.0%，同比上升1.6个百分点。

2018年，随着药品购销“两票制”政策的全面推行，原有的药品流通市场结构、渠道布局及供应链关系都发生变化。全行业渠道逐步下沉，向终端客户聚焦，终端销售及服务收入的提升有力弥补了分销调拨收入的下降，从而带动行业整体毛利率提升。同时，医疗机构分级诊疗、医保控费、限制辅助用药、药价动态调整等医改政策的实施给行业发展带来深刻影响。大中型药品批发企业借助政策契机，深入调整业态结构，通过内生转型和外延并购，实现整体运营质量与效益双提升。当前行业规模效应逐渐凸显，全国性和区域性龙头企业销售增速普遍高于行业平均水平，行业集中度进一步提高。

（二）药品零售行业并购进程不断加速

2018年，药品零售市场集中度及零售连锁率不断提高。药品零售连锁率达到52.2%，同比上升1.7个百分点。销售额前100位的药品零售企业门店总数73913家，较上年同期增加15558家；销售总额1440亿元，占零售市场总额的33.4%，同比上升2.6个百分点。其中，前10位销售总额798亿元，占全国零售市场总额的18.5%，同比上升1.1个百分点；前20位销售总额1028亿元，占全国零售市场总额的23.8%，同比上升1.7个百分点；前50位销售总额1286亿元，占全国零售市场总额的29.8%，同比上升2.2个百分点。

2018年，随着医保定点药房准入政策的逐步放开，部分省市医保统筹资金开始向医保定点药店开放，医院处方外流限制逐步取消。部分地区积极探索医疗机构处方信息、医保结算信息和药店零售信息互通共享，一些地区尝试允许零售药店开办诊所。在药品零售市场前景日益看好的形势下，产业与社会资本加速进入药品零售领域。如国药控股国大药房已变更为国药一致与沃博联的合资企业，其中沃博联持股40%。高瓴资本旗下的医药零售并购平台——高济医药快速出击，并购实现销售总规模约300亿元，拥有药店12000家。全亿健康药房连锁有限公司获得弘毅投资领投、基石资本追投的数十亿元B轮融资，2018年连续收购整合一大批连锁药店，成为从零起点到拥有2000多家门店、年营业额达60亿元的大中型药品零售企业。在药品零售行业内，一心堂、老百姓、益丰药房和大参林4家上市公司全年共完成47起并购整合，涉及金额达31.35亿元。

（三）医药物流现代化、信息化水平明显提升

随着药品购销“两票制”、疫苗购销“一票制”、第三方药品物流业务批准取消等政策的深入推进，以及新技术的广泛应用，药品物流仓储能力和服务水平在药品流通市场中的地位和作用日益凸显。药品流通企业和社会物流企业在不断增强自身实力的同时，也在医药物流配送服务上增进融合与互补，从而引发医药物流市场格局的深刻变革。一方面，全国性和区域性医药流通企业越来越重视向医药供应链解决方案服务商转型，通过自营或与第三方社会物流合作，逐步建立起从制药企业到病患的全链条配送体系。如国药、华润加快第三方物流业务拓展步伐，利用自身物流网络优势，为制药企业提供全国、区域内多仓联动的第三方医药物流服务；浙江英特、广州医药、重庆医药、瑞康医药积极部署地区分仓建设，加快推进物流服务网络一体化，为制药企业的终端下沉做好区域配送和供应链增值服务；九州通医药物流加快九州云仓物流平台开发和上线进程，国药山西引进机器臂、自动导引运输车（AGV）和冷库自动化拣选设备，通过加大物流基础设施和物流信息化建设投入，提升医药物流综合竞争力。另一方面，社会物流企业加快布局医药物流干线、区域支线运输市场以及落地配送市场。2018年顺丰与赛诺菲达成合作，在成都开展第三方医药物流委托存储业务，其药品运输业务也由之前的冷链药品运输转向普通药品运输；华人医药供应链、华欣物流、康展物流等运输企业积极提升药品运输质量管理和标准化作业能力，加大对药品运输质量安全管理体系建设和专业人员培训的投入。

（四）医药电商多元化发展趋势凸显

在“互联网+”的推动下，药品流通行业与互联网逐步走向深度融合，药品流通企业纷纷与第三方电商企业建立战略合作关系，积极发展线上业务；第三方电商企业也逐步布局线下健康领域，医药电商多元化发展趋势凸显。如大参林、一心堂、老百姓、益丰等16家零售连锁企业与百洋医药集团联合签约，就易复诊第三方处方共享平台与智慧药店整体解决方案达成合作，共同探索医疗机构处方信息与药品零售信息互联互通；阿里健康投资漱玉平民和贵州一树，并与安徽华人健康签订战略投资与合作协议，共同探索医药新零售模式。同时，第三方医药电子商务平台①发展迅速。在全国药品流通直报企业中，医药电商第三方交易服务平台企业（6家）2018年交易额1337亿元。如融贯电商通过“创新大健康产业联盟”构建“医药工业—医药商业—医药终端”的生态合作闭环；四川合纵药易购建立电商联盟，为诊所、药店等零售终端提供一键式网络采购服务，实现线上线下联动。此外，不少医药电商企业还开发了线上线下场景相结合的创新服务模式。如通过“O2O”解决紧急用药问题，通过“智能问诊”解决合理用药问题，通过“处方审核”防止用药差错问题，通过“远程问诊服务”缓解看病难问题等。

三　趋势展望

（一）药品流通行业继续呈现稳步增长态势

2019年，我国仍处于转型发展的重要战略机遇期。但国际经济环境复杂严峻，国内经济稳中有变、变中有忧，各项改革仍需攻坚克难，药品流通行业发展增速受多重因素影响可能有所放缓。但随着国内经济增长和结构调整，人们生活水平不断提高，大健康理念持续增强，全社会医药健康服务需求将不断

① 第三方医药电子商务平台是指获得国家药品监督管理局颁发的第三方互联网药品交易证照的企业，独立于买卖双方的中立服务组织，为买卖双方提供交易所需的各种服务的数字化平台。

增长，特别是人口老龄化程度日益加深，将促使药品流通市场规模进一步扩大。因此，2019 年行业总体发展仍将呈现稳步增长、增速放缓的态势。

（二）新一轮兼并重组进一步提高行业集中度

随着行业内生性增长趋缓，药品流通行业将进入新一轮的外延并购周期。国药集团、上海医药、华润医药商业、九州通等全国性药品流通企业将通过兼并重组，进一步拓展国内流通网络覆盖面；广州医药、南京医药等区域性药品流通企业也将加快跨区域并购，提升区域覆盖率和市场影响力；规模较小、渠道单一、资金实力不足的药品流通企业可能面临市场淘汰。年销售规模超 5000 亿元的龙头企业将较快出现，排名前列的全国性企业销售额占全国市场总额比例也将持续提高。除行业内的兼并重组外，流通企业参股、控股医疗机构，或收购上游的中药饮片、制剂等制药企业的现象也将逐渐增多。

（三）医药供应链物流服务规模化、标准化及专业化水平不断提升

为寻求新的利润增长点，药品流通企业将通过整合供应链，向上游生产研发服务和下游终端销售服务方向拓展业务。向上为制药企业提供临床试验、采购计划、库存管理、端到端物流及数据信息服务；向下为医院、诊所、养老院、零售药店提供院内物流、药房管理、药学服务、药品追溯等精细化延伸服务，逐步实现药品生产、流通、使用各环节无缝衔接。药品流通企业也将从传统的药品分销商向高质量的医药供应链服务商，进而向医疗供应链服务商转型，实现规模化发展，为供应链上下游提供专业化及标准化服务，为行业创造新的价值。

（四）医药电商全方位打造大健康生态圈

在国家深入推进“互联网 +”行动计划的大背景下，发展“互联网 + 药品流通”“互联网 + 药学服务”迎来重大机遇期。医药电商企业将利用自身信息化、数字化优势，全面整合互联网医疗机构、网上药店、患者等终端资源，探索开展创新服务，为互联网医疗机构提供医保结算便利和医疗大数据查询等服务；为网上药店提供远程审方、用药指导和物流配送等服务；为患者定制个性化健康管理方案，提供全方位健康管理服务，打造以患者为中心、以数据为纽带的开放共享的大健康生态圈。

（五）专业支撑与科技赋能推动零售药店转型升级

2019 年，随着以国家药品集中招标采购、药品定价模式和医保支付标准改革为突破口的“三医联动”改革向纵深推进，药品零售业态结构、竞争方式和供应链关系将加速改变，新的零售生态系统将逐步形成。在政策、科技与市场的合力影响下，特药（DTP）药房、慢病药房、“药店 + 诊所”、中医（国医）馆等专业特色药房将不断涌现，药学服务专业人才将成为药品零售企业的核心竞争力。同时，智慧药房将成为行业转型升级的新亮点。一些零售药店将改变传统服务方式，借助微信支付、刷脸支付、AI 机器人导购等信息化、智能化工具，打造移动场景营销、无人售药等新模式，加速企业转型升级。

（六）打造企业核心竞争力，实现高质量发展

药品流通行业的转型发展要适应时代变化，着眼于整个医药与大健康供应链效率、质量及安全的提升，管理的模式必将发生改变，需要聚焦核心能力夯实基础管理。一是要加强行业信用建设，完善行业标准体系，加强行业诚信和职业道德教育，规范企业经营行为。根据国务院《社会信用体系建设规划纲要（2014 ~2020 年）》的要求，围绕信用体系建设目标，努力打造诚实守信的标杆企业形象，创建信用品牌示范单位。二是要健全药品流通企业管理和服务标准规范，通过标准制定和实施，规范经营服务行为，提升专业服务水平。三是人才将是行业竞争的焦点。企业要适应专业化、数字化发展的趋势，努力打造复合型、专业型、知识型、创新型人才队伍，其中优化中高层管理团队则是企业实现高质量发展的重要条件。

政 策 篇

Policy Reports

B.3

2018～2019年医改政策对药品流通行业的影响研究

朱恒鹏　康 蕊*

摘　要： 本文从医疗、医药和医保三方面梳理了2018～2019年国家和地方出台的各项医改政策，并概述了2018年医药生产和流通的发展规模。基于此分析了医改政策走向对医药流通行业发展产生的影响，并从政策影响的视角预判了2019年医药流通行业发展的趋势。

关键词： 医改政策　医药流通　现代医院管理　医保支付

2018年3月，第十三届全国人民代表大会第一次会议通过了《关于国务

* 朱恒鹏，中国社会科学院经济研究所党委副书记、副所长，中国社会科学院公共政策研究中心主任；康蕊，中国社会科学院经济研究所博士后。

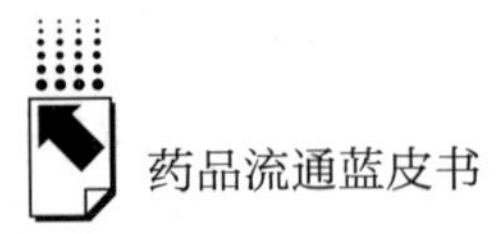

院机构改革方案的决定》，决定组建国家卫生健康委员会、国家医疗保障局、国家市场监管总局并下设药品监督管理局，医药行业监管治理体系迎来了重大变化。本研究将梳理该背景下医改政策的走向、医药流通行业在这一年中的发展情况，对医改政策对医药流通行业产生的影响进行分析，最终对2019年医药流通行业的发展趋势进行预测。

一　医改政策梳理

医疗体制改革是针对医疗机构、医疗保障制度和药品生产流通的体制改革，分别从药品的使用方（医疗）、药品的支付方（医保）、药品的提供方（医药）进行联动式的改革。2018年，国家通过出台《关于印发进一步改善医疗服务行动计划（2018～2020年）的通知》《深化医药卫生体制改革2018年下半年重点工作任务》《促进“互联网+医疗健康”发展》等通知及法规，进一步推动了医疗改革、医保改革和医药改革工作。

（一）医疗改革

1. 国家层面

（1）建立健全现代医院管理制度

中共中央办公厅于2018年6月出台《关于加强公立医院党的建设工作的意见》，要求公立医院实行党委领导下的院长负责制，实行集体领导和个人分工负责相结合的制度，该制度被视为建立现代医院管理制度的重要指引。

2018年，现代医院管理改革中深化医疗服务价格改革已成为各参与主体的主要工作目标。国务院办公厅印发的《深化医药卫生体制改革2018年下半年重点工作任务的通知》对深化医疗服务价格改革提出了具体的任务要求。首先，推动各地按照“腾空间、调结构、保衔接”的思路，通过规范诊疗行为降低药品、医用耗材等费用腾出空间，优化调整医疗服务价格，降低大型医用设备检查治疗和检验等价格。其次，加快审核新增医疗服务价格项目，并且允许地方采取适当方式有效体现药事服务价值。

此外，全科医生培养与激励机制也被纳入医疗改革体系内，国务院办公厅出台《改革完善全科医生培养与使用激励机制的意见》，提出了完善与使用激励机制的相关意见，并指出工作目标为到2020年基本建立适应行业特点的全科医生培养制度，基本健全适应全科医学人才发展的激励机制。

（2）推进公立医院综合改革和分级诊疗

在公立医院已全面推开综合改革、全部取消药品加成的背景下，2018年的政策重心开始转向“全面取消以药补医”，由国家卫计委、财政部等多部门于当年3月联合印发的《关于巩固破除以药补医成果持续深化公立医院综合改革的通知》中对这一要求进行了解释，即对公立医院取消药品加成减少的合理收入，要严格按照当地公立医院综合改革实施方案确定的补偿途径和比例执行；为巩固破除以药补医成果，中央财政在2018～2020年继续安排资金支持县级和城市公立医院综合改革。

2018年8月，国家卫健委发布《关于进一步做好分级诊疗制度建设有关重点工作的通知》，提出“四个分开”，即以区域医疗中心建设为重点推进分级诊疗区域分开、以县医院能力建设为重点推进分级诊疗城乡分开、以重大疾病单病种管理为重点推进分级诊疗上下分开、以三级医院日间服务为重点推进分级诊疗急慢分开。分级诊疗的核心在于基层医疗资源的巩固和加强，家庭医生签约与互联网远程医疗则是实现分级诊疗的主要辅助手段。特别是在信息化建设和“互联网+”方面为分级诊疗提供了政策支持，例如，国务院办公厅所发布的《关于促进“互联网+医疗健康”发展的意见》，鼓励医联体、医共体使用电子健康卡实现基层首诊、远程会诊、双向转诊“一卡通”。

（3）促进医疗服务模式创新

互联网诊疗、互联网医院、远程医疗是优化资源配置、创新服务模式、提高服务效率、提升医疗卫生现代化管理水平的重要抓手。为满足人民群众日益增长的医疗卫生健康需求，国务院办公厅出台《关于促进“互联网+医疗健康”发展的意见》，鼓励发展“互联网+”医疗服务。此后，专项规范的相关标准相继于当年出台，包括《互联网诊疗管理办法（试行）》《互联网医院管理办法（试行）》《远程医疗服务管理规范（试行）》，分别对互联网诊疗服务、互联网医院的设置、远程医疗的服务进行了相应规范和要求。

通过出台《关于做好2018年家庭医生签约服务工作的通知》《关于印发建档立卡贫困人口慢病家庭医生签约服务工作方案的通知》，基本上在全国范围内建立了家庭医生签约制度，提出“合理确定签约服务工作目标”，家庭医

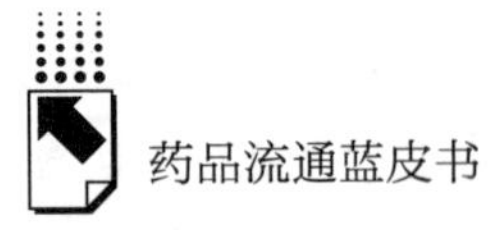

生签约的工作重点由“量”转为“质”。

2. 地方层面

（1）支持社会力量提供多层次多样化医疗服务

继2017年国务院办公厅出台《关于支持社会力量提供多层次多样化医疗服务的意见》（国办发〔2017〕44号），全国各省市纷纷于2018年印发相关实施方案。例如，广东省政府办公厅出台了《广东省支持社会力量提供多层次多样化医疗服务的实施方案》，江苏省政府办公厅出台了《关于支持社会力量提供多层次多样化医疗服务的实施意见》，等等。通过政策出台，基本在地方层面形成了较为系统的支持社会力量参与提供多样化医疗服务的指导思想、发展目标以及实施意见。各地希望通过深化医疗领域供给侧结构性改革，在基本医疗卫生服务领域坚持政府主导并适当引入竞争机制，利用符合条件的社会办医疗机构开展签约服务，鼓励社会资本举办独立设置的专业机构，引导向连锁化、集团化发展等方式，以实现形成多层次多样化医疗服务新格局的目标。

（2）完善现代医院管理制度

江苏、海南等地出台了《关于改革完善全科医生培养与使用激励机制的实施意见》，要求加快培养大批合格的全科医生，发挥好全科医生作用，完善基层医疗卫生服务体系。其中，海南省提出了到2020年的目标，即要基本建立适应行业特点的全科医生培养制度和适应全科医学人才发展的激励机制，城乡每万名居民拥有2~3名合格的全科医生。具体到市县一级，福建省三明市出台《关于建立现代医院管理制度的实施意见》，要求明确政府与医院之间的责任关系，卫生计生行政部门改为行业监管，落实总医院“两个主体”责任。这就意味着，卫生行政部门不再直接管理医院，新建立的市级总医院则受市委市政府直接管辖。

（3）推动“互联网+”医疗发展

安徽、天津等地出台《关于促进“互联网+医疗健康”发展的实施意见》，提出了推动互联网新技术在诊疗预约、线上复查复诊、费用支付、医疗信息共享、远程医疗、公民电子健康档案等方面的应用。重庆市卫生计生委印发《“智慧医疗”优先行动实施方案（2018~2020年）》，提出了构建标准规范、智能精准、开放共享、公平高效的智慧医疗和健康信息服务体系的目标。

（二）医药改革

1. 国家层面

从各类政策文件来看，2018 年药品生产流通机制改革的政策方向是持续深化药品耗材领域改革。贯彻落实改革完善药品生产流通使用政策，实行药品分类采购，鼓励跨区域和专科医院联合采购。中央政策要求将药品购销“两票制”方案落地，推进数据共享、违法线索互联、监管标准互通、处理结果互认。建立健全短缺药品供应保障体系和机制，更好满足临床合理用药需求。

（1）带量采购/降税政策

2018 年国家主要通过谈判、降税“组合拳”的方式，开展国家药品集中采购试点，明显降低药品价格；推进各省开展医保目录内抗癌药集中采购，对医保目录外的独家抗癌药推进医保准入谈判，以达到抗癌药降价的目的。其一，上海阳光医药采购网挂出《国家组织药品集中采购试点方案》公布第一批带量采购目录 31 个品种，首先在 4 个直辖市和 7 个副省级城市进行试点带点采购。随着国家版带量采购方案的出台，仿制药降价成为趋势。其二，经过多轮谈判，2018 年 10 月 17 种抗癌药被纳入《国家基本医疗保险、工伤保险和生育保险药品目录（2017 年版）》，实现大幅降价。

（2）药物准入政策

国家基本药物制度得到进一步完善，从基本药物的遴选、生产、流通、使用、支付、监测等环节完善政策，力求保证品质、供应充分，缓解“看病贵”问题。另外，对于药品准入、试验也做出了相关规定。《药品试验数据保护实施办法（暂行）（征求意见稿）》等办法，突破性地拓展了创新药和专用药的数据保护时间和范围。通过发布接受药品境外临床试验数据的技术指导原则，明确境外临床试验数据可用于在中国的药品注册申报，国外新药进入中国的速度将越来越快。国家药品监督管理局发布《关于调整药物临床试验审评审批程序的公告》，标志着我国临床试验由“批准制”改为“默认制”，我国药品临床试验的平均启动时间缩短了将近 17 个月，将大大加快国内创新药物临床开发进程。另外，《关于改革完善仿制药供应保障及使用政策的意见》的发布对于促进仿制药研发、推动仿制药一致性评价、加快仿制药替代起到了积极的推动作用。

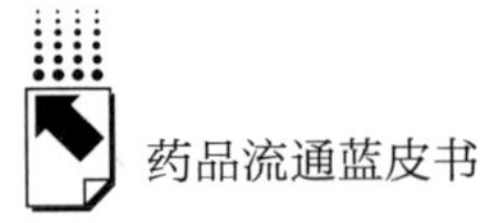

(3) 药物监管政策

在药品的质量管理方面,《药品数据管理规范(征求意见稿)》《药品检查办法》发布。为应对当年发生的药品质量事件,药监局修订了缬沙坦国家标准,出台了《关于药品信息化追溯体系建设的指导意见》《中华人民共和国疫苗管理法(征求意见稿)》等,明确企业作为追溯责任的主体,编制统一信息化追溯标准。药监局发布的《中药饮片质量集中整治工作方案》,明确了加快建立完善符合中药饮片特点的长效机制。

在药物使用方面,国家卫健委发布的《关于做好辅助用药临床应用管理有关工作的通知》,对于辅助用药进行严格监管,严控药占比。《2018 年纠正医药购销领域和医疗服务中不正之风专项治理工作要点》要求通过打击流通领域的腐败和商业贿赂等行为避免过度医疗,节省医疗总费用。《关于加快药学服务高质量发展的意见》重点强调公立医院不得承包、出租药房,不得向营利性企业托管药房,促进临床合理用药。

2. 地方层面

(1) 药品控费

根据广东省卫计委发布的《关于加强医疗机构药事管理和药品控费推动药学服务高质量发展的通知(征求意见稿)》要求,广东省将开始推广实行总药师制度,并强化合理用药和药品控费,促进药学服务转型发展。福建、四川省等地通过对省内企业在全国前 3 位通过质量和疗效一致性评价的品种给予适当奖励,以改革完善仿制药供应保障,达到降低药品成本的目的。

(2) 药品准入与创新

上海、河北、江苏等地通过出台深化审评审批制度改革鼓励药品医疗器械创新的实施意见,提出改革临床试验管理、加强药品医疗器械全生命周期管理、提升审评审批技术支撑能力的要求,河北还提出了加强京津冀医药事业协同合作的具体措施。青海省出台《关于推进青海省藏医药产业发展指导意见》,提出建立现代藏医药产业体系的目标。

(3) 药品监管

继内蒙古、四川、云南、安徽等地发布辅助用药目录或重点药品监控省级目录之后,南京通过调整医疗机构辅助性营养性等药品重点监管目录,将 23 个辅助性、营养性等药品列入重点监管目录。

（三）医保改革

1. 国家层面

（1）医保财政补助与监管

2018 年政府工作报告中指出提高基本医保和大病保险保障水平，居民基本医保人均财政补助标准再增加 40 元，一半用于大病保险。扩大职工医疗互助覆盖面，促进医疗互助健康发展。为加强医保监管，《深化医药卫生体制改革 2018 年下半年重点工作任务》要求强化医保对医疗行为的监管，采取措施着力解决“挂床”住院、骗保等问题，科学控制医疗费用不合理增长。

（2）异地就医直接结算范围扩大

跨省异地就医直接结算自 2017 年实施以来，业务量不断增长，为大多数人提供了更多的就医可及性，在考虑社会公平的前提下，2018 年继续要求将基层医院和外出农民工、外来就业创业人员等全部纳入跨省异地就医直接结算范围。为应对就医人员跨省就医需求的增加，扩大定点机构覆盖面成为异地就医结算政策的又一着力点。同时要求指导各地完善不同级别医疗机构医疗服务价格、医保支付等政策，拉开报销比例，引导合理就医。

（3）开展按疾病诊断相关分组（DRGs）付费试点

继国务院办公厅于 2017 年发布《关于进一步深化基本医疗保险支付方式改革的指导意见》，要求全面推行以按病种付费为重点的多元复合式医保支付方式，2018 年国家统一确定 100 个以上的病种，指导各地推进实施并推进按疾病诊断相关分组付费试点，完善按人头、按床日等多种付费方式。同时，探索符合中医药服务特点的支付方式，鼓励提供和使用适宜的中医药服务。另外，相关政策还要求建立“结余留用、合理超支分担”的激励和风险分担机制，提高公立医院自我管理、控制成本的积极性。

2. 地方层面

江苏、浙江等省份陆续开展了医保支付方式改革。江苏省出台《关于进一步深化基本医疗保险支付方式改革的实施意见》，明确江苏省将全面推行总额控制下的多元复合式医保支付方式，推广与分级诊疗制度相衔接的“总额管理、结余留用”。浙江的做法首先是建立复合多元的医保支付方式，其中住院费用主要是按病种付费，主要的病例按病种付费和（疾病）诊断相关分组的付费方式，长期和慢性病住院患者按床日付费，针对基层卫生医疗机构以及二级以上的医疗机构，重点推动按人头付费，复杂的疾病和门诊费用仍旧采用按项目付费。

一些地市开展了有关完善经办业务的工作，北京市通过印发《提升社会保险业务经办便利度的若干设施》，要求优化经办流程，丰富缴费渠道，拓展服务手段。青岛市出台了《社会医疗保险社区定点医疗机构考核办法（试行）》，以加强社区定点医疗机构的服务与管理。

二　医改政策对医药流通行业的影响分析

2018 年，从国家和各地医保局的成立到带量采购的开展，均对整个医药流通行业产生了多方面的影响。总结而言，在医疗方面继续推动分级诊疗、现代医院管理制度以及家庭医生签约服务；在医药方面，要求加强监管，提高药品质量，完善药品准入制度等；在医保方面，进行了抗癌药的谈判、带量采购以及即将开展的 DRGs 试点工作。总体来看，医改政策对医药流通行业的影响体现在三个方面：医药流通进入结构调整期；医药流通模式不断创新；抗癌药和零售药品市场日趋活跃。

（一）医药流通进入结构调整期

在资本的推动下，药品流通企业正在由传统的增加产品、拓展客户以及开拓新店等内生式成长方式向并购重组的外延式成长方式转变，行业竞争格局也随之发生变化。一些大型医药产业集团分拆流通业务板块单独发展，或通过并购进入药品流通行业，并逐渐作为主营业务进行开发。一些区域性批发企业为了渗透市场终端，不断向下游零售企业拓展。还有一些药品流通企业借助资本力量收购上游的中药饮片、制剂等生产企业，不断强化自身供应链优势。

在新技术、新动能的驱动下，“互联网 + 药品流通”将重塑药品流通行业的生态格局。一是 O2O 模式（线上到线下），企业运用互联网新技术迅速抢占个人用户的移动终端市场，如阿里健康、京东健康培育用户线上支付、线下使用的购药习惯。二是 B2B 模式（企业对企业），企业利用“医药分开”“两票制”等医改政策实现从医药厂商到流通企业的无缝对接。三是B2C模式（企业对顾客），通过互联网医疗平台在向患者售药的同时可提供健康咨询、用药提醒、资源共享等服务。四是FBBC模式（工厂－企业－顾客），将医药行业上下游的全部交易逐步纳入平台体系，帮助上游厂商监测药品库存、销售情况，助力下游药店做好客户管理、增加客户黏性。未来随着医药电商领域的竞争日益加剧，跨界融合的特征将越来越明显。

（二）医药流通模式不断创新

随着“互联网＋医疗”的不断推进，单一的线下流通渠道已被打破，出现了线上＋线下的互联网医药流通平台。线上电商和线下药房可以实现联通，缩减医药流通中间环节，优化供应链。好大夫在线等一些平台已经开始打造“医＋药”服务闭环，能够为用户提供在线诊疗、开电子处方、转诊等服务。除从几年前开始创建这些平台以外，2018年前后对社会资本参与的利好政策，还促进了一批新型的医疗平台出现。平台数量的不断增加不仅增加了市场活跃程度，促进了竞争从而促使医疗技术进步，对消费者来说医药流通模式的不断创新为他们享有医药服务提供了更多的可及性。

在医药物流领域，云计算、大数据和物联网技术已被作为支撑而广泛应用，通过整合供应链上下游各环节资源，促进“物流、信息流、资金流”三流融合，建立多元协同的医药供应链体系。顺丰、京东等一批有实力且满足现代医药物流条件的企业已加入医药物流业中，通过自身流量和配送的优势，参与第三方物流配送市场的发展。同时，医改政策的实施加速了医药供应链扁平化进程，渠道重心下移已成为必然趋势。随着医药供应链智慧化和物流标准化的持续推进，预计医药供应链市场将呈现有序竞争、稳步发展态势。

（三）部分药品市场日趋活跃

国家医保局组织开展药品医保谈判，将阿扎胞苷等17种药物纳入《国家基本医疗保险、工伤保险和生育保险药品目录》，并确定了医保支付标准。抗癌药市场在一定程度上受到影响，一方面是对价格的影响，纳入医保目录的17种药物在价格上有较大降幅，平均降幅达56.7%，大部分进口药品谈判后的支付标准低于周边国家或地区市场价格，平均降低了36%；另一方面是对进口抗癌药数量的影响，销量大幅上升。长期以来，我国部分癌症患者面临专利药品买不起、仿制药性价比低、代购药品不合法的重重障碍，医保谈判将极大地释放药品销量空间。从现阶段来说，国内本土创新药的研发能力仍是较匮乏的，特别是靶向药、单抗药等高端抗癌药领域，仍以进口原研药为主。随着部分进口药即将降价，对于一些本土创新仿制药而言，原本的性价比优势将不再明显，这将倒逼本土企业加快产品疗效研发。2018 年“以价换量”的医保谈判带来抗癌药市场的活跃，预计这一特征在 2019 年将更加明显。

零售药店销售额自 2009 年以来始终保持 10% 左右的增幅，对三大终端（公立医院、基层医疗卫生机构、零售药店）的药品费用贡献由 18.59% 上涨到 57.83%。在“互联网 +”相关政策影响下，零售药品市场正朝着 DTP 专业药房、分销专业药房、慢病管理药房、智慧药房等创新模式转型。同时，无人售药柜、人脸识别、AI 机器人等新科技应用也将逐步进入零售药店。未来预计零售药店将通过互联网、物联网、大数据、云计算等创新技术，进一步活跃零售药品市场。

三　医改政策及医药流通发展趋势展望

（一）药品医保谈判的继续

国家医保局表示，抗癌药降价还会迎来更多利好政策，将进行新一轮的医保药品目录的调整，相关药品会通过专家评审和药品准入谈判来纳入医保目录。通过纳入医保目录，以量换价的方式来降低抗癌药的价格。医保谈判已经取得了可见的经济与社会效果，未来将继续通过谈判降低用药负担，节约医保支出成本。

（二）医疗服务定价改革的实施

我国经济正处于典型的从工业向服务业的结构转型期，医疗消费量的转型也即将完成。药品由奢侈品转为必需品，此时的需求弹性变小，也就是说，价格变化对需求量的影响并不大。其次，医保扩面基本完成，医保收入增速放缓，对药品费用增长所发挥的边际作用降低。加之门诊和住院人次（数）到了高位平台期，未来随着就医人数日趋平稳，可实现药费的自然下降，控费政策的作用正在不断削弱。因而，未来无论是医疗总费用控制还是医保支付方式变化的大趋势均应由药品费用转向医疗服务。

（三）医保支付标准政策的推进

国家医保局于 2018 年底开始选择部分地区开展按疾病诊断相关分组付费试点，鼓励各地完善按人头、按床日等多种付费方式。未来医保支付方式改革将逐渐覆盖所有医疗机构及医疗服务，按项目付费的占比将逐渐下降。在抗癌药谈判取得了一系列成果的前提下，医保药品支付标准将得到进一步完善，与原研药质量和疗效一致的仿制药、原研药将按相同标准支付。另外，远程医疗、家庭医生服务的医保支付标准将陆续得到明确。

（四）其他发展趋势

有一些发展方向不太明朗，例如，尽管网售处方药明确线上开具的常见病、慢性病处方经药师审核后，医疗机构、药品经营企业可委托符合条件的第三方机构配送。但具体推进中仍面临重重障碍，一是医院门诊药房必须要从医院剥离出去，否则处方药就无法真正外流；二是需要配套信息管理系统服务规范作为支撑，实现药店和医疗机构的信息系统顺畅对接；三是零售药店平台自身需要配备执业药师进行处方审核，通过药师进行处方药调剂。

B.4
医疗服务定价改革研究

朱恒鹏　康　蕊*

摘　要：　本文梳理了新医改以来政府推动医疗服务定价改革的历程，介绍了改革的进展情况，对比英、德、美、日四国的医疗服务定价发展经验，指出我国医疗服务定价中存在的问题，从医保支付制度的角度讨论医疗服务价格形成机制的路径，为改革医药服务定价体制、完善医疗制度提供政策建议。

关键词：　医疗服务　价格　医保

医疗服务定价改革研究，涉及其改革历程、改革进展情况，分析医疗服务定价的国际经验及我国目前存在问题，据此提出短期与长期医疗服务定价改革的相关建议。

一　医疗服务定价改革历程

2009 年新医改开启，《中共中央国务院关于深化医药卫生体制改革的意见》中规定“研究探索按病种收费等收费方式改革”，“积极探索建立医疗保险经办机构与医疗机构、药品供应商的谈判机制，发挥医疗保障对医疗服务和药品费用的制约作用”。为更好地推进医疗保险支付制度改革工作，2011 年人社部办公厅下发《关于发布首批付费方式改革部重点联系城市名单的通知》，列出了首批 40 个支付制度改革试点城市。2012 年人社部联合财政部、卫生部

* 朱恒鹏，中国社会科学院经济研究所党委副书记、副所长，中国社会科学院公共政策研究中心主任；康蕊，中国社会科学院经济研究所博士后。

下发了《关于开展基本医疗保险付费总额控制的意见》，提出“结合基金收支预算管理加强总额控制并以此为基础，结合门诊统筹的开展探索按人头付费，结合住院、门诊大病的保障探索按病种付费”的改革方向，并打算用两年左右的时间在全国所有统筹地区范围内开展总额控制工作。

2014 年底，为贯彻落实党的十八届三中全会精神和深化医药卫生体制改革总体要求，国务院常务会议审议通过了《近期加快推进价格改革工作方案》，要求通过改革逐步理顺当前医药行业不合理的价格机制。同时，随着我国全民医保制度初步形成，政府调控医疗需求、调配医疗服务的能力大大提升，为政府从直接制定向间接调控医疗服务价格的转变奠定了基础。2015 年 4 月第十二届全国人民代表大会常务委员会第十四次会议对《中华人民共和国药品管理法》进行了修正，取消了多数药品的价格限制，旨在促进药价的市场化改革。

2015 年 5 月，国家发改委等七部门联合出台了《关于推进药品价格改革意见》，明确指出，对医保支付的药品，医保部门应会同有关部门拟定医保药品支付标准制度的程序、依据、方法等规则，探索建立引导合理的药品价格形成机制。同年 10 月中共中央国务院印发《关于推进价格机制改革的若干意见》，提出“建立以成本和收入结构变化为基础的价格动态调整机制，到 2020 年基本理顺医疗服务比价关系”，“落实非公立医疗机构医疗服务市场调节价政策。公立医疗机构医疗服务项目价格实行分类管理，对市场竞争比较充分、个性化需求比较强的医疗服务项目价格实行市场调节价，其中医保基金支付的服务项目由医保经办机构与医疗机构谈判合理确定支付标准。进一步完善药品采购机制，发挥医保控费作用，药品实际交易价格主要由市场竞争形成”。上述文件被社会各界认为是医保部门从国家发改委接过了药品定价的“接力棒”。

2016 年 5 月，国家卫计委发布《关于公布国家药品价格谈判结果的通知》；同日国家卫计委等 7 部门发布《关于做好国家谈判药品集中采购的通知》，对国家谈判药品采购工作进一步细化。2017 年 1 月，国家卫计委发布《印发关于在公立医疗机构药品采购中推行“两票制”的实施意见（试行）的通知》，要求在公立医疗机构药品采购中推行“两票制”，加快清理和废止在企业开办登记、药品采购等方面存在的不合理政策和规定。2018 年，国家在 4 个直辖市和 7 个省会城市进行试点带量采购。同时，17 种抗癌药纳入《国家基本医疗保险、工伤保险和生育保险药品目录（2017 年版）》，实现大幅降价。

二 医疗服务定价改革进展情况

（一）大部分药品政府定价得以取消

自2015年6月起，我国逐步取消了绝大部分药品的政府定价，这些药品为除麻醉和第一类精神药品之外的2000余种药品。且通过多项举措，例如完善药品的采购机制、改革医保支付标准、加强药价监管等，充分发挥药品价格制定中的市场作用，通过市场机制决定药品价格而非政府主观定价。在多项举措的助推下，当前我国仅剩40多种麻醉药品和第一类精神药品仍在政府指导价管理之中。原因在于，这些药品已经实行了十分严格的价格管控和监管，并在各医疗机构的销售中辅之以严格的临床使用规范，因而具备政府控价的可行性，且考虑这将有利于药品市场和药品价格的稳定性。

（二）药品加成得以全部取消

首先从基层医疗机构开始，逐步扩展到各级公立医疗机构，通过层层推进、分步实施的方式，开展取消药品加成的改革。截至2017年9月，我国已全部取消公立医疗机构药品加成。同时，医疗服务价格调整的改革也被纳入各地工作之中，原有的医疗机构收入构成是药品加成、医疗服务收入和来自财政的补贴，转变为现有的医疗服务收入和财政补助两大收入来源。这也意味着，新中国成立70年以来的“以药补医”局面不复存在，并且各地开始探索建立对公立医疗机构补偿的新的科学机制。

（三）进行低价药价格管理改革

将低价的药价管理交还给市场，价格仍由市场竞争决定，同时根据低价药品的属性及生产、流通领域的特征、市场供需特点，建立了既符合低价药生产成本，又能够反映市场供给和需求现状的药价管理机制。另外，将低价药品进行直接挂网采购，不再由竞价招标决定，从而避免了价格的恶性竞争乃至扰乱市场。从目前运行来看，这一管理机制具有以下优点：第一，符合低价药生产供应的社会目标；第二，能够缓解部分低价药市场的供需不平衡矛盾，满足较为旺盛的市场需求；第三，能够抑制低价药品价格的短期上涨过快的态势，有助于减轻患者负担和医保支出压力。

（四）开展公立医疗机构医疗服务价格改革

当前，我国正全面展开公立医疗机构的医疗服务改革，总体要求是“总量控制、结构调整、有升有降、逐步到位”。具体举措包括：第一，减少公立医疗机构因取消药品加成而造成的损失，这一损失由对医药服务价格的调整进行补偿，补偿比例为80%～90%之间；第二，各地将提高体现医务人员技术、劳务价值的项目价格作为改革重点，并降低了大型设备检查、治疗、检验的价格。通过全面开展公立医疗机构的医疗服务价格改革，进一步实现到2020年基本理顺医疗服务比价关系的目标。

三　医疗服务定价的国际经验

（一）英国经验

英国政府于1948年建立了较为完善的医疗卫生体系，也就是“国家卫生服务”系统（NHS）。所有英国居民具有享受国家提供的医疗卫生服务的权利，英国政府通过税收进行筹资，是从国家到各地区进行筹资和资金预算安排。自1999年起，英国四大地区即英格兰、苏格兰、威尔士和北爱尔兰的NHS开始各自独立运作，但制度内容基本相同。

在降低药品费用同时不妨碍药品创新的原则下，NHS推行“药品价格管制方案”，对原研药实行价格管制，仿制药则不受价格管制，但NHS对社区药店配发仿制药的费用补偿时存在限制性要求。原研药的定价机制指当原研药进入市场时，其最终零售价由NHS直接与药品制造商进行谈判确定。但政府对于药品的利润分配，并无过多管制性的要求，利润在药品制造商、药品批发商、药品零售商之间分配的差别由各经营主体决定。

而原研药最终零售价的谈判依据就是药品价格管制方案。该方案主要包括两项核心内容：一是利润率的严格控制，通常以目标回报率为基准，设定药品制造商的最高和最低利润率。为鼓励药品创新，英国卫生部于2014年又引入一个以价值为基础的定价体系，规定新入市场的原研药可以不受利润上限限制，以价值为基础自由定价。二是价格的严格控制，例如，NHS 系统的原研药，各药厂应进行相应的价格减免。三是无论是利润还是价格的严格控制均由公司层面执行，因此，只要参考基准药价，药厂在药品定价上具有一定的话语权。

实际上，尽管药品价格管制方案对药品最终流入市场的销售价格进行了限制，但并不影响药品制造商向批发商的要价，以及批发商向零售药店的要价。由谈判确定的“最终零售价”也仅是 NHS 提供给社区药店的销售价的参考值，而最终的额度还需要双方谈判决定，而且二次议价的现象普遍存在。

（二）德国经验

德国是世界上第一个建立社会医疗保险制度的国家，其医疗保险体系以法定医疗保险为主体、私人医疗保险为补充。在共济互助的基本原则下，德国强制要求全体国民参加医疗保险。德国实行医药分业，门诊服务中医生只负责开具处方，患者持医生处方到社区药房购买处方药，社区药房为独立开业的药剂师开办。此外，一些医院药房、网络药房也被允许向各法定疾病基金的参保人销售药物。在住院服务中，医院的临床医生可以开具住院药品的处方，之后由医院药房向住院病人分发所需药品，医院则具备自行采购药品的资格。

德国医保在对药品费用进行补偿时，主要用参考定价制度来确定不同类别的药物补偿限额。药品的“参考定价”制度主要应用在门诊病人所需药品、医保范围内的药品、部分有效成分相同的药品、因药理作用和治疗效果相同而进行归类的药品等领域。为进一步促进新药研发，促进医药创新，自 1996 年起，原研药从“参考定价”制度的药品适用范围内剔除。各类药品的参考价格主要由联邦法定医疗基金协会制定，相关利益方在决策过程中也发挥建议、监管作用。具体过程如下：第一，召集相关领域专家对药品进行分类，一般由医生和联邦医保基金会成员组成，确定每种参考定价小组内的药品分布和根据药品药效成分确定的平均每日剂量，之后进行社会公布；第二，召集医药企业和药师协会代表，召开听证会，听取各方意见；第三，进一步确定包装标准，一般根据数目最多的生产商提供的药品而确定；第四，联邦法定医疗基金协会对市场上不同制药企业生产的所有标准包装药品的价格和处方量进行考核，将处方的数量作为指标进行排序，综合考虑预期市场份额，将最接近的价格作为这一组内药品所对应的标准包装的价格。

（三）美国经验

美国是一个典型的商业保险型国家，力图通过市场的作用达到医保资金筹集和服务供给的双重目标，同时，市场还能够对医疗保险公司、医疗服务提供方即医疗机构的行为进行调节。具体就药品供给而言，美国实行“医药分业”制度，医院门诊中不再设立门诊药房，仅提供住院和急诊所必需的药品，门诊用药则通过医生的处方分发到医院外的零售药房。药品零售商一般包括连锁药店、单体药店、邮购服务药店、食品店和大型卖场，其中，连锁药店要求具有四家及以上药店，三家以下的药店则被归到“单体药店”一类。

美国的药品价格主要由市场供需情况和多方谈判确定。然而飞速增长的药品价格给美国的政府医疗保险带来了巨大的支付压力，因此仿效德国的参考定价制度，美国政府制定了最高容许成本定价体系（Maximum Allowable Cost，以下简称 MAC），规定医保补偿药品费用时其单位补偿金额不得超过 MAC 的定价，以此削减医疗保险开支，同时鼓励市场提供更多的低价仿制药。MAC 定价机制的实质是由医保药品的利益相关方基于市场力量进行谈判，就可行的药品（通常为仿制药）最低价格达成共识。这种机制利用药品提供商的原研药与同类低价仿制药之间的价格差异和相互竞争，尽可能地将医保的支付成本压缩至最低。

MAC 体系制定了具体的药品清单和相应的支付标准。药品清单主要包括仿制药和原研药，MAC 体系的定价方式主要依据在市场中运行良好的药品提供商获取药品的平均购买成本进行定价。实际上，美国联邦政府为一些特定的医保药品设置了补偿上限，而 MAC 体系正是在此基础上由各州根据自身实际情况而制定的。这种 MAC 模式也被引入私人医疗保险领域，由第三方管理机构——药品福利管理机构（pharmacy benefit managers，PBMs）基于联合协议进行管理。

（四）日本经验

日本实行社会医疗保险制度，早在 1960 年代就实现了全民覆盖，其法定医疗保险系统由3000多个基金共同举办。基金中既有政府设立的，也有社会组织设立的。

日本“医药分业”包括多方面的措施，根据对药品、医生和药房的不同规制与鼓励办法，可主要分为三个方面：第一，减少对药品销售的补偿；第二，对医生只开处方但不进行药品销售的行为予以一定的经济上的奖励；第三，鼓励独立的药房发展。不过，日本“医药分业”的改革并非一蹴而就。根据厚生省的规定：如果医生只开处方但不销售药品，能够获得比开处方同时售药时更高的处方费。于是，有些医生受经济利益诱惑，开始钻法律空子，比如在所工作的医院附近开设“第二药房”，推荐患者到这些药房买药。而医生则是这些药房的实际所有人和利润获得者。

根据《药事法》的规定，医疗用药品必须由厚生劳动省统一定价。政府对医疗用药品的价格管理体系包括两个方面：一是合理确定新药初次进入市场的价格，通常比照市场上的相似药品加成确定；二是不断调整进入市场后的医药品价格，一般两年调整一次，使用一个确定的动态定价法则（“药价标准”）。该动态定价法则是，当年的零售价格等于前一年的市场平均批发价格，加上前一年该药品的零售价格与一个系数的乘积。该系数用以弥补技术费用和交易成本，2000年后被设定为20%。市场平均批发价格由政府通过广泛的市场调查获得。值得指出的是，日本之前采用的也是对医疗机构规定药品加成率（15%）的药品管理方法，继而产生了医疗机构高价采购药品、药费攀升的问题，因此近年来转向上述动态定价机制，根据市场状况确定。

四　我国医疗服务定价中的问题

（一）行政干预市场准入

我国的公立医院不是真正的市场主体，无法扮演价格谈判方角色。公立医院在医疗服务市场上处于垄断地位。在这种行政垄断体制下，公立医院不是作为一个市场主体而是作为一个行政事业单位在运转，自然无法以市场主体的身份进行公平谈判。

传统的公立医院是作为政府的一个预算单位，由政府相关部门来运营，后来划归为国有公益性事业单位。伴随着我国整个经济社会体制的转型，公立医院的改革也在不断向前推进，从政府既办且管到逐步扩大医院自主权，并多次提出要鼓励社会办医，公平对待非公立医院，但进展缓慢。目前，我国的医疗服务市场份额大部分属于公立医院，社会办医仅占非常小的一部分。公立医疗机构通过行政垄断市场，进而垄断医疗服务供给，为医疗服务价格扭曲、“以药养医”、“以检查养医”埋下伏笔。

在医保定点准入方面，非公立医疗机构即便合乎定点资质要求，获得定点资质亦存在诸多障碍。各地医保经办机构考虑医疗费用增长、监管工作量增加等各种因素的情况下，对非公立医疗机构获取资质也始终存在较多的顾虑。

（二）行政手段价格管制

1. 基本医疗服务价格被管制，医院差别定价能力受限

我国在对市场准入进行管制的同时，也对基本医疗服务价格实施了严格管制。从最初的政府直接定价到后来的政府制定指导价，医疗服务价格一直处于被管制状态，导致医生利用价格进行差别定价的能力受到限制。而在利用医疗服务质量差异进行差别定价的过程中，医院和医生有通过过度提供医疗服务曲线实现差别定价的动机，从而导致医疗资源配置扭曲和医疗费用不合理上涨。

2. 药品价格被管制，药价和医生差别定价行为被扭曲

“以药补医”机制驱动了医生多开药、多卖药从而多获利的动机，对药品价格的一系列管制则驱动了医院购销高价药、提供大检查的动机，最终又导致了药品价格的扭曲。从数量和费用来看，公费医疗和医保支付当前仍以公立医疗机构为主，社会办医仅占一小部分。那么，如果这些定点医疗机构无法得到约束，一个区内的患者只能到这些公立医疗机构就诊，那么，反而又进一步强化了公立医院的垄断地位。加价率管制进一步诱导医院进销高价药，而最为严格的药价管制——基本药物零差率再次消灭了一部分低价药。另外，目前我国实行新药单独定价政策，再加上新药审批制度不是完全的严格，药厂顺势抬高药品售价，医院也就只能购买高价药。在上述一系列管制政策下，医生仍然可以通过销售不同价格和数量的药品来实现差别定价。最终，医疗费用越来越高，患者购药负担也越来越重。

3. 医疗服务价格被低估导致以药补医

我国以药养医体制下不同科室旱涝不均，医生的人力价值无法通过纯粹的服务获得体现甚至无从体现。在医药不分体制下，在医生掌握处方权的情况下，医院和医生就有动机通过“多开药、多卖药”来增加收入，从而导致药品高利润科室的医生比较容易通过药品而不是服务获得高收入的能力，而一些低利润率科室的医生的人力价值则较难实现。

目前，我国尚没有真正的医药服务价格形成机制，主要是缺乏市场基础的价格谈判。一方面，公立医院是事业单位，在医疗服务供给中处于行政垄断地位，不是真正的市场主体；另一方面，医保经办机构是隶属政府机关的事业单位，不是自负盈亏的市场主体。均非市场主体的双方无从坐下来进行市场化谈判，更何况公立医院的强势，即使医保经办机构有心谈也无力谈。

（三）从基本医保到商业医保，谈判能力有限

1. 医保部门在打破公立医院垄断方面未能充分发挥作用

近十年来，非公立医疗机构日益发展壮大，但非公立医疗机构无法获得医保定点资格而制约了发展，中央一再出台文件，要求落实公立与非公立医疗机构在医保定点等方面同等待遇的原则。

很多地区的非公立医疗机构在获得医保定点资格方面仍面临壁垒，未获得与公立医疗机构同样通畅的渠道。由此，在创立医保制度和建立医保定点机制的过程中，医保管理部门在引入竞争、打破公立医院垄断方面未能充分发挥作用。其后果是，在公立医疗机构垄断医疗服务供给的情况下，医保部分很难与其进行公平谈判来确定合理的支付价格，这也是近几年医保支付制度改革未能取得实质性进展的重要原因。

2. 医保支付方式改革有待于进一步深化

医保支付方式是调节医疗机构、医生以及患者行为的重要杠杆。当前我国公立医院垄断的局面无法搭配，在这一特殊国情下，如果不改变支付方式，医院和医生会有更强的动机来诱导需求，引发医疗费用上涨，医保基金安全性受损，患者负担增加。患者需要支付更高的价格，医保需要支出更多基金，医院的成本也更高了，社会整体福利下降，这是一种极大扭曲。

然而，公立医院垄断医疗服务供给，加上医保经办机构的事业单位性质，

导致所谓的支付方式改革成为“空中楼阁”。因为没有市场机制就无法进行公平谈判，所谓的支付方式即谈判的内容和价格实际作用就必然有限。

3. 医保投保人与供方进行谈判的激励机制有待完善

在保险机构与医疗服务提供方谈判的过程中，经办机构的作用十分重要。经办机构能否基于参保人利益、考虑供需力量实际、设计符合实际需求、引导市场规范、服务高质高效的付费机制，对相关各方的行为规范化、精细化管理，都将影响谈判的最终结果。

五　医疗服务定价改革的相关建议

推进医疗服务价格机制形成，一方面要推进供方改革，另一方面要推行医保经办机构改革，以加快建立市场机制，让价格谈判双方“顺利就位”，同时还要利用技术进步（如互联网）和新兴商业模式从外围突破，来加速就位的进程、扩大谈判空间。

就医保部门而言，可以推进的改革包括：将通过建立医保协议医师制度来“解放医生”作为改革突破口；加快经办部门改革，成为独立市场主体；积极将私人诊所及新兴医疗服务模式纳入医保，从而在打破供方垄断、推进医药价格市场机制形成方面发挥积极作用；同时，应当给商业保险发展留出空间，作为与供方进行价格谈判的重要力量，商业保险的发展可以牵制供方，增强社会医保的话语权，从而为社会医保与供方之间的谈判开辟更广阔的空间。

（一）短期内可操作的改革设计：医保内部改革

1. 建立医保协议医师制度

医生是医疗服务供方市场的核心资源，从外围打破公立医院垄断地位的措施之一是建立医保协议医师制度。不解放医生，不让医生主导医疗服务的供给、收益的分配和医院的发展，就很难建立打包付费机制下的激励机制。首先，医保协议医师制度将进一步促进医生的自由执业。这一制度，将医保定点主体从仅仅定点医疗机构扩展到可以签约医生个人，则将把医生从对医疗机构的依附中解脱出来。其次，医保协议医师制度有助于打破公立医院垄断地位。在医保协议医师制度下，从医保一方决定是否付费，能够有效约束个别违规的诊疗和收费行为。

2. 落实经办管办分开

全民医保制度建立后，医保经办机构的职责应当是代表被保险人与医疗服务提供方进行谈判以确定适宜的价格标准和支付方式。第一，借鉴德国、日本和中国台湾地区的经验，建立代表多方利益的部门和组织，对医保重要事项进行协商和监督。第二，赋予医保经办机构更大的自主权，使其成为享有用人和收入分配自主权的独立主体，收入来自经办效率，如此才有推进医保支付制度改革和进行精细化管理的动力。第三，允许商业保险参与经办。事实上，如果设计恰当的激励机制，商保在追求自身利益的过程中便会自然代表被保险人利益。

实施经办机构改革，政府主管部门要履行如下职责：第一，保证资金的运营有明晰公平的规则，并且相关各方按规则办事，违规者受到法律或行政制裁；第二，凡社保资金经办方有义务进行信息公开，披露虚假信息的要承担法律责任。值得注意的是，改革医保经办体制，不能把管办分开作为手段，而是将其作为目的。引入商保从外围突破也好，从政府内部打破让其改制也好，根本的是需要管理者转变思维和执政方式。

3. 扩大医保支付范围

通过将私人诊所和新兴医疗服务模式纳入医保来鼓励它们发展，从外围打破公立医院的垄断地位，鼓励医疗人才自由流动，在这个过程中逐步增加竞争，并最终建立充分竞争的医疗服务市场机制，为供方和医保的谈判建立基础。

此外，近年出现多种新兴的医疗服务模式也应考虑纳入医保。将连锁诊所、（移动）互联网医疗、医生集团这些新兴医疗模式纳入医保报销，短期内有增加医保支出的风险，也对医保经办部门的监管能力提出了挑战，但从长期来看有利于鼓励各类医疗机构分流高成本的三级医院业务，引导医疗资源流向价廉质优的私人诊所、新型医疗领域，注重健康管理，长期反而能节约医保资金。

4. 鼓励商业保险发展

从国际经验来看，商业保险是与供方进行价格谈判的重要力量。给商业保险发展留出空间，就等于给社会医保与供方之间的谈判开辟了更广阔的空间。

商业保险的发展无疑会增强其与供方谈判的话语权，从而在两方博弈过程中不断对供方形成牵制。这个过程，就是要求供方按常理出牌的过程，从而可以减轻社会医保经办机构的压力。当供方垄断被打破时，就是市场机制建立时。此时，无论是商业保险还是社会保险，都可以平等的姿态代表需方与供方进行谈判，确立医疗服务合同的内容，订立合同执行规则、厘定违约惩罚。市场各方都遵守这个合同，遵守这个游戏规则，医疗服务价格自然就形成了，同时价格的形成机制也确立了。

（二）深化改革需要的长期改革设计：医保外各部门联动

1. 打破公立医疗机构的垄断地位

首先，要打破公立医院的行政垄断地位，放开准入管制，不要对社会办医设置有形或无形的行政障碍，在设置医保定点医疗机构时对公立和非公立医疗机构一视同仁，让供方充分竞争，为患者提供更多选择权，为医保经办机构提供谈判空间。尽管各个发达国家和地区的制度背景有所不同，但普遍形成了民营医疗机构为主体、竞争充分的医疗服务市场，让患者享有充分的“用脚投票”自由权，保证医保基金流向效率高、服务好、参保人认可的医疗机构或私人执业医师，这在很大程度上降低了医疗保险管理方的管理难度。

2. 放开医药价格管制

放开医药价格管制，力求体现医生的人力资本价值，而非人为压低医疗服务价格。在发达国家和地区，鲜有对医疗服务价格进行直接管制的，供方之间充分竞争即可确定均衡价格，即市场化的医生薪酬。对于药品，无论大框架是自由定价还是价格管制，药品议价和二次议价均普遍存在，由医院负责所有治疗项目的适宜性，以激励医院控制成本。

3. 改革公立医院人事薪酬制度

取消“定编定岗定工资标准”的人事薪酬制度，赋予医院用人和收入分配自主权，建立“能上能下，能进能出”和“多劳多得、优绩优酬”的人事薪酬制度，给其节约成本的激励机制，为打包预付费制提供前提条件。医保支付方式即给医疗机构和医生付费的方式，也就是医疗机构和医生获得收入的方式，不同的获得收入方式对应着不同的经济激励机制，即不同的支付方式对应着不同的激励机制。这个逻辑成立的前提是医生的薪酬获得方式和医保支付方式连在一起，医保支付方式改革成功的前提是医生薪酬制度要进行同步改革，也就是医保支付方式改革成功的前提是医生人事薪酬制度改革。

4. 允许医生自由执业

改革医疗行业人事薪酬制度的关键首先是改革人事制度，因为什么样的人事制度对应什么样的薪酬制度。对于我国，关键的改革是要打破医生“铁饭碗”，让医生自由流动，形成“能进能出，能上能下”的灵活用医体制。允许医生自由执业，让医生自由流动，实行医生合同制，自然可以打破公立医院的僵化薪酬制度，同时为公立医院外的医生人力资本市场和社会办医提供人才支撑，有助于竞争性医疗服务市场的培育和市场化均衡价格的形成，从而为医保支付方式改革提供标准和参照系。事实上，在发达国家和地区鲜有对医生执业进行的限制，如美国或实行雇员制或医生可自由选择在不同医院执业，并且符合规定的医生均可以自由开办私人诊所。

5. 允许执业医师自主开办医疗机构，取消卫生行政审批

取消非公立医疗机构区域卫生规划，放开包括诊所、门诊部在内的小型医疗机构的举办权，只要是有合格资质的医生举办医疗机构就不再需要卫生行政部门审批，只需要工商登记。

6. 建立医疗服务质量信息强制披露制度

除了上述措施之外，还应该建立医疗服务质量的强制性信息披露制度。鉴于医疗服务的特殊性，为保证患者享有充分的自由选择权并获得质量保证，应当规定医疗机构对医疗服务质量相关的度量指标进行定期披露，使患者在“用脚投票”时有标准可依据。信息披露制度也是建立声誉机制的前提条件之一，并且是打包预付制推行的保障。

B.5

2018~2019年药品监管改革相关政策及其对医药产业发展的影响

唐民皓*

摘　要： 本文论述了药品监管改革的进程，指出药品监管专业性在药品监管体制发生重大调整后面对机构重组和融合的新挑战；同时，介绍了《药品管理法》修改的走向和要点以及《疫苗管理法》的制定进程、《关于在全国推开“证照分离”改革的通知》涉及与医药相关的行政审批的改革措施。

关键词： 药品监管改革　《药品管理法》　《疫苗管理法》　证照分离改革

2018 年是全面贯彻中共十九大精神的开局之年，也是国家实施“十三五”规划承上启下的关键一年。2018 年以来，国家从战略宏观层面统筹协调和解决关系健康的重大和长远问题，与医药产业相关的宏观环境和产业政策均发生了重大变化与调整，涉及医药产业发展的医疗保障、医疗服务、医药供应及其监管政策密集出台。与此同时，药品监管配套政策、监管体制调整、治理资源配置等方面均发生了巨大变革。2018 年 7 月长春长生疫苗事件爆发，加剧了公众对药品安全威胁的关注和担忧，国家加速启动《药品管理法》的修改并组织制定《疫苗管理法》，药品监管法律制度建立和完善的步伐明显加快。本文重点解读和分析自 2018 年以来药品监管改革相关政策变化及其对医药产业发展的影响。

---

* 唐民皓，上海市食品药品安全研究会会长，高级经济师。

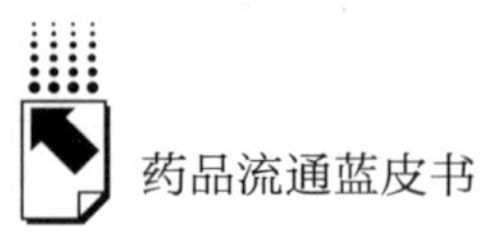

一 继续推进药品审批制度改革，落实前三年药品监管改革政策

药品监管改革始于2015年，从7月22日总局发布开展药物临床试验数据自查核查的公告起步，对申报注册待审的药品开展临床试验数据进行核查，同年国务院发布了《关于改革药品医疗器械审评审批制度的意见》（44号文），全国人大常委会授权在10个省份开展药品上市许可持有人制度试点，至2017年10月中办、国办发布《关于深化审评审批制度改革鼓励药品医疗器械创新的意见》（以下简称“42号文”），形成了这三年药品监管改革的基本线路图。需要特别指出的是，让医药界高度关注和赞许的42号文凝聚了监管层和业界多年来对药品审评审批制度改革的期待，是党中央、国务院深化药品医疗器械审评审批制度改革的重要指导性文件，对中国医药产业的创新发展具有里程碑意义。其积极意义不仅局限于药品研发和上市，也深刻影响了生产、流通和使用等整个药品产业链的各相关环节。

2018年以来，承续于42号文的改革精神和方向，国家立法机关、国务院和药品监管部门出台了一系列的改革配套政策。

（一）继续推进药品上市许可持有人（MAH）制度的试点

在《药品管理法》尚未修改的情况下，基于2015年全国人大常委会授权国务院在部分地方开展药品上市许可持有人制度的试点，为了更好地总结试点经验，为改革完善国家药品管理制度打好基础，并做好与药品上市许可持有人制度试点和《药品管理法》修改的衔接工作，全国人大常委会决定于2018年11月5日起延长试点工作，为期一年。药品上市许可持有人制度是药品注册环节法律主体资格的重大调整。基于MAH必须对药品整个生命周期负责的制度设计，未来需要重点探索解决药品上市许可持有人对药品的委托生产、委托销售及其跨区域监管和协调，以及药品招标主体资格等一系列法律问题。截至2018年第三季度，10个试点省份提出MAH申请共计1118件，其中由药品研发机构提出的药品申报占比近30%，可见MAH制度正在激发医药产业的生产活力。MAH 制度对药品行业未来的影响将是深远的，也将对现行药品管理法律制度的跟进和创新提出新的挑战。

（二）仿制药一致性评价成为进入药品集采的门槛

2018 年末，国家药监局依据“时间服从质量”的总体推进思路发布了《关于仿制药质量和疗效一致性评价有关事项的公告》，公告提出“《国家基本药物目录（2018 年版）》已于 2018 年 11 月 1 日起施行并建立了动态调整机制，与一致性评价实现联动。通过一致性评价的品种优先纳入目录，未通过一致性评价的品种将逐步被调出目录。对纳入国家基本药物目录的品种，不再统一设置评价时限要求”。这意味着原定的仿制药一致性评价 2018 年底的截止时限取消。公告还明确了强化服务指导、建立绿色通道、组织现场调研和沟通、加强配套政策支持等措施以调动企业参与一致性评价的积极性。仿制药一致性评价时限的取消并非意味着其质量和疗效的一致性不必再做评价，对此公告重申，“自首家品种通过一致性评价后，其他药品生产企业的相同品种原则上应在 3 年内完成一致性评价。逾期未完成的，企业经评估认为属于临床必需、市场短缺品种的，可向所在地省级药品监管部门提出延期评价申请，经省级药品监管部门会同卫生行政部门组织研究认定后，可予适当延期。逾期再未完成的，不予再注册”，并明确“对同品种药品通过一致性评价的药品生产企业达到 3 家以上的，在药品集中采购等方面，原则上不再选用未通过一致性评价的品种”。与此相呼应，国家医疗保障局于 2018 年底启动了“4 +7”药品带量采购工作，通过一致性评价药品的准入资格得以确认，成为药品取得国家医保集中采购的“入场券”。药品供给端政策的协同配合使仿制药一致性评价已无设定时限的必要。此后，仿制药一致性评价将进入常态运行，成为制药企业药品取得被医保采购资格的必经之路。

（三）药品审评审批改革的配套政策稳步出台

2018 年 7 月，国家药品监督管理局发布了《关于调整药物临床试验审评审批程序的公告》（2018 年第 50 号），明确“对药物临床试验审评审批的有关事项作出调整：在我国申报药物临床试验的，自申请受理并缴费之日起 60 日内，申请人未收到国家药品监督管理局药品审评中心（CDE）否定或质疑意见的，可按照提交的方案开展药物临床试验”；11 月 5 日，CDE 官网主页热点栏目中新增“临床试验默示许可公示”栏。至此，国家对新药临床试验审批的改革正式落地，由过去的审批制改革为默示许可。媒体评论，由从前的“点头制”批准正式转入更为高效、可预见的“摇头制”批准，多年来受到业界诟病的临床试验审批迟滞问题基本得以解决。与此同时，根据 42 号文的要求，国家药品监督管理局还建立了药物临床试验的沟通交流会议制度，强化了对临床试验项目的前期协调和沟通，进一步强调了对项目申请人的指导服务功能，也体现了药品审批过程中监管工作的透明度。“临床试验默示许可”制度反映了监管重心向事中事后的过程监管的转型，是药品传统监管思路和模式的重大调整，对未来医药领域相关环节的审批制度改革具有重要的引领意义。

（四）药品生产工艺核查工作亟待起步

关于药品处方和工艺，存在这样的普遍看法：在 2015 年，新一轮药政系统大刀阔斧改革之前，尤其是 2000 ~ 2005 年中国药品研发经历一轮“无序冒进”时期，这一时期的药品注册在报批数量飙升的同时，申报资料中普遍存在注册工艺与实际生产工艺不一致的问题。针对上述问题，原国家食品药品监督管理总局于 2016 年 8 月发布了《关于开展药品生产工艺核对工作的公告（征求意见稿）》，向社会公开征求意见。此项工作意向一经公布，在业界引起巨大反响。有人评价，这是继 2015 年“722”核查风暴后的“第二弹”。但生产工艺积累的问题很多，核查涉及面广，亦有关于药企生产过程中的商业秘密，且存在违规延迟生产工艺变更申报普遍化的情形，在实际推进方面的难度非同一般，故此项工作目标的推进并未纳入前两年的监管计划中。为此，原国家食品药品监督管理总局在 2017 年发布了《已上市化学药品生产工艺变更研究技术指导原则》和《已上市中药生产工艺变更研究技术指导原则》，指导企业对已上市药品拟变更生产工艺开展研究。2018 年以来，药品生产工艺变更事件频发，最典型的便是长春长生疫苗事件。这场因为随意变更工艺参数和设备而使全行业为之震动的大事件，其根源就在于药品生产工艺随意变更而给药品质量安全带来的重大隐患。如何使药品生产工艺变更的管理更加规范化，避免药品安全事件再度爆发，已成为监管部门迫在眉睫的重大议题。可以预见，解决药品生产工艺与批准的规范不一致问题，确保药品生产过程回归真实和合规操作，将成为近阶段药品监管工作重点关注和倾力的工作。

（五）执业药师提升准入门槛

2019年3月20日，国家药品监管局、人力资源和社会保障部联合发布《关于印发〈执业药师职业资格制度规定〉〈执业药师职业资格考试实施办法〉的通知》，执业药师职业资格制度新规出台。执业药师是一个有专业性要求的技术服务岗位，这个新规对执业药师制度做出了两个调整：一是准入门槛提高，将执业药师学历准入门槛从中专提升为大专以上学历，并适当提高相关专业人员从事药学（中药学）岗位的工作年限，更加突出了岗位实践要求，其目的在于进一步强化执业药师队伍的专业性；二是违规成本提高，对违规执业的人员加大惩戒力度，违法违规行为、接受表彰奖励及处分、继续教育学分等重要信息都将纳入全国执业药师注册管理信息系统。执业药师准入门槛抬高是基于当前中国执业药师队伍现状而采取的政策调整，从近期看不会造成执业药师资源的短缺，从长远看有助于提升执业药师队伍的整体形象，也将有助于重塑执业药师的社会地位。此外，2019年“3·15”晚会上，央视曝光执业药师“挂证”乱象成为业内“潜规则”后，国家药监局组织开展了《药品零售企业执业药师“挂证”行为整治工作》，为期六个月，监管部门将按照“四个最严”的要求，加大对零售药店“违规挂证”行为的监管惩治力度，以利于进一步促进药品零售行业的规范经营。

（六）加入ICH协调药品技术规范

ICH，即人用药品注册技术要求国际协调会（International Council for Harmonisation of Technical Requirements for Pharmaceuticals for Human Use），是由美国、日本和欧盟三方的政府药品注册部门和制药行业在1990年发起的。ICH在全球范围内协调药品技术规范，推动药品技术要求的合理化和一致化，取得了积极的成效，成为药品注册领域重要的国际规则制定机制。2017年6月，原国家食品药品监督管理总局正式加入ICH；2018年6月，国家药品监督管理局进一步成为ICH管理委员会成员。中国将结合当前各项药品监管改革措施，在ICH各项活动中发挥更加积极的作用，尽快全面实施ICH各项指

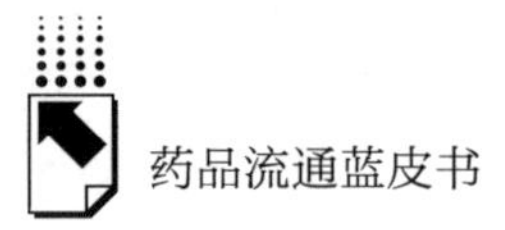

导原则，推动我国药品监管理念、方法以及标准与国际先进水平相协调和衔接。

二　药品监管体制发生重大调整，药品监管专业性面对机构重组和融合的新挑战

2018 年是中国药品监管体制重大变革的一年。根据《中共中央关于深化党和国家机构改革的决定》和全国人大批准的《国务院机构改革方案》，国务院对涉及市场秩序领域的监管机构实行“三局合一”，组建国家市场监督管理总局，并单独组建国家药品监督管理局，由国家市场监督管理总局管理。省级市场监管机构设置与国家机构基本相仿；药品经营销售等行为的监管，由市县市场监管部门统一承担。至此，“统一权威的食品药品监管体制”成为历史。时至 2019 年初，国家和省级市场监管机构和药品监管局的体制调整基本就绪，市县两级市场监管机构整合和组建正在有序进行中。据统计，全国 2000 多个县级行政单位在这次机构改革前已有半数以上实行了“三合一”，余下近千个基层药监局在近期将撤销，直接并入市场监管部门内。

《中共中央关于深化党和国家机构改革的决定》提出，“赋予省级及以下机构更多自主权。除中央有明确规定外，允许地方因地制宜设置机构和配置职能，允许把因地制宜设置的机构并入同上级机关对口的机构，在规定限额内确定机构数量、名称、排序”。据此，各省份在药品监管机构设置方面有诸多的模式创新，如江苏省从各地市划出 118 个行政编制，根据药品监管需要，设置 13 个检查分局；浙江省根据需要在 10 多个区市设置省药品检查中心分中心；广东省在辖区内设置 5 个稽查（药品检查）办公室；重庆市药监局下设 4 个直属检查局，共有编制 200 多人；福建省在省内设置 3 个检查分局，由各市划转行政编制 46 人；天津市设置 5 个派出片区药品监管机构，核定编制 150 余名；山东省计划设置 6 ~ 8 个区域性药品检查机构；等等。全国省以下药品监管机构的设置呈现多样化的模式，职能设定也有所差异。

就大市场综合监管而言，机构改革为市场监管综合行政执法构建了体制框架，在此基础上有必要对原有的体制进行部门再造，实现从“机构整合”转为“监管理念融合”、“工作流程融合”和“监管文化融合”。以往市场监管在

不同领域适用的工作原则、执法目标、运行方式存在很大差异，市场综合行政执法改革不是原有监管部门的简单组合和惯性延续，而是需要转变工作思路和理念，积极推动监管模式、工作机制乃至监管理念和文化的融合与转变。同时要明晰监管职责事权，完善联动机制，尽快打造一支执行力强、能打硬仗的市场监管综合行政执法队伍。就药品监管而言，防控药品风险和促进医药产业高质量发展是其两项基本职能，而专业性机构是保证药品专业化监管的体制依托和保证。面对与大市场监管体制融合与重组，药品监管最需要注意的问题是如何保持监管专业性，体现专业化的科学监管。涉及公众安全健康的医药行业的治理与市场秩序治理具有诸多相通性，但亦存在明显的差异，如何树立科学监管的理念、方法和手段，如何借鉴国际先进的治理经验，如何整合和配置药品监管资源，如何培育一支专业化的监管队伍等，这是后监管体制改革时代需要重点关注和研究的议题。新一轮体制的变革，一方面要加速与大市场监管体制融合，缩短体制改革的磨合期，取得机构整合的预期效益；另一方面需要保证药品专业化监管不被"稀释"，药品专业队伍建设、人员任用、岗位培训、智能化手段和监管能力持续提升，同时强化药品监管工作的层级指导和监督，强化区域协同合作，确保政令畅通，协同防控风险，形成全国药品治理的"一盘棋"。

从宏观层面看，药品监管机构与大市场体制的融合，未来高层的监管政策会有更多的协调和顺畅，在具体监管实践中也便于监管资源最优化配置与整合，市场监管各领域的改革探索也应当可以相互借鉴，总体上应当能够实现"1＋1＞2"的改革预期效果；但在局部的实践层面，由于执法主体及职能的调整，执法监管程序和方式的变化，以及监管人员轮换和能力差异，对药品安全风险防控能力可能会发生一定程度的衰减，监管机构和业界都需要有一个逐步调整适应的过程，期待这一轮的监管体制改革可以顺利取得进展，以促进医药产业和其他相关行业的高质量发展。

三　修改《药品管理法》和制定《疫苗管理法》，完善药品治理的法律制度

《药品管理法》是药品监管机构实施行政监管的"法律渊源"。1984 年制

定的第一部《药品管理法》，构建了我国药品管理法律制度的基本架构；2001年根据当时社会经济和药品产业发展的需要，国家立法机关对《药品管理法》进行了全面修订，确认了药品监督管理机构的法律地位，在药品生产经营主体责任、行政监管重要内容、监管权、程序和方式以及执法手段等方面都做了与当时管理需求相适应的制度设计。此后随着国家药品产业的飞速发展，法律制度滞后的问题又逐渐凸显出来，近10年来业界修法的诉求十分强烈。2013年底，原国家食品药品监督管理总局正式启动了《药品管理法》的修订，先后形成了若干个修改稿。2017年10月，中办、国办发布的42号文提出36项涉及药品审评审批制度的改革措施。为保障改革措施于法有据、尽快落地，国家立法机关提出了“两步走”的修法思路，即先采取修正案方式，对《创新意见》提出的改革措施进行梳理，确保42号文的改革措施尽快得以实施。但由于种种原因，《药品管理法》的修正案并未如期列入立法机关的审议。2018年，长春长生疫苗事件爆发后，完善国家药品监管法律制度成为全社会关注的聚焦点。与对疫苗事件个案惩处相比，构建更加科学的药品监管体系，防止此类药品安全事件再次发生，药品法律改革和创新成为更为紧迫的制度决策事项。于是，《药品管理法》的修订以及针对疫苗监管的专项法律的制定摆上了立法机关的议程。

（一）全面修改《药品管理法》（以下简称《修订草案》）

2019年4月26日，全国人大常委会对《修订草案》进行了第二次审议后，将审议稿在官网上公布，向社会征求意见。从公布的《修订草案》内容看，现阶段药品法律修改的走向和要点主要体现在以下几个方面。

1. 对《药品管理法》进行全面修改完善

法律修改有两种形式：一是法律修正，即对法律部分条款进行修改；二是法律修订，即对法律进行全面修改。立法机关在第二次审议后明确提出，将从“修正草案”调整为“修订草案”，意味着原定主要对实行药品上市许可持有人制度等做法律修正外，需要将药品领域其他改革成果和行之有效的监管实践探索上升为法律制度，按照药品全过程、全链条管理目标和要求，创制和完善药品管理法律制度，对药品管理中存在的突出问题予以规制，因此有必要调整修改层级，对药品管理涉及多个环节的法律规定做全面的修改完善。

2. 法律章节调整和条款增加

《修订草案》章节增设了药品研制和注册、药品上市许可持有人、药品上市后管理以及药品的储存和供应，减去了药品管理和药品包装管理两章，从原有的10章增加到12章；《修订草案》的条款从原有的104条增加至150条，篇幅增加了近三分之一。从目前章节增设看，《修订草案》在强调药品质量和安全的同时，更加注重了药品的“可及性”，即侧重于对药品研制、上市、上市后管理以及药品的储备、供应的保障和规制。《修订草案》将近年来药品审评审批制度改革的有效举措纳入了立法规范，用法律形式将行政管理决策法制化，同时也将上市后监管改革的诸多内容纳入了法律的修改中。

3. 修改药物临床试验管理的法律规范

《修订草案》要求研制新药必须依法进行审批的同时，规定：“国务院药品监督管理部门应当自受理临床试验申请之日起六十个工作日内决定是否同意并通知申请人，逾期未通知的，视为同意。”将42号文关于药物临床试验审批实行“默示许可”的改革举措转化为法律规定，意味着行政审批部门有60天的审批时限，这是对行政审批权的法律约束，超过这个时限即视为认同。此外，《修订草案》对药物临床试验机构从原来的审批管理调整为备案管理，以进一步降低药物临床试验的准入门槛，强化事中事后的监督管理。

4. 全面实施药品上市许可持有人

《修订草案》对药品上市许可持有人做了专章规定，内容包括：一是药品上市许可持有人应当对药品的非临床试验、临床试验研究、上市后研究、生产经营规范、不良反应监测及报告与处理等承担法律责任；二是药品上市许可持有人应当建立相应的质量保证体系，配备质量管理负责人独立负责药品的质量管理；三是药品上市许可持有人要与受托进行药品生产、经营、储运的相关企业签订委托协议，明确药品质量责任、操作规程等内容，并对受托方进行监督；四是药品上市许可持有人应当建立年度报告制度，将其药品生产销售、上市后研究、风险管理等情况按年度向药品监管部门报告。《修订草案》还新增了经批准“药品上市许可持有人可以转让药品注册证书”的规定。

5. 取消对药品GMP/GSP的官方认证制度

《修订草案》删去了现行《药品管理法》关于药品监管部门对药品生产经营企业是否符合GMP/GSP的要求进行认证的条款；对认证合格的，发给认证证书的条款，修改为“从事药品生产经营活动，必须遵守 GMP/GSP，建立健全药品生产经营质量管理体系，保证药品生产经营全过程持续符合法定要求”。这意味着在新的法律规定中将取消以往每五年一次的 GMP/GSP 的官方认证，政府不再用认证形式为企业生产经营活动是否合规做“背书”，要求生产经营企业的合规必须呈“持续状态”，并随时准备接受监管部门的常规检查和飞行检查。

6. 药品生产工艺变更实行分类管理

《中华人民共和国药品管理法（修订草案）》在明确“药品必须按照国家药品标准和国务院药品监督管理部门批准的生产工艺进行生产，生产记录必须完整准确”的同时，新设条款规定，“对药品生产过程中的变更，按照其对药品安全性、有效性和质量可控性可能发生的风险和产生影响的程度，实行分类管理。属于重大变更的，应当报国务院药品监督管理部门审批，其他变更应当按照国务院药品监督管理部门的规定备案或者报告”。这在法律制度方面将对药品生产工艺变更实行分类管理的模式，对药企部分合理的生产工艺变更情形允许采取备案或报告，具体备案或报告程序由国务院药品监督管理部门规定。保证生产工艺合规是依法监管的重要目标，在法律确定的原则下还需要有更具可操作性的实施方案，逐步解决我国药品生产工艺与批准规范不一致的问题。

7. 加强药品上市后管理

《修订草案》要求，“药品上市许可持有人应当制定药品上市后风险管理计划，主动开展药品上市后研究，对药品安全性、有效性进行进一步确证，加强对已上市药品的持续管理”，具体包括：对已上市药品的安全性、有效性定期开展上市后评价；开展药品上市后不良反应监测，主动收集、跟踪分析药品不良反应信息，及时采取风险控制措施；发现可能与用药有关的严重不良反应，必须及时报告；存在质量问题或者其他安全隐患的应当立即停止生产、销售，并召回已上市销售的药品。药品上市后管理，还涉及生产经营和使用各方主体，但药品上市许可持有人确定为法律责任的主要承担者。

8. 实行对药价虚高和短缺药供应的管理

《修订草案》新增条款规定：“国家对药品价格进行监测，必要时开展成本价格调查，加强药品价格监督检查，依法查处药品价格违法行为，维护药品价格秩序”。针对药品短缺的问题，《修订草案》的重要内容包括：①国家建立药品供求监测体系，收集、汇总和分析短缺药品供求情况，对短缺药品实行预警，并采取应对措施；②国家实行短缺药品清单管理制度，由国务院卫健委会同国家药监局制定，并适时调整清单目录；③国家鼓励短缺药品研制和生产，对临床急需的短缺药品及原料药监管部门予以优先审评审批；④国务院相关主管部门对短缺药品的生产、价格和组织进口等采取适当的干预措施；⑤药品上市许可持有人、药品生产经营企业应当切实履行社会责任，确保药品的生产和供应。

9. 加大对违法行为的处罚力度

一是提高了对违法行为行政处罚的幅度，对无证生产经营药品、生产销售假药劣药、违反药品生产质量管理规范或者药品经营质量管理规范等违法行为提高罚款额度；二是落实“处罚到人”，对从事生产销售假药劣药所在单位的法定代表人、主要负责人、直接负责主管人员和其他责任人员，增加依法追究刑事责任的规定；三是对依法不认为是犯罪或者不构成犯罪的，增加可以给予行政拘留的规定；四是增加惩罚性赔偿，生产假药、劣药或者明知是假药、劣药仍然销售，造成死亡或健康严重损害的，受害者或其家属可以主张相应的惩罚性赔偿。上述处罚条款的修改，体现了对药品违法行为处罚力度的加大，使其违法成本提高，达到“严惩重罚”的立法宗旨。

10. 后续修改涉及的相关议题

《修订草案》关于“禁止网销处方药”的规定在全国人大常委会审议过程中有一定争议。关于“假劣药”定义、药品专利链接和专利补偿制度、药品损害救济补偿等制度在《修订草案》中没有涉及，在后续的法律立法议程中相信会有进一步的调整、增补和完善。

《修订草案》正在讨论修改，但新一版《药品管理法》出台已指日可待。可以预见，药品从研发、上市、生产、经营和使用各环节的管理规范将发生重大变革，这是药品监管法律制度的新一轮改革和创新，必将加速推进我国药品产业的健康高质量发展。

（二）回应疫苗重大事件，制定《疫苗管理法》

2018 年 7 月，长春长生疫苗事件引发公众对疫苗类药品安全的高度关注。同年 9 月 20 日，中央深改委第四次会议审议通过了《关于改革和完善疫苗管理体制的意见》。会议在要求改革和完善疫苗管理体制的同时，提出要抓紧完善相关法律法规，尽快解决疫苗生产经营中违法成本低、处罚力度弱等突出问题。根据党中央关于完善疫苗管理法律制度的要求，《疫苗管理法》制定被纳入了国家立法机关的议程。2018 年 11 月 11 日，国家市场监督管理总局发布《疫苗管理法（征求意见稿）》，公开向社会征求意见；2018 年 12 月 23 日和 2019 年 4 月 23 日，全国人大常委会两次审议了《疫苗管理法（草案）》。

《疫苗管理法（草案）》提出坚持疫苗产品的战略性、公益性；规定国家对疫苗实行最严格的管理制度，对疫苗生产实行严格准入制度；明确疫苗上市许可持有人对疫苗研制、生产、流通和预防接种过程中疫苗的安全、有效和质量可控负责；要求疫苗上市许可持有人的法定代表人、主要负责人具有专业背景、从业经历和良好的信用记录；要求严格生产活动管理的批签发，限制疫苗生产的委托；规定疫苗上市许可持有人应当建立疫苗的电子追溯系统。此外，法律草案还确立了疫苗预防接种异常反应补偿制度。

《疫苗管理法》的制定，开创了国家对某一类医药产品制定专项法律的先例，设定了不同于一般药品的特别法律监管制度，并首次将“社会共治”原则和相关条款写入法律草案，这为深化我国药品监管改革和创新奠定了法律基础。

四　推进“放管服”激发市场主体活力，着力优化医药产业的营商环境

早在 2017 年，李克强总理就提出了“营商环境就是生产力”的论述。处理好政府与市场的关系，着力优化良好的营商环境，依靠改革开放激发市场主体的活力，成为现阶段政府改革的重要目标。

2018 年 9 月，国务院发布了《关于在全国推开“证照分离”改革的通知》（国发〔2018〕35 号）（以下简称《通知》）。《通知》提出“证照分离”改革在上海市浦东新区试点以来，降低了企业制度性交易成本，取得了显著成效。为激发市场主体活力，加快推进政府职能深刻转变，营造法治化、国际化、便利化的营商环境，在前期试点基础上，国务院决定在全国推开“证照分离”的改革。

《通知》要求，进一步厘清政府与市场的关系，全面改革现有的审批方式，精简涉企证照，加强事中事后的综合监管，创新政府管理方式，进一步营造稳定、公平、透明、可预期的市场准入环境，充分释放市场活力，推动经济高质量发展。《通知》确定了工作推进的原则，一是突出照后减证，能减尽减，能合则合；二是做到放管结合，放管并重，宽进严管；三是坚持依法改革，于法有据，稳妥推进。

《通知》确定了“证照分离”改革的具体工作目标，即从2018年11月10日起，在全国范围内对第一批106项涉及行政审批事项，分别按照“直接取消审批”“审批改为备案”“实行告知承诺”“优化准入服务”等四种方式实施“证照分离”改革。其中，涉及医药相关的行政审批改革有：国产药品再注册审批、开办药品生产企业审批、药品委托生产审批、开办药品经营企业审批（批发、零售连锁总部）、药品进口备案、药品广告异地备案、互联网药品信息服务企业审批、医疗器械广告审查、第二类医疗器械产品注册、第二三类医疗器械生产许可证核发、开办药品零售企业审批、第三类医疗器械经营许可和进口药材登记备案等。《通知》提出的主要改革举措包括：①推广网上业务办理；②压缩审批时限，将法定审批时限压缩三分之一；③精简审批材料，在线获取核验相关资料和身份证明等；④一次性告知备案条件和所需材料；⑤公示审批程序、受理条件和办理标准，公开办理进度；⑥对审批事项中相关联的现场检查进行合并，提高审批效率；⑦推进部门间信息共享应用，加强事中事后监管。《通知》同时明确，对发现实际情况与其承诺不符的，可以依法撤销审批，并予以从重处罚。

2019年的政府工作报告确定的政府工作任务，继续把激发市场主体活力、着力优化营商环境列入重要的工作任务。可以预见，各级政府及其药品监管部门将进一步深化“放管服”改革，在强化依法监管的同时积极降低制度性交易成本，不断为中国医药产业的高质量发展营造一个良好的制度环境。

B.6
我国基本医疗保险支付方式改革及展望

毛宗福　胡博睿　乔家骏*

摘　要： 医保支付与医保购买是一对“孪生兄弟”，医保团购、医疗服务和医疗产品，可以通过支付方式直接调节医疗服务需方、供方的行为，撬动医药卫生体制相关领域改革，对医疗机构和医药行业发展也会产生直接作用。因此，改革医保支付方式成为备受关注的热点前沿话题。本文主要从我国医保支付方式改革的历史逻辑，进一步阐释医保支付方式改革的方向，分析医保支付改革对医疗机构和医药行业发展的影响。

关键词： 医保支付　医保购买　医药行业

一　医保支付方式改革的演进历程

从1998年我国实施城镇职工基本医疗保险制度，到2018年国家医疗保障局成立，20年来具有中国特色的基本医疗保险体系建设得到长足发展。其制度发展理念从“低水平、广覆盖”演变到“保基本、广覆盖、可持续”，再到“既尽力而为，又量力而行，不断满足人民日益增长的美好生活需要”；2018年城镇职工和城乡居民参保率达到95%以上，医保基金收入超过2万亿元，基金支出占卫生总费用的比重提高到30%，医保成为医疗服务市场上“最大购买者”。

医保支付有直接提供服务和医疗费用补偿两种形式。本文仅限于讨论费用

* 毛宗福，武汉大学全球健康研究中心主任，第十三届全国人大代表，武汉市人民政府参事；胡博睿，武汉大学全球健康研究中心；乔家骏，中国人民健康保险股份有限公司。

补偿，即医保对参保人购买的医疗服务费用的支付，其核心是替参保人获得有效的服务和适宜的价格。医保支付方式也称医保结算方式，就是医保费用偿付的具体方法和途径，是由医疗保险组织（机构）按照保险合同的规定，在被保险人接受医疗服务后，对其所花费的医疗费用进行部分或全部补偿；也可以理解为对医疗服务机构所消耗的医疗服务成本进行补偿。通常包括按服务项目付费、按服务单元付费、按人头付费、按病种付费、总额预付制等。医保支付是连接医保与医疗服务的最直接纽带，也是沟通医疗服务供需双方的直接桥梁。我国医保支付方式的发展完善，主要经历了以下几个阶段。

（一）初步建立阶段（1998～2008年）

对医保支付方式进行规范的文件可以追溯到1999年劳动和社会保障部等5部委制定的《关于加强城镇职工基本医疗保险费用结算管理的意见》（劳社部发〔1999〕23号），提出“基本医疗保险费用的具体结算方式，应根据社会保险经办机构的管理能力以及定点医疗机构的不同类别确定，可采取总额预付结算、服务项目结算、服务单元结算等方式，也可以多种方式结合”。

新医改以前，我国基本医疗保险工作重点是建立覆盖全人口的制度体系，医保购买理念属于传统“服务项目”或“服务数量”，医保支付方式以“按服务项目付费”为主。其优点是医疗服务灵活、医患双方具有较高的选择性、医疗费用容易结算、医疗机构积极性高、医保基金管理成本低、有利于临床新技术新业务发展等；其缺点是医方普遍缺乏成本控制意识，容易“大处方、大检查”，甚至医患合伙骗保，增加医保支出，损害医保基金。随着时间推移，这种“只管买单，不问价钱”的医保后付制方式，也助长了我国医疗费用的快速上涨，并由医保部门独家承担基金财务风险。

（二）改革完善阶段（2009～2015年）

国家出台新医改顶层设计政策文件，2009年中共中央、国务院发布《关于深化医药卫生体制改革的意见》（中发〔2009〕6号），提出了“完善支付制度，积极探索实行按人头付费、按病种付费、总额预付等方式”的总体要求；2012年国务院《“十二五”期间深化医药卫生体制改革规划暨实施方案》（国发〔2012〕11号），从国家政策层面规划“改革完善医保支付制度”，并要求“制定医保基金支出总体控制目标并分解到定点医疗机构，将医疗机构次均（病种）医疗费用增长控制和个人负担定额控制情况列入医保分级评价体系；积极推动建立医保经办机构与医疗机构、药品供应商的谈判机制和购买服务的付费机制”。

面对日益增加的医保支付压力，为了防止医保基金穿底，保持基金平衡可持续，2011 年人社部出台了《关于进一步推进医疗保险付费方式改革的意见》（人社部发〔2011〕63 号），提出“以医保付费总额控制为基础，结合门诊统筹探索按人头付费，针对住院和门诊大病探索按病种付费”；2012 年人社部又专门下发《关于开展基本医疗保险付费总额控制的意见》（人社部发〔2012〕70 号），要求“用两年左右的时间，在所有统筹地区范围内开展总额控制”；同年，国家卫计委也出台了《关于推进新型农村合作医疗支付方式改革工作的指导意见》（卫农卫发〔2012〕28 号）。

在经历“扩大覆盖面”、“提高筹资标准”以及医保基金支出快速增长期后，我国将提高医保基金使用效率纳入医保整体工作重点。医保购买不仅要关注医疗服务数量，同时也要注重医疗服务质量，各基金统筹地区围绕改革完善医保支付方式陆续开展了“总额控制下的多种支付方式”探索工作，相关术语表述也由简单的医保基金“总额控制”到“总额预算”，再到“预算管理（总额预付）”。这种总额控制支付方式以控制医疗费用快速增长为主要目的，其优点是可以平衡医保基金收支，使医疗费用支出处于可控且合理增长的范围内，医保基金管理成本较低，医方具有较高的灵活性；其不足之处是容易“推诿患者”导致不合理转诊，减少医疗服务数量、降低服务质量，患方选择的灵活性差，或发生医保基金自身的财务风险转嫁，使医疗机构利益受损。

（三）深化改革阶段（2016年至今）

随着医改深入，医保的基础性作用越来越凸显，医保支付方式被视作撬动“三医联动”改革的重要杠杆。2016 年，中共中央、国务院印发《“健康中国2030”规划纲要》，要求全面推进医保支付方式改革，积极推进按病种付费、按人头付费，积极探索按疾病诊断相关分组付费（DRGs）、按服务绩效付费，形成总额预算管理下的复合式付费方式；同年，国务院印发《“十三五”深化医药卫生体制改革规划》（国发〔2016〕78 号），提出“深化医保支付方式改革，推动全民基本医保制度提质增效”的政策规划目标。

为了进一步完善总额控制预算管理实施，在总结地方经验基础上，2017 年首次以国务院办公厅名义印发《关于进一步深化基本医疗保险支付方式改革的指导意见》（国办发〔2017〕55 号，简称“55 号文件”），要求各地推进医保支付方式分类改革，按项目付费占比明显下降；进一步加强医保基金预算管理，积极探索将点数法与预算管理、按病种付费等结合应用。“55 号文件”首次提出，将医疗行为的监管重点从医疗费用控制转向医疗费用和医疗质量“双控制”等方面，这预示着我国医保购买进入“质量和价值导向”阶段，医保支付必将由传统“按服务项目和数量付费”逐步向“按质量价值付费”变革。

2018 年 5 月至今，国家医保局成立尚不足 1 年时间，已经紧锣密鼓开展了与医保支付方式改革密切相关的系列重要工作：抗癌药品医保专项谈判采购，全国打击骗保专项行动，实施“4 + 7”城市药品带量采购试点，启动 DRGs 试点，将高血压、糖尿病等门诊用药纳入医保，新一轮国家医保目录调整等。医保购买理念从“被动买单”转向“价值采购”，我国医保支付方式由最初的后付制转向预付制，单一支付方式转向总额预算控制下复合多元支付方式，单纯医保控费功能转向实现战略性购买等。医保支付制度是医保介入医疗服务市场的重要手段，以国家医保局成立为标志，我国医保支付方式改革进入全新时代，利用支付方式的经济杠杆撬动相关领域改革，从而控制医疗费用不合理上涨，提高医保基金使用效率，保障医疗服务质量。

二　医保支付改革的机遇、挑战和趋向

中国特色社会主义建设进入新时代，我国社会主要矛盾已由改革开放初期的“人民日益增长的物质文化需要同落后的社会生产之间的矛盾”，转化为“人民日益增长的美好生活需要和不平衡不充分的发展之间的矛盾”。社会主要矛盾转化是我国社会发展有巨大进步的集中反映，给新时代医保工作带来了机遇，也提出了新要求。

党的十九大报告就加强社会保障体系建设指出：按照兜底线、织密网、建机制的要求，全面建成覆盖全民、城乡统筹、权责清晰、保障适度、可持续的多层次社会保障体系。医疗保障作为社会保障的重要组成部分，十九大报告中

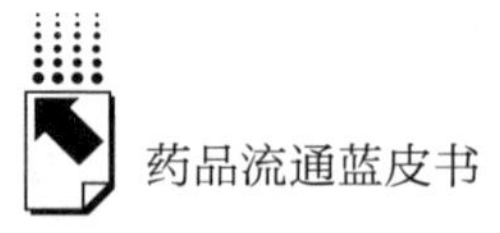

的这段47字论述无疑明确了新时代我国医疗保障体系建设的方向、目标和任务。因此，我国医保制度改革方向是进一步完善统一的城乡居民基本医疗保险制度和大病保险制度，健全覆盖全民城乡统筹的多层次医疗保障体系。今后一个时期内医保制度发展完善总基调应是“既尽力而为，又量力而行”，“以改革创新为动力”，确保医保基金安全，促进制度公平可持续，提高基金使用效率，更好保障人民群众就医需求，既要“兜底线”，精准医疗保障扶贫托底，又要“织密网”，防止“大病致贫、大病返贫”。

“健康中国”上升为国家战略，发展卫生健康事业、增进民生福祉、补齐民生短板、促进健康消费。发展健康产业，既是坚持以人民为中心，化解新时代我国社会主要矛盾的具体体现，更是促进经济社会发展“供给侧结构改革”，实现“新旧动能转换”的重要路径。因此，一方面继续提高基金筹集水平，保持与国民经济和居民收入增幅相适应；另一方面遏制当前医保基金支出增幅高于筹资增幅的现象，持续深化医保支付方式改革，重点由医疗服务的一般性购买转向以“价值医疗”为中心的战略性购买，提高基金使用效率和保障绩效。

过去，医保支付强调基金平衡，现在，既要实现基金平衡，又要注重团购中的价值和成本选择。围绕“战略购买”理念，发挥医保支付“权益保障、质量保证和基金平衡”三大基本功能，国家层面已经或正在积极创新医保支付方式：在正确的地方购买正确的服务。例如，高血压、糖尿病等门诊用药纳入医保，从购买服务项目转化到购买服务结果。例如，启动DRGs试点，从购买服务扩展为购买医疗服务要素。例如，“4+7”城市药品带量采购。

医保支付方式改革不是单纯的支付问题，涉及诸多相关配套政策环境，例如，筹资机制、医保治理能力。目前，多数地区正在完善医保总额控制，全面推行以按病种付费为主的多元复合式医保支付方式改革，实际操作中，一些地区仍然以按服务项目付费结合打包付费为主。我国医保支付方式改革还处于探索阶段，缺乏相对成熟的经验。但是随着筹资水平提高、医保职能整合、医保支付和影响力的增强，各方赋予医保支付改革更多期望。

因此，“继续深化医保支付方式改革，充分借助大数据等手段，促进医疗资源合理配置”被列入国家医保局2019年六项重点工作之一，并传达了以下含义：①深化医保支付方式改革是长期任务，是长期工作重点；②医保支付方式改革必须借助“互联网+”，创新方式方法，包括推进DRGs试点工作；

③期望医保支付撬动相关领域改革，更好实现 望

根据“55 号文件”精神，结合国家医保局
年重点工作部署安排，今后一个时期我国医保支付

2019

（一）预算管理是支付方式改革的基础前

加强预算管理和总额控制，属于医保支付的一条
参保人追求质量保证，为制度可持续发展追求基金平衡
建立预算管理机制，支出必须受总额控制。如果缺乏总
DRGs 也难逃住院率飙升和费用超支的情况。

总额控制预算管理下的支付方式有多种，我国大多
法”，即主要依据前 3 年情况，将预算总额切分至每一家医
简单直观，方便易行，但在实际中，由于基金经办管理能力
存在“简单粗暴”、监管力量不足、手段不多的缺点，广受
或“点数法”等在基金统筹区域内实行“总控”成为方向，
付费成为补充路径。

（二）多元复合支付方式成为可行路径

国内外经验均表明，医保支付方式必须根据医疗服务特点，按有
医疗质量、控制医疗费用和优化医保管理的原则选择适合的支付方式。一
付方式并不能实现“一招通用”。“55 号文件”的一项非常核心内容，就是
点推进按病种付费为主的多元复合式医保支付方式改革。

这种“复合”包括预付制与后付制的组合。尽管按项目付费方式存在许多不足，但是还没有哪一个国家或地区的医保可以完全取消项目付费方式。根据医疗服务的多样性和政策支持环境，创新采用多种支付方式成为医保支付的不二选择。例如，对基层机构采取按人头付费的方法，对特殊疑难疾病可采用按项目付费的方法，对治疗方法相对固定的病种可以实行按病种付费等。近期，浙江省试点“肝移植术按绩效付费”项目，在创新支付方式方面进行了有益的探索。

按“病种付费”不仅包括单病种付费模式，还包括日间手术、门诊慢病、门诊大病和 DRGs 等。当前，单病种付费推行难，一方面是单病种付费标准设

，不利于分级诊疗和鼓励医疗机构应用，另一方面是公立医
运营模式成为推广的障碍。

家医保药品谈判采购和药品带量采购成为常态

癌药医保准入专项谈判 17 种抗癌药品平均降价 57%，“4 + 7”
购 25 种药品平均降价 52%。这种“自带酒水”式的医保购买和支
好地实现了医保支付“质量保证”与“基金平衡”功能。2019 年
结经验，制定完善新的药品耗材集中带量采购政策文件。

医疗机构取消耗材加成，实行医疗耗材平台集中招标采购，在某些地
实践。公立医院“耗占比”不断上升，国家和各地政府高度关注已久。
预判，开展医保高值耗材谈判或组织“带量采购”只是时间问题。

（四）试行与点数法相结合的区域性总控

点数法将总额预算和按病种分值结算（或其他的付费方式）进行了充分融合，可以在区域性预算管理的基础上实现按病种付费，以此来鼓励医院依据患者需求提供服务并尽力控制成本，既能实现医保控费目标，又能兼顾医疗技术发展和服务价值的体现。

国家医保局成立以来，积极落实与医保支付方式改革密切相关的配套工作，配套政策举措频出，包括巩固打击欺诈骗保的高压态势，起草制定《医保基金监管条例》；全面建立统一的城乡居民医保制度，发挥医疗保障在精准扶贫中的托底作用；启动新一轮医保目录调整工作，发挥医保战略购买者作用；提升医保经办服务能力，做好异地就医直接结算，提升医保法制化水平。因此，医保支付方式作为重要工具和手段，在实现价值购买和推进医药卫生体制改革方面会发挥越来越重要作用。

三　医保支付改革对医疗和医药行业的影响

（一）医保支付改革对公立医院的影响

医保支付方式改革对公立医院已经或正在产生重要影响，包括倒逼公立医

院走内涵式发展，强化内部控费管理，调整医疗服务收入结构，促进区域合作共享优质资源，提高服务质量等。医保支付改革对公立医院的重要影响归纳为医疗服务观念理念方面的冲击、医院财务风险、药械供应保障风险、对于公立医院行为和内部制度的影响等四个方面。

我国卫生健康事业正处于大发展、大变革时代，公立医院在转型发展过程中由于观念理念更新不及时，医疗健康服务供给侧结构调整不到位、运行机制不健全或者不适应，以及医保制度未完善，特别是“基金预算管理”、“支付方式改革”和“医保基金监管”在技术层面存在“顾此失彼”，政府办医主体责任落实不到位等诸多原因，使“医保—医疗”联动改革衔接不够紧密甚至“脱节”，造成公立医院生存发展困境。促进公立医院健康发展，应该从政府、医保和医疗多维度加强，进一步落实政府办医主体责任，进一步强化“三医联动”协调机制，进一步完善医保改革举措，进一步深化公立医院综合改革等四个方面工作。

（二）医保支付改革对医药行业的影响

医保支付制度，特别是国家医保药品谈判和“4 +7”城市带量采购，与仿制药“一致性评价”、抗癌药品“降税降价”、“两票制”等政策叠加，开启了我国药品“专利悬崖”模式，对于医药生产流通企业的影响显而易见。相关论述不少，观点趋于一致，此处不再赘述。

新时代医保支付对医药行业影响会越来越深入，倒逼医药企业走产品创新发展之路，鼓励医药企业产品创新发展，从医疗服务要素提供层面保障实现“价值购买”。医药行业特点是高技术、高风险、长周期、高回报，一定要创建“高回报”的软环境，让从事医药创新研发、生产的企业收益预期高出社会一般行业，引导医药创新发展。

医药创新需要大量资金、人才。世界和平发展近 60 年，中国改革开放 40 年，中国与世界已经储备了丰厚的资本和人才。而且资金、人才在国际流动，生产要素全球配置成为经济全球化的时代特征。因此，构建医药创新研发发展的政策环境和文化氛围是鼓励医药企业产品创新发展的首要条件。

我国经济社会发展进入新时代，医药行业创新发展按照传统“以农补工”的思维，或者依靠原料药和仿制药利润积累支撑创新研发的模式，难以促进我国医药创新步入良性轨道，可以选择“1 + 3 + X”发展路径。其中，“1”是政府引导，政府创建更加开放、公平的市场软环境，搭建创新药基础研究大平台，创建医药创新发展的硬环境；“3”是“三医联动”，优化具有临床价值的创新药品审批程序，畅通医保支付和临床使用环节；“X”是社会力量，第一层含义是指社会资本等社会力量，乐意参与新药研发的任何阶段任何环节，解决融资问题，化解财务风险，让科学家和企业家各司其职，安心研发和生产；第二层含义是全社会要敬畏生命，敬重医药创新。唯有这样，才有源源不断的创新产品，将更多更好的创新产品及时纳入医保，让仿制药价格及时降下来，才能惠及更多患者，步入医药、医疗和医保良性发展轨道。

B.7

带量采购对药品流通行业的影响和思考

陈　昊*

摘　要： “国家组织、联盟采购、平台操作”原则指导下的“4+7”试点城市联合带量采购事实上已演变为国家药品带量采购。这是我国药品集中采购史上第一次由国家层面组织、动员和实施的带量采购，它对药品生产企业产生了深远影响，更由于其连带的蝴蝶效应，全面深刻影响我国医药行业全链条、全环节和全生命周期的运行模式。作为健康产业价值链和医药供应链上重要环节的药品流通行业概莫能外。药品流通行业正面临历史上最深刻和最复杂的政策环境，并有可能处于转型甚至历史性变革的时间节点。

关键词： 药品流通　带量采购　医改政策　两票制

一　现行药品带量采购的方式与发展

自2015年3月国务院颁布《国务院办公厅关于完善公立医院药品集中采购工作的指导意见（国办发〔2015〕7号）》（简称国办7号文）实施至今，全国药品集中采购形势已初步形成如下格局：省级药品集中采购逐渐演变为技术质量标准、省级限价入围性质；在省级入围的基础上，地市层面医疗机构联合体（或医保部门招标采购机构）带量采购产生药品最终成交价格。

* 陈昊，华中科技大学同济医学院药品政策与管理研究中心、医学与社会杂志，主任，高级经济师，执业药师，中国社会保障学会医疗保障专业委员会常务委员。

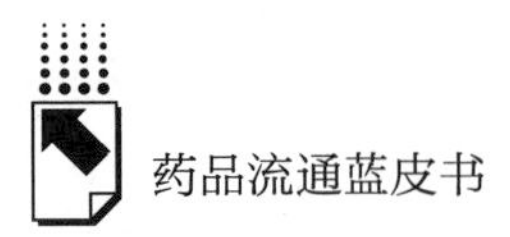

2015 年 5 月 6 日发布的《国务院办公厅关于城市公立医院综合改革试点的指导意见》（国办发〔2015〕38 号）指出，“在公立医院改革试点城市，允许以市为单位在省级药品集中采购平台上自行采购。试点城市成交价格不得高于省级中标价格。试点城市成交价格明显低于省级中标价格的，省级中标价格应按试点城市成交价格进行调整，具体办法由各省（区、市）制定”。随着公立医院改革试点在全国地级市层面普遍推开，几乎所有地级市均开始实施各种形式的“带量采购”，带动“二次议价”现象在全国各地普遍出现。

三年实践至今，带量采购大体形成了以下几类模式：安徽“16 + 1”二次议价带量采购模式，深圳 GPO 模式，医联体（及医共体）议价模式，福建医保办片区议价模式，上海阳光采购平台带量采购模式。上述模式均为省级入围基础上在地市或区域医联体层面进行的局部带量采购。

种类繁多的各类地区带量采购模式极大地改变了医药生产、流通企业的价格、渠道和销售行为。在同期开始推行的医疗机构药品零加成、药品购销“两票制”以及强化医药生产流通秩序的各项政策文件助推之下，药品流通全行业也开始规模巨大的整合、调整，全国各地陆续出现药房托管、医药供应链延伸服务、DTP 药房和药品营销服务（CSO/CSP）等新型业态。

2018 年 11 月，新成立的国家医疗保障局推出国家层面“4 + 7”试点城市联合药品带量采购。虽然从形式上看“4 + 7”仅仅只是城市层面上针对部分药品实施的跨区域联合采购，但从实质启动至今的实践上看，联动效应和大量省市主动跟标，引发全行业上下游相关领域均发生重大调整。

二　药品流通行业在医改中的角色与变化

药品流通行业处于医药产业链中游，在药品全生命周期中起着承上启下作用。市场经济下的药品流通行业，承担着传统的医药商品集货与分发功能。此外，在“医药合业、以药补医”的医药卫生体制安排下，我国的药品流通行业长期以来所扮演的角色极为特殊。一方面，药品流通行业以经营、经销的方式为医疗机构提供绝大部分医药商品供应保障服务和少量药学专业服务；另一方面，行业以“融通垫资”“返利”以及诸多包括灰色、非法形式在内的各种方式“间接”“隐形化”以药补医，支持医疗卫生事业发展。与此同时，药品流通行业身上还承担着国家应急药品储备供应、慈善救济药品分发等政府职能延伸和社会服务职责。

虽然药品流通在医药卫生事业发展和健康价值链中发挥着十分重要的作用，但是国内药械在医疗机构销售价格虚高、购销腐败、过度医疗用药等问题突出，导致药品流通环节“污名化”，从而屡屡成为医改发力的重要着力点，“两票制”、“营改增”甚至“带量采购”等无不是围绕着流通环节展开。2009年国家启动第三轮医药卫生体制改革，历经6年初步建立起能为全体民众享有基本医保、公平可及获得基本医疗与基药、具有健全公共卫生服务等国民健康保障体系。2015年步入以整合制度分设的医保体系、深化公立医院改革、健全药品供应保障体系等为目标的医改深水区，采取“腾笼换鸟”作为改革路径，调整医药价值链分配，压缩药品耗材为代表的医药生产流通环节所占用的价值链空间，为医疗服务价格调整提供改革空间。

2016年以后，国家先后出台规范药品流通行为的《关于整治药品流通领域违法经营行为的公告》（2016年第94号）、《关于在公立医疗机构药品采购中推行“两票制”的实施意见（试行）》（国医改办发〔2016〕4号）等文件，旨在压缩流通环节中过多、过滥和不必要的部分，特别是清除从事“挂靠”、“走票”、套现洗钱，用于临床促销商业贿赂的灰色黑色部分，服务于腾笼换鸟综合医改。药品带量采购政策也开始作为破除价格虚高、规范药品供应的重要举措。

2017年1月，国家卫生计生委在2017年卫生计生工作要点中提出“城市公立医院综合改革实现全覆盖，全部取消药品加成”，建立公立医院综合补偿新机制。从2012年开始试点推行的零差率改革于2017年9月30日前在各级公立医院实现全面落地。零差率改革给公立医院带来的直接问题是药品销售收入减少和医院业务收入下降。各地对取消原有药品价格加成采取的对应措施是进行综合补偿，即“医疗服务价格调整+财政补贴+医院提高管理效率”。但从各地实践情况看，公立医院名义上自行消化的部分有限；医疗服务价格囿于公立医院“公益性”的社会定位，迅速、普遍和足额调整到位存在极大难度，甚至永远无法调整至与医疗服务价值相符的程度。此外，许多地区对医疗机构财政补贴不能足额跟进或不能按时到位，医保不能按时支付医院款项。

在同步推进医保支付方式改革的背景下，各地纷纷采取“药品医保支付标准”加“医院议价收益归属医院”的手段应对药品零差率改革。最先完成药品零差率改革的浙江、安徽、福建推出药品医保支付标准和支付制度改革，以“总额预算，超支分担，结余留用”为原则，一方面鼓励医疗机构改革药品集中采购机制，逐渐将医院药品从利润中心转变为成本中心，加强对医疗成本当中药品费用的管理；另一方面以省级招标价格作为医保支付标准，鼓励医疗机构进行以“带量采购”为名义的形形色色的“二次议价”，将医院议价或片区带量采购收益通过直接获取或财政再分配的形式分配给医院，来进行医疗机构收入补偿。

至此，药品带量采购的趋势已势不可当。它既是综合医改的重要内容，也是实现医改阶段性目标的手段与路径之一；它既体现医药购销市场上“以量换价、以价保量、量价挂钩、招采合一”的市场经济原则，也由于用行政化手段进一步强化垄断买方的市场强势角色，因而带有浓郁的行政化市场垄断特征，深刻体现政府干预色彩，使得药品价格市场化形成机制的博弈局面更加复杂。

虽然药品带量采购的议价主体是药品生产企业（或视同于生产企业的进口商、代理商）与采购资金支付方（医疗机构及联合体或医保资金支付和管理部门），但在目前的“两票制”为主体的购销市场结构下，药品流通行业作为当前连接药品生产企业与医疗机构的中间环节，和目前不可或缺的配送结算等业务操作单元，是药品配送服务和资金结算交付的载体，往往成为药品带量采购政策的落地环节，扮演“管理目标”和“管理手段”的双重角色。它不可避免地受到带量采购政策和实施方式的直接影响，甚至发生颠覆性变革。

三　带量采购对药品流通行业的短期和中长期影响

（一）带量采购助推药品流通行业集中度提升，强化两票制政策效果，局部“一票制”的可能性隐现

我国医药行业长期以来低水平重复生产、市场恶性竞争，多年来的价格管制导致市场竞争失灵，大多数企业采用“带金销售”方式。药品生产企业通过“微创新、伪创新”虚高定价，在流通环节采取“挂靠”“走票”“洗钱”

“多环节营销”等扭曲性的业务安排套取现金用于临床促销，在医疗机构环节以药补医，由此产生严重的商业贿赂及过度医疗、过度用药现象层出不穷，引起严重的医学后果和社会后果。

作为深化公立医院改革的重要举措之一，实施药品购销“两票制”直接指向上述扭曲的医药价值链安排。自 2016 年部分省份开始推行药品购销“两票制”，至 2017 年实现全国覆盖，“两票制”政策已极大改变了我国药品流通行业格局。从制药企业渠道扁平化为开端，药品流通全行业普遍出现并购重组、行业集中度提升、竞争加剧趋势。公立医院药品零差率政策和全国各地纷纷开展的带量采购、二次议价，则进一步助推了“两票制”的政策效果。据商务部统计，国药、华润、上药、九州通四家全国性药品流通企业合计销售占比从 2013 年到 2017 年分别是 32.71%、34.13%、36.94%、37.45% 和 37.6%；药品流通百强企业合计市场份额已达 70.7%。

从技术路径来看，虽然各地药品带量采购的形式众多，包括“4+7”国家药品带量采购在内，其共同思路均为大幅压缩医疗机构的临床用药的品种品规数量和供应来源，甚至采取“单一货源”形式，最大限度地实现简化供应结构的目标，结合货款预付制或期限内付款的条件，让药品生产流通企业明确生产预期，从而产生最大限度降价让利。药品集中供应，或单一货源的带量采购结果，都急速加剧流通行业向全国性或区域医药商业龙头集中。2018 年 11 月启动“4+7”试点城市联合带量采购演变为国家药品集团采购，虽然只是对 31 个已通过仿制药质量与疗效一致性评价药品对应的通用名药品进行集中带量采购，最终 25 个药品中选成交，但“4+7”集采落地政策中，已公布配送政策的上海、大连、天津、沈阳四市均要求中选药品实行同一城市单一配送。不出意外，参加“4+7”药品集中采购试点的所有城市及跟标省市均会采取单一品种指定单一配送的形式。这使原本在“两票制”购销政策下已经加速的药品流通行业集中趋势进一步加速。而考虑到“4+7”带量采购的跟标扩散效应，由全国性流通企业承接中选产品在“4+7”城市乃至众多跟标地区的配送将成为相关药品生产企业的可以预见的选择。

由于“4+7”试点城市联合药品带量采购是国家医保局自成立后，在“国家组织、联盟采购、平台操作”原则下进行，采购机制和价格形成方式由国家层面作顶层设计的重大改革探索，试点城市医保基金管理部门对中选药品实行医保基金预付、按采购进度支付，医疗机构在规定期限内将医保局垫付或预付的药品货款支付给药品配送企业，配送企业再在规定期限内将款项支付给生产企业。很显然，上述付款方式提示，在业务流程上“4 +7”国家药品带量采购所覆盖的药品品种已具备实施购销一票制的政策和技术基础。由此判断，未来更多品种、更大范围的药械带量采购实施相关品种购销“一票制”具有相当高的现实可能性与操作可行性。

药品购销“一票制”如果出现，将从根本上动摇药品流通行业现行的“代理”“经销”的主流商业模式，尤其是参与国家药品带量采购的品种基本上是临床使用金额较大、数量较多的主流治疗药品，也是药品流通企业最重要的销售收入来源。这是药品流通行业面临的真正挑战所在。

（二）带量采购短期放缓行业增速，中长期影响有待观察，流通行业转型压力骤增

自 2015 年 3 月安徽“16 +1”二次议价拉开各地纷纷开展各种形式的带量采购帷幕至今，地方层面上各种类型的带量采购和异地价格联动带动相关药品价格不断下行。但职工医保筹资的稳定增长、城乡居民医保整合以及近年城乡居民医保筹资水平的不断提升，从支付层面仍然支持了医药行业的适度放缓的增长。由于地市层级带量采购的碎片化，虽然在一定程度上能够通过简化医疗机构供应结构的方式实现一定程度的药品价格和费用降低，但毕竟地市层面的市场规模有限，无法真正对强势企业、强势产品形成议价能力，特别是对跨国药企产品基本上无法形成降价压力。而国内仿制药品由于缺乏质量与疗效一致性评价，在事实上也存在质量参差不齐、总体质量低下的情况，根本无力对跨国企业过专利期药品发起价格挑战。这也是在国际上通行的专利期药品一旦专利过期马上价格跳水的“专利悬崖”现象在我国基本没有出现的原因。多年来我国药品价格总体水平持续处于较高乃至虚高水平，相应地不论是医药工业还是药品流通行业，都能在相对比较高的药品价格水平上获得较高的业务收入，实现行业相对高速地增长。

随着于 2015 年 8 月启动的口服化学仿制药质量与疗效一致性评价工作不断取得阶段性进展，以此为基础，国家医保局于 2018 年 11 月推出面向 31 个过仿制药一致性评价的通用名药品“4 +7”试点城市联合带量采购，12 月 7

日公布中选药品价格，25 个成交中选药品平均降幅 52%，最高降幅 96%。按照中选产品价格测算，“4 +7”试点城市联合带量采购所报出的采购数量按原价格执行需 70 余亿元，降价后仅需 19 亿元，相关药品费用大幅降低。由此可见，仅从中选药品本身来看，带量采购即大幅降低了相关产品的销售金额。然而，“4 +7”国家药品集采中选品种大幅降价的真正影响在于其溢出效应，它所带来的药品费用降低可能数以百亿计。一方面，由于价格联动机制，中选药品的价格联动至全国跟标甚至不跟标的所有省份，相关未中选、过一致性评价的同通用名药品生产企业主动下调在非“4 +7”区域的销售价格，使全国范围内中选品种同通用名药品的价格全部下调到中选价格或以下，大幅降低了该类药品在全国使用金额；另一方面，25 个中选药品当中的大部分为临床常见疾病的常用药品，比如治疗高血压的氨氯地平、治疗高脂血症的瑞舒伐他汀和阿托伐他汀、治疗乙肝的恩替卡韦和替诺福韦酯、治疗精神分裂症的奥氮平等，这些药品也大多是其临床适应证的主要治疗选择，这些通过了仿制药质量与疗效一致性评价的相对优质的仿制药大幅降低了该类疾病的治疗费用，连带迫使本治疗领域所有同类药品不得不大幅降低相应价格来竞争市场。这种隐性的价格联动大幅降低了这一类疾病用药的医疗费用和销售金额。这意味着不仅是仿制药生产企业销售收入急剧下降，药品流通企业的营业收入也将大幅下降。虽然药品价格大幅下降，但相关配送成本却并未下降，依据配送货值获取相关配送费用的流通企业经营压力之大可想而知。

“4 +7”国家集采模式相关的中选药品价格大幅降低，生产企业用于营销的费用大幅缩减，整个药品价值链相关环节的价值空间也被大幅压缩，流通行业所占部分也不例外。我国药品流通行业的批发业务高度依赖获得价差的“纯销”及“分销”业务。价差压缩甚至趋于完全消失，药品流通批发企业的价值链地位从相对丰厚的“经销”逐渐变为微薄的“配送”，同时尚须面对逐渐成长的社会第三方物流的业务挑战。可以说，以批发为主要收入来源的药品流通行业面对史上空前的商业模式质疑与转型压力。

按照仿制药质量疗效一致性评价快速推进的节奏与医改部门的总体安排，短期会陆续开展新一轮“4 +7”试点城市联合带量采购，覆盖更多的临床常用药品。参考第一轮中选药品的降价幅度，仿制药价格总体大幅下降将会是高概率事件。药品流通行业所面临的行业总体短期增速放缓甚至负增

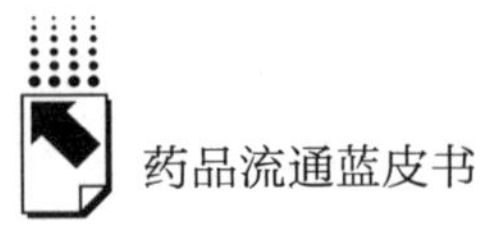

长，均是可能的。

从政策引导方向看，开展对通过一致性评价的仿制药进行带量采购，带来医保基金的节省，节省的基金部分可用于服务综合医改，部分可用于扩充医保目录，纳入更多的创新药、价格相对昂贵的抗癌药等贵价特药。部分抗癌药和靶向药的国家药品谈判结果，以及在地方医保的落地，在一定程度上推动了创新药、抗癌药的可及性，也带动了生产流通企业销售的增长。价格虚高的仿制药大幅降价，为创新药医保准入腾笼换鸟，从长期看这应该是成熟治理的全民医保支付结构优化发展的未来方向，也应该是指引我国医药产业未来向创新作主导、质量为优先的市场演变方向。

从中长期看，包括医保部门在内的国家医改部门推动药品供应保障制度改革，大幅降低药品价格和费用，服务于调整医疗服务价格和综合医改，减少过度医疗和过度用药，减少医保基金的低效或无效支出，会提升整个医疗卫生体系的运行效率，带来医保基金使用效率提升，提高国民医疗保障水平，进一步释放就医需求并带来医药市场的增长。

然而，这两个因素所带来的未来医药市场的增长仍然是不确定的，它们能否真正赋予市场增量红利，需要用时间去观察。在社会资本为主搭建、依托于服务创新的商业医疗保险体系获得足够生存发展空间并成长为相当体量的支付结构之前，药品流通行业短期不得不面对体量的缩减，中长期的增长依然带有强烈的不确定性。

（三）带量采购加剧医院药品市场竞争，加速医药分业，药品流通行业经营模式或面临剧变

深化公立医院改革的重要内容之一是完善公立医院药品供应保障，加强合理用药管理。在基本药物制度、药品零差率、药占比、医保支付方式改革等综合举措之下，公立医院用药范围总体呈现缩减态势。从安徽省 2015 年提出公立医院用药范围限定为 1118 个目录起，各地公立医院常用药品品规基本已限制在 1500 个以内。原本占据药品销售 68% 份额的城市公立医院市场竞争趋于激烈，国内 4300 余家药品生产企业的产品依托于药品流通企业在公立医院市场开展激烈的竞争。随着仿制药质量疗效一致性评价取得阶段性进展，基于此的“4 +7”国家药品集采迅速推进，“1”或“0”的带量采购中选规则，使公

立医院内药品市场竞争白热化达到残酷的程度。可以预见，在现有“4 +7”带量采购模式下，国内药品生产企业数量会被快速压缩，市场份额快速集中到最低价中标的一致性评价国内厂家手中。跨国企业过专利期的成熟药品由于无法应对极低的最低价中标，绝大多数产品将会退出公立医院市场，非中标的国内仿制药也将退出相应市场，并且承受不断下行的价格和不断强化的监管要求，而趋于快速调整甚至消亡。

由于公立医院综合改革的路径被设计为医保总额管理下的“腾空间、调结构、稳费用”，相当于为医院内药品市场设立了不可逾越的天花板。虽然存在腾笼换鸟调结构预期因为带量采购国家集采带来的仿制药大幅降价可能会带来创新药销售、使用放量的市场增长，但全民医保“低水平、广覆盖、保基本”的基本特征决定从宏观层面上判断，城市公立医院药品市场未来萎缩的可能性远大于所谓增速放缓的增长。建立在过往药品价格总体虚高为特征所建立的扭曲价值链分配模式下的药品流通行业面临剧变。

2015 ~2018 年，药品集中采购省级招标入围、地市带量采购模式盛行。同期各地均大力推行医保支付方式改革、医院实行总额预算管理、药品零加成等多项综合改革措施，同时政府投入和医疗服务价格调整的速度与幅度均不及预期。在此形势下，药品零差率政策的压力驱使各地广泛推行的药品带量采购和资金占款期延长，以获得收入补偿，因而诱生、加速各地开展各种形式的药房托管、供应链延伸服务，药品流通企业整合、分化加速，财务成本、资金压力骤增。资金融通和垫付虽然在一定程度上可以扩大销售额，但国内医疗机构的超长回款周期造成药品流通企业资金周转率偏低和巨大的资金压力。各区域频繁的带量采购、GPO、动态调价等举措进一步压缩流通行业在产业链上的空间。另外，流通企业间的竞争白热化，工业企业在品种的区域配送授权上不仅考验流通企业终端网络覆盖能力，而且在“4 +7 带量采购”导致药价断崖式下降的情况下对资金与回款能力硬性要求强化。药品流通行业现行营业模式日趋难以为继。

虽然自 2018 年末起，各省份陆续叫停药房托管和以让利为目的的医药供应链延伸服务，但上述基本面并无根本性改观。“4 +7”药品国家集采落地过程中，医保部门采用预付药款方式，在一定程度上缓解了药品流通企业的资金垫付压力，可以加速资金周转，虽然中选品种只允许单一企业配送的规则会推

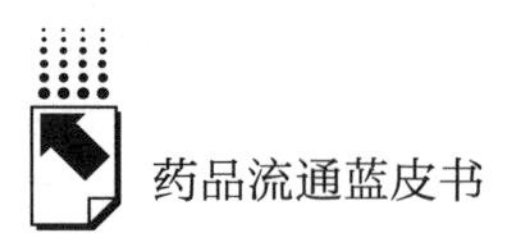

动和强化行业集中，但“4 +7”国家集采中选品种大幅降价与品种配送的“一票制”前景，进一步弱化药品流通企业在价值链中的专业色彩和议价能力，在社会第三方物流积极介入药品流通配送的背景下，甚至业务存在的必要性已存疑。

管控院内用药品规数量并考核合理用药已成为各地公立医院改革的方向，国家和省市层面的带量采购加剧院内药品市场竞争并促使大量药品销售被迫转往包括社会零售药店在内的非公立医院市场。随着医改逐渐深入，医疗机构对药品收入依赖性降低，“4 +7”国家药品集采则急剧加速非中选产品从公立医院市场退出。对于市场上数千个药品生产企业生产的数万种药品而言，留在公立医院市场的药品将只是当中的极少数。大多数药品将只能选择在非医保的非公医疗机构与社会药店体系销售。

医药分业雏形隐现。当前各地数量逐渐增多的 DTP 药房、院前店已清晰表明了药品市场未来转型的方向。

四　带量采购引发的药品流通行业再定位与再思考

从上述政策分析可见，从深化公立医院改革选取“医药分开”的价值观伊始，昭示过往“以药补医”体制已阶段性完成历史使命，也意味着过往的医药价值链分配方式已经完结。价值链上的每一部分都依从于医药卫生事业发展的一般客观规律，自我改变或被趋势、政策所改变。药品流通行业作为非核心价值环节，过去承载着以药补医这一先天扭曲的体制安排所赋予的业务内涵，在特定的历史阶段发挥过巨大而饱含争议的作用。但如同所有正在剧烈变革的其他行业一样，药品流通面临时代的变革，这种变革既源于所处行业政策大环境的调整和法律法规要求变化，也源于日新月异的技术变革和行业发展。

随着社会不断发展，社会法制趋于健全，药品全生命周期监管治理迈向成熟，医药行业粗放、野蛮生长的年代已经成为过去。药品流通行业作为大健康事业的一个组成部分和服务提供单元，它的功能定位、职能舒张均需要服从更宏大的社会目标，即高效率地服务于全民健康提升事业。国内外实践经验已证明，市场机制是药品流通行业配置资源与有效运行的主导机制；同时，由于医药行业具有强烈的专业化特征，行业宏观发展的社会目标具有强烈的外部性，药品流通行业天然属于政府强监管范围，受众多医药卫生政策规范与引导。因此，如何在我国医改大背景下对自身做出准确的社会功能与专业定位并基于此迅速展开相关调整、建设，对处于转型变革期的药品流通行业来说无疑是亟待明晰的命题。

可以预见，2019 年作为行业发展分水岭的年份，随着政府机构改革“三定”逐步到位，众多深刻调整行业的政策将会快速施行。

药品行业监管治理仍按既定步调稳步推进。不断取得阶段性进展的仿制药质量与疗效一致性评价为国家和省市各类带量采购提供了品种、范围日趋扩大的竞价议价标的，“4 +7”试点城市药品集团采购的初步成功则为国家和地方提供了最佳操作蓝本。带量采购最终将覆盖到临床用药、器械耗材的主要费用来源产品。“4 +7”带量采购方式与结果终结了仿制药工业高毛利、高费用、灰色带金的业务模式，压缩全行业价值链并波及流通行业体量，将引发流通行业运营模式巨变；“4 +7”带量采购落地政策则昭示药品流通行业从全面“两票制”迈向局部一票制的潜在可能。

由此，预警药品流通行业的系统性风险是：如果药品流通行业的核心业务仍定位为基于经销、配送为主营并提供少量低门槛医药专业增值服务的物流型服务行业，那么它将无法适应政策、科技和时代的变革而被边缘化、取代乃至消亡，信息化、物联网和 5G 将使之极速实现。

国外经验特别是美国药品流通行业的发展经历，为我国药品流通行业提供了一个转型参考范例——要么转型为具有规模集约效应的大型现代综合物流商，要么成为高效、集成的健康管理组织和服务提供者。它们的共同之处都是在核心价值链当中准确定位了自己不可取代的业务位置并高效、管控成本地实现了行业门槛。但他山之石如何与国情、行业现实相结合并实现药品流通行业成功转型，则是待深入研究的另一个重大课题。

B.8
我国罕见病药物短缺状况分析与解决建议

刘 鑫 梅 丹*

摘 要： 美国上市的480种罕见病药物中中国占比38.33%，欧盟上市的115种罕见病药物中中国占比29.57%。《第一批罕见病目录》中的36种疾病有获美国FDA批准的罕见病药物60种，中国上市药物占比43.33%；18种疾病有获欧盟EMA批准的罕见病药物27种，中国占比29.63%。中国上市的针对《第一批罕见病目录》的27种罕见病药物中51.85%完全依赖进口。我国罕见病药物上市情况与国际发达国家和地区相比仍有一定差距，应加快罕见病药物的研发、仿制，提高我国罕见病药物的保障水平。

关键词： 罕见病药物 罕见病目录 药品短缺

一 概述

罕见病是指发病率极低、患病总人口数极少的疾病，具有种类多、遗传为主、诊断难、病情重、可治性低、治疗费用昂贵等特点。目前，由于不同国家和地区经济和医疗卫生事业发展水平的差异，其对罕见病的定义标准存在一定的差异。其中，联合国世界卫生组织将罕见病定义为发病率为0.65‰～1‰的

---

* 刘鑫，北京协和医院药剂科药师，药理学博士；梅丹，北京协和医院药剂科主任药师，中国药师协会副会长。

疾病；中国台湾定义为发病率低于0.1‰的疾病；韩国定义为患病人数低于2万人的疾病；美国定义为患病人数低于20万人，占总人口比例低于0.75‰的疾病；而欧盟定义为患病人数低于18万人，占总人口比例低于5‰的疾病。我国尚无明确的罕见病官方定义，非官方组织在2010年5月的中华医学会遗传学分会上给出的我国罕见病的医学定义为发病率低于1/50万或刚出生婴儿发病率低于万分之一的疾病。2018年5月11日，国家卫生健康委员会等五部门联合制定了我国《第一批罕见病目录》，明确列举了121种罕见病，旨在加强我国罕见病管理，提高罕见病诊疗水平，维护罕见病患者的健康权益。罕见病药物是指用于预防、诊断和治疗罕见病的药物。罕见病患病人数少、市场份额低、研发成本高，罕见病药物的研发受限，导致仅有约1%的罕见病有有效的治疗药品。关注罕见病药物对于保障罕见病患者的生命权益具有重要意义。随着国家医疗卫生事业的发展，罕见病及罕见病药物相关问题已经逐渐得到国家和社会层面的广泛关注。

二　我国罕见病药物现状与国外对比调研分析

（一）信息检索

本部分内容涵盖的信息来源如下。

1. 罕见病药物上市信息获取

从美国食品药品监督管理局（U. S. Food and Drug Administration，FDA）和欧洲药品管理局（European Medicines Agency，EMA）网站数据库中获取罕见病药物品名称和批准上市信息。在此基础上，基于国家药品监督管理局（National Medical Products Administration，NMPA）药品－公众查询项下获取美国和欧洲已上市罕见病药物品在中国的上市信息。

2. 罕见病药物的ATC分类

根据世界卫生组织（World Health Organization，WHO）的解剖学、治疗学及化学分类系统（Anatomical Therapeutic Chemical，ATC）对罕见病药物品进行分类统计，以获取其涉及的疾病类型。若WHO未对罕见病药物进行ATC分类，则根据罕见病药物治疗疾病的种类对其进行分类。

（二）国内外罕见病药物的上市信息及分类对比

从 FDA 和 EMA 网站获取美国和欧盟罕见病药物的上市信息，对比分析其中我国的上市品种。结果如表 1 所示，截至 2017 年 12 月 31 日，美国已上市罕见病药物品 480 种，其中中国上市 184 种，占比 38.33%；欧盟已上市罕见病药物品 115 种，其中中国上市 27 种，占比 23.48%。与发达国家和地区相比，我国罕见病药物上市情况尚有一定的差距。按照 ATC 分类标准，美国已上市的罕见病药物中，数量最多的三位分别是抗肿瘤药物、消化系统药物和血液系统药物；其中，中国上市的各类罕见病药物品占美国上市各类品种的 20.00% ~78.57%。欧盟已上市的罕见病药物品中，数量最多的三位分别是抗肿瘤药物、消化系统药物和神经系统药物；其中，中国上市的各类罕见病药物品占欧盟上市各类品种的 0.00% ~66.67%。

表 1　美国、欧盟和中国罕见病药物 ATC 分类对比

单位：种，%

ATC 分类	与美国对比			与欧盟对比		
	美国（A）	中国（B）	占比 B/A×100	欧盟（C）	中国（D）	占比 D/C×100
A. 消化系统药物	45	15	33.33	19	4	21.05
B. 血液系统药物	42	20	47.62	5	0	0.00
C. 心血管系统药物	17	9	52.94	5	2	40.00
D. 皮科用药	5	1	20.00	2	0	0.00
G. 泌尿生殖系统药物及性激素	14	11	78.57	0	0	0.00
H. 激素（不包括性激素和胰岛素）	36	18	50.00	3	2	66.67
J. 抗感染药物	36	12	33.33	8	4	50.00
L. 抗肿瘤药物	151	58	38.41	55	11	20.00
M. 肌肉骨骼系统药物	21	7	33.33	1	0	0.00
N. 神经系统药物	33	13	39.39	9	3	33.33
P. 抗寄生虫药物	17	4	23.53	0	0	0.00
R. 呼吸系统药物	17	4	23.53	2	1	50.00
S. 眼科及耳科药物	8	2	25.00	4	0	0.00
V. 其他	38	10	26.32	2	0	0.00
总　计	480	184	38.33	115	27	23.48

表 2　针对《第一批罕见病目录》美国、欧盟与中国罕见病药物上市信息对比

疾病分类	中文名称	英文名称	与美国对比：FDA 批准上市药品名称（活性成分）		与美国对比：中国是否上市	与欧盟对比：EMA 批准上市药品名称（活性成分）		与欧盟对比：中国是否上市
呼吸系统疾病	特发性肺纤维化	Idiopathic Pulmonary Fibrosis	Nintedanib	尼达尼布	是	Nintedanib	尼达尼布	是
			Pirfenidone	吡非尼酮	是	Pirfenidone	吡非尼酮	是
	淋巴管肌瘤病	Lymphangioleiomyomatosis (LAM)	Sirolimus	西罗莫司	是			
	肺囊性纤维化	Pulmonary Cystic Fibrosis	Dornase alfa		否			
						Aztreonam	氨曲南	是
						Mannitol	甘露醇	是
						Ivacaftor		否
泌尿系统疾病	非典型溶血性尿毒症	Atypical Hemolytic Uremic Syndrome	Eculizumab		否			
免疫系统疾病	家族性地中海热	Familial Mediterranean Fever	Colchicine	秋水仙碱	是			
			Canakinumab		否			
	全身型重症肌无力	Generalized Myasthenia Gravis	Eculizumab		否			
	Castleman 病	Castleman Disease				Siltuximab		否
内分泌与代谢疾病	原发性肉碱缺乏症	Carnitine Deficiency	Levocarnitine	左卡尼汀	是			
	法布雷病	Fabry Disease	Ceramide trihexosidase/alpha-galactosidase A		否	Migalastat		否

续表

疾病分类	中文名称	英文名称	与美国对比			与欧盟对比		
			FDA 批准上市药品名称(活性成分)		中国是否上市	EMA 批准上市药品名称(活性成分)		中国是否上市
内分泌与代谢疾病	戈谢病	Gaucher's Disease	Imiglucerase	伊米苷酶	是			
			Eliglustat		否	Eliglustat		否
			Taliglucerase alfa		否	Taliglucerase alfa		否
			Velaglucerase-alfa		否	Velaglucerase-alfa		否
						Miglustat		否
	糖原累积病(Ⅰ型、Ⅱ型)	Glycogen Storage Disease (Type Ⅰ、Ⅱ)	Recombinant human acid alpha-glucosidase; alglucosidase alfa	阿糖苷酶 a	是			
	高苯丙氨酸血症	Hyperphenylalaninemia	Sapropterin	沙丙蝶呤	是	Sapropterin	沙丙蝶呤	是
	莱伦综合征	Laron syndrome	Insulin-like growth-1		否			
	苯丙酮尿症	Phenylketonuria				Sapropterin	沙丙蝶呤	是
	低碱性磷酸酶血症	Hypophosphatasia	Asfotase alfa		否			
	特发性低促性腺激素性性腺功能减退症	Idiopathic Hypogonadotropic Hypogonadism	Recombinant human luteinizing hormone		否			
			Follitropin alfa, recombinant		否			
	溶酶体酸性脂肪酶缺乏症	Lysosomal Acid Lipase Deficiency	Sebelipase alfa		否	Sebelipase alfa		否

续表

疾病分类	中文名称	英文名称	与美国对比			与欧盟对比		
			FDA 批准上市药品名称(活性成分)		口国是否上市	EMA 批准上市药品名称(活性成分)		中国是否上市
内分泌与代谢疾病	黏多糖贮积症	Mucopolysaccharidosis	Elosulfase alfa		否	Elosulfase alfa		否
			Idursulfase		否			
			Laronidase		否			
			N-acetylgalactosamine-4-sulfatase, recombinant human		否			
	鸟氨酸氨甲酰基转移酶缺乏症	Ornithine Transcarbamylase Deficiency	Sodium phenylbutyrate		否			
	Prader-Willi 综合征	Prader-Willi Syndrome	Somatropin [rDNA]	生长激素(rDNA)	是			
	原发性酪氨酸血症	Tyrosinemia	Nitisinone		否			
	HHH 综合征	Hyperornithinaemia-Hyperammonaemia-Homocitrullinuria Syndrome				Glycerol phenylbutyrate		否
神经系统疾病	肌萎缩侧索硬化	Amyotrophic Lateral Sclerosis	Riluzole		是			
	Angelman 氏症候群(天使综合征)	Angelman Syndrome	Edaravone	依达拉奉	是			

续表

疾病分类	中文名称	英文名称	与美国对比			与欧盟对比		
			FDA 批准上市药品名称（活性成分）		中国是否上市	EMA 批准上市药品名称（活性成分）		中国是否上市
神经系统疾病	亨廷顿舞蹈病	Huntington Disease	Tetrabenazine		否			
			d6-tetrabenazine，deutetrabenazine		否			
	多灶性运动神经病	Multifocal Motor Neuropathy	immune globulin infusion (human)	人免疫球蛋白	是			
	多发性硬化	Multiple Sclerosis	Baclofen	巴氯芬	是			
			Interferon beta-1a	干扰素 β－1a	是			
			Glatiramer acetate		否			
			Dalfampridine		否			
			Mitoxantrone	米托蒽醌	是			
						daclizumab		否
	多系统萎缩	Multiple System Atrophy	Droxidopa	屈昔多巴	是			
	脊髓性肌萎缩症	Spinal Muscular Atrophy	Nusinersen		否	Nusinersen		否
	结节性硬化症	Tuberous Sclerosis Complex	Everolimus	依维莫司	是	Everolimus	依维莫司	是
消化系统疾病	先天性胆汁酸合成障碍	Inborn Errors of Bile Acid Synthesis	Cholic acid		否	Cholic acid		否

续表

疾病分类	中文名称	英文名称	与美国对比			与欧盟对比		
			FDA 批准上市药品名称（活性成分）		中国是否上市	EMA 批准上市药品名称（活性成分）		中国是否上市
心血管系统疾病	遗传性血管性水肿	Hereditary Angioedema (HAE)	C1 esterase inhibitor (human)		否			
			Ecallantide		否			
			Icatibant		否	Icatibant		否
	特发性肺动脉高压	Idiopathic Pulmonary Arterial Hypertension	Bosentan	波生坦	是			
			Iloprost inhalation solution	伊洛前列素	是			
			Tadalafil	他达拉非	是			
			Treprostinil	曲前列尼尔	是			
			Epoprostenol		否			
			Ambrisentan		否	Ambrisentan		否
			Selexipag		否			
			Riociguat	利奥西呱	是	Riociguat	利奥西呱	是
			Macitentan		否	Macitentan		否
血液疾病	Erdheim-Chester 病	Erdheim-Chester Disease	Vemurafenib	维莫非尼	是			
	血友病	Hemophilia	Coagulation Factor IX (human)		否			
			Coagulation Factor IX (recombinant)	凝血因子 IX（重组）	是			
			Coagulation factor VIIa (recombinant)	重组人凝血因子 VIIa	是			

续表

疾病分类	中文名称	英文名称	与美国对比			与欧盟对比		
			FDA 批准上市药品名称(活性成分)		中国是否上市	EMA 批准上市药品名称(活性成分)		中国是否上市
			Desmopressin acetate	醋酸去氨加压素	是			
			Anti-inhibitor coagulant complex		无			
			Antihemophilic factor (recombinant)		无			
			Antihemophilic factor (recombinant), Fc fusion protein		无			
			Coagulation factor IX (recombinant), Fc fusion protein		无			
			Recombinant fusion protein linking coagulation factor IX with albumin (rIX-FP)		否			
						Eftrenonacog alfa		否
						Albutrepenonacog alfa		否
	阵发性睡眠性血红蛋白尿	Paroxysmal Nocturnal Hemoglobinuria	Eculizumab		否	Eculizumab		否
	卟啉病	Porphyria	Hemin		否			
	镰刀型细胞贫血病	Sickle Cell Disease	L-glutamine		否			

另外，基于2018年5月11日国家卫生健康委员会等5部门联合公布的《第一批罕见病目录》中的121种罕见病，对比分析国内外罕见病药物的上市信息，结果如表2所示。所公布的121种罕见病中，有36种疾病拥有美国FDA批准的罕见病药物，共计60个，其中中国上市26个，占比45.00%；有18种疾病拥有EMA批准的罕见病药物，共计27个，其中中国上市8个，占比29.63%。

三　我国部分已上市罕见病药物进口/国产品种统计

基于《第一批罕见病目录》，FDA和EMA已批准且在中国上市的药物共计27种。对这部分药品做进一步梳理发现，其中14种（51.85%）只有进口注册证号没有国药准字，完全依赖进口，8种（29.63%）完全国内生产，其余5种（18.52%）有相应进口品种的同时能够国产化（见表3）。目前仍完全依赖进口的品种多数为生物制剂，这些品种一般对生产工艺要求较高，因此加快生物制药产业的发展有助于我国罕见病药物的完善。

表3　我国部分已上市罕见病药物进口/国产品种统计

	药品名称(活性成分)	进口注册证号数目	国药准字号数目	剂型种类
仅进口品种	尼达尼布	2	0	1
	伊米苷酶	1	0	1
	阿糖苷酶	1	0	1
	沙丙蝶呤	2	0	1
	干扰素 β-1a	6	0	1
	依维莫司	3	0	1
	波生坦	1	0	1
	伊洛前列素	4	0	1
	他达拉非	6	0	1
	曲前列尼尔	4	0	1
	利奥西呱	5	0	1
	维莫非尼	1	0	1
	凝血因子 IX	4	0	1
	重组人凝血因子 VIIa	5	0	1

续表

	药品名称(活性成分)	进口注册证号数目	国药准字号数目	剂型种类
仅国产品种	吡非尼酮	0	2	1
	氨曲南	0	68	1
	甘露醇	0	263	2
	秋水仙碱	0	15	1
	依达拉奉	0	18	1
	人免疫球蛋白	0	153	3
	米托蒽醌	0	11	4
	屈昔多巴	0	1	1
进口+国产品种	西罗莫司	3	6	3
	左卡尼汀	5	42	3
	重组人生长激素	9	31	2
	巴氯芬	4	2	1
	去氨加压素	6	8	3

四　以伊米苷酶为例深度分析我国罕见病药物短缺原因

戈谢病是比较常见的遗传性罕见病之一，是一种严重的消耗性疾病。戈谢病患病率全球各地区不尽相同。一项系统分析统计显示，全球每 10 万人中发病人数为 0.7～1.75，是全球范围内最为常见的溶酶体贮积疾病之一。一项国内的人口统计研究发现，中国东部人口中戈谢病是排名第 4 的溶酶体贮积疾病。国内较为准确的戈谢病发病率数据来自上海一项以干血斑法筛查新生儿葡萄糖脑甘酯酶活性的研究，发现戈谢病的发病率为 1∶80844。中国内地尚没有建成全国性的戈谢病登记中心，全面的流行病学调查有待完善。戈谢病的治疗可分为非特异性治疗和特异性治疗，其中特异性治疗指的是酶替代疗法，现已成为治疗戈谢病的标准治疗方案。伊米苷酶，商品名为思而赞，临床用于治疗Ⅰ型戈谢病。伊米苷酶已在美国（1994 年）和欧洲（1997 年）获得上市批准，并于 2014 年 8 月 1 日取得中国国家食品药品监督管理总局颁发的进口药品注册证。北京协和医院药剂科自 2009 年 7 月起承担中华慈善总会“思而赞慈善赠药项目”药品发放工作，该院戈谢病患者从2009年的25人增至2018年的83人。以往统计表明，患者应用伊米苷酶的年平均用药金额高达91.86万元（2010～2015年），而2018年度83名患者伊米苷酶总药费6444.6万元，人均费用达77.65万元，个人承担压力依然巨大。但是目前，我国只有上海市、浙江省、宁夏回族自治区、沈阳市、昆明市、青岛市及三明市将戈谢病纳入了当地大病医保范围和特药救助范围内。患者如果不是上述地区居民，也没有加入中华慈善总会的救助计划，个人难以承担，建议尽快建立个人、商业保险、政府和社会多方付费的罕见病药物保障体系。罕见病药物往往具有单价高、治疗费用昂贵的风险，且患病人数少，可负担性差，也给药品流通企业和药品保障带来一定的不确定性和风险。

五　对解决罕见病药物短缺状况的建议

尽管罕见病发病率低，但我国人口基数大，因此罕见病患者群体不容忽视。而且，每一个生命都是特殊的存在，罕见病患者与健康人拥有平等的生命权和各项合法权益，也应当享有公平的医疗服务和药品。但由于目前国内罕见病药物相关的补偿和激励机制以及法律、政策尚不完善，我国的罕见病药物现状与国际发达国家和地区相比尚有差距，罕见病药物短缺状况严重。随着国家医疗卫生事业的发展，罕见病及罕见病药物相关问题已经逐渐得到国家和社会层面的广泛关注，我国相继出台一系列与罕见病药物相关的利好政策，包括公布第一批罕见病目录以及两批临床急需境外新药名单、减免罕见病药物增值税等，以加快罕见病药物在我国上市。此外，2015年12月24日国家卫生和计划生育委员会宣布成立国家级“罕见病诊疗与保障专家委员会”，建立监测网，积累我国罕见病数据，对我国罕见病诊疗、药品保障、研发具有重要意义。

同时，伴随着国家相关政府部门将罕见病纳入工作规划，诸多省市在推进医疗改革进程中也有所突破，上海市、广东省、浙江省、青岛市等13个省市都将罕见病纳入了医疗改革工作并制定了切实可行的相关政策。2018年12月29日，中央人民政府网发布了《国务院关于在海南博鳌乐城国际医疗旅游先行区暂时调整实施〈中华人民共和国药品管理法实施条例〉》有关规定的决定。决定指出：“为进一步支持海南省试点发展国际医疗旅游相关产业，国务院决定在海南博鳌乐城国际医疗旅游先行区暂时调整实施《中华人民共和国药品管理法实施条例》第三十六条的规定，对先行区内医疗机构因临床急需进口少量药品（不含疫苗）的申请，由海南省人民政府实施审批，经批准进口的药品应当在指定医疗机构内用于特定医疗目的。”与海南相隔两千多公里之外的上海，也在进行类似的尝试，2018 年 6 月初，上海市食药监局提交了一套“临床急需”用药的落地政策用于指定医疗机构定点先行使用国外已上市抗肿瘤新药。目前海南、上海两地已通过一次性进口的方式完成三例临床急需用药的进口，不但保障我国患者临床用药，而且医疗机构也可以在观察临床疗效的同时积累安全性数据。罕见病药物在罕见病的治疗中发挥着举足轻重的作用，我国的罕见病药物相关的政策法规与国际发达国家或地区相比尚不完善。此外，我国罕见病药物的可及性，尤其是针对《第一批罕见病目录》中的罕见病药物，与国际发达国家或地区相比仍有差距。在今后的发展中，建议结合我国国情，协调医疗机构、科研单位、医药生产企业、药品流通企业及社会慈善机构多方联动，一方面加快引入境外已上市罕见病药物，另一方面加快国内罕见病药物的研发、生产并规范罕见病药物的合理性使用，探索符合中国国情的罕见病药物发展的道路。

行　业　篇

Industry Reports

B.9
2018年全国中药材现代物流体系建设进展情况综述

中国仓储与配送协会　中国中药协会

摘　要： 本文介绍了商务部会同相关部门贯彻落实《国务院办公厅关于转发工业和信息化部等部门中药材保护和发展规划（2015～2020年）的通知》，指导中国仓储与配送协会、中国中药协会组织企业开展中药材现代物流体系建设在2018年取得的有关进展情况。

关键词： 物流基地　中药材　物流体系

中药材现代物流体系建设是贯彻落实《国务院办公厅关于转发工业和信息化部等部门中药材保护和发展规划（2015～2020年）的通知》（国办发〔2015〕27号），由商务部牵头、国家药品监督管理局和国家中医药局共同参与推进的重大工程，自 2015 年 7 月开始启动，经过三年来的努力取得了显著的进展。截至 2018 年底，已有 66 家中药材物流基地通过全国中药材物流专家委员会评审，计划仓储建设面积共 264.2 万平方米，可储存中药材 276.8 万吨，投资金额约 100 亿元，已有 11 家中药材物流基地上线投入正式运行，已建成专业化仓库 43.3 万平方米，产地加工网点 65 个，总计完成四分之三的规划建设任务。

一　深入实际解决问题，将中药材物流基地建设引向深入

根据国务院办公厅转发的 12 部委《中药材保护和发展规划》，商务部办公厅《关于加快推进中药材现代物流体系建设指导意见的通知》《全国中药材物流基地规划建设指引》等文件要求，依据商务部市场秩序司确定的“政府部门引导、行业协会组织、企业自主建设”的原则，中国仓储与配送协会、中国中药协会（以下简称“两个协会”）先后完成组织制订并报经商务部发布了中药材物流基地建设的五项行业标准，组织编制《全国中药材物流基地建设规划建议方案》，印发了《全国中药材物流基地咨询评审与自律管理办法》，开发了“全国中药材物流信息公共管理系统”，自 2015 年下半年以来，全国中药材物流基地建设工作始终有条不紊地开展，不断取得新的进展。

按照相关中药材基地建设规划方案，拟在全国布局建设约 90 个基地，到 2017 年底已评审通过 43 家中药材物流基地，规划建设的目标任务完成过半，但还存在一些问题：一是还剩 40 多个基地尚未申报和评审；二是已经上线的十多家基地中药材收储量相对较少，运营方面处在探索阶段；三是需要创造促进基地发展的外部环境与相关机制。

为了研究解决中药材物流基地建设中存在的上述问题，交流基地建设经验，探讨下一步促进基地建设的工作措施，2018 年 4 月 18 日，中国仓储与配送协会和中国中药协会在河南洛阳组织召开“中药材物流基地建设与运营座谈会”。全国中药材物流专家、中药材物流基地负责人等 100 余人出席座谈会，中国仓储与配送协会常务副会长沈绍基主持会议，中国中药协会会长房书亭做会议小结。会议通报了自开展中药材物流基地建设以来取得的成果，对存在的

问题进行了分析讨论。有关基地负责人对基地建设与运营的感受及经验做法进行了交流与分享，对下一步的工作提出了意见和建议，主要有以下几个方面。

1. 将中药材物流基地延伸至田间地头

豫西、广汉物流基地负责人分享了基地自主种植、加工中药材的经验做法，强调通过物流基地规模化自主种植、加工中药材，一方面可以为物流基地提供保质保量的中药材来源，另一方面可以带动其他农户规范种植中药材，假以时日，可以解决中药材质量问题。

2. 结合产业扶贫政策驱动基地运营

陕北物流基地负责人交流了以产业扶贫政策来带动基地运营的新思路以及工作开展的经验。建议整合政府农业发展基金、扶贫资金、企业投资、农户合作社集资等资金，把政府、农户、企业捆绑在一起，使中药材生产与精准扶贫结合，带领农户共同脱贫致富。

3. 要逐步启动中药材担保存货融资业务，积极协助存货人解决资金周转问题，以利于提高药材收储规模

陇西物流基地负责人交流了该基地开展中药材金融仓储业务的情况，认为目前该方面存在极大的市场需求，但由于政府缺乏政策性支持、金融市场上缺乏动产融资的标准化产品等，目前业务开展不顺利。希望协会积极联系各金融机构，由物流基地出面争取为农户提供存货担保贷款。

4. 要联合打通物流基地中药材的销售渠道

座谈会之前，各基地企业负责人就此事自发进行了交流研究，并取得初步共识。一方面物流基地的药材不宜进入现有的中药材现货交易市场，另一方面由于药材商品等级标准不统一、库存信息的机密性以及平台的公信力等因素，物流基地也不愿意与现有的中药材电商交易平台对接，而是愿意由各个物流基地共建交易平台。

5. 要探索中药材产地加工一体化

有关专家认为，在现行法规条件下中药材的产地初加工与中药饮片生产是分离、分割的，存在许多问题，如果将中药饮片企业建在产地，实现产地初加工与饮片生产的一体化，更能保障中药材的道地性与质量。中药材物流基地也可考虑打造中药材种植、初加工、仓储、饮片产地加工一体化、综合性的中药材物流基地，但一定要征得当地药监部门的认可。

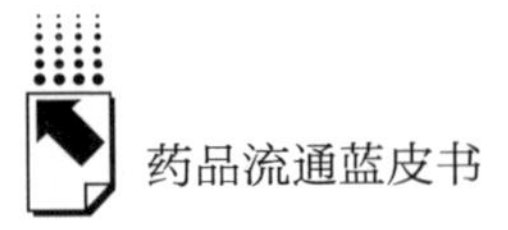

这次座谈会的召开，使与会者达成了共识，明确了工作思路，有力地促进了2018年中药材物流基地建设各项工作的开展。两个协会加快了尚未申报基地的现场考察和动员，深入第一线有针对性地加强对基地的指导，推广先进经验和做法，帮助解决问题，推动其运营和创新发展，取得了明显的效果。

二　严格把关加快评审，做好中药材物流基地规划的落地工作

2018年，两个协会加强与各地商务部门沟通，并组织中药材物流专家赴云南、四川、辽宁、黑龙江、甘肃等地实地考察拟申报的中药材物流基地，并指导申报基地撰写“中药材物流基地建设咨询方案”。

2018年8月23日，两个协会组织全国中药材物流专家委员会在四川广汉召开“第六次中药材物流基地方案评审会”，对2018年上半年申报的中药材物流基地建设方案进行评审。本次参与申报的有云南、甘肃、湖北、山西、江西、黑龙江、安徽、辽宁等8个省份9家企业，经专家委员会认真评审，一致通过这些基地的建设方案。

表1　第六批9家通过评审中药材基地名称及投资运营企业（2018年8月23日）

序号	基地名称	投资运营企业
1	滇西（保山）中药材物流基地	云南博爱生物医药有限公司
2	甘肃（民乐）中药材物流基地	安徽井泉中药股份有限公司
3	鄂西南（恩施）中药材物流基地	中青（恩施）健康产业发展有限公司
4	晋南（安泽）中药材物流基地	安徽井泉中药股份有限公司
5	赣北（进贤）中药材物流基地	安徽井泉中药股份有限公司
6	黑龙江（泰来）中药材物流基地	天津荣程祥泰投资控股集团有限公司
7	皖西南（岳西）中药材物流基地	安庆回音必制药股份有限公司
8	赣东（南城）中药材物流基地	广明投资管理有限公司
9	辽宁（桓仁）中药材物流基地	桓仁盈盛参药有限公司

2018年12月19日，两个协会又借组织参加四川乐山“2018智慧食药博览会”之际，召开“第七次中药材物流基地方案评审会”，对2018年下半年

申报的中药材物流基地建设方案进行评审。本次参与申报的有广西、四川、宁夏、内蒙古、辽宁、河南、山东等 7 个省份 10 家企业。经全国中药材物流专家委员会认真评审，一致通过这些基地的建设方案。

表 2 第七批 10 家通过评审中药材基地名称及投资运营企业（2018 年 12 月 19 日）

序号	基地名称	投资运营企业
1	广西(东盟)中药材物流基地	广西丁乙生物科技有限公司
2	川东北(广元)中药材物流基地	四川广运九州通医药有限公司
3	川西南(西昌)中药材物流基地	四川省好佛源中药材仓储有限公司
4	宁南(固原)中药材物流基地	宁夏康之业生物工程有限公司
5	蒙东北(兴安盟)中药材物流基地(一)	内蒙古蒙兴堂药业有限公司
6	蒙东北(兴安盟)中药材物流基地(二)	科尔沁右翼前旗井泉中药材种植有限公司
7	辽东(清原)中药材物流基地	内蒙古蒙兴堂药业有限公司
8	鲁西南(菏泽)中药材物流基地	菏泽小黑信息中药材科技有限公司
9	豫东南(驻马店)中药材物流基地	驻马店普惠中药材有限公司
10	鲁东北(青岛)中药材物流基地	青岛德新康医药有限公司

三 政府部门加强指导，协会企业共同推进中药材现代物流体系建设

第一，在中药材物流基地建设的实施过程中，商务部、国家药监局、国家中医药局等部门始终予以关注和支持。为了进一步落实国务院关于加强重要产品流通追溯建设的文件精神，2018 年 5 月商务部市场秩序司流通安全处于世伟、潘江两位处长与国际电子商务中心有关同志赴中国仓储与配送协会考察全国中药材物流信息公共管理系统，并就中药材物流管理系统与重要产品流通追溯系统的无缝对接进行座谈。中仓协常务副会长沈绍基介绍了中药材物流体系建设的初步成果，相关人员通过现场演示详细汇报了中药材物流信息公共管理系统的追溯功能及其运行情况。“全国中药材物流信息公共管理系统”是包括中药材质检管理、加工包装管理、仓储与养护管理、担保存货管理与赋码追溯管理等功能的云平台，其中追溯编码采用商务部编码规则与国家最新中药材代码标准，采集与记录了中药材的基本信息、物流信息、经营主体信息（包括

种植养殖、初加工、质量检测、包装、仓储、养护等），一箱（袋）一码（42位数字码与二维码），既是中药材物流管理与中药材交易的依据，也是扫码追溯的依据，真正实现了物流管理与追溯管理的无缝融合。两位处长对中药材物流基地建设与全国中药材物流信息公共管理系统的追溯功能给予充分肯定，并表示支持该系统与国家有关追溯平台对接，并将相关信息纳入商务部有关追溯管理的系统。

第二，2018年8月23～25日中国仓储与配送协会、中国中药协会在四川省广汉市召开“第四届中国中药材物流大会”。本次大会以“创新基地运营模式，打造道地药材品牌”为主题，旨在推动中药材物流基地的全面建设，促进物流基地运营模式的不断创新，共同打造道地药材的品牌。商务部市场秩序司、国家中医药管理局政策法规与监督司等相关处领导，四川省商务厅副厅长刘祥超，广汉市人民政府副市长毛毅等出席大会并致辞。全国中药材物流基地、中药材加工经营、专业合作社、中药饮片及中医制药与物流行业300多家相关企业800多人参加了大会。两个协会有关领导就“全国中药材物流基地建设的规划、进度与下一步工作重点”“中药材物流基地成功运营的对策思考”发表主旨演讲；四川省中医药管理局副局长杨正春做了“四川省全面推动中医药产业高质量发展”主题演讲；四川科盟集团董事长、中国医药物资协会常务副会长刘亚蜀就“发挥商贸企业的渠道优势，助推中药材物流基地深耕细作”发表了演讲。大会还举办了“中药材物流基地运营模式创新”“道地药材的品牌建设”两个分论坛，组织代表参观了“广汉中药材物流基地”的仓储中心、种植和初加工现场。通过此次会议，广大与会者深刻认识到中药材物流基地建设与运营实质是变革中药材供应链，核心是从源头保障道地药材的质量，关键是提高物流基地药材的收储规模，对策是创新物流基地商业模式、加强道地药材品牌建设。为此，应当加大企业的投资与创新力度，更加完善行业协会的服务体系，同时也应当加大政府的支持与监管力度。

第三，已经建成的中药材物流基地积极探索创新运营模式，不断提高基地的运行质量和效益。例如，四川科盟集团建设的广汉中药材物流基地创新商业模式，创建新型溯源中药材交易中心，并依托联盟、协会等市场化组织解决种植、仓储、销售等痛点，通过与本企业的合作方式形成“利益共同体”，实现多赢。河南民生药业集团豫西中药材物流基地结合中药材产业扶贫来辅助基地运营落地，通过建立规范化的种子种苗繁育基地，供应优质种子、种苗，对种植户进行必要的技术指导和培训，田间管理由种植户负责，基地负责成品加工和仓储，借助产业扶贫政策合理利用扶贫资金，发展中药材产业，引导贫困地区农户脱贫。

经过三年多来的努力，全国中药材物流基地的建设取得了令人瞩目的成果。截至2018年底，全国已有24个省份布局了物流基地，其中9个省份全部完成规划布局的基地落地，进入建设中，已经上线运行的基地中药材入库储存调拨量也在持续增长。2019年，中药材物流基地建设工作的重点是争取完成剩余的20多家规划基地的申报评审，帮助已建成的基地积极利用国家相关优惠政策开展中药材存货担保金融融资，对接国家重要产品流通追溯平台，支持中药材实验基地联合共建“中药材交易平台”，为中药材物流基地更好更快发展创造良好的环境，建立有效的机制。

B.10 2018年医药流通行业上市公司运行情况分析

李文明*

摘　要： 上市公司数据是反映行业发展情况的重要指标。本文从25家医药流通行业上市公司公开披露的2018年年报资料中，分析上市公司收入增长、盈利水平、费用控制、资本运作和战略实施的情况，从而反映一些行业未来变迁的新趋势。

关键词： 上市公司　医药流通　运营能力

2018年，以中美贸易摩擦为核心的一系列重大事件将深刻影响未来世界经济和全球化进程。中国经济受到了内部去杠杆和外部风险的双重影响，下行压力加大。

在政策驱动下，中国医药流通行业已处于深刻变革进程中，整体增速放缓成为新态势，行业竞争加剧，龙头企业加快并购扩张步伐，整合速度加快，规模优势重要性愈加显现，行业集中度上升成为必然趋势。

本文通过对25家医药流通行业上市公司2018年年报所公开披露的收入增长、盈利水平、费用控制以及资本运营等数据指标进行具体分析研究，用以揭示2018年国内医药流通行业上市公司的生存状况以及未来发展的一些趋势。

一　医药流通行业上市公司收入增长情况分析

从25家医药流通行业上市公司收入总和及增长情况来看，2018年实现主

* 李文明，北京和君咨询有限公司合伙人，医药投资研究中心主任，中国医药商业协会副秘书长。

营业务收入总和为 11494 亿元，同比增长 15. 52%，与 2017 年的 13. 39% 增速相比有所提升，主要因为一些企业实施了较大的并购活动，带来了业绩的较大提升。

从各家上市公司的收入规模来看，国药控股收入规模最大，达到 3445. 26 亿元，华润医药和上海医药分别以 1662. 06 亿元和 1590. 84 亿元位列第二和第三。

从各家上市公司的收入增速情况来看，海王生物增速最快，达到 53. 9%；其次是瑞康医药和鹭燕医药，增速分别为 45. 61% 和 37. 93%（见表 1）。

表 1　2018 年医药流通上市公司主营业务收入增长情况

单位：万元，%

序号	公司名称	股票代码	上市地点	2016 年主营业务收入	2017 年主营业务收入	同比增长	2018 年主营业务收入	同比增长
1	国药控股	HK1099	香港	25838769	30835358	—	34452582	11. 73
2	华润医药	HK3320	香港	14017437	14422139	—	16620560	15. 24
3	上海医药	601607 HK2607	上海/香港	12076466	13084718	8. 35	15908440	21. 58
4	九州通	600998	上海	6155684	7394289	20. 12	8713636	17. 84
5	国药一致	000028	深圳	4124834	4126339	0. 04	4312239	4. 51
6	国药股份	600511	上海	3461056	3628475	4. 84	3873983	6. 77
7	海王生物	000078	深圳	1360592	2493964	83. 30	3838091	53. 90
8	瑞康医药	002589	深圳	1561867	2329362	49. 14	3391853	45. 61
9	南京医药	600713	上海	2865219	2881027	0. 55	3130305	8. 65
10	中国医药	600056	上海	2573789	3035702	17. 95	3100604	2. 14
11	华东医药	000963	深圳	2537967	2783182	9. 66	3066337	10. 17
12	重药控股	000950	深圳	2341569	2304460	-1. 58	2580274	11. 97
13	英特集团	000411	深圳	1725733	1890733	9. 56	2049214	8. 38
14	嘉事堂	002462	深圳	1097158	1423890	29. 78	1795989	26. 13
15	柳州医药	603368	上海	755940	944698	24. 97	1171453	24. 00
16	鹭燕医药	002788	深圳	698288	833823	19. 41	1150089	37. 93
17	同济堂	600090	上海	899657	985535	9. 55	1084154	10. 01
18	老百姓	603883	上海	609443	750143	23. 09	947109	26. 26
19	一心堂	002727	深圳	624934	775114	24. 03	917627	18. 39
20	大参林	603233	上海	627372	742120	18. 29	885927	19. 38
21	人民同泰	600829	上海	900556	800888	-11. 07	705522	-11. 91

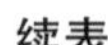
续表

序号	公司名称	股票代码	上市地点	2016年主营业务收入	2017年主营业务收入	同比增长	2018年主营业务收入	同比增长
22	益丰药房	603939	上海	373362	480725	28.76	691258	43.79
23	浙江震元	000705	深圳	244000	257792	5.65	285806	10.87
24	华通医药	002758	深圳	125798	136910	8.83	152269	11.22
25	第一医药	600833	上海	151903	155615	2.44	117667	-24.39
合计/平均				87749393	99497001	13.39	114942988	15.52

资料来源：上市公司年报，华润医药数据来自 Wind。

二　医药流通行业上市公司盈利情况分析

从盈利水平情况来看，2018 年 25 家医药流通行业上市公司的综合毛利率平均为 17.68%，与上年相比有所提升。

医药流通业主要有两种业态：分销（批发）和零售。盈利能力的差异，主要是由业态组合的差异造成的。从上市公司的业务构成来看，零售业务毛利率较高，平均为 25.90%，分销业务毛利率较低，平均为 8.55%。分销又包括纯销、基药配送和调拨等，毛利率亦有所不同。受“两票制”实施的影响，以分销为主的上市公司的纯销业务的比重普遍上升，调拨业务则出现了不同程度的下滑，因纯销业务的毛利率较高，所以整个公司毛利率水平有所提升。以分销业务为主的企业中，瑞康医药的毛利率最高，达到 19.15%，主要是因为瑞康医药整合了全国多个省份的医疗器械代理和配送业务，这类业务的毛利率较高，提升了公司整个分销业务的毛利率水平。在零售为主业的企业中，大参林的毛利率最高，达到了 41.65%，主要是因为高毛利的参茸滋补药材占比较高（见表 2）。

表 2　2018 年医药流通上市公司业务构成及盈利能力情况

单位：%，万元

序号	公司名称	2018年综合毛利率	2017年综合毛利率	2018年分销业务收入	分销业务占比	分销业务毛利率	2018年零售业务收入	零售业务占比	零售业务毛利率
1	国药控股	9.06	8.45	28104936	80.41	—	1480390	4.24	—
2	华润医药	18.41	16.39	13331430	80.21	7.30	477935	2.88	14.60

续表

序号	公司名称	2018 年综合毛利率	2017 年综合毛利率	2018 年分销业务收入	分销业务占比	分销业务毛利率	2018 年零售业务收入	零售业务占比	零售业务毛利率
3	上海医药	14.18	12.78	13944456	87.65	7.01	720207	4.53	15.14
4	九州通	8.63	8.44	8345174	95.77	8.05	196031	2.25	18.93
5	国药一致	11.82	10.77	3186675	73.90	7.09	1087316	25.21	23.03
6	国药股份	8.83	7.81	3776297	97.48	7.33	—	—	—
7	海王生物	13.13	14.42	3024091	78.79	11.22	—	—	—
8	瑞康医药	19.15	18.44	3387139	99.86	19.10	—	—	—
9	南京医药	6.61	6.43	2988777	95.48	5.71	121231	3.87	21.39
10	中国医药	20.95	14.32	1928433	62.20	8.35	—	—	—
11	华东医药	28.99	26.12	2234943	72.89	7.47	—	—	—
12	重药控股	8.96	9.24	2395969	92.86	7.54	173347	6.72	24.23
13	英特集团	6.61	6.06	1952665	95.29	6.05	86285	4.21	13.65
14	嘉事堂	10.23	9.70	1763054	98.17	9.92	17251	0.96	—
15	柳州医药	10.76	9.61	1022388	87.28	8.11	130643	11.15	26.40
16	鹭燕医药	7.82	7.79	1072825	93.28	6.88	47000	4.09	—
17	同济堂	13.13	15.09	930699	85.85	14.18	—	—	—
18	老百姓	35.21	35.31	96537	10.19	—	840519	88.75	37.97
19	一心堂	40.53	41.52	24595	2.68	—	869960	94.81	39.76
20	大参林	41.65	40.26	14619	1.65	—	848230	95.74	40.54
21	人民同泰	12.82	11.60	585311	82.96	9.13	108128	15.33	27.27
22	益丰药房	39.73	40.04	13091	1.89	—	654316	94.66	38.24
23	浙江震元	20.67	16.62	162637	56.90	6.33	55318	19.36	25.06
24	华通医药	14.67	13.85	107099	70.34	7.05	25302	16.62	26.28
25	第一医药	19.37	15.86	44178	37.54	7.11	67977	57.77	21.89
合计/平均		17.68	16.68	94438018	82.16	8.55	8007386	6.97	25.90

资料来源：上市公司年报。

三　医药流通行业上市公司费用控制情况分析

从费用控制指标来看，2018 年 25 家医药流通行业上市公司销售费用率平均为 9.06%，比上年提高了 0.87 个百分点，主要是因为纯销市场竞争加剧带来的销售投入增加。管理费用率平均为2.84%，与上年基本持平，财务费用率平均为0.74%，比上年增长了0.19个百分点，三项费用率之和平均为12.64%，比上年提高了1.03个百分点，主要是因为业务结构的调整带来了费用率有所提高（见表3）。

表3　2018年医药流通企业上市公司费用控制水平

单位：%

序号	公司名称	销售费用率		管理费用率		财务费用率		三项费用率之和平均	
		2018年	2017年	2018年	2017年	2018年	2017年	2018年	2017年
1	国药控股	3.01	2.39	1.60	1.36	1.19	0.82	5.81	4.57
2	华润医药	9.67	8.04	2.53	2.46	1.69	1.29	13.88	11.79
3	上海医药	6.95	5.66	2.56	3.15	0.77	0.52	10.29	9.33
4	九州通	3.23	3.08	2.09	2.21	1.00	0.96	6.32	6.25
5	国药一致	6.41	5.59	1.82	1.78	0.26	0.27	8.49	7.64
6	国药股份	2.69	1.91	1.04	1.06	0.39	0.41	4.13	3.38
7	海王生物	4.61	5.00	3.06	2.66	2.35	1.27	10.03	8.94
8	瑞康医药	6.38	6.46	4.09	3.68	2.09	1.01	12.57	11.15
9	南京医药	2.63	2.66	1.19	1.21	1.11	1.00	4.93	4.88
10	中国医药	11.33	5.35	2.44	1.81	0.44	0.30	14.21	7.48
11	华东医药	14.01	13.40	2.56	3.84	0.28	0.17	16.86	17.41
12	重药控股	3.20	3.36	1.87	2.35	0.89	1.30	5.96	7.01
13	英特集团	2.62	2.09	1.49	1.66	0.80	0.72	4.91	4.47
14	嘉事堂	3.50	3.17	1.16	1.13	1.02	0.76	5.69	5.06
15	柳州医药	2.39	2.04	1.97	1.66	0.54	0.15	4.90	3.85
16	鹭燕医药	1.89	2.02	2.33	2.23	1.07	0.91	5.28	5.16
17	同济堂	3.33	5.01	1.28	1.34	0.36	0.15	4.97	6.49
18	老百姓	22.78	22.24	4.77	5.25	0.45	0.78	27.99	28.26
19	一心堂	26.75	27.83	4.35	4.58	0.45	0.72	31.55	33.12
20	大参林	28.07	25.91	4.69	4.67	0.36	0.35	33.12	30.93
21	人民同泰	3.46	3.10	4.09	3.76	0.31	0.22	7.86	7.08
22	益丰药房	27.43	26.92	3.87	4.15	0.19	-0.08	31.49	30.99
23	浙江震元	12.63	8.55	3.57	5.08	-0.26	-0.32	15.94	13.31
24	华通医药	6.57	5.10	3.42	3.89	1.22	0.47	11.20	9.46
25	第一医药	11.01	7.84	7.21	4.68	-0.46	-0.38	17.76	12.14
平均		9.06	8.19	2.84	2.87	0.74	0.55	12.64	11.61

资料来源：上市公司年报。

四　医药流通行业上市公司资本运作情况分析

医药流通业是资金驱动型行业，所以高效的资金使用效率和低廉的融资成本对医药流通企业的生存和发展尤为重要。

从相关的财务指标来看，多数以分销业务为主的企业应收账款周转率与上年相比有所下降，主要是因为一些下游公立医院由于自身资金压力普遍提高了账期。其中有 4 家企业的应收账款周转率低于 3，分别是海王生物、瑞康医药、柳州医药和人民同泰，这与它们的业务结构和所处区域的经营环境相关。而以零售业务为主的企业存货周转率普遍较低，与它们快速扩张进行前期铺货有关。资产负债率高也是医药流通企业的一大特点，25 家医药流通行业上市公司的平均资产负债率为 58.60%，比 2017 年有所提高。这些指标充分反映了当前医药流通企业的资金使用效率情况。

2018 年，资本市场对医药流通行业的估值继续下调，从 2017 年的平均市盈率（PE）31.5 倍下降为 2018 年的 20.16 倍。分销企业的估值水平较低，以分销为主业的 21 家企业市盈率平均为 18.39 倍，由于“两票制”对分销企业带来一系列的影响，资本市场对分销企业的估值一路下滑。零售企业的估值仍保持较高水平，以零售为主业的 4 家企业（一心堂、益丰药房、老百姓和大参林）平均市盈率为 29.45 倍，明显高于分销企业的平均估值，主要是因为医院处方外流和行业整合加速带来了良好的资本市场预期。

2018 年，以分销为主业的重药控股借壳 ST 建峰成功登陆资本市场。

2018 年底，25 家医药流通行业上市公司市值总和为 4212 亿元，平均市值为 168 亿元。市值 200 亿元以上的企业减少到 5 家，分别是国药控股、华润医药、上海医药、华东医药和九州通，其中国药控股和华润医药的市值超过 500 亿元（见表 4）。

2018 年，25 家医药流通上市公司披露的对外投资活动共有 156 起，涉及金额 219.24 亿元。其中国药控股斥资 51 亿元收购了国内最大的医疗器械分销企业中国科学器材（中科器）60% 的股权，上海医药斥资 5.76 亿美元完成对康德乐中国业务的收购。另外一些增速较快的区域流通企业如海王生物、柳州医药等对外并购比较活跃，以及以零售为主业的上市公司对外投资并购延续了过去几年的活跃态势，主要体现在上市公司对区域市场的布局方面。

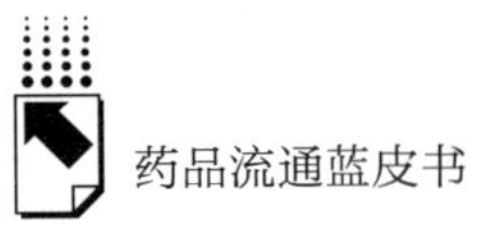

表 4　2018 年医药流通企业上市公司资本运营指标

序号	公司名称	股票代码	2018 年应收账款周转率(%)	2018 年存货周转率(%)	2018 年资产负债率(%)	2018 年终市值(亿元)	PE(倍)
1	国药控股	HK1099	3. 67	9. 54	71. 04	856. 64	14. 68
2	华润医药	HK3320	3. 68	7. 38	65. 66	562. 76	15. 91
3	上海医药	601607/HK2607	4. 33	6. 46	63. 40	455. 00	11. 72
4	九州通	600998	5. 00	6. 11	69. 43	274. 14	20. 45
5	国药一致	000028	5. 10	9. 31	51. 93	177. 42	14. 65
6	国药股份	600511	4. 09	11. 61	50. 68	177. 72	12. 66
7	海王生物	000078	2. 33	9. 16	82. 69	78. 87	19. 02
8	瑞康医药	002589	2. 30	6. 47	67. 55	104. 88	13. 47
9	南京医药	600713	4. 04	10. 13	78. 99	44. 37	16. 79
10	中国医药	600056	3. 64	5. 01	60. 00	134. 31	8. 70
11	华东医药	000963	5. 83	5. 98	45. 75	385. 83	17. 02
12	重药控股	000950	3. 04	9. 47	59. 69	86. 75	12. 56
13	英特集团	000411	5. 40	8. 70	76. 83	26. 22	27. 94
14	嘉事堂	002462	3. 17	10. 54	65. 60	36. 20	11. 05
15	柳州医药	603368	2. 66	8. 75	58. 59	67. 88	12. 85
16	鹭燕医药	002788	4. 61	8. 99	72. 76	24. 26	13. 45
17	同济堂	600090	3. 65	17. 04	27. 55	78. 32	14. 81
18	老百姓	603883	10. 89	4. 06	60. 29	134. 52	30. 92
19	一心堂	002727	15. 25	3. 13	44. 95	99. 81	19. 16
20	大参林	603233	33. 85	2. 87	52. 78	159. 44	29. 99
21	人民同泰	600829	2. 76	6. 87	64. 19	33. 81	13. 11
22	益丰药房	603939	14. 66	3. 78	47. 00	157. 13	37. 73
23	浙江震元	000705	6. 30	5. 69	31. 93	20. 25	28. 57
24	华通医药	002758	4. 79	5. 61	57. 77	15. 06	43. 57
25	第一医药	600833	9. 07	4. 49	37. 97	20. 37	43. 16
平均			6. 56	7. 49	58. 60	168. 48	20. 16

注：市值按 2018 年最后一个交易日的收盘价计算。

资料来源：上市公司年报。

五　医药流通行业上市公司战略实施情况分析

2018 年，随着“两票制”“带量采购”等一系列政策的落地实施，整个医药流通行业面临较大压力，增速呈现逐渐放缓态势，医药流通上市公司纷纷调整经营策略来应对日益严峻的经营环境。

（一）医药分销类企业

自 2010 年以来，国内的医药分销业进入快速整合阶段，目前已经形成几家全国性医药分销企业与几十家区域性医药分销企业并存的竞争格局。2018 年，一些医药分销上市公司开始将重心放在寻找新的增长点、提升经营质量和深化与客户关系上。从当年披露的战略实施情况可窥见一斑。

1. 寻找新的增长点

经过前几年的并购扩张，几家龙头医药分销企业已经基本完成了全国的市场布局，国药控股、上海医药和九州通的分销网络均已覆盖到全国 31 个省份。这些企业目前重点在于寻找新的增长点。如国药控股通过收购中国科学器材有限公司（中科器）大力发展器械分销业务。上海医药通过对康德乐中国的收购，成为国内最大的进口总代理商和分销商。

区域性医药分销企业的新增长点主要分为三类。第一类是直接进行多区域布局，如海王生物建立了山东、苏鲁、河南、湖北、安徽和黑龙江六家区域医药商业集团；中国医药形成以北京、广东、江西、河南、河北、湖北、新疆为重点的跨区域分销体系。第二类是建立根据地市场之后进行多品类布局，如瑞康医药在做深做透山东市场之后，迅速布局全国多个省份的医疗器械和医用耗材业务；嘉事堂则以北京为大本营发展药品和器械分销，同时向外埠整合多家医疗器械和耗材类流通企业。第三类是围绕产业链进行布局，如柳州医药通过收购万通制药 60% 股权进入上游制药领域。

2. 提升经营质量

面对复杂多变的行业形势以及越来越激烈的市场竞争，一些医药分销企业不再一味地追求快速增长，而是把提升经营质量和风险防控作为近期工作重心。

九州通积极应对国家经济金融形势和医改政策，提出“防范资金风险提质量，创新终端业务增利润”的新主题，强化风险管控，优化资金管理制度，大力发展终端业务。

中国医药全面开展精细化管理工作，提升业务质量和运营效率。一是以业务经营管理为重点，对上下游产品、客户资源进行梳理，加强资金占用情况分析和资金清收，从资金占用分布及回报水平对细分业态进行对比分析，不断优化业务结构，提高盈利水平；二是以完善企业的运营机制为重点，通过业务流程优化，改善管理、提高效率、防控风险、调整内部组织机构，完善企业激励机制。

嘉事堂针对“两票制”后医药流通的流动性困局，进一步加强对应收账款管理，完善采购管理系统，优化应付款管理，全面加强企业流动性和风险防控管理。

3. 深化与客户关系

医药分销企业为了深化与上下游的关系，早已不满足于单一的分销职能，开始了各种业务模式的创新。

华润医药从客户需求出发，通过对多种创新分销业务模式的推广进一步提高对下游客户的增值服务能力，截至 2018 年底，已累计向超过 300 家医院提供医院物流智慧一体化（HLI）服务，并累计实施数十个区域药品智慧化管理（NHLI）项目。

海王生物通过探索发展医药电商、专业第三方物流、医疗机构托管运营、DTP 专业药房等创新供应链服务模式进一步开拓医药商业业务，提升附加值和客户黏性。

中国医药顺应市场形势变化，积极开展模式创新和业务转型，拓展医药物流服务延伸医院药房配送项目，利用信息技术手段拓展线上市场，继续深化客户服务内涵。

柳州医药推进医院供应链延伸服务项目，一方面对已经签订项目协议的医疗机构继续推进实施项目建设，另一方面不断拓展项目服务功能，同步推动器械耗材 SPD、检验试剂集约化服务、互联网医院平台、合理用药系统等增值服务，满足医疗机构需求，进一步密切公司与中高端医疗机构的合作关系。

（二）医药零售类企业

2018 年国内药品零售业增速进一步趋缓，但龙头企业整合速度却进一步加快。一心堂、老百姓、益丰药房和大参林 4 家上市企业在强化区域优势的同时，不断向全国布局。同时，随着医改的不断深入，医药分开逐步推进，互联网技术的渗透和跨界融合模式的应用，药品零售企业经营模式不断优化和创新，DTP 药房和 O2O 业务逐渐成熟落地。由于医药零售业的零售属性，通过供应链的梳理让商品的流转效率提升仍是企业必须关注的焦点。

1. 优化市场布局

2018 年，以医药零售为主业的上市公司老百姓、益丰药房、大参林和一心堂继续采用各种方式优化市场布局。

老百姓以自建门店与并购模式双轮驱动、健康加盟助力的方式不断优化市场布局。其中，新建直营门店 506 家，并购门店 413 家，因经营策略调整关闭门店 64 家，新开加盟门店 290 家，形成覆盖全国 19 个省级市场、近 90 个地级以上城市的门店网络。

一心堂 2018 年主要采用新建模式进行扩张，当年新开业门店数量 953 家，搬迁门店数量 129 家，关闭门店数量 132 家，初步形成以西南为核心经营地区、华南为战略纵深经营地区、华北为补充经营地区的格局。

益丰药房根据“区域聚集、稳健扩张”的发展战略，通过“新开 + 并购”两条腿走路的拓展模式，新开门店和行业并购取得较快发展。2018 年全年净增门店 1552 家，其中，自建门店 546 家，新增并购门店 959 家，新增加盟店 89 家，关闭门店 42 家，不仅有力地巩固了中南华东市场，而且迅速开辟了华北市场。

大参林通过进一步拓宽、下沉广东、广西的开拓层级，现已逐渐覆盖两省的县城和乡镇。同时，采用“拓展 + 并购”双管齐下的策略，重点发展广西、河南、福建、江西市场。2018 年全年共净增 895 家门店。

通过市场布局的优化，四大连锁不断深耕各自的优势区域，同时积极推进全国布局，稳步向全国性连锁企业迈进。

2. 创新经营模式

随着医改的不断深入，医药分开逐步推进，互联网技术的渗透和跨界融合模式的应用使药品零售模式不断优化和创新，DTP 药房和 O2O 业务逐渐成熟落地。

如老百姓，已建成 DTP 药房 80 余家，经营品种 343 个，实现年销售额超过 5 亿元。另外，公司 O2O 业务迅猛发展，完成全国 2000 家门店 3 公里半径范围内的用户送药需求，为 120 万用户提供送药上门服务。

益丰药房不断强化院边店的选址布局，加强慢病和处方药的专业化管理，推动与处方药厂家的合作，打造 DTP 专业药房。目前已建成 DTP 药房 20 余家，经营国家谈判指定医保报销品种 42 个，医院处方品种近 200 个，与近 80 家供应商建立了 DTP/DTC 战略合作伙伴关系。另外，公司的电商业务模式取得新突破，O2O 上线门店超过 2500 家，覆盖了公司线下主要城市，在主要医药 O2O 平台上业绩领先。

一心堂积极引进 DTP 品种 103 个，销售占比 0.82%，因该部分商品顾客黏性更强，其销售的增加也会带来稳定的客流。另外，自主研发以 O2O 为核心的移动端应用及业务流程均已进入测试阶段，部分区域市场与京东到家、饿了么等平台达成合作，O2O 销售呈现高速增长。

大参林筹建完成了 30 多家 DTP 专业药房，并且建立一套完整的 DTP 专业药房管理体系和一支专业的 DTP 管理团队。在慢病管理方面，公司建立慢病管理专项团队，实施顾客档案管理，打造专业慢病服务门店。

3. 提升供应链效率

零售业的本质是为消费者提供合适的商品。因此，为消费者找到性价比高的商品，并通过供应链的梳理让商品的流转效率提升是企业必须关注的焦点。

一心堂，持续提升公司商品的价格竞争力和品牌力，通过顾客用药疗效、顾客对价格满意度、供应商采购渠道等方面综合分析，建立差异化的商品精品体系。同时，通过员工专业化服务和顾客满意度系统、顾客回头率的考核，实现公司盈利和顾客满意度的平衡。利用 CRM 系统提供慢病管理、母婴管理等深度服务，提升顾客黏度。通过商品品类优化与顾客管理双重提升，达到提高交易次数和客单价的目的。

老百姓调整供应链组织管控模式，建立了从消费者需求出发的“买手制”商品采购体系，致力打造的“金链条”商品保障体系更加快速响应和满足顾客需求。从“一切围绕着消费者”的角度出发，进一步打造公司专业化服务能力，提升消费者满意度。通过处方药专业运营，推动专业化慢病管理，通过建立病种日，由慢病专员开展患者教育等多种方式，指导会员合理用药、合理膳食。同时，为提升对会员的便利性，微信服务号新增多项服务，例如，在线查找附近门店、申请稀缺药代购、登入在线商城等，为顾客提供更多的便利。

益丰药房持续推进商品精品战略，通过消费者调研、门店一线员工访谈、顾客回头率调查等遴选精品商品和合作供应商，建立渠道和价格更优、差异化更明显的商品壁垒。推进专业服务蓝海战略，通过全员服务心态、专业技能和服务标准化训练及营销步骤培训和 KPI 考核提升专业服务能力；通过完善和升级自动订货系统和自动补货系统，经营效率进一步提升，商品满足率、库存周转率持续优化。

大参林贯彻“做强大品类，做大小品类”的商品策略，结合行业发展趋势与企业内部的商品结构，公司精确选定“年度重点小品类”，并且成功使至少 8 个小品类的销售实现翻番式增长，实现工、商、顾客三方共赢。引入 CRM 系统，结合会员管理体系对会员进行细分管理，加大对会员活动的精准投入，极大地提升了会员的满意度。同时，致力于拓宽异业合作覆盖面，全方位为会员带来紧贴顾客需求的增值服务，并积极开拓“智能化服务”，开发“用药咨询”“远程问诊”“用药提醒”等功能，通过专业服务能力提升及信息化应用引领顾客消费体验升级，极大提升了顾客黏性。

六　总结

无论从市场层面、资本层面，还是政策层面，未来 5～10 年产业整合都将是医药流通业的主旋律。完成产业整合，不仅需要资本实力，还要具备高的运营效率和管理水平，只有这样才有可能把整合过程持续下去，最终成为产业龙头。

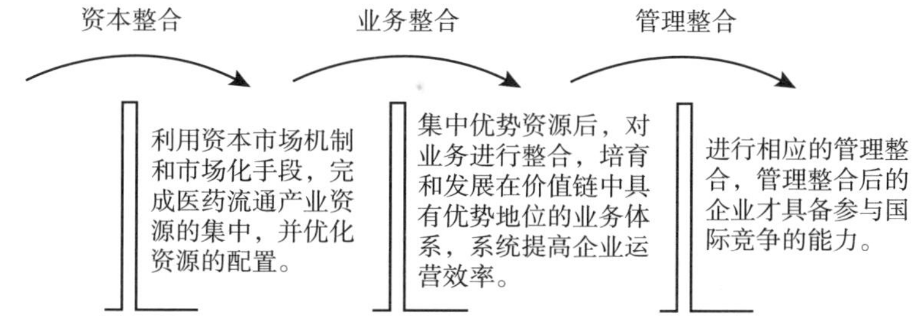

图 1　医药流通业整合示意

资料来源：和君咨询。

医药流通上市公司具备良好的资本运作平台，如果能通过锲而不舍的努力把运营效率和管理水平提升上去，就可以借助资本平台集中优势资源，完善网络布局，构建适于未来医疗保健需求的业务组合，从而借助物联网、大数据和人工智能技术来实现产业的转型与升级。

B.11
药品追溯体系建设现状报告

中国医药商业协会智能化应用分会

摘　要： 本文从药品追溯体系建设工作的相关政策、行业组织积极推进药品追溯体系建设工作、药品追溯管理工作委员会工作情况介绍、标准化推进工作的开展、构建药品追溯体系从生产企业到最终患者形成追溯闭环等方面，全面分析阐述了我国药品追溯体系建设工作的现状，并对药品追溯体系建设的未来进行了展望。

关键词： 药品追溯体系　互联互通　企业主体责任

医药产业是关系国计民生的重要产业，是培育战略性新兴产业的重要领域。随着人民生活水平的提高和医疗保健需求的不断增长，我国医药行业越来越受到公众和政府的关注，在国民经济中占据着越来越重要的位置。近年来，药品追溯体系建设工作的推进速度明显加快。

一　药品追溯体系建设工作的相关政策文件

表1　近年来政府部门出台的药品追溯相关文件

发布日期	文件标题	颁发部门	文件编号
2015年12月30日	《关于加快推进重要产品追溯体系建设的意见》 部署加快推进全国重要产品追溯体系建设	国务院办公厅	国办发〔2015〕95号

续表

发布日期	文件标题	颁发部门	文件编号
2016年9月22日	《关于推动食品药品生产经营者完善追溯体系的意见》 明确国家建立追溯制度、企业承担追溯体系建设主体责任、监管部门督促检查的责任体制	国家食品药品监管总局	食药监科〔2016〕122号
2017年2月16日	《关于推进重要产品信息化追溯体系建设的指导意见》 部署推进重要产品信息化追溯体系建设工作	商务部联合工业和信息化部、公安部、农业部、国家质检总局、国家安全监督管理总局、国家食品药品监督管理总局	商秩发〔2017〕53号
2017年9月27日	《关于开展重要产品追溯标准化工作的指导意见》 加强重要产品追溯标准化工作指导和统筹协调，有序推进重要产品追溯标准体系建设	质检总局、商务部、中央网信办、国家发展改革委、工信部、公安部、农业部、卫生计生委、安全监管总局、食品药品监管总局等十部门	国质检标联〔2017〕419号
2018年10月31日	《国家药监局关于药品信息化追溯体系建设的指导意见》 就建立药品信息化追溯体系提出具体指导意见	国家药品监督管理局	国药监药管〔2018〕35号
2019年4月28日	《关于发布〈药品信息化追溯体系建设导则〉〈药品追溯码编码要求〉两项信息化标准的公告》 《药品信息化追溯体系建设导则》明确了药品信息化追溯体系建设基本要求，从顶层设计上明确了该体系的基本构成及其功能要求、系统平台数据交换要求、系统（平台）建设安全性要求；以及对各参与方的要求	国家药品监督管理局	（2019年第32号）

二　相关行业组织联合成立药品追溯管理工作委员会

根据国家相关政策及药品追溯体系建设工作的需要，中国化学制药工业协会、中国中药协会、中国医药商业协会和国家工业信息安全发展研究中心、中国国际电子商务中心五家单位于 2017 年 2 月 21 日在北京联合发起成立“药品追溯管理工作委员会”（以下简称“管委会”）。

管委会是在自愿、平等、互利、合作的基础上，由药品全产业链（包括药品生产、流通、使用等）追溯相关的企事业单位、行业协会自愿组成的工作机构；负责研究、管理、指导药品追溯工作的开展。

2018 年，北京药盾公益基金会、全国医药技术市场协会、中国电子学会医药信息学分会、中国外商投资企业协会药品研制和开发行业委员会先后加入管委会，共同推进药品追溯体系建设工作。

管委会的指导单位包括商务部、国家药品监督管理局、国家卫生健康委员会、国家医疗保障局、国家中医药管理局、工业和信息化部、国务院深化医药卫生体制改革工作领导小组办公室、国家标准化管理委员会。

管委会组织机构如图 1 所示。

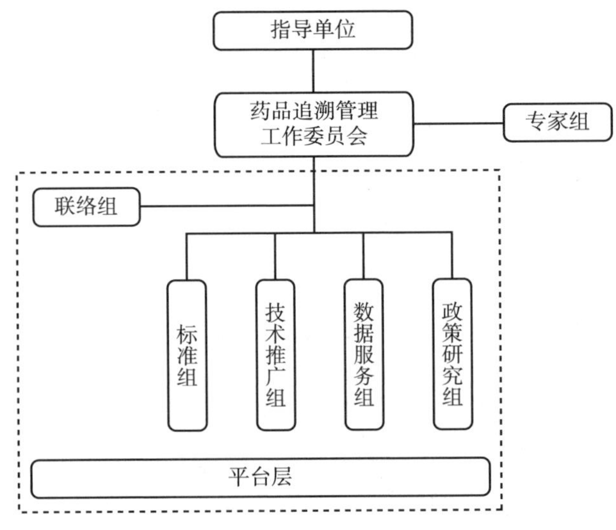

图 1　管委会组织机构

其主要职责和工作任务是：

①贯彻政府相关法律法规，开展药品追溯工作研究。

②开展与药品追溯相关的标准研究，提出各种技术方案、相关标准。

③协调各追溯平台间技术磋商，保证平台间互联互通。

④对药品追溯数据进行挖掘，服务政府、行业、企业和社会。

⑤对药品追溯中出现的问题提出建设性意见或改进方案。

⑥协助药品生产、流通、使用等各环节落实药品追溯工作。

三　药品追溯管委会协助政府部门制定药品追溯政策

2018年8月22日，国家药品监督管理局办公室起草并对外公开发布了《关于药品信息化追溯体系建设的指导意见（征求意见稿）》，向社会公开征求意见。

药品追溯管理工作委员会于2018年9月4日在北京召开由制药企业、医药供应链企业、零售连锁药店企业、医药电商企业、医疗机构、信息技术服务企业等多方代表和相关专家学者共同参加的讨论会。会后，汇总整理出《药品追溯相关问题的意见建议》报送国家药监局，具体内容如下。

（一）认真总结经验

中国自2005~2006年开始推行药品监管码，至2016年停止使用，10年间花费了大量的社会资源，也得到了宝贵的经验和教训，建议对此做出总结。

建立一个基于统一标准的追溯体系需要药品供应链各参与方的决策和投入，需要政府有明确的方向，并承担起对未来的追溯体系顶层设计、引导和支持供应链各相关方的责任。起草说明中应对此做出进一步阐释，引领并统一各方思想认识。

作为全球制药大国、ICH成员、药品国际供应链的参与者对于国际最佳实践和推广使用国际标准问题上，中国在这个指导意见中应有一个明确的意见表达。

建议增加指导意见的起草背景和起草过程说明，在指导意见中明确在后续的法规制定中将出台的实施细则，以具体规定并落实药品追溯体系在实施与运行过程中的相关问题。

（二）做好药品追溯体系的顶层设计

建议全面考虑确定指导意见的法律地位。药品信息化追溯体系涉及药品监管的全生命周期，从研发、生产、流通、医疗机构或药店最终触达患者，药品追溯的信息还可以用于其他监管，如医保支付、医院采购等，还应考虑其他相关部门的参与，如国家卫生健康委员会、国家医疗保障局等。综上所述，建议须有相应上位法的全面支持。建议对建立药品追溯体系的相关问题应在法律层面先予以明确，同时在法律框架基础上，制定药品追溯管理实施细则。

建议借鉴国际经验，走全球协调开放的追溯道路。将涉及患者、药房、医院追溯作为终极目标，且充分考虑患者隐私、医疗数据安全等问题；药品价格、服用数量、患者敏感信息等均禁止追溯。考虑所有相关企业操作的科学性、合理性、经济性。药品追溯体系的建设应从供应链安全和效率双维度考虑，且对药品追溯体系实施后与现有质量管理体系（GMP、GSP）的衔接做充分考虑，决策要科学、公开、公正、前瞻，试点基础上分段分类推进，要进行合理有效的追溯模式验证，定期进行评估。明确药品上市许可持有人、生产企业、流通企业、医疗机构等各自的追溯责任。建立统一的数据标准、技术标准，建立全国统一的管理制度，不宜各省（自治区、直辖市）分头制定管理制度。在充分考虑药品追溯体系实现追溯、监管等目标的同时，还应充分考虑供应链追溯各参与主体的长期配合利益、社会效益。

（三）应尽早明确规定药品追溯码编码标准

国务院办公厅《加快推进重要产品追溯体系建设的意见》，商务部等七部委《关于推进重要产品信息化追溯体系建设的指导意见》，商务部和财政部《关于开展供应链体系建设工作的通知》，财政部、商务部《关于开展2018年流通领域现代供应链体系建设的通知》，国家药监局《医疗器械唯一标识系统规则（征求意见稿）》等重要的法规、指导意见、规则，都对重要产品，包括药品提出了一致的指导原则。建议本指导意见依据这些指导原则，对药品追溯码编码标准做出一致性考虑。

药品追溯码的编码标准是整个药品信息化追溯体系中的基础和核心问题。追溯体系的建设或许可以根据药品分类在不同阶段采用不同的追溯模式，比如全程追溯或端到端（即生产企业到终端用户）的追溯，但药品追溯码的编码必须标准化。

建议药品的追溯编码标准应满足开放性的明码这一要求，即标签的信息不需要通过后台支持即可获得，以此可有效提升整个供应链的效率和质量。建议药品追溯码编码标准参照医疗器械 UDI 法规，由国家药监局建立唯一标识静态数据库，静态数据库与国家药品注册信息相关联，便于公众查询，并可为未来的药品采购、报销等提供核心基础数据支持。建议药品追溯码的编码标准经过一段时间过渡后，统一到更高的标准编码，编码中要包含四个药品追溯的基本数据成分，即药品信息、批号、效期、序列号。追溯码需提供大、中、小包装之间的追溯码关联关系，便于企业高效进行仓库作业。

药品追溯码的编码标准必须与公共物流平台融合。为避免信息孤岛，降低供应链成本和提升效率，编码必须能被公共物流平台、企业操作平台（如 ERP）等直接读取并直接解析。

（四）医疗机构要纳入药品追溯体系，追溯要触达最终患者

药品信息化追溯体系建设的目的是保障公众用药安全，为此药品追溯的末端必须能触达患者。

药品的编码需要考虑被医院的信息系统（如 HIS 系统，医院发药机等）直接读取，关联患者信息。

药品追溯体系应与互联网药学服务有效衔接，并与医疗机构合理用药、处方审核有机结合，应同步推进和完善药品基础数据的管理。

纳入药品追溯系统的药品类别绝大部分是在医疗机构销售和使用的，医疗机构是完整有效的药品追溯系统中不可或缺的重要环节。药品追溯系统应从药品上市许可持有人开始到使用单位并触达最终患者结束，形成追溯闭环，建立起药品全生命周期的追溯体系。建议国家药监局与卫健委、医保局沟通，将医疗机构纳入追溯体系并加强对其建立信息化追溯系统情况监督检查。疾控部门是疫苗接种计划的专业执行部门，疫苗的安全可追溯至关重要，应尽快建立好追溯体系，并最终触达疫苗接种者。

（五）药品追溯工作分步实施，谨慎扩大

考虑到用药安全和社会综合成本效益，可分步实施药品追溯，在前期可从特殊管理药品实行追溯，谨慎扩大实施范围，建议先行试点，医疗机构同步纳入试点范围，待取得经验后再按品类逐步推进。全品种实施应缓行。

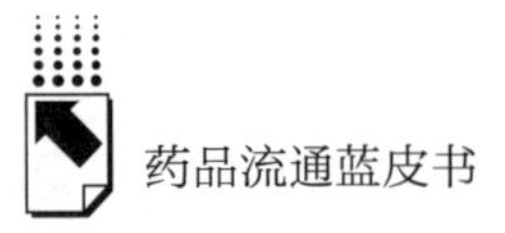

建议按药品品类分步推进药品信息化追溯体系建设，边实施边总结，边完善边推进。将应重点监管的注射剂、生物制剂、特殊药品、冷链药品、专管药品等优先纳入，实施的过程中留有充分的过渡期，再分品类分步骤推进。在指导意见（征求意见稿）中提到优先将基本药物、医保报销药物纳入追溯体系，这个范围太广、影响太大，不建议以省（自治区、直辖市）建重点产品追溯目录，应由国家统一编制该目录。

（六）充分发挥行业协会等组织的作用

建议行业协会参与药品追溯体系标准的研究制定和宣传推广工作；协助国家药监局完成建立唯一标识静态数据库工作；行业协会会同相关专家开展系统建设顾问指导工作；行业协会在药品追溯系统运行过程中，创新推动会员企业形成有效的自律手段和机制，发挥多方联合监督作用。

四　在药品追溯全过程应采用国际数据标准

随着近些年国际国内在医药领域标准化工作的广泛开展，标准化工作的重要性在行业内得到了越来越多的认同。WHO 等国际组织明确建议使用 GS1 标准的数据矩阵码，药品销售包装须包含药品追溯的基本数据成分，即药品产品代码、批号、失效日期和序列号。

GS1 全球标准是医疗供应链管理和电子商务的通用语言，可在保障患者安全、支持电子病历方面发挥重要作用。GS1 全球标准确保供应链解决方案在组织范围内、国家内、地区内、不同领域和不同国家间的兼容性和可操作性。采用 GS1 标准可以无障碍自动识别药品，降低生产和管理成本。促进 GS1 与物流平台融合，可以提升医疗供应链效率，让药品追溯形成闭环，保障患者安全，提高医疗质量，为医药行业造福。

药品追溯管理工作委员会在 2019 年 3 月 27 日正式对外发布了由行业内 16 家单位共同发起的《在药品安全追溯全过程采用国际数据标准倡议书》，倡议全行业依托“统一的力量”建设好药品质量安全追溯体系。

倡议在药品生产、流通、使用全过程采用 GS1 国际标准。行业协会协同主管部门建立药品唯一标识静态数据库，静态数据库与国家药品注册信息相关联，便于公众查询，并可为未来的药品采购、医保报销等提供核心基础数据支持。

倡议支持单位包括中国医药商业协会、中国化学制药工业协会、中国中药协会、北京药盾公益基金会、全国医药技术市场协会、中国外资企业协会药品研制与开发行业委员会、中国医药设备工程协会、中国药师协会患者教育工作委员会、中国医学装备协会药房装备与信息化技术专业委员会、中国医院协会药事管理专业委员会、中国医疗保健国际交流促进会药学信息化专业委员会、中国药理学会药源性疾病学专业委员会、中国药学会医院药学专业委员会、中国毒理学会临床毒理专业委员会、中华中医药学会医院药学分会、中国药师协会药物治疗管理工作委员会。

五　药品追溯体系建设工作展望

药品追溯体系建设工作未来将继续在行业内全面展开，我们认为在未来一个时期将成为医药全行业关注的热点，并在积极探索中取得重要的进展和成果。

（一）国家政策大力支持

国务院和各相关部委将继续出台相关政策，全面推进药品追溯体系建设工作。地方各级人民政府将把推进药品追溯体系建设作为一项重要的民生工程和公益性事业，在政策和资金方面全面驱动药品追溯体系建设任务。

（二）加快出台标准化文件

国家药监局作为药品追溯的主管部门，将进一步加快药品追溯信息化标准体系制定工作，并在2019年上半年陆续发布一系列药品追溯信息化标准体系文件，包括《药品信息化追溯体系建设导则》《药品追溯码编码要求》，以及即将发布的数据集标准、数据交换标准等。具体标准包括药品追溯码编码标准、药品追溯系统互联互通的交互标准等，也需要逐步制定。

（三）建设药品追溯协同服务平台

国家药监局正在统一规划建设药品追溯协同服务平台，鼓励医药生产、经营企业和第三方平台各方参与，并分步实施药品追溯按药品剂型、类别分步推

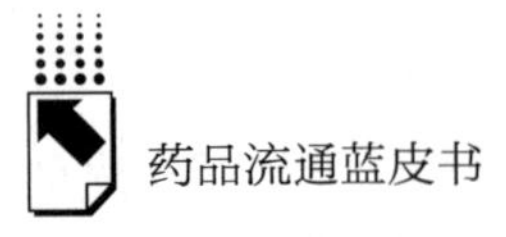

进药品信息化追溯体系建设。

一是疫苗、麻醉药品、精神药品、药品类易制毒化学品、血液制品等重点产品率先建立药品信息化追溯体系。

二是基本药物、医保报销药物等消费者普遍关注的产品尽快建立药品信息化追溯体系。

三是其他药品逐步纳入药品信息化追溯体系。

（四）加大宣传推广力度

“重要产品追溯体系”包括药品追溯的宣传推广工作将在政府、企业、社会等多个层面铺开。通过宣传推广，使药品生产经营企业追溯意识显著增强，使企业采用信息技术建设追溯体系工作的主体责任全面落实，让社会公众对药品追溯的认知度和接受度显著提升。

（五）终端覆盖和融入全球一体化

在药品追溯体系中，医疗机构和零售药店是药品追溯体系全链条上的相对薄弱环节，未来将进一步加强药品追溯体系在终端医疗机构的覆盖，最终实现药品的全品种全链条完整追溯。

在我国的药品追溯体系建设工作过程中，各部门将继续研究并积极参与推进“基于国际标准的全球一体化的融合追溯系统”，并最终建立起全球一体化的药品从生产到患者全供应链追溯系统。

B.12

2018年典型药品批发企业品类销售市场分析报告

中国医药商业协会*

摘　要： 2018年典型药品批发企业销售规模持续扩大。在九大类医药商品中，化学药销售额不断增长，占比为72.8%，其次是中成药和生物制品，中成药销售额略有下降，并出现负增长，占比为15.3%，生物制品销售占比趋于稳定。“两票制”的进一步推进，流通环节被进一步压缩，调拨业务份额持续减少。随着仿制药一致性评价、“4+7”国家带量采购、国家基药目录及医保目录调整等政策逐渐推进，本土仿制药企业将进一步抢占慢病用药市场份额。

关键词： 医药商品　批发企业　仿制药

一　概述

（一）销售总体情况

2018年典型药品批发企业销售总额3080.6亿元①，占全国药品批发企业

* 本文由中国医药商业协会信息部组织撰写，感谢沈阳药科大学傅书勇博士的指导，感谢百洋智能科技周宗霞、郑晓、王凤阳对本报告的技术支持。

① 如无特殊说明，报告中所列数据均来自商务部药品流通行业统计直报企业中的35家典型药品批发企业，涵盖北京、天津、上海、重庆、辽宁、黑龙江、江苏、浙江、福建、山东、河南、广东、广西、四川、贵州、陕西、青海、新疆，共计18个省份。

销售总额的17.8%，扣除不可比因素同比增长8.3%，增速较上年增长2.9个百分点（见图1）。

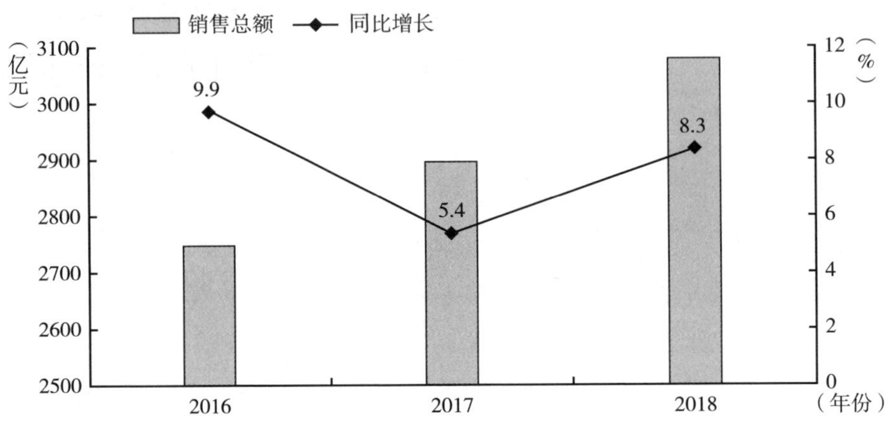

图1　2016～2018年典型药品批发企业销售总额变化情况

（二）各大类医药商品销售情况

九大类医药商品[①]销售金额统计，化学药近三年均位居首位，2018年销售总额2242.5亿元，同比增长6.8%。生物制品、医疗器械（含家庭护理）、中药饮片（含中药材）、日用品销售额均保持增长态势，其中医疗器械（含家庭护理）同比增长41.1%，居首位，其次是中药饮片（含中药材）同比增长32.4%。中成药、化妆品销售额出现负增长，降幅分别为－0.8%、－4.0%（见表1）。

各类商品近三年市场份额和排名变化不大，以2018年为例，化学药占72.8%，中成药占15.2%，生物制品占7.9%，稳居前三位，医疗器械（含家庭护理）占2.4%，其余五类商品份额较低，合计未超过2%（见图2）。

---

① 九大类医药商品指化学药、中成药、生物制品、中药饮片（含中药材）、医疗器械（含家庭护理）、食品（含保健食品）、化妆品、日用品、其他商品。医疗器械包含仪器设备和包材。

表1 九大类医药商品销售情况

单位：亿元，%

序号	类别	2016年		2017年		2018年	
		销售额	同比增长率	销售额	同比增长率	销售额	同比增长率
1	化学药	1977.50	10.8	2099.54	6.2	2242.52	6.8
2	中成药	457.27	10.3	473.47	3.5	469.63	-0.8
3	生物制品	233.32	9.5	225.30	-3.4	242.48	7.6
4	医疗器械(含家庭护理)	37.22	24.1	52.29	40.5	73.77	41.1
5	食品(含保健食品)	18.36	-3.8	19.03	3.6	20.53	7.8
6	中药饮片(含中药材)	13.22	10.6	12.95	-2.0	17.15	32.4
7	日用品	1.53	51.6	1.09	-28.5	1.16	6.7
8	化妆品	1.82	-31.0	3.78	107.8	3.63	-4.0
9	其他商品	8.86	-15.0	9.92	11.9	9.76	-1.6
合计		2749.10	9.9	2897.37	5.4	3080.64	8.3

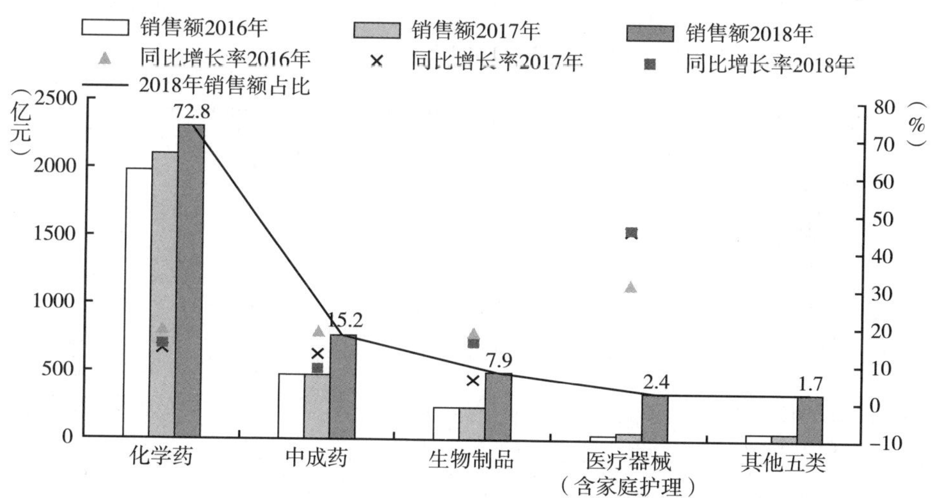

图2 2016~2018年医药商品各大类销售额情况

（三）药品销售渠道结构

2018年药品（化学药、中成药、生物制品）销售总额2954.6亿元。按销售渠道分，对批发企业销售额[①] 877.8 亿元，占药品销售总额的 29.7%；对终端销售额[②] 2076.8 亿元，占药品销售总额的 70.3%。从各终端渠道看，对医院销售额 1726.6 亿元，占终端销售额的 83.1%；对基层医疗机构销售额 207.2 亿元，占终端销售额的 10.0%；对零售药店销售额 113.8 亿元，占终端销售额的 5.5%；对其他渠道销售额 29.1 亿元，占终端销售额的 1.4%。

（四）化学药、中成药和生物制品品种、品规和生产企业数量统计

2018 年三大类药品数据涵盖 7506 个药品品种[③]，其中化学药品种 2211 个（占比 29.46%，下同），中成药 5129 个（68.33%），生物制品 166 个（2.21%）；三大类药品数据涵盖 21910 个药品品规，其中化学药品规 10574 个（48.26%）、中成药 10482 个（47.84%）、生物制品 854 个（3.90%）。

上述药品共涉及药品生产企业 4192 家，其中跨国企业 754 家、本土企业[④] 3438 家（见表 2、表 3、表 4）。

表 2　2016～2018 年三大类药品品种数量统计

单位：个

类　别	2016 年	2017 年	2018 年
化学药	2113	2197	2211
其中：非处方药（OTC）	473	480	477
国家医保药品（2017 年版）	1053	1069	1109
中成药	4894	5199	5129
其中：非处方药（OTC）	1800	1820	1786
国家医保药品（2017 年版）	1694	1753	1792
生物制品	176	180	166
其中：非处方药（OTC）	12	13	13
国家医保药品（2017 年版）	28	38	42
合　计	7183	7576	7506

① 对批发企业销售：经营模式中的调拨，对批发企业的销售包括对省内和省外的批发企业的销售。

② 对终端销售：包括对医院、基层医疗机构和零售药店的销售，其中医院、基层医疗机构均为医疗机构。

③ 品种：品种数量按药品通用名进行统计。

④ 本土企业仅包括中国大陆企业，不包含港澳台企业，全书同。

表3　2016~2018年三大类药品品规数量统计

单位：个

类　别	2016年	2017年	2018年
化学药	8615	10225	10574
中成药	9025	10429	10482
生物制品	683	805	854
合　计	18323	21459	21910

表4　2016~2018年药品的生产企业数量统计

单位：个

类　别	2016年	2017年	2018年
跨国企业	628	744	754
本土企业	3616	3766	3438
合　计	4244	4510	4192

（五）三大类药品中非处方药销售情况

2018年非处方药（OTC）销售总额246.6亿元，同比增长1.2%，增速同比下降2.1个百分点。化学药OTC销售额130.2亿元，占化学药销售总额的5.8%；生物制品OTC销售额5.5亿元，占生物制品销售总额的2.3%；中成药OTC药品销售额110.9亿元，占中成药销售总额的23.6%，占比最高（见表5）。

表5　2016~2018年三大类非处方药（OTC）销售情况

单位：亿元，%

OTC药品分类		2016年	2017年	2018年
化学药	销售额	127.46	129.28	130.19
	同比增长率	9.1	1.4	0.7
	占化学药销售总额比重	6.4	6.2	5.8
中成药	销售额	103.63	109.26	110.91
	同比增长率	7.3	5.4	1.5
	占中成药销售总额比重	22.7	23.1	23.6

续表

OTC 药品分类		2016 年	2017 年	2018 年
生物制品	销售额	4. 89	5. 21	5. 54
	同比增长率	11. 0	6. 5	6. 3
	占生物制品销售总额比重	2. 1	2. 3	2. 3
总计	销售额	235. 98	243. 75	246. 64
	同比增长率	8. 4	3. 3	1. 2
	占全部药品销售总额比重	8. 8	8. 7	8. 3

二 药品生产企业构成情况

2018 年，化学药、生物制品和中成药三大类药品销售总金额 2954. 6 亿元①，同比增长 5. 6%；跨国企业药品销售额 1276. 4 亿元，同比增长 5. 9%，增速较上年增加 5. 2 个百分点；本土企业药品销售额 1678. 2 亿元，同比增长 5. 3%，增速较上年降低 3. 0 个百分点。

（一）本土和跨国生产企业销售额占比

2016 ~2018 年，本土企业销售额均高于跨国企业（见图 3）。

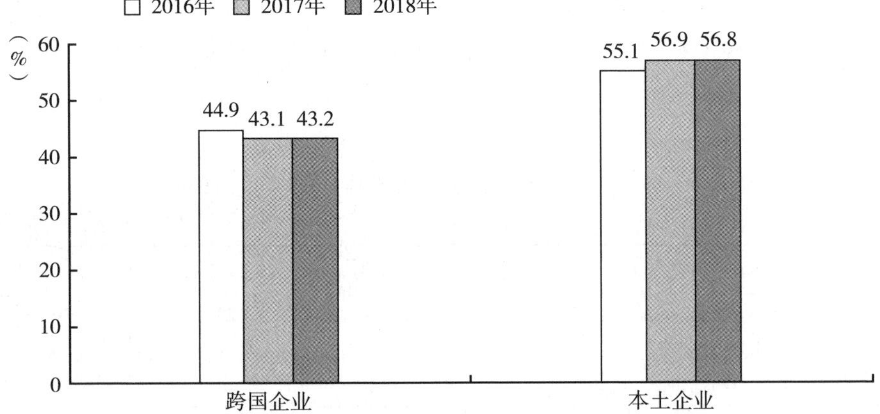

图 3　2016 ~2018 年本土与跨国生产企业销售额占比

① 本报告药品仅包含化学药、生物制品和中成药三类。

（二）药品生产企业销售排名

2018 年销售额排序前 20 位的本土生产企业销售总额 527.7 亿元，占本土企业药品销售总额的 31.4%，其中江苏恒瑞、华润医药、正大天晴药业位于前三位（见表 6）。

表 6　2018 年本土生产企业药品销售额排序

单位：万元，%

序号	本土企业	2018 年销售额	销售占比
1	江苏恒瑞	487954	2.9
2	华润医药	400070	2.4
3	正大天晴药业	370971	2.2
4	上海医药	335029	2.0
5	齐鲁制药	315205	1.9
6	中国医药集团	315116	1.9
7	扬子江药业集团	288989	1.7
8	石药集团	286397	1.7
9	步长制药	263275	1.6
10	华东医药	255806	1.5
11	天津医药	242823	1.4
12	江苏豪森	233940	1.4
13	复星医药	229357	1.4
14	鲁南制药	194445	1.2
15	深圳信立泰药业	192526	1.1
16	海正药业	183828	1.1
17	天士力控股	180314	1.1
18	江西济民可信集团	176325	1.1
19	人福集团	175280	1.0
20	太极集团	149167	0.9
合　计		5276817	31.4

2018 年销售额排序前 20 位跨国生产企业销售总额 985.4 亿元，占跨国企业药品销售总额的 77.2%，其中辉瑞、阿斯利康和拜耳位于前三位（见表 7）。

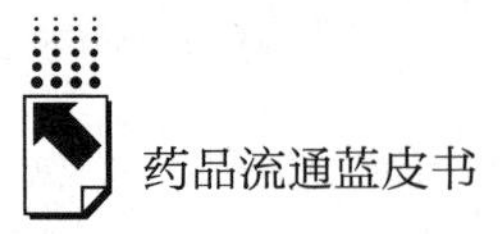

表 7　2018 年跨国生产企业药品销售额排序

单位：万元，%

序号	跨国企业	2018 年销售额	销售占比
1	辉瑞	1367939	10.7
2	阿斯利康	1050924	8.2
3	拜耳	874387	6.9
4	赛诺菲	833794	6.5
5	勃林格殷格翰	793401	6.2
6	诺华	640816	5.0
7	罗氏	603878	4.7
8	葛兰素史克	553856	4.3
9	默沙东	456831	3.6
10	诺和诺德	365196	2.9
11	百时美施贵宝	342010	2.7
12	默克	308636	2.4
13	费森尤斯卡比	297470	2.3
14	强生	285635	2.2
15	雅培	251489	2.0
16	礼来	215561	1.7
17	施维雅	158206	1.2
18	卫材	156433	1.2
19	威玛舒培	156106	1.2
20	百特	141575	1.1
合计		9854142	77.2

（三）三大类药品生产企业销售结构

2016～2018 年，本土和跨国生产企业在三大类药品上的份额结构差异明显，2018 年化学药市场本土企业份额与跨国企业持平，生物制品市场以跨国企业为主，本土企业份额逐年增长，中成药市场本土企业占绝对优势，市场份额保持在 97% 以上（见图 4）。

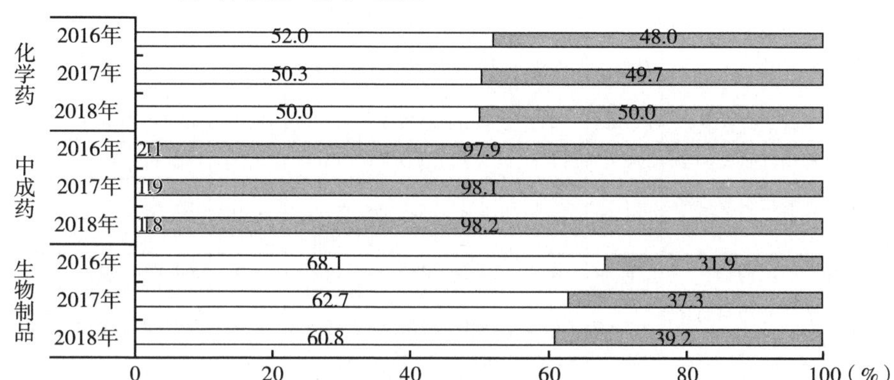

图4　2016～2018 年本土和跨国生产企业三大类药品份额对比

三　主要治疗领域药品销售情况

按世界卫生组织（WHO）《ATC 分类目录》收载的 14 类化学药和生物制品［即主要治疗领域（TA）① 药品］进行统计，不含中成药和部分我国独有但未纳入 ATC 目录的化学药与生物制品。

2018 年 TA 药品销售总额 2474.4 亿元，同比增长 7.8%，增速同比上升 2.9 个百分点，占全年所有医药商品销售总额的 80.3%（见表 8）。

表 8　2016～2018 年主要治疗领域药品销售情况

单位：亿元，%

序号	主要治疗领域	2016 年			2017 年			2018 年		
		销售额	占比	同比增长率	销售额	占比	同比增长率	销售额	占比	同比增长率
1	消化道和代谢方面的药物	406.47	18.6	3.8	408.49	17.8	0.5	424.81	17.2	4.0

① 主要治疗领域（TA）：此分类基于世界卫生组织制定的 ATC 分类系统，指 ATC 分类系统的 1 级代码对应的治疗领域，如“A”对应消化道和代谢方面的药物，1 级分类对应 14 个治疗领域。

续表

序号	主要治疗领域	2016 年			2017 年			2018 年		
		销售额	占比	同比增长率	销售额	占比	同比增长率	销售额	占比	同比增长率
2	心血管系统药物	335.42	15.3	9.6	356.05	15.5	6.1	367.78	14.9	3.3
3	全身用抗感染药物	294.63	13.5	2.1	305.47	13.3	3.7	330.17	13.3	8.1
4	抗肿瘤药及免疫调节剂	276.09	12.6	14.6	289.98	12.6	5.0	308.01	12.4	6.2
5	神经系统药物	216.54	9.9	14.5	231.84	10.1	7.1	264.89	10.7	14.3
6	血液和造血器官药物	207.90	9.5	15.0	217.54	9.5	4.6	242.44	9.8	11.4
7	呼吸系统药物	144.25	6.6	14.8	156.26	6.8	8.3	169.81	6.9	8.7
8	肌肉 - 骨骼系统药物	80.55	3.7	12.3	94.35	4.1	17.1	108.01	4.4	14.5
9	泌尿生殖系统药和性激素	53.62	2.5	19.8	49.77	2.2	-7.2	54.67	2.2	9.8
10	除性激素和胰岛素外的全身激素制剂	42.58	1.9	12.0	44.49	1.9	4.5	46.77	1.9	5.1
11	皮肤病药物	36.55	1.7	10.9	38.97	1.7	6.6	43.32	1.8	11.2
12	感觉器官药物	30.99	1.4	4.4	33.44	1.5	7.9	37.31	1.5	11.6
13	抗寄生虫药，杀虫药和驱虫药	3.93	0.2	24.7	4.35	0.2	10.7	5.09	0.2	17.2
14	杂类	58.72	2.7	8.6	63.50	2.8	8.1	71.33	2.9	12.3
合计/平均		2188.22	—	9.6	2294.48	—	4.9	2474.42	—	7.8

2018 年，14 类 TA 药物年销售额与 2017 年相比都有所增长，神经系统药物，血液和造血器官药物，肌肉 - 骨骼系统药物，皮肤病药物，感觉器官药物和抗寄生虫药，杀虫药和驱虫药及杂类共七类药品的 2018 年销售额同比增长超过 10%（见表 8）。

（一）TA 各类药品销售额占比和排名

2016～2018 年，14 类 TA 药品销售金额排名无变化，“消化道和代谢方面的药物”稳居首位，但占比略有下降，2018 年该类药品销售额占所有 TA 药品销售总额的 17.2%（见图 5）。

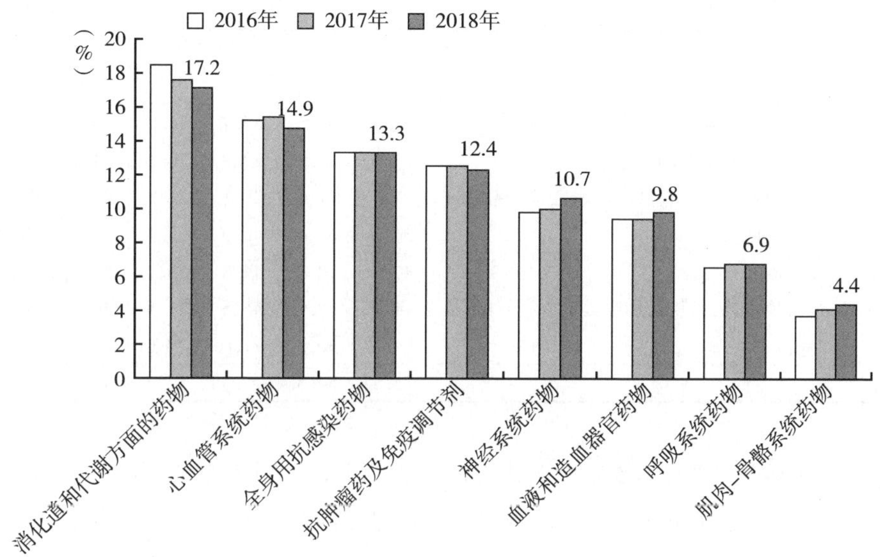

图5　2016～2018年主要治疗领域药品前8位销售占比对比

（二）TA药品的本土和跨国生产企业市场份额

2016～2018年，跨国生产企业的平均市场份额均超过本土生产企业，但两者差距在逐年缩小（见表9）。

表9　2016～2018年本土与跨国生产企业在主要治疗领域市场份额对比

单位：%

序号	主要治疗领域	2016年		2017年		2018年	
		本土	跨国	本土	跨国	本土	跨国
1	消化道和代谢方面的药物	43.2	56.8	45.4	54.6	44.8	55.2
2	心血管系统药物	44.2	55.8	45.3	54.7	46.8	53.2
3	全身用抗感染药物	53.9	46.1	55.0	45.0	54.4	45.6
4	抗肿瘤药及免疫调节剂	38.8	61.2	40.6	59.4	44.9	55.1
5	神经系统药物	59.9	40.1	60.5	39.5	61.0	39.0
6	血液和造血器官药物	51.3	48.7	52.0	48.0	51.1	48.9
7	呼吸系统药物	25.3	74.7	27.4	72.6	33.4	66.6

续表

序号	主要治疗领域	2016 年		2017 年		2018 年	
		本土	跨国	本土	跨国	本土	跨国
8	肌肉 - 骨骼系统药物	58. 5	41. 5	65. 7	34. 3	66. 3	33. 7
9	泌尿生殖系统药和性激素	23. 8	76. 2	29. 8	70. 2	34. 1	65. 9
10	除性激素和胰岛素外的全身激素制剂	22. 4	77. 6	28. 1	71. 9	29. 7	70. 3
11	皮肤病用药	36. 6	63. 4	46. 9	53. 1	51. 9	48. 1
12	感觉器官药物	40. 8	59. 2	44. 8	55. 2	46. 5	53. 5
13	抗寄生虫药,杀虫药和驱虫药	41. 1	58. 9	45. 5	54. 5	40. 9	59. 1
14	杂类	69. 5	30. 5	71. 0	29. 0	68. 0	32. 0
平均		45. 7	54. 3	47. 9	52. 1	49. 2	50. 8

以2018年为例，本土企业的优势品种包括肌肉 - 骨骼系统药物（66. 3%）、神经系统药物（61. 0%）、全身用抗感染药物（54. 4%）、皮肤病用药（51. 9%）、血液和造血器官药物（51. 1%）。值得注意的是，本土企业在心血管系统药物、抗肿瘤药及免疫调节剂两个领域一直保持增长态势（见表9、图6）。

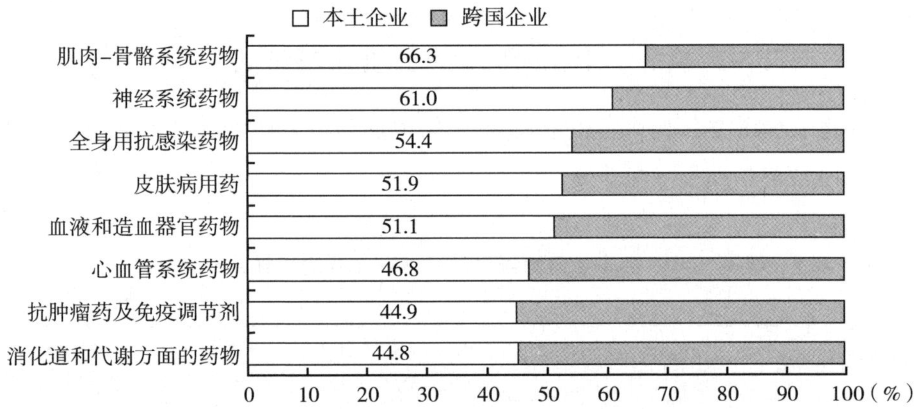

图6　2018 年主要治疗领域前 8 类药品供应商销售结构

四　不同销售渠道药品销售情况

2018 年，“两票制” 政策在各省份全面推进，对药品销售渠道结构产生了一定的影响。

（一）销售渠道结构变化

2018 年对批发企业销售占比 29.7%，同比下降 7.0 个百分点，对终端的销售占比 70.3%，同比上升 7.0 个百分点，其中，对医院的销售占对终端销售的 83.1%，对基层医疗机构的销售占 10.0%，对零售药店的销售占 5.5%（见表 10）。

2018 年三大类药品对批发企业销售额占比分别下降 7.0 个百分点、9.0 个百分点和 6.4 个百分点，对终端销售占比均相应增加（见表 11）。

表 10　2016～2018 年各销售渠道结构变化

单位：%

类别	2016 年	2017 年	2018 年
对批发企业	40.1	36.7	29.7
对终端	59.9	63.3	70.3
其中：对医院	82.9	83.3	83.1
对基层医疗机构	10.8	10.5	10.0
对零售药店	5.3	5.4	5.5
对其他	0.9	0.8	1.4

表 11　2016～2018 年各类药品销售渠道结构变化

单位：%

类别		2016 年	2017 年	2018 年
化学药	对批发企业	40.9	37.8	30.8
	对终端	59.1	62.2	69.2
生物制品	对批发企业	48.3	37.3	28.3
	对终端	51.7	62.7	71.7
中成药	对批发企业	32.5	31.6	25.2
	对终端	67.5	68.4	74.8

（二）化学药销售渠道构成

2016～2018 年，化学药（26 大类①）对终端渠道品类销售结构上差异明

① 化学药大类依据《国家药管平台药品分类编码与基本数据库》药品分类。

显：在对基层医疗机构销售中，心脑血管系统用药物均居首位，2018 年销售额占比达 26.1%，激素及调节内分泌功能类药物次之；在对零售药店销售中，抗肿瘤药物居首位，心脑血管系统用药物次之；而在对医院销售中，神经系统用药物居首位，心脑血管系统用药物次之（见表 12）。

（三）中成药销售渠道构成

2016～2018 年中成药（22 大类①）对医院、基层医疗机构的品类销售结构差异相对较小，理血剂居首位，销售额占比均高于 30%，清热剂、补益剂次之；对零售药店的品类销售结构与前两者有明显差异。对各终端渠道销售的理血剂均居首位；比较而言，对零售药店销售的理血剂、祛湿剂占比相比其他渠道较低，对零售药店销售的补益剂、祛痰剂、解表剂、安神剂和五官用药等占比相对其他渠道偏高（见表 13）。

2016～2018 年典型药品批发企业对医疗机构销售的中成药大类中，理血剂销售份额稳定在 30% 以上，对零售药店销售份额相对较低，在 20% 左右。在理血剂大类销售中，活血类销售额占比最高，对各终端渠道销售的活血类均超过 80%。相对而言，对基层医疗机构销售的活血类在该渠道销售份额较高，2018 年高达 91.3%；对医院销售的活血养血类在该渠道销售份额 10.3%，而对基层医疗机构、零售药店活血养血类对应渠道的销售份额仅为 6%～8%（见表 14）。

（四）各销售渠道药品生产企业结构

从各渠道看，2016～2018 年对批发企业销售的药品中跨国企业份额明显高于本土企业，且 2018 年两者维持在 55.7%、44.3%。对医院和基层医疗机构销售药品中，本土企业为主体，但占比逐年降低。对零售药店销售的药品中，跨国企业份额略高于本土企业，占比稳定在 56% 左右。面对分级诊疗重塑药品销售模式及渠道下沉的压力，跨国企业积极调整架构，以应对快速变化的市场格局，2016～2018 年对基层医疗机构药品销售中跨国生产企业占比逐年攀升（见表 15）。

---

① 中成药大小类依据《国家药管平台药品分类编码与基本数据库》药品分类。

表 12　2016～2018 年化学药各渠道品类销售结构

单位：%

化学药大类	对批发企业销售占比			对终端销售占比								
				对医院			对基层医疗机构			对零售药店		
	2016 年	2017 年	2018 年	2016 年	2017 年	2018 年	2016 年	2017 年	2018 年	2016 年	2017 年	2018 年
心脑血管系统用药物	17.1	17.7	15.7	12.5	12.7	13.1	22.9	23.3	26.1	15.5	15.3	15.1
神经系统用药物	12.0	12.6	13.8	14.0	13.5	13.6	13.1	12.8	12.5	13.0	11.8	11.2
抗生素类药物	7.1	7.7	7.7	10.7	10.7	10.4	12.5	11.2	9.9	3.5	3.3	2.5
激素及调节内分泌功能类药物	12.6	11.1	10.7	7.1	7.4	7.6	11.2	11.7	13.1	11.5	10.8	10.7
消化系统用药物	10.0	8.9	7.9	9.8	9.5	9.3	7.6	7.2	6.4	6.5	6.2	5.9
抗肿瘤药物	4.9	5.6	6.7	7.7	7.9	8.9	4.1	4.3	4.3	14.9	14.8	20.2
呼吸系统用药物	9.1	9.5	9.6	4.9	5.1	5.2	4.3	4.3	4.4	4.6	4.4	4.2
血液系统用药物	3.4	3.4	3.5	5.8	5.7	5.5	5.2	5.6	6.0	4.4	4.9	5.2
维生素类、矿物质类及营养类药物	5.7	5.1	4.2	4.5	4.4	4.4	3.9	3.9	3.6	4.8	6.0	5.8
专科用药物	4.5	4.4	4.5	3.1	3.2	3.3	2.6	2.8	2.7	6.4	7.0	6.5
调节免疫功能药物	2.2	1.7	1.5	3.5	3.2	2.6	1.9	1.7	1.3	2.9	2.7	2.9
抗病毒药物	1.8	2.0	2.3	2.1	1.9	1.7	1.8	1.9	1.2	3.7	3.4	3.9
麻醉及其辅助用药物	1.0	1.1	1.2	2.3	2.2	2.3	0.9	1.0	0.8	0.5	0.5	0.3
泌尿系统用药物	1.3	1.3	1.5	1.7	1.7	1.7	1.6	1.7	1.7	2.2	2.0	2.7
糖类、盐类与酸碱平衡调节药物	1.0	0.8	0.7	2.2	2.1	2.0	1.0	1.0	0.9	0.2	0.2	0.2
其他化学大类合计	6.4	7.3	8.5	8.1	8.9	8.2	5.5	5.8	5.1	5.4	6.8	2.8

表 13　2016～2018 年中成药各渠道品类销售结构

单位：%

中成药大类	对批发企业销售占比			对终端销售占比								
				对医院			对基层医疗机构			对零售药店		
	2016 年	2017 年	2018 年	2016 年	2017 年	2018 年	2016 年	2017 年	2018 年	2016 年	2017 年	2018 年
理血剂	31.6	32.1	43.1	31.0	31.0	31.2	37.3	38.4	37.8	22.7	21.9	19.2
清热剂	18.2	18.9	12.7	21.8	21.2	20.8	16.1	16.1	15.9	20.5	19.3	20.1
补益剂	18.5	17.5	21.0	18.0	17.4	16.4	16.7	16.5	16.1	20.5	21.3	21.1
祛湿剂	5.4	6.3	4.6	8.5	8.9	9.1	7.2	6.9	7.4	6.4	6.1	6.9
祛痰剂	4.6	4.8	3.3	3.8	4.2	4.7	5.9	5.2	5.8	6.7	7.6	7.8
解表剂	4.6	4.6	2.1	1.9	2.1	2.4	2.8	2.5	2.6	4.0	4.0	3.7
疏风剂	3.0	2.7	2.9	2.3	2.5	2.6	3.4	3.5	3.3	3.1	2.6	2.2
民族药	2.1	2.3	1.9	3.1	3.0	3.0	1.7	2.0	2.0	2.5	2.5	2.9
安神剂	3.9	2.7	1.3	1.7	1.6	1.6	1.4	1.2	1.3	3.6	4.5	5.0
理气剂	2.3	2.5	1.2	1.6	1.7	1.8	1.8	1.8	1.8	2.3	2.2	2.4
五官用药	2.0	2.0	1.5	1.7	1.9	2.2	1.6	1.7	1.8	2.9	3.1	2.9
开窍剂	1.4	1.4	2.2	2.1	2.0	1.8	1.8	1.8	2.2	0.7	0.6	1.5
妇科用药	0.8	0.7	1.1	1.0	0.9	0.8	0.8	0.7	0.5	1.5	1.4	1.5
消食剂	0.4	0.4	0.4	0.3	0.4	0.4	0.2	0.2	0.3	0.6	0.6	0.7
温里剂	0.2	0.3	0.3	0.5	0.4	0.4	0.4	0.4	0.3	0.2	0.2	0.2
其他类合计	1.0	0.8	0.4	0.8	1.0	0.8	0.9	1.2	0.9	1.9	2.2	2.0

表 14　2016～2018 年理血剂对终端渠道品类销售结构

单位：%

渠道	年份	活血	活血养血	止血	其他
对医院销售	2016	81.8	11.7	2.1	4.3
	2017	82.2	11.8	2.0	4.0
	2018	84.0	10.3	2.0	3.7
对基层医疗机构销售	2016	90.4	6.6	0.7	2.3
	2017	90.8	6.2	0.9	2.1
	2018	91.3	6.1	1.0	1.6
对零售药店销售	2016	86.5	7.4	0.8	5.3
	2017	87.8	6.1	1.0	5.1
	2018	86.5	6.0	2.0	5.5

表 15　2016～2018 年各销售渠道药品生产企业结构

单位：%

渠道		2016 年		2017 年		2018 年	
		跨国企业	本土企业	跨国企业	本土企业	跨国企业	本土企业
对批发企业销售		60.5	39.5	55.7	44.3	55.7	44.3
对终端销售	对医院	34.3	65.7	35.7	64.3	36.5	63.5
	对基层医疗机构	30.1	69.9	32.8	67.2	37.0	63.0
	对零售药店	56.2	43.8	55.7	44.3	55.4	44.6

（五）对医院药品销售额排序

2018 年，对医院的药品销售额排序中，前 20 位销售额合计占对医院销售总额的 10.0%，前 3 位药品分别是辉瑞的阿托伐他汀钙片（立普妥）、赛诺菲的硫酸氢氯吡格雷片（波立维）、AstraZeneca Pty Ltd 的吸入用布地奈德混悬液（普米克令舒）（见表 16）。

（六）对基层医疗机构药品销售额排序

2018 年，对基层医疗机构的药品销售额排序，前 20 位销售额合计占对基层医疗机构销售总额的 16.7%，前 3 位的药品分别是辉瑞的阿托伐他汀钙片（立普妥）、Bayer Vital GmbH 的阿卡波糖片（拜唐苹）、赛诺菲的硫酸氢氯吡格雷片（波立维）（见表 17）。

表 16　2018 年对医院药品销售额前 20 位排序

单位：万元，%

序号	药品名称	药品供应商	年销售额	占比
1	阿托伐他汀钙片	辉瑞制药有限公司	170536.65	1.0
2	硫酸氢氯吡格雷片	赛诺菲(杭州)制药有限公司	165084.19	1.0
3	吸入用布地奈德混悬液	AstraZeneca Pty Ltd	132517.49	0.8
4	注射用头孢哌酮钠舒巴坦钠	辉瑞制药有限公司	113077.06	0.7
5	硫酸氢氯吡格雷片	深圳信立泰药业股份有限公司	103830.94	0.6
6	苯磺酸氨氯地平片	辉瑞制药有限公司	89813.17	0.5
7	注射用曲妥珠单抗	Roche Pharma(Schweiz) AG	89044.39	0.5
8	阿卡波糖片	Bayer Vital GmbH	85045.58	0.5
9	盐酸二甲双胍片	中美上海施贵宝制药有限公司	78898.01	0.5
10	贝伐珠单抗注射液	Roche Pharma(Schweiz) AG	77173.46	0.4
11	甘精胰岛素注射液	Sanofi-Aventis Deutschland GmbH	71394.48	0.4
12	氟比洛芬酯注射液	北京泰德制药股份有限公司	68208.22	0.4
13	注射用紫杉醇酯质体	南京绿叶制药有限公司	67667.57	0.4
14	阿托伐他汀钙片	北京嘉林药业股份有限公司	65629.50	0.4
15	门冬胰岛素 30 注射液	丹麦诺和诺德公司	63120.54	0.4
16	硝苯地平控释片	Bayer Pharma AG	59344.57	0.3
17	厄贝沙坦氢氯噻嗪片	Sanofi Pharma Bristol-Myers Squibb SNC	58895.04	0.3
18	恩替卡韦分散片	正大天晴药业集团股份有限公司	58267.45	0.3
19	注射用丹参多酚酸盐	上海绿谷制药有限公司	56682.65	0.3
20	丹红注射液	山东丹红制药有限公司	55111.53	0.3
合　计			1729342.50	10.0

表 17　2018 年对基层医疗机构药品销售额前 20 位排序

单位：万元，%

序号	药品名称	药品供应商	年销售额	占比
1	阿托伐他汀钙片	辉瑞制药有限公司	37747.67	1.8
2	阿卡波糖片	Bayer Vital GmbH	32935.38	1.6
3	硫酸氢氯吡格雷片	赛诺菲(杭州)制药有限公司	29295.41	1.4
4	硝苯地平控释片	Bayer Pharma AG	23028.11	1.1
5	硫酸氢氯吡格雷片	深圳信立泰药业股份有限公司	21352.58	1.0
6	苯磺酸氨氯地平片	辉瑞制药有限公司	20368.09	1.0
7	盐酸二甲双胍片	中美上海施贵宝制药有限公司	17858.36	0.9
8	甘精胰岛素注射液	Sanofi-Aventis Deutschland GmbH	16078.39	0.8

续表

序号	药品名称	药品供应商	年销售额	占比
9	厄贝沙坦氢氯噻嗪片	Sanofi Pharma Bristol-Myers Squibb SNC	15811.17	0.8
10	复方丹参滴丸	天士力医药集团股份有限公司	15154.61	0.7
11	阿卡波糖片	杭州中美华东制药有限公司	15028.04	0.7
12	门冬胰岛素30注射液	丹麦诺和诺德公司	13960.36	0.7
13	缬沙坦胶囊	北京诺华制药有限公司	13889.42	0.7
14	脑心通胶囊	陕西步长制药有限公司	12508.89	0.6
15	苯磺酸左旋氨氯地平片	施慧达药业集团(吉林)有限公司	12233.70	0.6
16	格列苯脲片	赛诺菲(北京)制药有限公司	11434.75	0.6
17	吸入用布地奈德混悬液	AstraZeneca Pty Ltd	9999.23	0.5
18	百令胶囊	杭州中美华东制药有限公司	9881.11	0.5
19	稳心颗粒	山东步长制药股份有限公司	8992.88	0.4
20	缬沙坦氨氯地平片(Ⅰ)	Novartis Pharma Schweiz AG	8808.38	0.4
合计			346366.53	16.7

五 国家基本药物及医保药品销售情况

(一)国家基本药物销售情况

2018年国家基本药物(简称:基药,即《国家基本药物目录2012年版》中所列药物)销售额515.7亿元,同比增长2.8%,占药品销售总额[①]的17.5%(见表18)。化学药为基药销售的主体,2018年,化学药销售额392.7亿元,占基药销售额的76.1%(见表19)。

① 药品销售总额:指化学药、中成药和生物制品三类药品的销售总额。

表 18　2016～2018 年国家基本药物销售情况

单位：亿元，%

年份	国家基本药物销售额	同比增长率	占比
2016	472.06	8.1	17.7
2017	501.70	6.3	17.9
2018	515.68	2.8	17.5

表 19　2016～2018 年国家基本药物品类销售情况

单位：亿元，%

类别	2016 年		2017 年		2018 年	
	销售额	占比	销售额	占比	销售额	占比
化学药	342.80	72.6	370.80	73.9	392.66	76.1
生物制品	17.12	3.6	11.55	2.3	11.29	2.2
中成药	112.14	23.8	119.35	23.8	111.73	21.7

（二）国家医保药品销售情况

以《国家医保目录 2017 版》收录药品为标准，2018 年国家医保药品销售额 2045.3 亿元，同比增长 5.3%，占药品销售总额的 69.2%。

2016～2018 年国家医保药品销售规模不断增长，销售额占比略微下降，由 2017 年的 69.4% 下降到 2018 年的 69.2%（见表 20）。

表 20　2016～2018 年国家医保药品销售情况

单位：亿元，%

年份	国家医保药品销售额	同比增长率	占比
2016	1763.17	9.4	66.1
2017	1942.49	—	69.4
2018	2045.28	5.3	69.2

注：2016 年数据按《国家医保目录 2009 版》收录药品计算。

近三年，在国家医保药品销售中，化学药占比最大，且呈现上升趋势，其次是中成药，生物制品占比较小（见表 21）。

表 21　2016～2018 年国家医保药品品类销售情况

单位：亿元，%

类别	2016 年		2017 年		2018 年	
	销售额	占比	销售额	占比	销售额	占比
化学药	1386.61	78.6	1536.51	79.1	1635.37	80.0
生物制品	45.06	2.6	50.54	2.6	62.71	3.1
中成药	331.50	18.8	355.45	18.3	347.19	17.0

注：2016 年数据按《国家医保目录 2009 版》收录药品计算。

六　重点品种市场分析

（一）我国慢病人群及主要疾病现状

据统计，2017 年我国居民主要疾病死亡率中，心脑血管疾病、恶性肿瘤、呼吸系统疾病死亡率居前三，合计占比超过 80%（见图 7）。2019 年国家医保局将对用药范围管理办法进行修订，将明确医保目录的结构，明确纳入目录和调出目录的基本条件以及重点考虑的品种范围，将重点考虑基本药物、肿瘤及罕见病等重特大疾病的药物、慢性病用药、儿童用药。

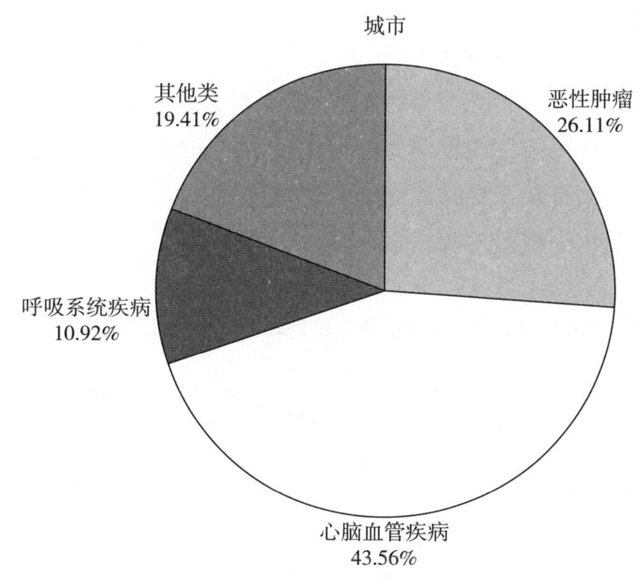

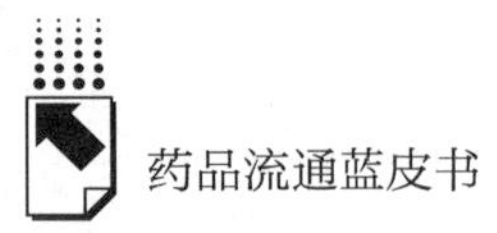

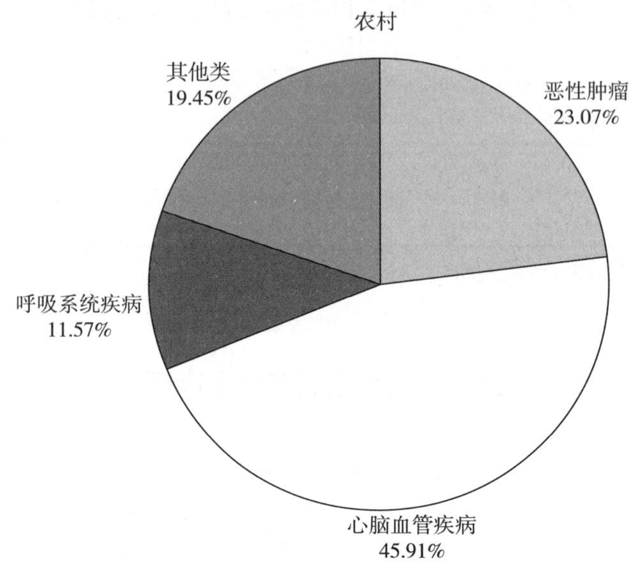

图7　2017 年中国城市和农村居民主要疾病死因构成

资料来源：《中国卫生健康统计年鉴 2018》。

（二）心脑血管系统用药物分析

1. 心脑血管系统用药物总体情况

2016～2018 年化学药市场销售中，心脑血管系统用药物稳居首位。2018 年，心脑血管系统用药物销售额 333.3 亿元，同比增长 3.7%，占药品（化学药、中成药和生物制品）销售总额的 11.3%。从小类看，抗高血压药销售在心血管系统用药物中销售占比超过 50%。

表 22　2016～2018 年心脑血管系统用药物对终端渠道品类销售结构

单位：%

渠道	年份	抗高血压药	调节血脂药及抗动脉粥样硬化药	防治心绞痛药	其他
对医院销售	2016	51.1	22.0	7.3	19.5
	2017	52.8	23.9	6.3	17.0
	2018	52.1	26.1	6.6	15.2

续表

渠道	年份	抗高血压药	调节血脂药及抗动脉粥样硬化药	防治心绞痛药	其他
对基层医疗机构销售	2016	68.9	20.4	4.0	6.8
	2017	67.0	22.5	3.8	6.7
	2018	64.9	26.1	4.0	4.9
对零售药店销售	2016	69.2	22.5	3.5	4.8
	2017	66.4	23.8	3.2	6.6
	2018	62.2	24.8	3.1	9.9
对终端	2016	55.0	21.9	6.6	16.4
	2017	55.9	23.7	5.7	14.7
	2018	54.8	26.2	6.0	13.0

2. 心脑血管系统用药物品种排名

2016～2018 年心脑血管系统用药物销售额前 10 位的品种基本稳定，其中有 4 种销售额同比增长超过 10%，2018 年美托洛尔、缬沙坦、前列地尔销售额同比下降，而非洛地平则呈现明显增长趋势，2018 年同比增长率达 23.6%（见图 8）。

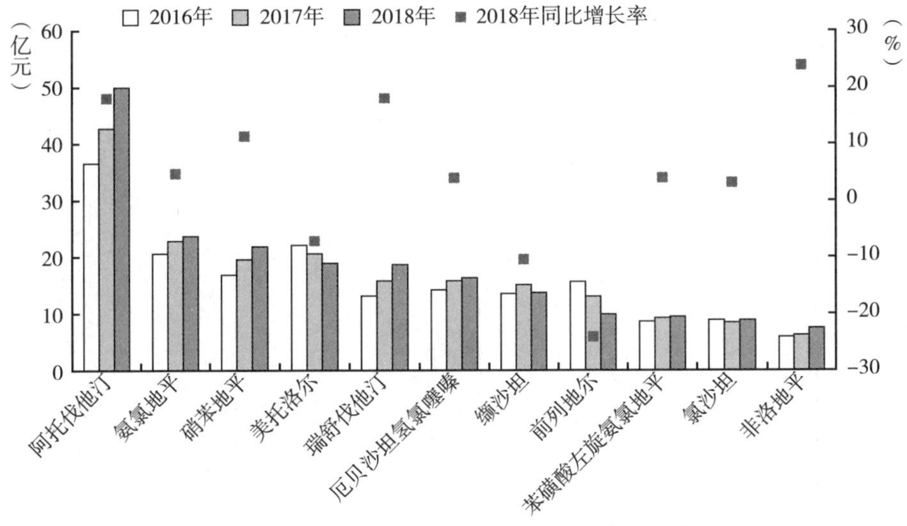

图 8　2016～2018 年心脑血管系统用药物销售额前 10 位品种

在2016～2018年心脑血管系统用药物销售中，阿托伐他汀类药物一直居于首位，2018年阿托伐他汀类药物销售额占心脑血管系统用药物销售额的14.9%。

阿托伐他汀类药物销售中，跨国企业一直占主导地位，2016～2018年跨国企业销售份额超过60%，但是在2018年有所回落（见图9）。

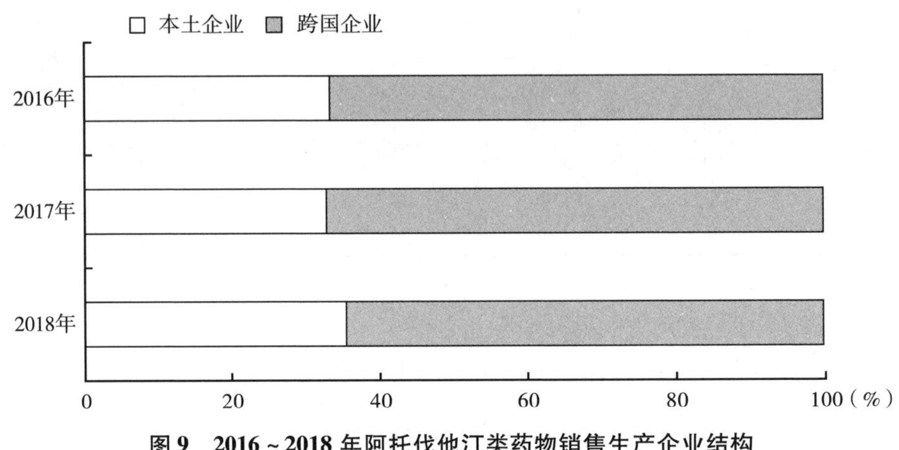

图9 2016～2018年阿托伐他汀类药物销售生产企业结构

（三）呼吸系统用药物分析

1. 呼吸系统用药物总体情况

2016～2018年，呼吸系统用药物销售一直保持增长态势，但增速放缓（见图10）。

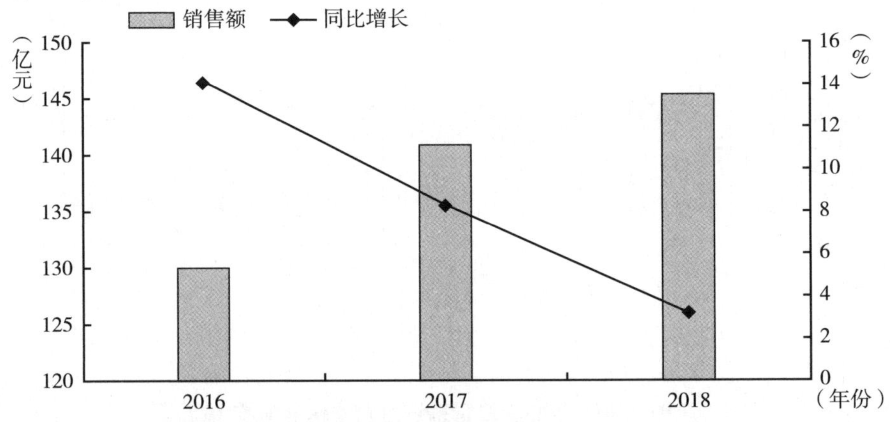

图10 2016～2018年呼吸系统用药物整体销售情况

从小类看，2016～2018 年呼吸系统用药物销售中，平喘药一直居首位，且销售份额逐年增长，2018 年销售份额达 74.0%（见图 11）。

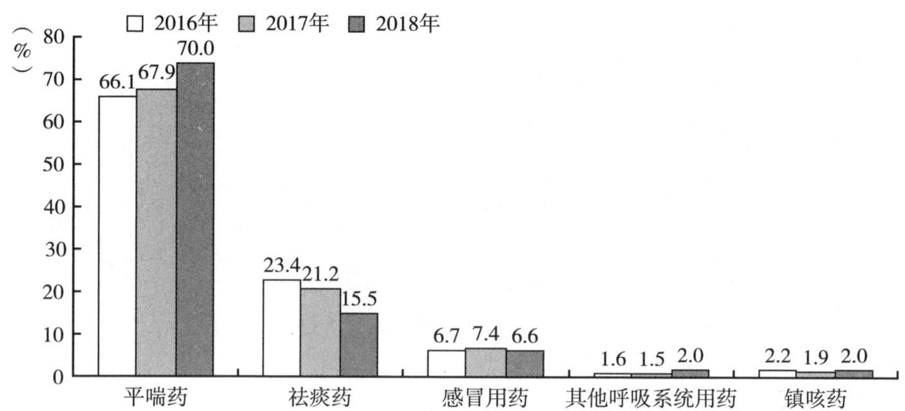

图 11　2016～2018 年呼吸系统用药物小类结构

2. 呼吸系统用药物生产企业结构

经统计，2016～2018 年本土企业呼吸系统用药物销售份额持续上升，跨国企业持续下降（见图 12）。

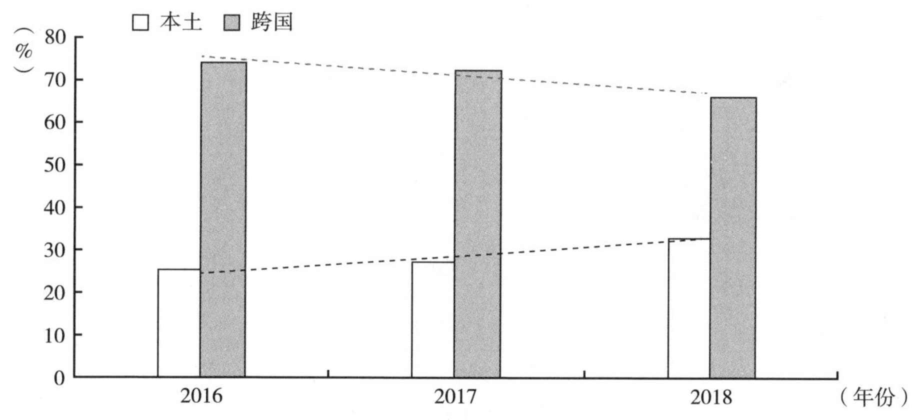

图 12　2016～2018 年呼吸系统用药物生产企业销售份额

销售渠道方面，2016～2018 年呼吸系统用药物对批发企业及医院、基层医疗机构销售占比上升，对零售药店销售占比下降（见图 13）。

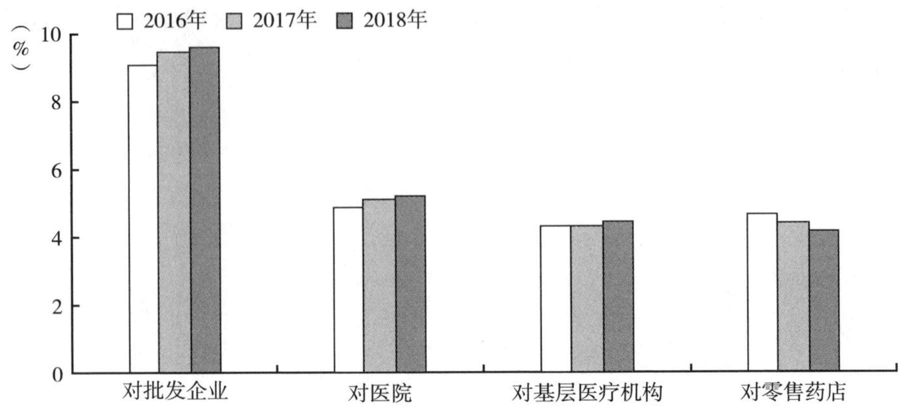

图 13　2016～2018 年各渠道呼吸系统用药物销售结构

（四）抗肿瘤药物分析

1. 抗肿瘤药物总体情况

2016～2018 年，在典型批发企业销售中抗肿瘤药物销售额一直保持增长态势；2018 年抗肿瘤药物销售额同比增长率高达 26.3%，如图 14 所示。

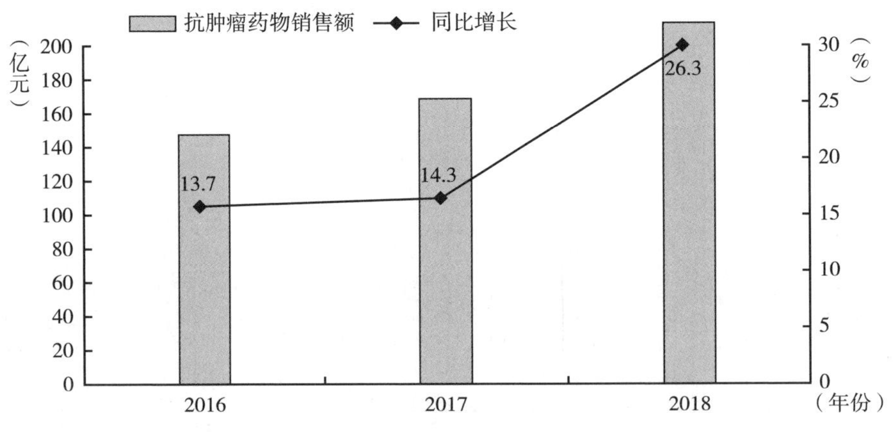

图 14　2016～2018 年抗肿瘤药物整体销售情况

2. 抗肿瘤药物生产企业结构

抗肿瘤药物生产企业中，本土企业销售份额逐年攀升，占比由 2016 年的 49.0% 提高到 2018 年的 50.3%（见图 15）。

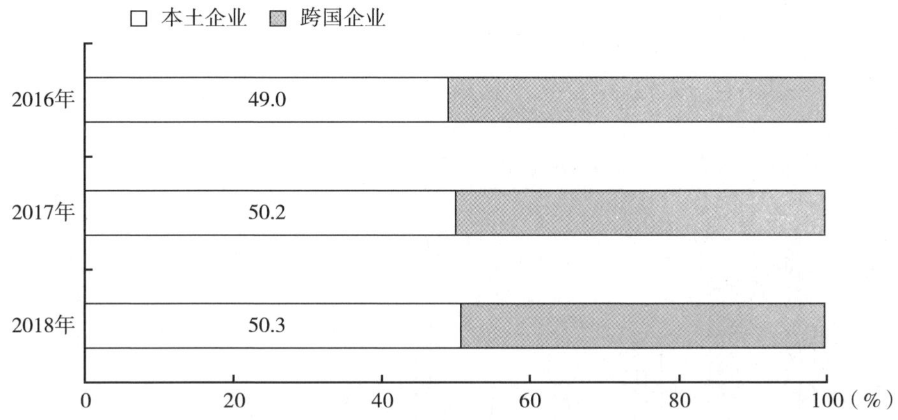

图15　2016～2018年抗肿瘤药物生产企业结构

3. 抗肿瘤药物生产企业排名

2016～2018年，抗肿瘤药物销售额前10位的生产企业中，跨国企业与本土企业同为五家，且排名前三的均为本土企业（见图16）。

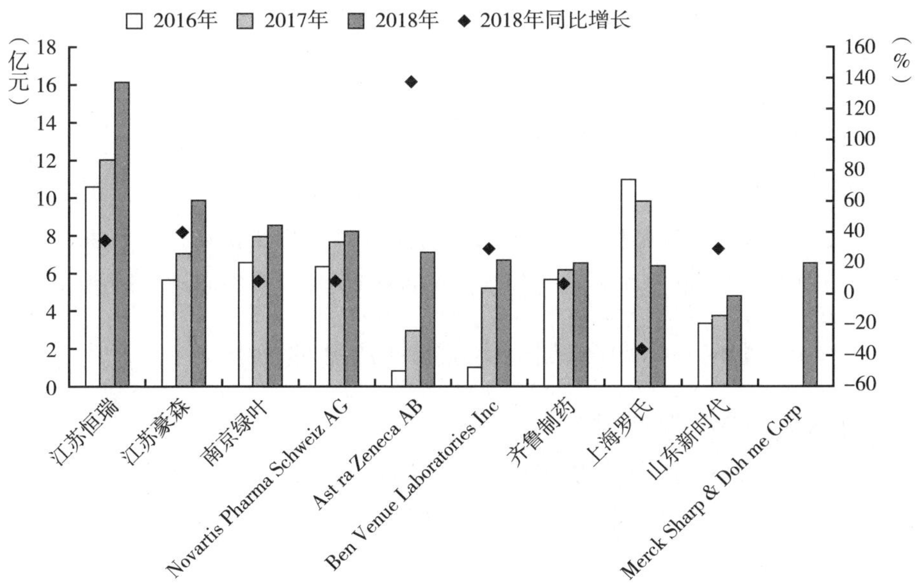

图16　2016～2018年抗肿瘤药物销售额前10位生产企业

4. 抗肿瘤药物品种排名

2016～2018 年，在抗肿瘤药物销售前 10 位的品种中，有 7 种同比增长率超过 10%；其中，传统抗肿瘤药紫杉醇依旧高居首位（见图 17）。

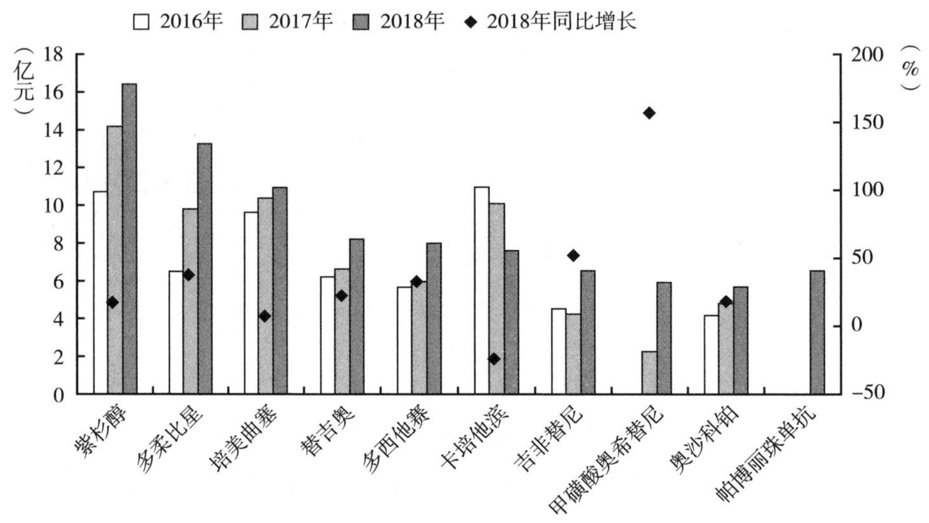

图 17　2016～2018 年抗肿瘤药物销售前 10 位品种

5. 生物靶向抗肿瘤药物分析

2016～2018 年典型药品批发企业抗肿瘤药物销售中，生物靶向抗肿瘤药物销售额呈加速增长态势，2018 年增速达到 126.4%（见图 18）。在销售额前十位品种中，共有 7 个单克隆抗体药物，其中帕博利珠单抗作为新型生物靶向抗肿瘤药物于 2018 年 7 月在国内上市，该品种 2018 年销售额排名居第八位。

（五）“4＋7”城市药品集中采购涉及品种分析

1. 集中采购涉及品种销售概况

2018 年，典型药品批发企业销售中，集中采购涉及品种销售额为 285.0 亿元，占典型批发企业药品销售总额的 9.6%。

文件涉及品种的主治病种共有 16 个，在 2016～2018 年典型批发企业销售中动脉粥样硬化、心绞痛、高血压稳居前三位，2018 年这三个病种药品销售额占比达 52.6%（见图 19）。

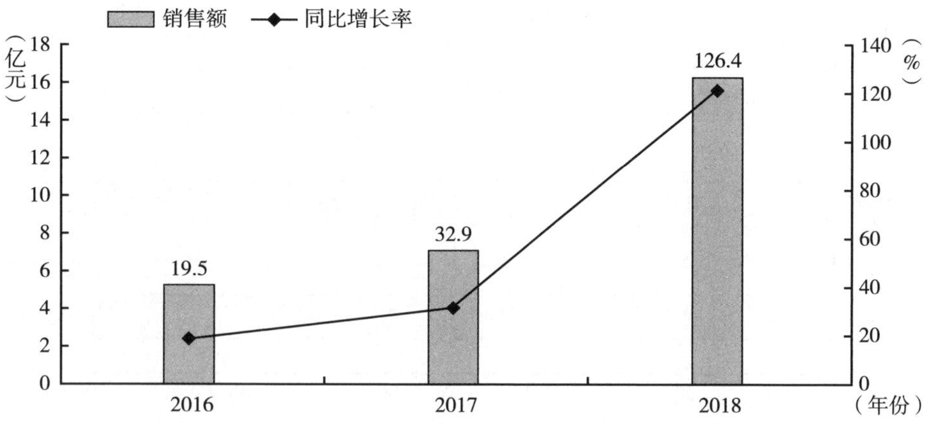

图18　2016～2018年生物靶向抗肿瘤药销售情况

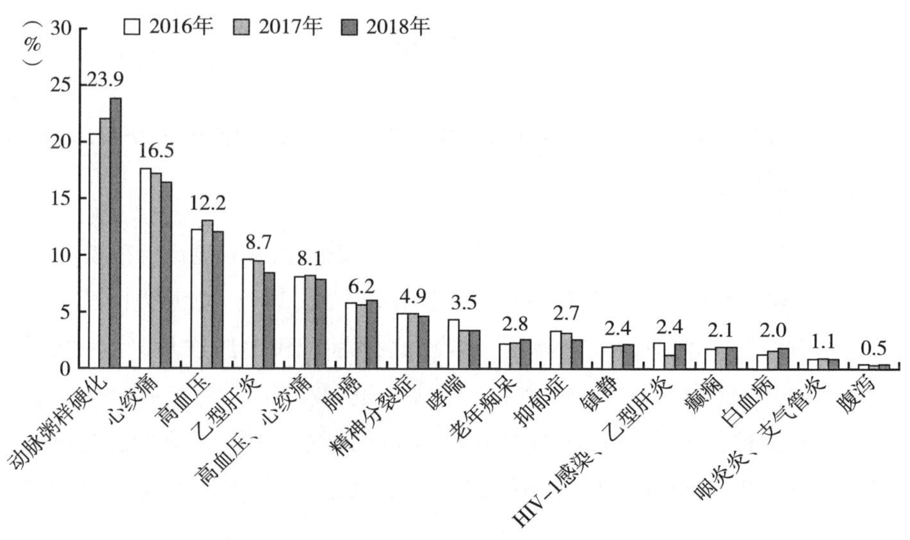

图19　集中采购涉及品种的主治病种销售情况

2\. 集中采购涉及品种生产企业情况

2016～2018年药品集中采购涉及品种的企业销售中，跨国企业销售份额一直高于本土企业，但呈逐年下降趋势（见图20）。

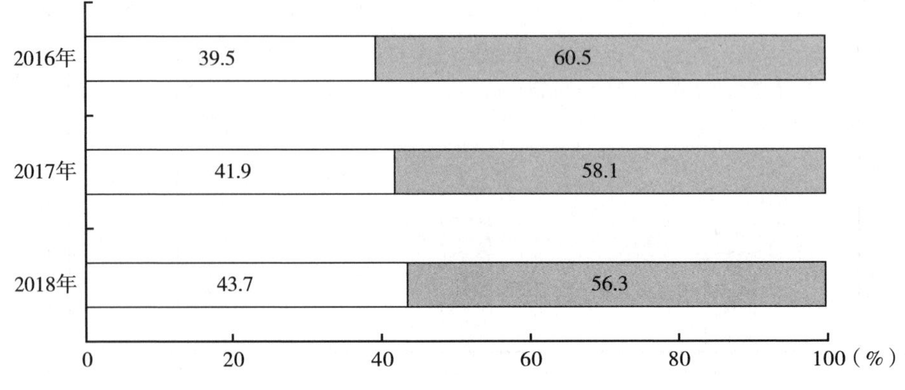

图 20　集中采购涉及品种生产企业结构

七　结论

（一）典型药品批发企业的销售总额持续稳步增长，进入结构调整转型发展阶段

1. 典型药品批发企业的销售总额稳步增长，不同商品类别增速相差较大

2018 年典型药品批发企业销售总额同比增长 8.3%，九大类医药商品销售结构相对稳定。其中，医疗器械（含家庭护理）和中药饮片（含中药材）增速较快，分别达 41.1%、32.4%，中成药呈现负增长，为 -0.8%。数据显示，随着医保控费、限制辅助用药等医改政策的实施，行业发展受到较大影响，企业积极应对进行品类结构调整，加大医疗器械及中药饮片的销售份额。

2. 对终端占比逐渐增大，“两票制”政策效果显现

从 2016~2018 年典型药品批发企业药品市场销售渠道结构可以看出，2018 年对批发企业销售占比 29.7%，同比下降 7.0 个百分点，“两票制”使对批发企业销售额占比逐渐降低。企业积极开拓终端市场，使对医院及零售终端销售占比逐步增大，达到 70.3%，同比上升 7.0 个百分点。

（二）本土企业销售额持续增加，市场格局逐步转变

从2018年整体销售额来看，跨国企业与本土企业市场份额分别为43.2%、56.8%，本土企业继续保持领先优势，且化学药市场本土企业市场份额首次超过跨国企业，生物制品市场跨国企业份额也呈现下降趋势，从2016年的68.1%下降至2018年的60.8%。但与跨国公司相比，本土企业市场集中度较低，前二十家企业市场占有率仅为40.2%，低于跨国企业的77.2%。由此可见，未来市场格局还会加剧竞争，从而实现企业间的兼并和重组。

（三）终端药品销售占比存在差异，产品力决定市场份额

2018年在化学药销售中，心脑血管系统用药在基层医疗机构占比较高，为26.1%，高于医院13.1%，由于这类药物多数为慢病用药，由此可看出分级诊疗制度正在发挥作用。从企业类型构成来看，2018年本土企业对医院和基层医疗机构占比略微下降，对零售药店占比略微上升，由此可知本土企业在院内市场竞争力有待进一步提升，如2018年对医院终端销售和基层医疗机构中，前二十位畅销药跨国企业占13种、本土企业占7种，对医院销售中销售额占比分别为7.3%、2.7%，前十位中仅信立泰氯吡格雷片排名第五（医院终端），信立泰氯吡格雷和天士力复方丹参丸分别排名第五和第十，其余均为跨国公司产品。上述分析可知，原研药市场份额极难撼动，产品力是促销的最好工具，决定其市场份额。

（四）医保、基药目录不断更新，引导企业适时调整产品结构

1. 国家基药销售占比和增速略有下降

国家基本药物销售额虽稳步增长，但销售占比和增速略有下降，其中化学药占比呈现增长趋势，中成药占比呈现下降趋势。由此可见，国家基药销售中化学药份额较大，中成药生产企业还需加强产品研发，生产出物美价廉的中成药，才能在国家基药销售中扩大市场份额。

2. 国家医保药品销售占比略有下降

国家医保药品销售占比略有下降，但化学药和生物制品占比略有增加，中成药呈现下降趋势，这种现象可能与医保目录调整有一定关系。本次目录调整

共调出药品22种，其中化学药17种，调出目录的品种主要是由于临床已有可替代的药品、不良反应多、疗效不确切、临床已被逐步淘汰等。同时，耗资巨大又没有明确疗效的所谓“神药”、辅助用药是调出重点。此外，未通过一致性评价的基本药物仿制药品种也将逐步被调出目录。

（五）慢病用药市场持续扩容，医改政策利于本土生产企业发展

1. 心脑血管用药占比较高，本土企业销售增长率高于跨国企业

2016～2018年化学药市场销售中，心脑血管系统用药稳居首位，销售额占比14.9%。从生产企业看，本土企业销售额2017年、2018年同比增长率均超过10%，均高于跨国企业，主要原因是2018年我国政府推行的仿制药一致性评价等政策产生的促进作用。截至2018年底公布的149个过仿制药一致性评价药品中有53个品规属于心脑血管疾病用药，国产仿制药一致性评价工作的推进将有力推动本土企业高质量产品的市场竞争力。

2. 呼吸系统用药销售额呈现下降趋势，跨国企业占主导地位

呼吸系统用药在2018年销售额排行中位居第七，虽然总体销售额仍持续增长，但增速呈现下降趋势，由2017年的8.4%下降到3.2%（见图10）。结合以上数据来看，近三年本土企业销售占比不断增高，跨国企业占比持续下降。在呼吸系统用药中，以本土生产企业为主的中成药发展迅猛。在2017版《国家医保目录》中中成药1238个，较2009年版目录新增339个，增幅约为15%，中成药增幅加大体现出国家对民族药创新发展的重视，利于本土企业发展。

3. 抗肿瘤药物销售增速较快，本土企业略高于跨国企业

2018年抗肿瘤药物销售增速为26.3%，远远高于其他类产品，近两年本土企业销售占比分别为50.2%、50.3%，略高于跨国企业，排名前十企业中本土企业占5席，前三名均为本土企业。由此可见，伴随着本土企业研发投入的不断增加，如正大天晴每年投入销售额的8%～10%进行新药研发，在肿瘤药物销售中本土企业的竞争力越来越强。

除此以外，化学药虽仍占据主体地位，但生物制品中的靶向药物、免疫治疗药物占比不断提升，2018年生物靶向抗肿瘤药销售额同比增长率为126.4%。

（六）加大研发投入，让高质量药物占领市场

据统计，A 股医药企业中制药企业为 175 家，研发投入为 232 亿元，营业收入为 5686 亿元，占 A 股医药企业营业收入的 4%，研发投入占营业收入超过 10% 的企业有 11 家，近三年研发投入增速均超过 20%。未来国内制药企业会逐步布局高仿药和生物类似药，依靠研发投入进入较高门槛仿制药领域，并尝试专利挑战实现首仿和快仿，最终进入实现仿创结合的快速发展轨道。以信立泰为例，2014～2018 年信立泰的研发投入为 1.4 亿元、3.1 亿元、3.0 亿元、4.4 亿元、8.0 亿元，占营收比重分别为 5.01%、9.05%、7.83%、10.57%、17.28%，持续的研发投入为提高产品竞争力打下坚实基础，其核心品种氯吡格雷片在此次"'4+7'带量采购"中中标，且市场占比约为 35.6%，销售额为 30 亿元左右。伴随医保支付政策的不断实施及医疗市场需求结构的调整，高质量原研药及仿制药的市场占有率将逐年递增，这应是药品流通企业品种结构调整需要关注的重点。

当下医药大健康产业蓬勃发展，"三医联动"改革进入深水区，药品流通行业正面临前所未有的机遇与挑战，如何将国家政策与自身发展有机结合成为企业转型升级的关键所在。

据统计，在《国家组织药品集中采购和使用试点方案》中 25 个中标药品主要涉及高血压和精神类疾病用药，慢性病成为国家集中采购重点领域。25 个中标药品中通过一致性评价的仿制药共 22 个，原研药 3 个，可见药品是否通过一致性评价将对企业产品未来的销售市场产生决定性影响，谁先通过一致性评价谁就优先掌握了主动权。随着"4+7"国家带量集中采购试点工作的开展及下一步可能的全面推广，预计将有力推动药品一致性评价工作的开展，企业应抓住机遇积极推动产品通过一致性评价及纳入集采名单，进而抢占市场份额。

综合近年来各项政策可见，药品的临床使用将回归以治疗药、指南药、一致性评价药、"4+7"国家带量采购、说明书合理用药为宗旨，药品流通企业应及时调整挑选品种思路，分散经营风险，紧跟政策导向，打造新的利润增长点。

B.13
三方信息共享下的药店创新模式初探

中国医药商业协会课题组

摘　要：　实现医疗机构处方信息、医保结算信息与药品零售消费三方信息共享是深化医改的任务之一，也是发展趋势，但对药店经营模式的创新提出更高要求。本文通过对已实现或尚未完全实现三方信息共享的药店案例的调研和分析总结，提出要落实好三方信息共享药店必须创新服务模式，具备药学服务专业化、医保基金使用管理规范化、药品供应的规模化和信息体系的平台化等四个基本条件。

关键词：　三方信息共享　零售药店　创新模式

国务院自2016年4月起在多个涉及医改的文件中，均要求探索开展医疗机构处方信息、医保结算信息与药品零售消费三方信息互联互通及共享。三方信息共享的焦点之一在于处方没有真正外流及药店是否具备承接医院处方的能力，如图1所示。为了促进三方信息共享实现，中国医药商业协会针对零售药店创新模式及药学服务情况开展调研，发现一些药店结合自身发展背景、优势及地区政策探索促进三方信息共享的各种创新模式。这些模式大致分为两大类——特药药房和慢病药房，统称为专业药房。特药药房指专营或兼营治疗特殊疾病药品的零售药店，能够由执业药师或者药师为患者提供专业化、个性化的药物治疗管理，具有符合药品和药学服务要求的服务环境、设施设备和配送条件，信息化管理系统完备，药品质量有保障、可追溯，此类特药药房也被称为DTP药房。慢病药房指经营治疗慢性非传染性疾病药品的药店，病种主要包括心脑血管疾病、内分泌紊乱、恶性肿瘤、呼吸系统疾病、精神和神经性疾病等。在不同地区、不同时期，这些专业药房的名称和内涵会出现演化，有专营特药模式，有同时经营慢病用药和特药模式，也有传统药房兼营特药或慢病管理的模式。

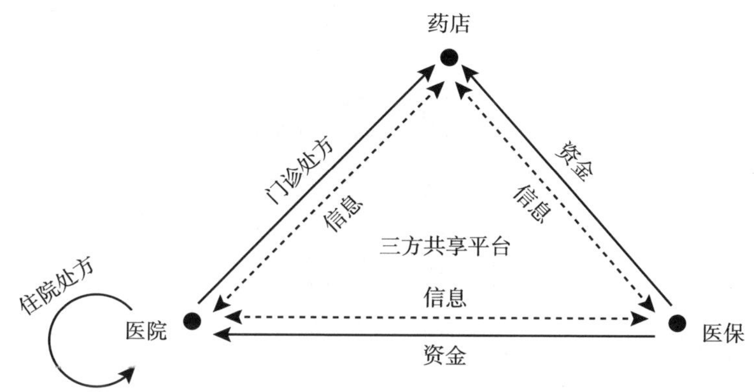

图1　三方信息共享概念示意

专业药房的出现为促进三方信息共享提供了学习借鉴的方向。中国医药商业协会对部分专业药房模式进行了调研，并将其分为已实现三方信息共享和尚未实现三方信息共享两类，总结比较经验与特点，找出有借鉴意义的特征，为三方信息共享落地实施提供参考。

一　已实现三方信息共享的模式

此类模式下的药店实现了医院、医保和药店三方信息的互联互通、实时共享，处方在医院和药店之间自由流转，患者可自主决定在医院或药店购药，并享受医保统筹待遇。

（一）广西梧州模式——第三方平台模式

梧州市依托百洋智能科技的易复诊处方共享平台实现了三方信息共享。具体流程为：医院经药事会审核制定用药目录，药店按目录进药，并保证所购药品与医院同品同规同质同价同厂家。医院 HIS 系统、药店销售系统和医保报销系统通过易复诊共享平台对接联通，患者至医院挂号开药，处方上传至共享平台，患者手机同时收到带处方编号的短信，告知离患者最近且有货的三家取药药店，患者也可凭处方编号到任何一家有货的药店购药。药店药师输入一次性处方编号下载处方、审核调剂，审核后患者缴纳挂号费和药费并取药。信息系统按规定的报销比例进行实时结算，药店定期将挂号费返还给对应的医疗机构。具体流程如图2所示。

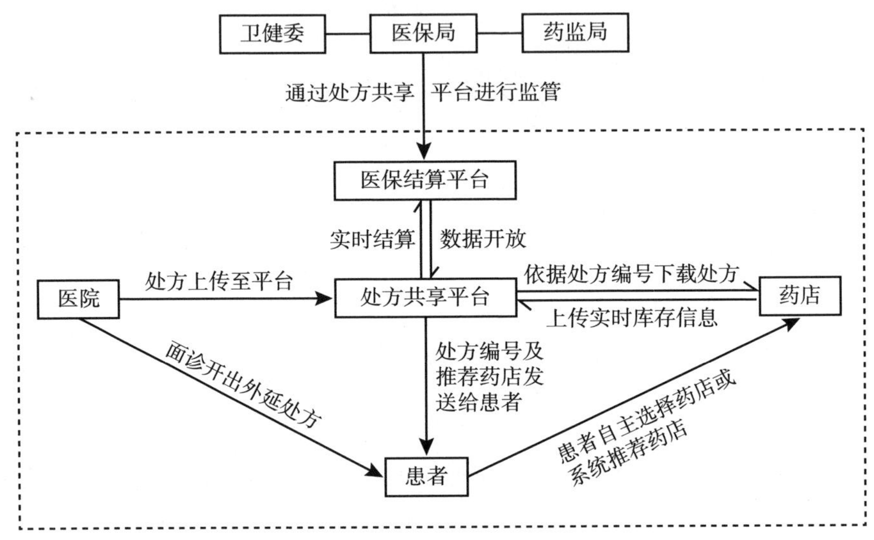

图2　梧州模式流程

该流程中设置了多种风险管控节点与措施。

1. 进入处方共享平台的药店资质审核

梧州市卫健委、医保局、医院在百洋处方共享平台设置一系列准入条件（见表1），确保进入共享平台的药店具备相当的服务水平和医保基金管理能力。

表1　梧州市处方共享药店准入条件

准入条件	含　义
必须是医保定点药店	历史医保基金使用情况能反映药店的管理水平有一定的医保基金管理经验
设置独立的共享处方服务专区（专柜）	与一般销售药品分开，给患者更专业的服务

续表

准入条件	含　义
营业时间内至少有一个执业药师在岗	提供药学服务
药店只能摆放和销售药品，且药店药品与定点医院药品同品种、同规格、同厂家、同价格	保障医保基金只用于支付药品，而不是其他日用品 确保诊疗完整性，明确用药责任 保障药品质量，保证患者利益
只向持有处方共享平台推送取药凭证的人员销售药品	保证处方来源真实
药店销售的药品信息必须与处方上的药品信息相符，严格按处方调配药品	禁止换药，确保诊疗完整性
药店的信息数据独立传送，结算时能够向医保实时上传下列信息： ①提供处方的医院、处方类型（普通门诊/特殊慢性病）、处方单号； ②所销售药品的名称、规格、单价、数量、金额、用法、用量； ③每个药品的总入库量和当次结算的售后库存量。	上传真实销售记录，留待监管部门审查
药店的信息系统能查询到当年每个药品的入库记录、销售记录、总入库量、总销售量和当前库存量	保留真实销售记录，留待监管部门审查
药店内安装有高清的音视频监控系统，确保营业时间内监控系统正常运行，监控资料能保存 1 年以上，能随时调看	保留真实销售记录和凭证，留待监管部门审查，确保无换药、套取医保资金等现象发生

从表 1 可见，准入条件对药店的医保基金管理水平提出了要求，也有涉及药品质量和患者利益的相关要求。处方共享药店的医保基金管理和药品质量管理得到保障。

2. 多层次的合理用药审核

为保障用药安全及避免滥用医保基金，处方从开出到患者取药会经过多重审核：处方上传至易复诊共享平台前先经过院内合理用药系统的审核，主审药品适应证，进入共享平台后再通过系统审核处方用量、配伍等，药店药师下载处方后对处方的合法性、规范性和适宜性进行复核。市卫健委、医保局可经系统实时查看外配处方信息，并有专人不定期地对处方用量、金额等事后审核，并对药店进行现场审核。

3. 医院提供药师培训服务

为提高药店药师的药学服务水平，梧州市组织医院临床药师对药店执业药师进行培训，培训内容包括理论学习和门诊轮转，考核成绩合格与否是药店能否加入共享平台的标准之一。

4. 建立退出机制

对违规销售虚假药品的药店给予黄牌警告，多次违规责令退出共享平台。

5. 进销存独立管理

承接医院处方的药店划出单独区域销售外配处方药，库房独立以及库存的进销存专账管理，便于医保资金使用情况的核查。

一系列的风险管控措施较好地保障了梧州地区三方信息共享的落地，患者的购药便利性显著提升，医保基金的使用与医院用药的合规性得到极大保障。

（二）天津市博康胜家大药房模式

博康胜家大药房为国药控股（天津）东方博康医药有限公司的全资子公司，是天津市医保定点零售药店，具备为门诊、门特、大病医保患者服务的能力。博康胜家大药房实现了与天津市肿瘤医院等 5 家医院的 HIS 系统直接相连。按照天津医保部门对零售药店的管理方法及天津市于 2018 年实行定医院、定医生、定患者、定药店的“四定”原则，每年给予经过评定纳入医保报销的零售药店一定的统筹额度。患者就诊后，处方可通过银海系统上传至药店，经执业药师审核后即可选择到药店取药或者由药店邮寄给患者。

对于注射剂类药品，博康胜家大药房与医院输注中心合作，患者凭处方在药店购药后，药店与输注中心联系、预约，将药品配送至输注中心，患者按预约时间在中心接受输注。患者无须携带、保存注射药品，一方面方便了患者，另一方面也保障了专人专药和药品质量，实现了注射剂的处方、取药和用药的全程封闭管理。

为便于监管，协议医疗机构应单独开具纸质外配处方和电子处方，电子处方直接上传至社保中心端并保留三天，协议医疗机构应告知并协助患者在电子处方有效期限内到协议零售药店购药，协议零售药店则应采用医疗费联网结算方式申报药品费用。通过“四定”原则，实现了用药责任可追溯。博康胜家大药房的操作流程如图 3 所示。

博康胜家大药房依托上一级公司——国药控股（天津）东方博康医药有限公司，在管理、分销及资金等方面获得支持。通过对药品使用路径的管控规避风险，实现了与医院、医保的良好合作，更易获得统筹开放资格；借助上级公司的批发分销背景，享有供货渠道完善、品种齐全、价格优惠等优势，实现了批零一体化运营的模式。

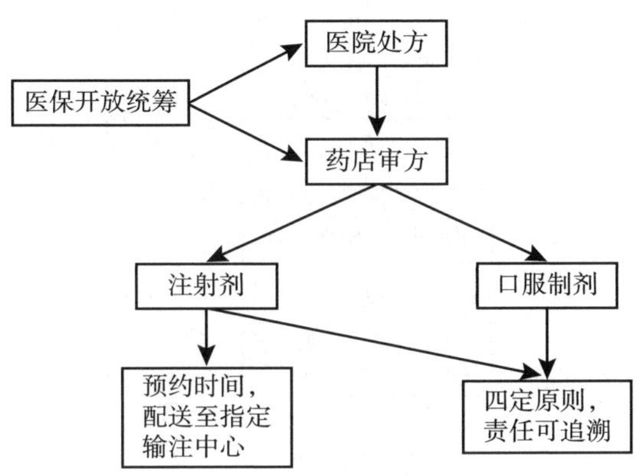

图 3　博康胜家大药房模式流程

（三）广州佛山大药房模式

国药控股广州有限公司佛山大药房与佛山市社保信息系统医疗管理支付管理系统端口直接连接，承担市内 14 家指定医疗机构重大疾病的处方外配工作，主要销售 36 个国产品种。具体操作流程为：患者至药店购药前，先在市社保局的“社保信息系统医疗管理支付管理系统”完成注册。就医后，凭个人身份证件、处方原件到药店购药，药店人员进入系统后即可查到患者的相关信息，完成购药审核，并对患者进行用药指导。其流程如图 4 所示。

药店建立了一整套管理规程，包括建立患者购药档案，保留历次购药的销售小票、特药费用结算单、处方原件和发票等文档，保存处方 5 ~ 6 年，供医保或商保部门人员核查，避免医保费用失控风险。药店实行总药师制，每月举办 2 ~ 3 次药师培训，包括审方、GSP、冷链和 MTM 等方面的内容。但国控广州佛山大药房尚未接通电子处方流转平台，主要依靠指定医院的纸质处方。

（四）武汉汉口大药房模式

汉口大药房隶属国药控股湖北国大药房有限公司，目前已开放 10 个病种重症慢病的特药和慢病医保统筹，但未与医院 HIS 系统直接相连，患者取药依

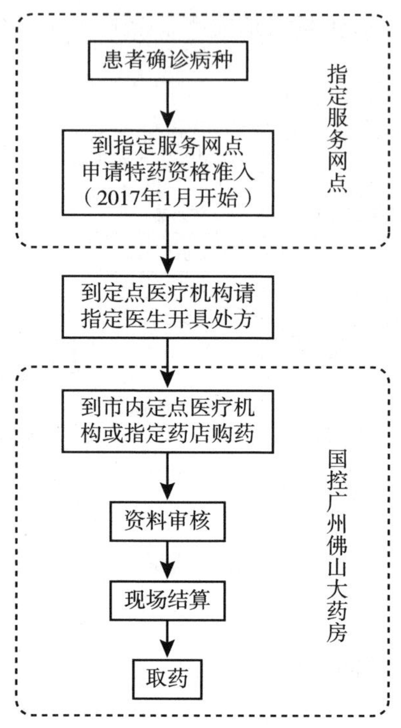

图 4　国控广州佛山大药房模式流程

靠纸质处方。

患者购药流程为：首次购药时，患者需先在医保办填写申请表，核验身份备案，再到药店登记。慢病患者进店将病历、处方笺交给执业药师审方，对于特药则采取电子处方形式，医院医生直接在医保系统里开具处方，经医保审核后传至药店，药店药师下载后审方。审核完成后执业药师开出相应量的缴费单据，患者缴费、取药。其中，患者只需支付个人自付部分，统筹部分由药店先垫付、定期与医保结算。重症药房患者取特殊药品流程如图 5 所示。

武汉市对特殊药品实行“三定”管理：定医院、定医生、定药店。对于注射剂，患者缴费后药店代为保管药品，待患者需要输注时药店直接送至医院，实现注射剂的全程封闭管理。

汉口大药房的药学服务体系分三级：第一级是基础药学服务；第二级是增值药学服务；第三级是药学服务推广。

患者服务流程为闭环形式，如图 6 所示。

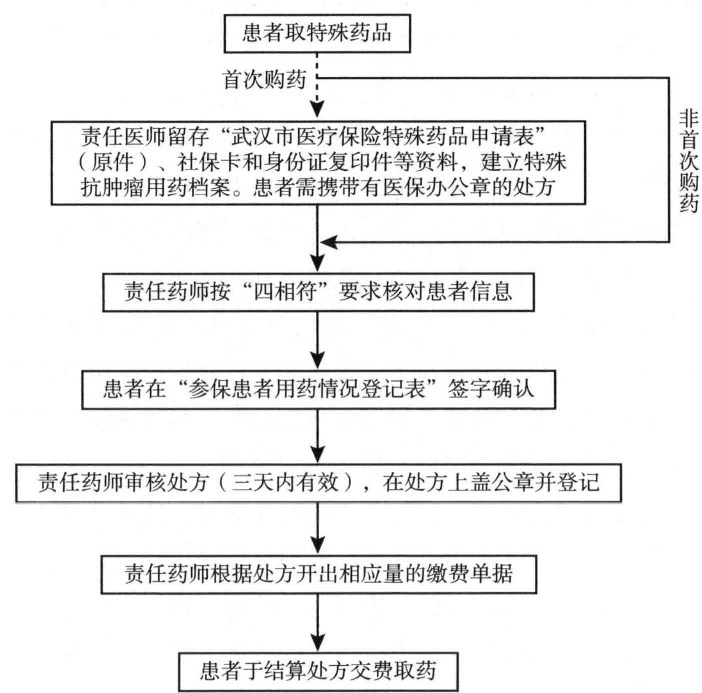

图5　汉口大药房重症患者取药流程

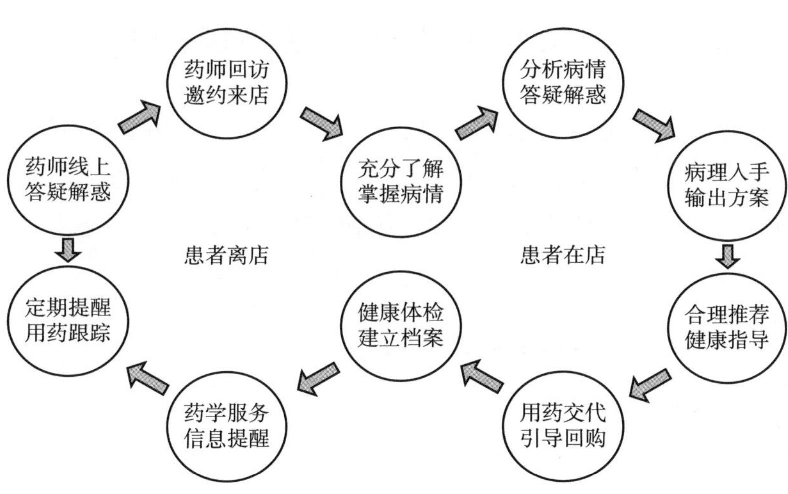

图6　汉口大药房的患者闭环服务流程

汉口大药房约有30位执业药师，占员工总数的30%。虽然尚未建立总药师制度，但公司聘请了三位三甲医院知名的退休主任药师成立了药学推广部，自编教材和培训材料，负责药师的培训和考核，指导日常药学服务工作。药师的培训体系分三级：第一级是线上培训测评；第二级是门店现场培训；第三级是总部集中培训。

汉口大药房隶属国控湖北子公司，大部分处方药由国控湖北总仓发货。借助批零一体化的优势，汉口大药房药品质量得到良好的保障。

除以上的几个模式外，长沙八家“特门”定点药房模式也实现了三方信息共享。湖南医保定点药店分为两类：第一类是普通的医保定点药店，患者可以使用个人资金账户；第二类是“特殊病种门诊”（当地简称“特门”）定点药店，可按规定使用统筹账户资金。长沙市“特门”药店为35种慢病患者长期购药开通了便捷的购药渠道，目的是节约医保资金、便利百姓购药。凡是符合入组标准的慢病患者可在大型综合医院专用窗口申请特门资格，选择2家定点医疗机构和2家定点药店。之后，患者凭医院的1张纸质处方可在药店3个月内连续购药，但每次最多购买2个月疗程的用量。购药费用的统筹报销部分由药店与医保机构定期结算，患者只需支付个人担负的部分。据了解，截至调查时长沙市“特门”药店已服务约14万患者。

二　尚未完全实现三方信息共享的模式

此类模式中，部分药店已实现与医院连接，但尚未实现医保统筹开放；部分药店与医院、医保均未连接。总的来说，尚未完全实现三方之间的互联互通、实时共享。但它们的特点在于发挥自身优势，探索出一条特色各异的转型升级之路。

（一）以药学服务水平见长的药店

1. 北京康德乐大药房模式

北京康德乐大药房隶属上药控股有限公司，以癌症用药为主，经营专科药品，同时还销售其他普通药品。

患者进入药店后，药师根据医生处方对患者进行初次用药指导服务：首先了解患者基本情况和需求，再审核处方，为患者建立会员档案，同时提供药师服务并与患者预约回访，进行药物治疗管理。康德乐大药房的药物治疗管理安排如表2所示。

表2 药物治疗管理安排

状态	时间	药师操作
首次购买	购药当天	1. 询问患者病史、过敏史、就医史和用药史 2. 专业用药辅导 3. 预约回访
第一次回访	购药7天内	1. 了解患者是否开始服药 2. 解答患者用药过程中出现的问题并强调遵医嘱用药的重要性 3. 告知可能存在的不良反应和处理方法、注意事项 4. 登记下次回访时间
第二次回访	购药28天内	1. 了解患者的反馈需求并给予解答 2. 了解是否正确用药(时间、剂量)、疾病进展有无改善、是否出现并发症等 3. 预示患者用药后发生的潜在情况(如成本、渠道等),并帮助患者提出解决办法 4. 再次强调遵医嘱用药的重要性 5. 登记下次回访时间
顾客复购	复购当天	1. 了解患者最近复诊情况并给予专业建议 2. 帮助患者把药物治疗方法融入其日常生活(定期复诊检查) 3. 挖掘患者潜在需求并提出建议 4. 登记下次回访时间
顾客未按用药周期复购	停药或换药	1. 了解是否停药或换药以及原因(自以为治愈而停药/没有达到患者期望效果而停药/担心不良反应/价格) 2. 是否理解疾病按时用药治疗的必要性(病理、药理、用药治疗方案的理解) 3. 是否从其他渠道购买药品治疗？是否需要我司药师用药指导 4. 提醒定期复诊、遵医嘱 5. 登记是否需要回访及下次回访时间

康德乐大药房将初次用药指导、药物治疗管理与患者教育、药品援助等模块结合，形成了完整的患者全病程管理体系（见图7）。

药店的特色首先是专业化药学服务。药店借鉴美国药房专业化的做法，建立一套完整的操作模式，实现了对患者的全病程管理，提高了患者用药依从性，进而控制和降低了医疗和医保费用。其次，完善的药师管理和培训体系。

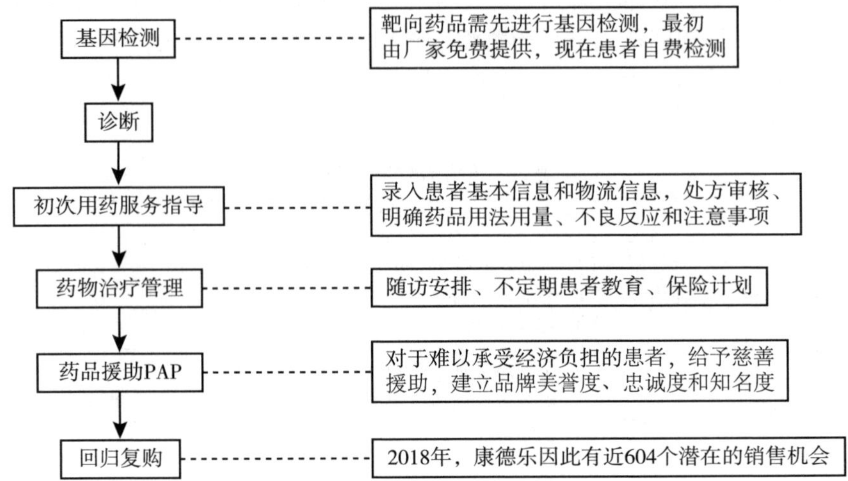

图 7　康德乐大药房患者全病程管理体系

药店实行总药师制，负责药师的培训和考核，对药师分级管理。药师培训分售前、售中和售后三部分，目前药店有 4 位药师持有美国 MTM 证书。药店每月定期对药师进行考核，颇具特色的是药店参考医疗机构科室分类方式，按肿瘤、精神等 12 个科别进行管理和为患者提供服务。最后，健全的数据管理系统。药店自主研发的双子系统实现了对患者的信息管理、回访追踪和不良事件汇总上报。药师通过独立的宽带系统接入内网，为患者建立病例档案，每个药师仅可访问自己负责的患者的信息，并有安全系统防止信息泄露，充分保障患者的隐私。

2. 银川市益可思大药房模式

益可思大药房于 2015 年成立，是宁夏首个专业药房。员工本科学历占 97%，有执业药师 12 人，经营品种分 DTP 和慢病两大类。益可思大药房的操作流程为：患者进店后，药师为患者进行健康检查与评估，建立个人慢病管理档案，并依据各项指标的评分对患者做风险分级。同时综合病情、症状、处方进行用药指导。

责任药师保管慢病管理档案，为患者制订个人疾病管理计划，包括服药依从性改进计划、每日测量并记录血压或血糖、健康生活改进计划等。通过疾病管理，对患者进行用药指导及健康教育，督促形成良好依从性及健康生活习惯，提高患者的自我管理能力，减少医院就诊次数及费用，达到医保控费的目的。益可思大药房的患者管理流程如图 8 所示。

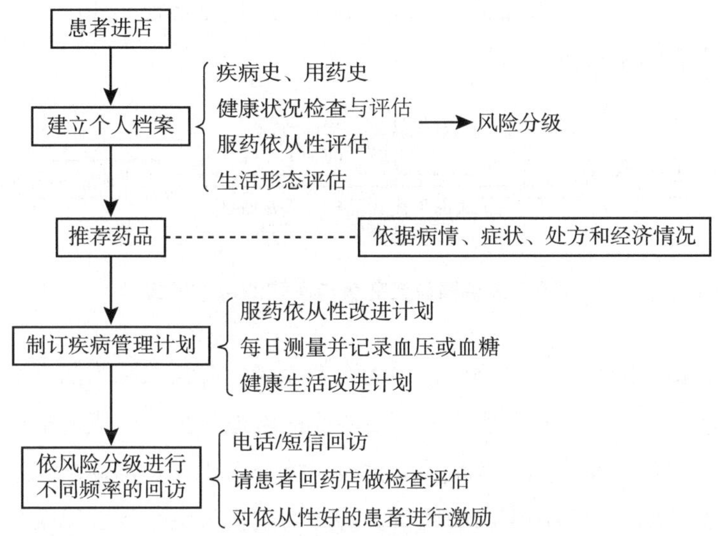

图 8　益可思大药房的患者管理流程

益可思大药房最大特点是，将医院药房的专业服务与管理经验用于药店，将药店执业药师定义为“医生的助手”，实现专业的药学服务和对患者的全病程管理与服务。药店实行总药师制，执业药师数量多，平均学历高。总药师负责药师的培训与考核，对药师实行分级管理，药师级别与待遇关联，给予药师不断提升自己专业水平的动力。经营管理和服务规程呈现较好的体系化和规范化。规程分为管理制度、标准操作规程和岗位职责三部分，规定了药店的质量管理制度（如药品采购管理制度、处方药销售管理制度等）、员工的标准操作规程（处方审核调配标准操作规程、不合格药品处理标准操作规程等）以及管理人员和员工的岗位职责（如质量管理人员岗位职责、总药师岗位职责等）。通过多方位的专业组合拳，药店建立了专业化的药学服务体系，提高了患者用药的可及性、依从性、经济性和便利性。

（二）联合医疗机构实现优势互补

1. 天津太平振华大药房模式

天津太平振华大药房成立于 2011 年，是依托天津市肿瘤医院的院边专业

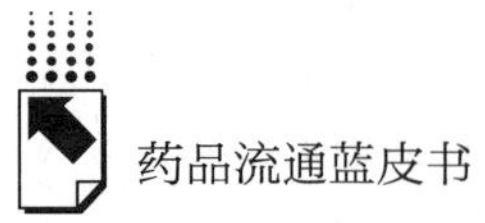

药房，调查期内尚不是医保药店。药店与医院合作模式如图 9 所示。患者在医院开具处方后，自由选择去医院药房或太平振华大药房购药。如果是注射剂，药店提供保温器具，患者购买后至医院输注中心接受治疗。药店的药师和护理团队根据患者需求提供用药指导。

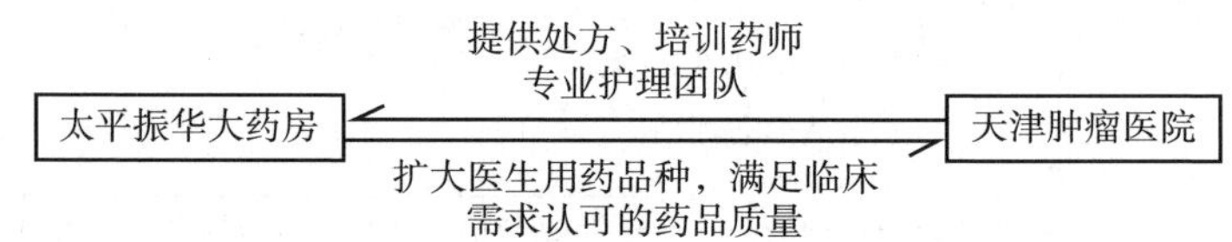

图 9　太平振华大药房与医院的合作模式

药店有稳定的目标患者群体，多为自费患者，肿瘤医院为药店提供外配处方，协助药店培训药师；药店有一支由肿瘤医院退休护士组成的护理团队，拥有一线治疗护理经验，熟悉医生治疗模式，能与医生密切沟通配合进行处方分析，指导患者用药。为保障药品质量，药店的进货渠道与医院完全一致，注射剂需要医院输注中心协助给患者输注时有冷链设备保证药品在运输过程的质量控制，解决了专业药房注射剂输注的困难。

2. 哈尔滨邻客智慧药房模式

哈尔滨邻客智慧药房隶属邻客生物科技（天津）有限公司，公司总部设有各类职能部门，运营部负责全国 45 家药店的一体化运营指导，哈尔滨邻客智慧药房是其中之一，以经营 DTP 药品为主。哈尔滨邻客智慧药房以医疗大数据和人工智能领域的优势为支点，建立了全国 DTP 药房 + 日间门诊 + AI 辅助诊疗的患者院外一站式解决方案平台（见图 10）。

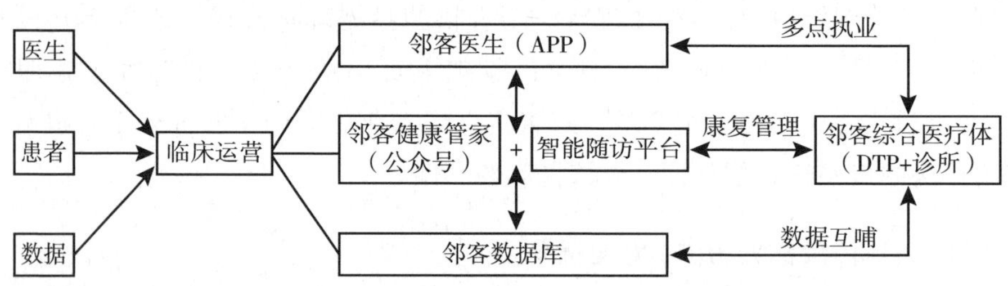

图 10　邻客智慧药房 DTP + 医疗综合体 + 互联网医院 + AI 辅助诊疗运营模式

哈尔滨邻客智慧药房的药学服务呈现两个特色：患者管理和特药服务。患者管理依据疾病种类和产品特点进行，分线上线下两个模块；特药服务围绕抗肿瘤药品及辅助药品，根据患者制定个性化的药学服务。药店药师培训大纲由运营部制定，分内部资源匹配和外部资源匹配。

三　实现三方信息共享药店必备的基本条件

通过调研分析可见，各模式均有值得借鉴之处，也有需要改进的地方。而未来要推广三方信息共享，提升专业药房综合管理和服务水平是重要的基础。据此，课题组试图综合上述各模式的特点，取各家之长，结合医院和医保两方的需求，总结符合三方信息共享要求的专业药房模式需要具备的基本条件。

（一）药学服务专业化

专业化的药学服务是专业药房的首要，也是必备条件。专业药房经营的药品往往用于治疗重大疾病，用药风险较大，对用药指导的要求很高，需要更专业的药学服务方能为患者进行正确合理的用药指导以及妥善处理可能的不良反应。而专业药房的执业药师是药学服务的重要提供者，其服务能力与水平应能达到“医生助手”的标准。这就对执业药师的数量、资质、能力与水平、培训与考核等提出了更高要求，需要他们的服务水平逐渐达到医疗机构临床药师的药学服务水平。这一点在调研中得到很多医院、医保和专业药房受访者的肯定。为此，可以借鉴学习总药师制度分科室分级别管理和培训药师。

为不断提高零售药店执业药师的药学水平，还可建立医院与药店的业务指导“联合体”，即在一个区域，由业务水平较高的一家或几家医院定期或不定期为区域内的零售药店执业药师进行药学培训，对典型用药案例进行指导分析，或选送专业水平高、服务能力强的执业药师进入医院培训进修，学习药物治疗管理、综合用药管理等知识，提升执业药师的药学服务水平与实践能力。

在对患者的全病程管理中，可以依托信息系统、通过建立患者购药及疾病档案、配合定期回访制度、实现线上与线下药学服务相结合的办法，提高专业服务的能力和效率，强化对患者疾病控制和规范用药的指导。

（二）医保基金使用管理规范化

三方信息共享实现以后，给医保资金的合理、规范使用带来了潜在的风险，也对医保部门的监管能力与水平提出了更高要求，零售药店能否保证其行为合规成为关键问题。对此，梧州模式中医保监管部门的管理办法及天津市的“四定”原则不失为值得借鉴的方法。

梧州市监管部门从以下几方面做出规定：①严格审核拟纳入定点协议药店的资质；②协议药店只摆放销售药品，且需要保障进货渠道正规，药品质量可靠；③药师认真核对患者的个人信息和处方信息，确保人、医保卡、身份证相符，并审核处方合理性，确保处方与出售药品一致；④经患者确认签字的医疗保险结算清单妥善留存备查；⑤设立外延处方独立台账，保留进销存记录；⑥安装高清音视频监控。

天津市的“定医院、定医师、定患者、定药店”原则，在实现“药品流向可控，用药责任可追溯”方面保证了药品与用药人对应一致；再借鉴一些模式中通过与输注中心合作实现注射剂药品的全程封闭管理的做法，可以较好地保证处方、用药人的真实性，也可以保证药品质量和治疗效果的达成。

（三）药品供应关注临床需求实现规模化

药品质量是良好医疗质量和医保资金有效使用的保障。医院药品采购有药事委员会专家讨论、药学部门严格把关，而药店仅靠采购部门较难细分药品质量高低，加之药店还承受着生存盈利的压力，可能出现偏重毛利的潜在风险。因此，专业药房应关注临床用药与质量需求，拥有稳定的药品采购渠道。对于依托批零一体化企业的药店，供应链优势凸显：药品质量由总部把关，规模化采购具有优势，结合医院的用药需求，从而也在一定程度上缓解了零售药店生存盈利的压力。所以，实行批零一体化、发展连锁专业药房、集成供应链优势是必然的趋势。

（四）信息体系建立平台化

专业药房信息化体系的建立与完善，对于医院处方流出、患者全病程管理以及有关部门对医保资金的使用与监管至关重要，是实现三方信息共享的基础。信息共享平台的是实现三方信息互联互通的必要支撑。

第一，通畅的医院、医保、药店信息联通。三方信息共享的基础是相关三方能够在同一信息平台获取各自需要的信息。通过搭建三方的数据共享平台，利用大数据提高就诊信息完整性、提高诊疗质量；信息化平台实现了数据流透明，医保部门可进行实时信息监控和事后追溯检查，也可分析研究医保资金的使用数量与方向，较好地解决了基金使用的管理难题。

第二，完备的患者信息管理系统。通过数据管理系统帮助患者提高用药依从性并形成良好健康习惯，在帮助医疗机构保障治疗效果方面做出了贡献，也提高了药店对自身经营活动的管理水平。

第三，安全的数据信息管理体系。从数据源头进行管控，将企业内部数据加密保护，下载的档案也可进行版权保护，防止信息泄露，保障数据安全，保护患者隐私。

综上，通过对比分析可知，未来要实现三方信息共享，药店必须具备药学服务专业化、医保基金使用管理规范化、药品供应的规模化和信息体系的平台化四个基本条件。达到这些条件，才能真正解除医院和医保部门对药店的顾虑，保障处方外流后的合理用药和医保基金管理，推进三方信息共享的全面实施。

医药供应链篇

Medicine Supply Chain Reports

B.14
2018年中国医药物流发展分析报告

中国医药商业协会医药供应链分会*

摘　要： 本文对2018年中国医药物流发展的宏观环境概述、六大方面的整体情况、三个整体发展特点、相关行业标准建设情况、当前存在的主要问题、针对行业焦点问题对策建议等方面进行了详细分析，并通过图表数据进行直观说明，最后提出中国医药物流未来发展的对策建议、存在的问题及应对方法。

关键词： 医药物流　涉药运输　医药物流标准

一　中国医药物流发展的宏观环境概述

近年来，随着药品流通行业“两票制”、疫苗“一票制”、“第三方物流审

* 本文由中国医药商业协会医药供应链分会、医药供应链研究中心朱建云、周云霞共同完成。

批取消”、《药品管理法》修订、“零加成”、“三医联动”等系列政策的出台和推进，医药供应链服务模式、医药物流企业及市场生态也因此发生很大变化。2018 年 5 月商务部办公厅发布《关于开展 2018 年流通领域现代供应链体系建设的通知》，明确提出以市场为主导，以“五统一”（统一标准体系、统一物流服务、统一采购管理、统一信息采集、统一系统平台）为主要手段，充分发挥“链主”企业的引导辐射作用，重点围绕供应链“四化”（标准化、智能化、协同化、绿色化），打造跨区域全国性物流枢纽，引导区域性物流配送中心转型升级，推动快消品、药品、电商等领域发展分销型供应链。系列政策的推进，以及新技术的应用，使传统医药流通企业的商流、资金流和物流三大功能都在被重新定义。药品物流的功能和服务水平在药品流通市场中的地位凸显，传统医药经营企业尝试提供更多专业的医药物流及医药供应链解决方案，而众多社会物流企业介入医药物流服务，通过收购药品经营企业、为药厂提供仓储劳务外包服务、干支运输或最后一公里配送服务等参与医药物流市场竞争。

二　中国医药物流整体情况分析

（一）医药物流市场参与主体特征情况

医药物流业务的参与主体大致可以分为以下几种类型，其药品物流质量保障和运营管控体系特征如下。

1. 脱胎于传统医药商业企业、有药品经营许可、独立法人形式存在的现代专业医药物流公司

该类企业通常有《药品经营许可证》和第三方物流确认件（2016 年 2 月行政审批取消），可承接生产企业药品第三方委托存储配送业务。历史沉淀具有相对成熟满足 GSP 要求的药品物流质量和运营管控体系，专业性和现代物流管理理念强。在物流业务上，仓储自营为主，运输市内配送自运为主，干线及最后一公里外包为主。

2. 药品经营企业的物流中心或物流部门

非独立法人物流公司，作为药品经营企业的一个部门存在，承担经营企业医药存储配送业务，部分企业具备为生产企业提供第三方药品存储业务的资质

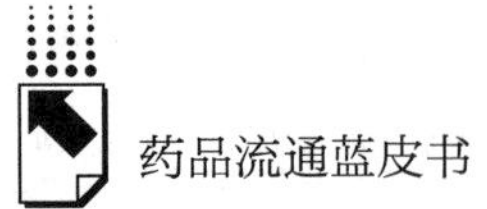

（第三方物流委托备案批复）和能力。目前药品批发百强企业（主要是区域前几名的企业）里大部分采销物流一体，即物流以经营公司的一个部门单元的形式存在，该类企业尤其是全国及区域龙头企业也具有较好的 GSP 合规体系；而众多的中小批发商在 GSP 合规及医药物流运营体系方面能力较差，也存在诸多风险。

3. 通过收购药品经营公司或申请药品经营许可证从事药品存储、运输配送业务，或者长期从事药品运输业务的综合物流企业

该类企业母公司往往具有较强的资源和资金投入能力，在综合物流运营体系方面具有一定的行业标杆效应，如中邮、民航快递、中铁、顺丰、京东等。中邮、民航快递、中铁等具有不同的运输配送网络优势，但医药运输业务只作为大宗货运的一部分，大部分未作为单独的药品项目物流业务运作，在货运大网中也未能把运输的药品作特别区分或标识；集团企业在集团内医药物流一体化规划和运营上也未能形成清晰稳定的运营和质量管控体系。整体而言，该类企业运输资源和网络能力以及运输费用的控制会比传统医药物流企业有优势，但是在药品仓储运输基于 GSP 要求的合规体系建设不是一蹴而就的，需要沉淀和积累。

4. 从事药品运输或配送业务的各类运输企业

该类企业又可以做如下细分。

按主营业务分为以药品、器械、诊断试剂等医药相关产品运输为主的医药运输专营公司或兼营药品运输配送的物流企业。通常医药运输专营公司是在生产企业、批发企业的药品物流质量审计和培育下成长起来的，具有一定的 GSP 合规意识，这类企业除自有干线支线运输资源外，也大量整合其他承运商资源。兼营企业大部分不具备药品项目物流专业经验，在药品运输管理方面也基本缺乏药品物流 GSP 合规管控体系。

按业务性质可区分为干线运输为主、支线运输为主以及最后一公里配送为主的运输公司，这些企业规模资质能力水平参差不齐。干线运输为主通常承接生产企业或大型批发企业的跨省、长途整车或零担运输业务；支线或最后一公里配送通常由各地省内、市内中小运输公司完成，其中少量企业具备覆盖省内大部分市县的运输配送能力，大部分运输企业只承运某个货主、某个市县或某个线路的业务，配送零散药品。整体上运输环节层层转包、信息透明度低、质量风险比较大。

5. 其他参与群体

近两年来，随着“互联网+”的发展，平台物流（交易平台和运营平台）兴起：一些以互联网技术为支撑的企业尝试整合社会零散物流资源，形成规模效应，突破医药物流逆向空载率高的问题，具体运营模式探索尝试中。未来医药物流是否还会有新的业务模式我们也在持续关注和研究，比如随着网售药放开和零售业务的线上线下整合，最后一公里送药上门业务的承载者。

（二）医药物流资源情况

本研究报告基于商务部药品流通管理系统，中国医药商业协会医药物流数据库中的共 941 家医药企业的物流资源数据为有效样本（较 2017 年新增 153 家），包含各省份企业数量如表 1 所示。

表 1　全国医药企业物流资源样本数量

单位：家

序号	省份	企业数量	序号	省份	企业数量
1	安徽省	22	17	江西省	12
2	北京市	39	18	辽宁省	32
3	福建省	38	19	内蒙古自治区	12
4	甘肃省	17	20	宁夏回族自治区	35
5	广东省	39	21	青海省	4
6	广西壮族自治区	20	22	山东省	40
7	贵州省	28	23	山西省	30
8	海南省	27	24	陕西省	18
9	河北省	23	25	上海市	43
10	河南省	39	26	四川省	60
11	黑龙江省	10	27	天津市	15
12	湖北省	43	28	西藏自治区	3
13	湖南省	30	29	新疆维吾尔自治区	20
14	吉林省	28	30	云南省	41
15	江苏省	56	31	重庆市	26
16	浙江省	91	—	—	—

根据有效样本数据，2018 年度医药物流配送网点共 1476 个，仓库总建筑面积 1296 万平方米，同比增长 18.4%；其中，冷库容积 93.8 万立方米。自有

医药运输车辆17857台，同比增长56.3%；其中，冷藏车2856台，同比增长23.5%。

表2　2016~2018年医药物流资源情况对比

项目	2016年	2017年	2018年	同比增长(%)
有效样本企业个数(家)	733	788	941	
医药物流配送网点(个)	1185	1289	1476	
医药物流仓储建筑面积(万平方米)	975	1117	1296	18.4
自有配送车辆(台)	10704	11831	17857	56.3
冷藏配送车辆(台)	1879	2415	2856	23.5

资料来源：商务部药品流通管理系统，中国医药商业协会医药物流数据库。

从医药物流网点仓储运输资源的地理分布来看，占样本企业数量50.4%的江苏、浙江、四川、北京、湖北、上海、广东、安徽、山东、云南等十大省份的医药物流中心仓储资源占样本总数的61.8%，自有运输车辆资源前十大省份总计占比63.6%，前十省份排名依次为安徽、重庆、四川、江苏、北京、山东、浙江、广东、云南、河南，如表3、图1和图2所示。

表3　各区域样本数量及物流中心面积占比

单位：%

省份	样本数量占比	仓库面积占比	省份	样本数量占比	仓库面积占比
江　苏	6.0	7.8	江　西	1.3	2.4
浙　江	9.7	7.1	吉　林	3.0	2.1
四　川	6.4	6.7	山　西	3.2	2.1
北　京	4.1	6.2	河　北	2.4	1.7
湖　北	4.6	6.0	广　西	2.1	1.7
上　海	4.6	5.9	黑龙江	1.1	1.4
广　东	4.1	5.7	新　疆	2.1	1.3
安　徽	2.3	5.5	陕　西	1.9	1.2
山　东	4.3	5.4	贵　州	3.0	1.0
云　南	4.4	5.3	甘　肃	1.8	1.0
河　南	4.1	3.8	宁　夏	3.7	0.9
重　庆	2.8	3.6	内蒙古	1.3	0.7
辽　宁	3.4	3.5	海　南	2.9	0.5
福　建	4.0	3.4	西　藏	0.3	0.2
湖　南	3.2	2.8	青　海	0.4	0.1
天　津	1.6	2.7			

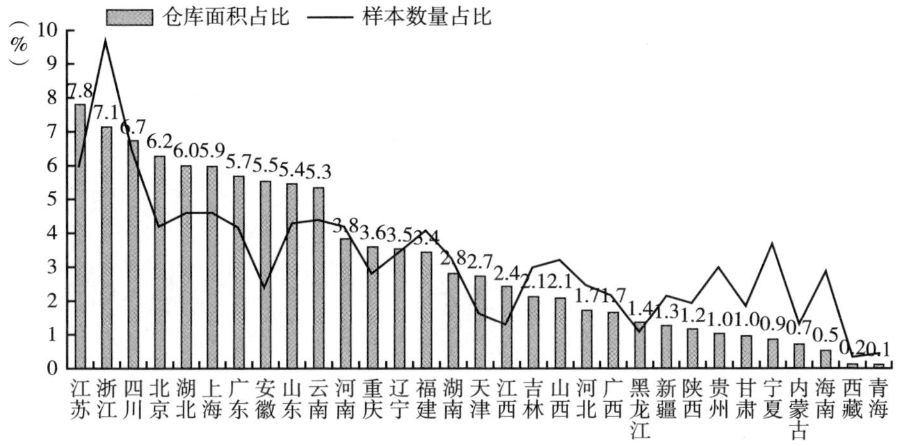

图1　各区域物流中心面积占比

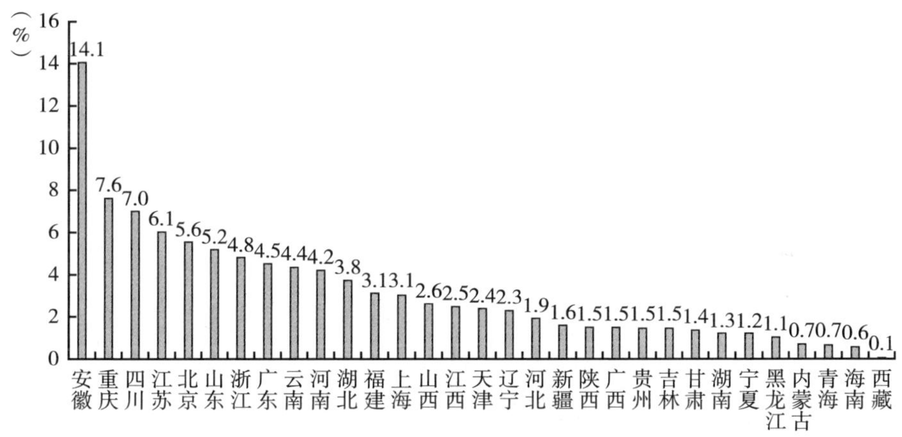

图2　各区域自有运输车辆资源占比

从医药物流网点仓储运输资源的企业隶属来看，医药流通领军企业依然占据医药物流资源优势，其中，九州通医药、国药控股、华润医药、上药集团、四川科伦、天士力、重庆医股、南京医药、浙江英特、广州医药等医药龙头企业的物流中心面积约占有效统计样本总面积的57.3%。国药控股、九州通医药、华润医药、四川科伦、上药集团、南京医药、天士力、瑞康医药自有运输车辆数约占有效统计样本总量的44.4%，如图3、图4所示。

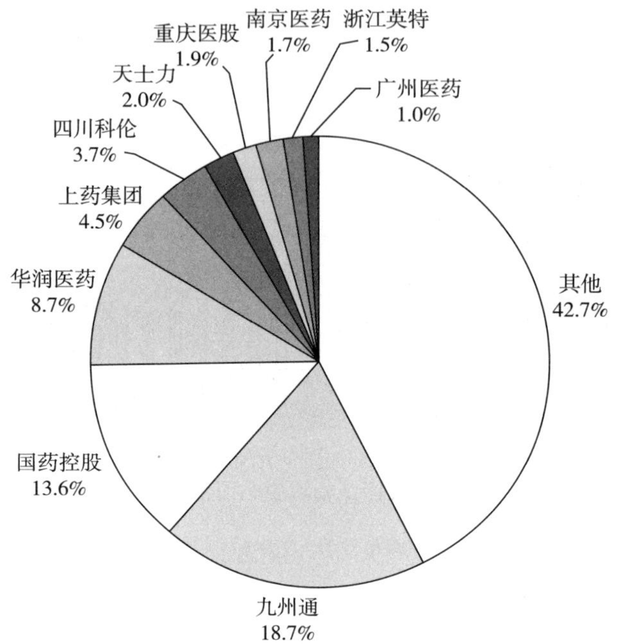

图3　医药物流龙头企业物流中心面积占比

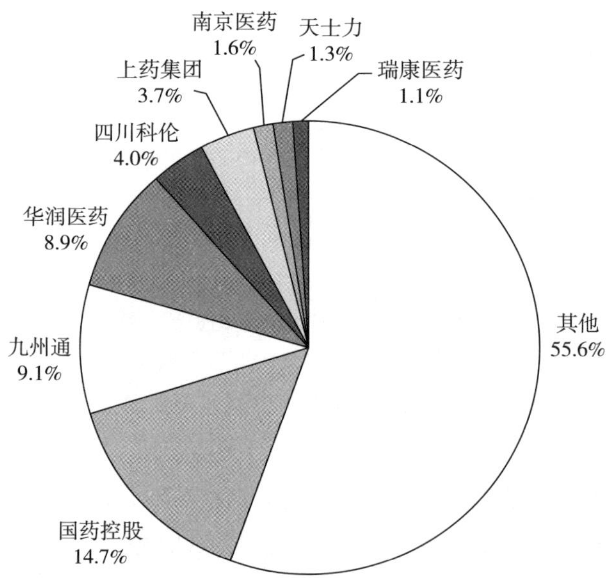

图4　医药物流龙头企业自有配送车辆数占比

（三）网点覆盖及配送客户数情况

根据有效样本统计结果，2018 年医药物流投入运营的物流配送网点数达到 1476 个，覆盖了全国 31 个省份（不包含香港、澳门、台湾）。其中，国药控股、华润医药、九州通、四川科伦、上药集团物流配送网点分布占比合计 46.7%，如图 5 所示。

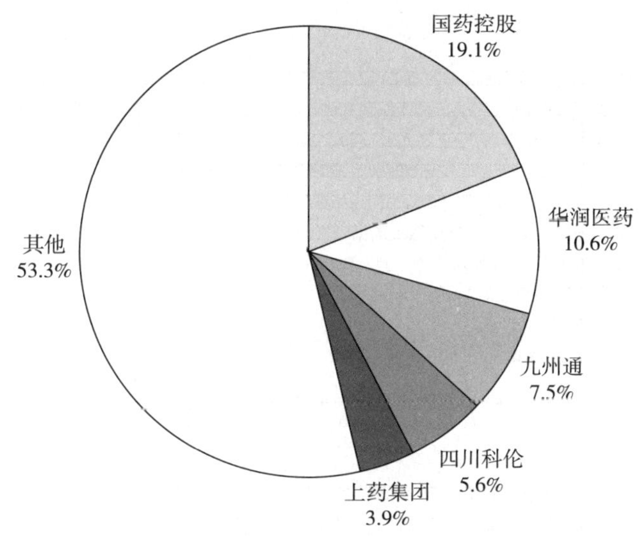

图 5　医药物流龙头企业物流网点分布

（四）医药物流运营水平情况

2018 年，在 941 家有效样本中，309 家企业填报了库存周转天数。平均库存周转天数为 46.2 天，约 58% 的企业库存周转天数为 20～40 天。近 57% 医药企业账货相符率达到 100%，80% 医药企业账货相符率高于 99.2%，近 84% 医药企业的出库差错率低于 0.6%，近 80% 医药企业的准时送达率高于 98%，均不同程度高于上年水平。

（五）医药物流的信息化水平

根据有效样本统计结果，医药批发企业物流系统广泛应用了仓库管理系统、仓库控制系统、无线射频系统、运输管理系统等一系列现代化管理软件和先进的管理手段，并且在最近一两年，区域龙头企业为应对拆零化趋势和物流人工成本越来越高的情况，新物流中心建设逐渐创新使用 AGV 自动引导小车、机器臂拣选、自动化立体库、自动穿梭机等自动化物流技术，如图 6 所示。整体上全国和区域医药龙头企业物流信息化、自动化水平较高，市、县级企业在物流仓储管理、运输管理还缺少专业的仓储和运输管理信息系统，物流自动化水平也相对较低。

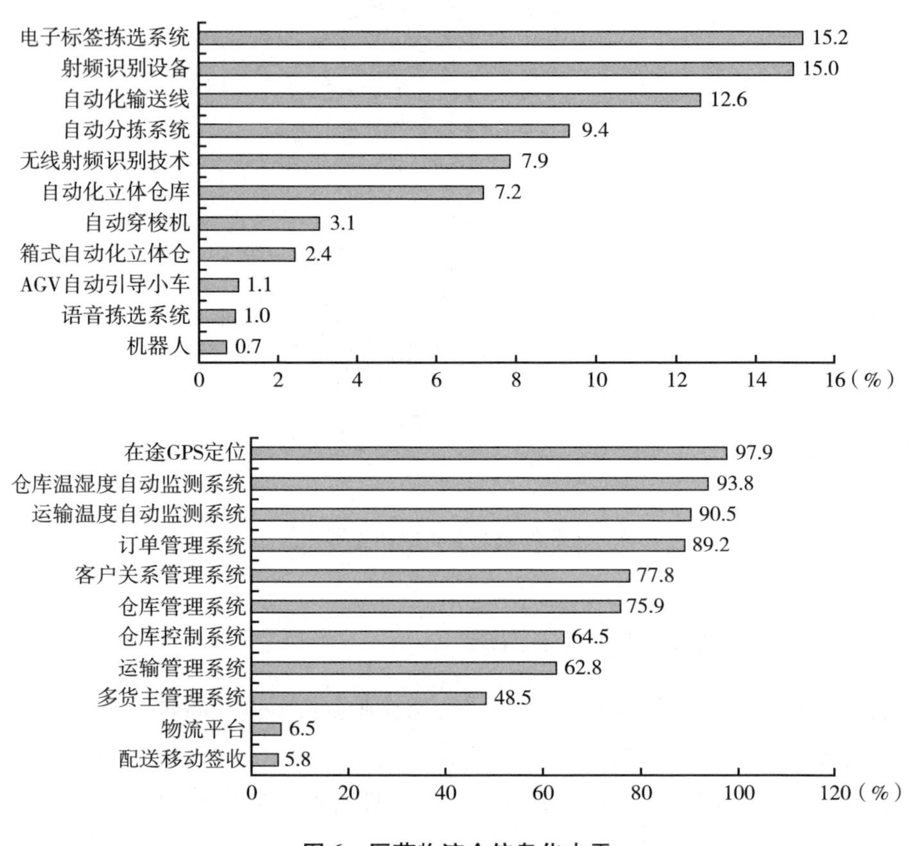

图 6　医药物流企信息化水平

（六）各业态分析

分析数据可知，941 家有效样本中零售企业 96 家，物流仓库建筑面积占比为3.7%，自有车辆占比2.6%；批零兼营企业119个物流仓库建筑面积占比为22.5%，自有车辆占比17%；批发企业726家，物流仓库面积占比为73.8%，自有车辆占比80.4%。

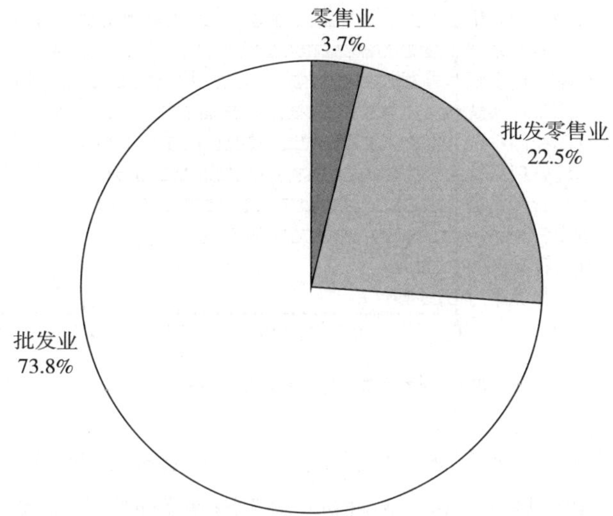

图7　各业态物流中心面积占比

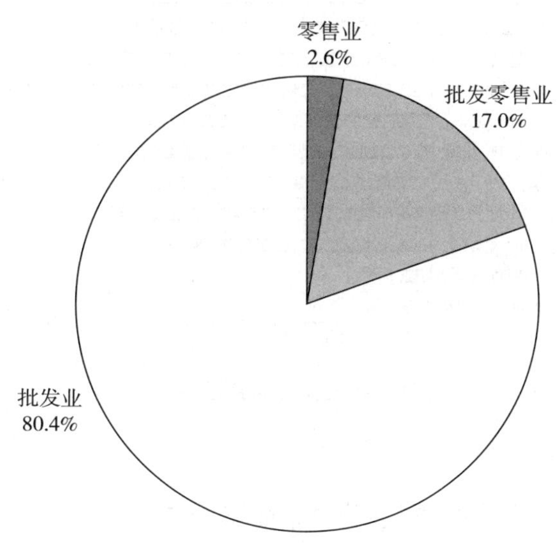

图8　各业态运输车辆占比

批零兼营企业使用仓库管理系统（WMS）比例达到76.5%；运输管理系统（TMS）使用率达到68.9%，如图9所示。

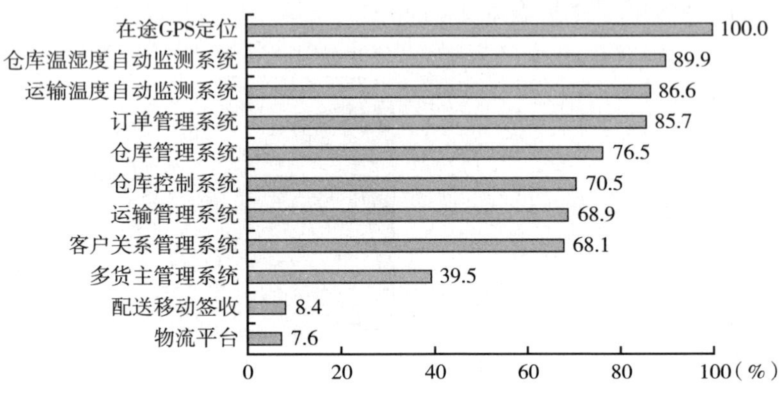

图9　批零兼营企业系统使用占比

批发企业仓库管理系统比例达到75.1%；运输管理系统使用率达到60.2%，全国性和区域龙头企业为推进一体化运营管理，物流平台应用越来越多，如图10所示。

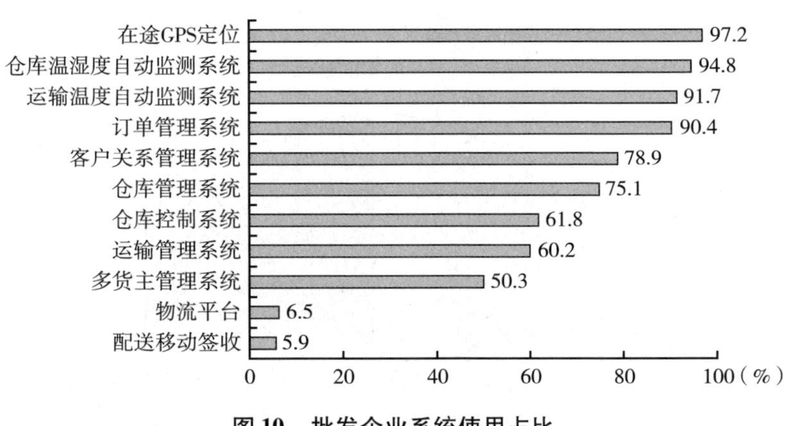

图10　批发企业系统使用占比

三　中国医药物流发展整体特点

总结过去两年的医药物流发展情况，整体上医药物流呈现如下发展特征和态势。

一是医药物流监管政策逐渐放开，但跨区域、跨省监管思路和执行要求有差异，大型医药企业（含医药生产、经营和物流）的区域性或全国性网络布局和运营受到各种壁垒限制。

二是医药物流服务呈现从传统服务于自身采购销售业务的二方物流（也叫内部物流）为主逐渐转向面向客户的第三方物流服务趋势。各项政策和市场竞争压力驱动生产企业、经营企业对物流服务体系的服务效率、服务水平提出更高要求。药品分销渠道扁平化、终端下沉、客户需求个性化、小批量化等种种因素导致上游生产企业、下游医院或零售药店、患者个人等对药品存储尤其是药品运输配送服务提出更严格的要求。

三是医药物流市场参与者开始打破传统药品经营企业的限制，顺丰、京东、复星国药等开始布局医药第三方仓储配送业务，医药物流市场日趋开放，竞争日趋激烈。

四　药品流通及医药物流相关行业标准建设情况

为深入贯彻落实《国家标准化体系建设发展规划（2016～2020年）》《“十三五”深化医药卫生体制改革规划》《全国药品流通行业发展规划（2016～2020年）》战略部署和规划，商务部市场秩序司认真落实党的十九大精神，推动药品流通行业实施标准化战略，建立完善药品流通行业标准化机制，优化行业标准体系，强化标准实施与监督，增强药品流通行业标准化服务能力，提升行业标准国际化水平，充分发挥“标准化+”效应，为药品流通行业转型创新、高质量发展提供标准化支撑。在商务部的指导下，中国医药商业协会协助推进药品流通及医药物流相关标准的编制、修订和落地执行工作，截至目前已发布和编制修订中的行业标准情况如下。

（一）“十二五”期间已颁布的医药流通相关行业标准

《药品批发企业物流服务能力评估指标》《零售药店经营服务规范》《药品流通企业诚信经营准则》《药品流通行业职业经理人标准》《药品流通企业通用岗位设置规范》《药品物流设施与设备技术要求》《医药商业企业对医疗机

构的服务规范》。

以上标准对药品流通和医药物流创新发展起到了很好的指导和引导作用，中国医药商业协会也积极推进行业企业贯标和培训，推动标准落地。

（二）正在编制、修订待发布的物流相关行业标准

“十三五”期间，《全国药品流通行业发展规划（2016～2020年）》对行业标准建设提出了新目标。

2017年10月1日，商务部颁布实施了《药品流通企业关键绩效指标体系》《药品批发企业对供应商管理规范》，对“十二五”期间药品流通行业标准体系进一步完善补充。

2017年初，中国医药商业协会向商务部提出建立涉药物流分类分级评估的项目建议书，《商务部办公厅关于下达2017年流通行业标准项目计划的通知》（商办流通函〔2017〕232号）对标准进行了立项。中国医药商业协会在商务部指导下，成立了由跨国制药企业、医药批发和物流龙头企业专家组成涉药物流分类分级评估标准起草组并完成相关《药品经营企业物流服务能力标准》和《涉药运输企业医药物流服务质量及能力评估标准》的起草和系列研讨修订工作。2018年下半年递交商务部送审的同时，中国医药商业协会组织部分企业进行贯标试点。

从2018年11月中旬起，中国医药商业协会陆续启动试点企业的贯标评估工作，截至2019年4月10日，已完成14家涉药物流企业（9家药品经营企业，5家涉药运输企业）的现场分类分级评估工作。通过实地现场抽验查看和比对，对《药品经营企业物流服务能力标准》和《涉药运输企业医药物流服务质量及能力评估标准》的定量指标合理性进行验证，对标准条款的细节问题结合现场评估进行再次修改和微调，全面验证标准编写条款的适用性和可行性。从试点评估验证结果来看，这两个标准内容经得起推敲，也契合行业监管、生产企业选择第三方物流服务商、医药物流企业分类分级指导需求，充分具备了落地可执行性，为商务部将其作为行业标准正式发布奠定了实践基础。

五　医药物流当前存在的主要问题

一直以来，医药产品本身的特殊性带来了医药物流政策法规和监管的特殊

性，进而导致医药物流市场一直是政策幕布笼罩下的非充分竞争的市场，其痛点问题简单概括为：受政策影响大；资源利用不足，物流环节成本压力大；运输环节及“最后一公里”配送风险大，辅助政府“放管服”的行业自律和行业监管体系亟须构建等。

（一）医药物流相关政策变化频繁，各地监管执行要求不一，跨省物流业务协同难等

“两票制”、疫苗“一票制”、第三方物流审批取消等政策使传统医药供应链模式和层级必须调整，上游生产企业和下游医院、零售客户需求的变化带动了医药物流服务模式和服务能力需求的变化。

各地药监部门监管思路和开放程度不一给企业跨区域物流委托和运营带来了极大的困扰。各地对药品现代物流硬件及规模要求的不统一、第三方物流委托备案要求不统一、多仓运营和异地设库等开放程度不一，尤其是第三方物流审批取消和2018年的药监部门机构调整给各地监管执行带来了很大影响。

在药品配送车辆通行方面，各省政策也不统一。通常医院、疾控中心甚至零售药店收货都是在白天上班时间，药品配送车辆上下班高峰限行、停车难、外地车辆进城限行等问题成了全国性普遍问题。这些给药品配送的时效性甚至临床救命急送药的配送带来了很大困难。部分省份就此也开展统一药品配送车辆管理，比如广东省要求药品运输配送车辆统一颜色和标识管理，统一LOGO并标识城市配送，发放城市配送证。但是部分企业城市配送，尤其是在配送冷链或疫苗时，自制一张“药品配送”或“冷链配送”的标识，试图在通行方面能起点作用，企业反馈这也是无奈之举。

（二）医药物流仓储资源分布不均，运输资源利用不足，物流成本持续升高，但未能标准化核算和清晰体现

从仓储资源来看，一方面全国和区域龙头企业加快现代化物流中心建设，另一方面顺丰、复星国药、京东等第三方企业加入医药物流仓储资源布局，使仓储资源在不同区域之间、不同企业之间布局不均，利用率不均。从运输资源来看，传统药品经营企业的自有车辆更多以市内及周边配送为主，但是存在回程空驶的普遍性问题。因此，大部分经营企业在省内市县配送、跨省干线运输

方面选择与第三方承运商合作的方式来降低运输成本。随着人工、油费、物流包材等成本的持续增长，医药物流总体成本也持续增加，但并未能够市场化衡量，主要原因有两点：①大部分药品经营企业的物流业务还是以二方物流或者企业物流为主，商业企业在从整体市场竞争考虑获取生产企业的配送权或者经销权，通常以整体毛利水平作为议价标准，而物流费率在商业企业的毛利水平中占比很低，往往被忽视，或者为了获取市场份额不计物流成本；②传统医药物流通常以物流成本费用占药品销售额（或配送货值）比重衡量，平均水平为0.5%～3%（视产品属性、物流服务要求、物流节点多少不同而不同）；但是按照物流费率衡量往往忽视了物流实际仓储运输配送甚至退货的真实动作成本（比如很多企业按照销售额一定比例结算物流费率，如果药品卖到医院但又因种种非物流原因退回未形成销售，实际物流动作产生2次，却未能收到物流费）；此外，生产企业尤其是国产制药企业在选择运输商或者物流服务商时，考虑的主要因素依然是价格，物流费用比较低也导致很多企业要么为了满足销售目标不计成本，要么牺牲物流服务质量合作，由此带来较大质量风险，也潜在产生劣币驱逐良币的现象。

近年来，全国性和区域性龙头企业为了承接更多的第三方物流业务，开始尝试按照物流动作成本计费，但是目前各企业根据自己的理解进行动作成本测算，动作环节和测算方法也有差异，尚未形成行业相对统一的物流动作成本标准，也很难让甲方企业清晰了解物流各动作环节的真实成本，不利于引导第三方物流服务报价。

（三）运输环节及“最后一公里”配送风险大，亟须纳入监管体系或者行业标准引导合规

涉药运输环节是以社会运输资源参与为主，近几年行业逐步涌现出一批具有干线或区域网络能力的专业医药运输公司，但是从药品出厂到最后一公里配送环节多，参与者能力参差不齐，涉药运输过程管理的可控性、可保障性、可追溯性、安全性等缺乏统一标准指导，存在诸多风险。根据我们一年多来的持续调研和行业摸底，运输环节风险主要体现在以下几个方面。

1. 温控合规风险

很多运输企业GSP合规意识淡薄或者根本就没有质量管控意识，以低价

承运或者作为二次三次转包商角色参与药品某个线路或某个区域的运输，对冷链药品温控从车辆合规、验证合规到运输操作合规方面都存在很多问题（如冷藏车漏雨、使用的冷藏车没有按照验证条件设置冷机控制条件、启用前无检查表、未预冷到规定温度开始装车、运输过程关闭制冷机等）。

2. 极寒极热保护问题

由于对药品属性的不熟悉，一些承运商很难做到极寒极热或者跨温度带情况下的保温防护，由此导致超温或者低温风险。

3. 在途状态不可知、信息不连续

运输环节的层层转包和各级转包商之间信息系统很难打通（或者根本没有），导致干支线及最后一公里配送运输过程信息很难透明，甚至有些货主在几天后客户签收回单带回来以后才能知道运输交付情况。

4. 层层转包操作质量风险

承运商层层转包，但其合作关系以价格协议为主，上游承运商很难对下游承运商进行药品运输过程质量管控。

5. 中转分拨，暂存风险

干支线运输不可避免会遇到上门提货后在中转场地集并装车、干线运输到目的城市后的多次中转分拨，但是大部分物流公司没有符合药品存储或暂存要求相对独立的中转场所（比如：药品存储库房应按 GSP 要求配置空调、温湿度监控、照明、视频监控、虫控等设施设备，普通运输中转场显然难以满足要求。药品中转暂存环节一般不能超过 24 小时，最多不能超过 48 小时，这期间如何保证药品的质量安全是药品运输环节不便触碰的话题），甚至有的企业是在普通货场或者露天状态下进行中转分拨，存在很大的药品安全和质量风险。

6. 医药电商配送和新零售药品配送运输管理要求无明晰的行业标准或法规指导

据了解，大部分电商平台购买的普通 OTC 药品是电商采取普通快递方式配送，饿了么平台也推出全天候药品配送业务，但是目前还缺少清晰的法规或标准规范快递配送和最后一公里配送的药品质量管理、客户签收管理等。

（四）辅助政府“放管服”的行业自律和行业监管体系亟须构建

近两年来，随着药品流通监管部门“放管服”监管思路的推进，第三方物流审批取消，各地药监以监管药品经营企业为主，对涉药运输企业未纳入 GSP 监管（目前好转的迹象是可以对生产、经营企业的承运商进行延伸审计，但是实操案例少），“三定方案”下省－市－县各级药监管理体系还在构建中，社会物流跨界竞争及医药运输市场参与企业长期缺乏 GSP 合规管理意识等，种种因素导致目前医药物流行业普遍缺乏明确的标准引导，亟须建立涉药物流相关标准，推动涉药物流企业分类分级管理，加强行业自律和自我进化。

六　针对行业焦点问题的对策建议

针对以上医药物流发展的问题，建议从以下几个方面着手推进行业秩序有序发展。

一是加强政府跨部门间的协同配合，医药流通相关政策和行业标准的出台由多部门共同推进，确保医药供应链上下游环节所涉及的监管思路的一致性。在药品配送车绿色通道方面，建议开展部分省份试点先行，药监、公安、交通等相关部门联合出台管理办法。政策制定充分调动行业企业参与积极性，广泛征集意见，确保政策有效落地。

二是药监部门加快现代物流发展及第三方物流、多仓运营、异地设库等办法的制定出台，加快明确省市级药监部门监管流程，明确跨区域监管职责分工，解决企业实际问题。

三是加强医药物流行业统计和专项调研工作，就医药物流仓储资源利用、运输环节管控现状及风险、行业参与群体情况、医药物流各环节成本等进行专题调研或成立专项工作组研究，引导医药物流成本科学量化和显性化。

四是加强涉药运输环节的监管和引导，通过出台政策、制定涉药运输相关细化标准，引导涉药运输企业从人员配置、药品运输资源管理、在途信息化管控、药品物流质量保障体系等多方面加强药品运输环节的风险管理，做到运输配送重要节点的可查询可追溯。

五是加快涉药物流企业分类分级评估管理，通过分类分级评估推动涉药物流企业管理提升，引导并培养一批全国性和区域性综合的或专业的涉药运输企业，起到涉药运输合规示范效应。

六是在最后一公里配送上，持续深化摸底调研工作，政府资金精准扶持最后一公里配送网络搭建。

七是积极鼓励医药物流服务模式和技术创新，树典型、抓示范，引导行业健康和可持续发展。

B.15
上药科园信海的专业化医药冷链质量管理

上药科园信海医药有限公司

摘　要： 科园信海作为较早开展医药冷链物流业务的大型医药商业企业，在冷链物流的体系构建、高效运作、持续改进方面积累了丰富的经验。本文介绍了科园信海在冷链物流方面采用的国际先进技术装备，展示了企业医药物流领域的先进性，同时讲述了企业在冷链物流管理体系方面采取的措施，体现了企业在运营方面的高水平。

关键词： 冷链物流　冷链技术　管理体系　科园信海

随着冷链业务范围的扩大和业务量的迅速增加，医药冷链管理标准化、规范化已经不仅是医药企业自身追求卓越的必要条件，也是医药物流全行业提高冷链质量管理水平的迫切需要。近年来，上药科园信海医药有限公司（以下简称“科园信海”）参与了北京市药监局主持的医药冷链质量管理规范的起草工作，并成为食药监总局制订验证规范的采标单位。

“冷热有度，链达四方”是科园信海冷链管理的特色与写照。

冷链的特点是温度范围窄、控制要求高，追求过程的“冷热”平衡。“度”强调规范，体现科园信海冷链管理的突出特点：通过精细严谨的规程、标准、方法规范冷链各操作环节的运作，实现冷链药品 2～8℃的精准控制。“链达四方”强调商业网络覆盖以及密切关联的冷链技术实力，体现的是科园信海作为大型医药商业企业拥有遍布国内各地的广泛的经营网络，以及广泛的上下游商业合作网络。在突出经营实力的同时更为突出强调冷链技术实力的印证，不论南方、北方，路途远近，在各种气候温度条件下，科园信海均有实力确保冷链过程的温度符合标准。

一　以质量理念为先导，采用国际先进标准

在进入医药冷链物流领域之初，科园信海就进行了大量的调研和信息收集分析工作。当时国内相关领域的技术、管理信息基本是空白，公司通过国内外的商业伙伴收集冷链物流技术信息，选派技术骨干参加国际知名药企组织的冷链管理培训。通过大量前期信息的梳理和总结，公司深刻认识到冷链物流是一种特殊的物流业态，需要非常高的技术条件和管理要求，温度控制范围窄、精度高、持续时间长，稍有差错就会造成严重的质量事故，导致终端的药品使用者遭受严重伤害。

质量是企业的生命，这是科园信海成立以来始终不变的经营理念。公司意识到医药冷链物流面临的高技术门槛和可能的巨大风险，把“追求质量第一，赶超国际水平”作为冷链物流运营的首要目标。

在硬件方面，科园信海投入大量资金，采用了国际先进、成熟的冷链物流技术装备。

（一）采用先进的制冷和全自动温度监控技术

科园信海现有冷库的制冷机组采用了目前国际先进的乙二醇制冷剂，避免了因除霜过程造成的温度波动，使温控更稳定；采用了德国进口的比泽尔压缩机，保证制冷过程输出平稳、系统运行稳定。

冷库安装了多点 PLC 温湿度自动中央控制和独立的监测系统，自动实时记录、储存温湿度数据；当温湿度超标时可实现现场蜂鸣报警、远程声光报警和短信报警。其温湿度可以精确地控制在合格范围内。

（二）实施高效的冷库保温措施

公司冷库采用先进的六面保温技术，不仅在侧面和顶面使用 100mm 厚的双面彩钢聚氨酯材料，在冷库地面亦铺设 100mm 厚的新型 XPS 挤塑保温板，

实现了全方位的隔热保障。不仅有效降低了能耗，而且使制冷系统运行更平稳，发生故障的风险大为降低。

（三）配置运输全过程的温度监控报警装备

科园信海在全部自有冷藏车辆上配备GPS与温度监控报警结合的运输过程温度监控设备，实现了药品运输全过程的温度实时监测、调控和远程传送，确保药品运输过程质量控制无盲点覆盖。在发生温度异常时，可以立即通知随车人员采取应急措施，避免危及药品质量安全。

（四）自主研发创新冷链药品运输全过程控制技术

科园信海经过多年的摸索实践和持续投入，形成适应客户不同需求的冷链解决方案策划能力，自主研发性能与成本平衡的自有冷链包装，实行灵活的针对客户需求和药品要求的较为完备的运输包装方案。依据不同季节药品发出地和送达地的环境温度情况、运输方式、运输线路、装载量等因素，确定相应的包装方式。通过高科技蓄冷剂的大量成熟应用、不同保温性能包装材料的科学组合，这些包装方案经受了严苛的实验确认和实际线路验证，为冷链运输提供强有力的保障，确保冷链药品运输全过程的良好温度控制。

二　建立完善冷链物流管理体系，确保高水平运营

优越的硬件条件是冷链物流高水平运作的有力保障，但没有周密、完备的管理措施，再好的硬件条件也难以发挥应有的效能。因此，冷链物流管理体系构建和完善始终是科园信海提高冷链运营水平的重中之重。

（一）制定冷链药品经营质量管理规范，确保所有冷链操作规范化

科园信海制定了冷链管理规范以及细分化的冷链标准操作规程，规范了从冷链药品验收、入库、保养到出库、销售、运输、售后服务、承运商、经销商审计等所有环节的操作要求。在公司质量方针的指导下，根据不断变化的市场需求、产品特性、客户要求以及新技术、新设备的应用，科园信海始终坚持与时俱进的质量管理理念，不断充实和完善质量管理体系，不断采取

关键环节的保障性措施，确保质量控制的全过程、各方面无盲点覆盖和关键控制点的高保障率。

（二）建立多级备份系统，实现冷链运营系统的高可靠性

系统备份是确保环境监控系统连续运行特别是异常中断后顺利恢复的有效手段，而且是确保质量体系可追溯性的重要保障措施。

备份措施不仅包括计算机控制系统、数据库等的多级备份，还包括硬件设施的备份，如科园信海冷库系统制冷机组的双压缩机备份、库房电力供应系统备份、后备发电机组、短信报警后处置措施的人员后备等。

（三）建立完善的预防性维护保养制度，实现冷链运营系统的高保障率

维护保养重在预防，将隐患消除在萌芽阶段，避免发生危及质量安全的事件。冷链药品的质量保障依赖的是硬件、软件系统的可靠运行，日常巡检和周期性的预防性维护、保养尤为重要。科园信海在这方面投入了大量的资源，按照规定详细的设施设备维保规程定期进行库房温度监控系统的检查、维护和保养，实现了仓储、运输设施、设备的稳定、安全、高效运行。

（四）构建验证体系，降低冷链物流的体系风险

作为主起草单位，科园信海完成了国家标准《医药冷链物流温控设施设备验证性能确认技术规范》的编制。验证管理强调的是预防性的质量保障，即在设施、设备、工艺、方法应用前、应用中以及应用后均得到良好的控制和持续改进，以满足生产经营合格产品的质量需要。对关键设施、设备以及冷链产品的包装方式、运输线路等进行使用前验证，确保相关设施、设备、包装方式、运输线路等能够满足药品经营需要，保证药品质量，做到预防性控制。在实施验证管理的过程中，不断优化符合公司经营特点的验证操作标准。针对冷链运输保温包装的验证，结合公司经营特点和实际运输线路摸索出一套符合不同季节环境温度特点的运输模拟温度数据，应用于冷链包装的开发、测试和验证，在丰富公司验证体系的同时也为不同材质、形式包装进行横向性能比较，从而为进一步优化包装方案创造了条件。

（五）实施变更和偏差管理，确保冷链质量控制体系稳定

科园信海对冷链药品质量相关的各种变更操作提出了明确具体的要求。在执行变更之前，根据变更的类型进行必要的考察、调研、测试等工作，并根据变更涉及的质量相关事项提出详细完整的变更方案，确保影响药品质量和服务质量的所有因素均在控制范围内，从而实现质量保证的科学高效。

公司对冷链药品经营过程中发生的各种不符合质量管理规程的事件提出了明确具体的处理流程，包括对偏差的充分调查，确定直接原因和根本原因；针对根本原因制定明确的纠正、预防措施；考察纠正、预防措施的执行效果；持续改进，防止相同或类似偏差的再次发生，从而不断提高公司冷链质量管理水平。

针对可能出现的偏差和突发事件，以及掌握资源的情况和可操作性制定详细的冷链应急处理预案，并组织进行模拟演练（如冷库故障报警、意外断电演习等），确保预期偏差和突发事件在第一时间得到有效的控制，最大限度减少冷链药品质量损失。

科园信海还通过定期对各部门、各冷链业务操作环节的全面质量审计，查找问题和隐患并制定针对性的整改措施，监督措施的落实，评估实施效果，实现冷链质量管理的持续改进。

（六）建立培训体系，提升全员质量意识

科园信海每年按照计划定期进行质量法规和各项规章制度、标准操作规程的培训，针对冷链操作对各岗位、关键人员进行分级、分层次的个性化培训，对于新员工、转岗员工进行特定内容的系统培训。通过笔试、口试、实际操作考试以及考核后的工作跟踪对培训效果进行综合评估，为培训工作的持续改进提供客观依据。

公司还将“全员参与”的质量管理理念拓展到与公司冷链业务相关的供应商、经销商（包括二级经销商）和承运商，定期组织相关方进行质量管理培训，规范冷链操作细节，确保冷链药品从生产商到消费者手中的所有环节得到有效的质量保证。

（七）加强与同行和合作伙伴交流，确保冷链物流无缝化对接

科园信海冷链物流体系的不断成熟，还得益于业内同行间的长期交流与合作。通过医药行业协会的交流渠道、合作伙伴间的互访以及及时的联系沟通等多种形式，将很多宝贵的实践经验消化吸收并积极传递共享。科园信海始终坚信冷链物流单一环节的保障不可能实现药品质量的安全，只有从生产商到使用者的全部环节都得到有效的、无缝化的冷链保障，才能真正实现药品的高质量。当所有的冷链物流参与者都掌握并严格执行高水平的冷链技术和管理标准后，才能确保大众的用药安全。

B.16
广州医药在省内多仓运营及网络建设

广州医药有限公司

摘　要：　在国家医药新政频出的背景下，医药流通行业面临许多挑战与机遇。广州医药作为广东地区的医药商业龙头企业，积极探索区域性的物流网络建设及多仓运营，同时结合信息技术，对药品在流通全过程实现网络化、平台化的集中管控。本文对区域性网络建设及多仓运营的设计思路、实际管控及成效进行了详细介绍，希望通过自己的经验为医药供应链行业的发展提供借鉴与参考。

关键词：　广州医药　多仓运营　网络建设　配送模式

广州医药有限公司（以下简称“广州医药”）是以医药供应链服务为主导的医药流通企业。公司成立于1951年，注册资本22.27亿元，是国内较大的中外合资医药流通企业，是“大南药”“广药集团”商业板块的重点企业，也是世界500强医药企业沃博联（Walgreens Boots Alliance）的成员企业。公司拥有在医药批发和零售领域经营近70年的标志性品牌、以客户体验为中心的服务理念以及广受信赖的医药供应链服务。2018年公司主营业务收入398.2亿元，拥有22家成员企业，共3900名员工。公司拥有全国规模较大的医药批发分销配送网络，为全国31个省份超过19200个销售客户、5700多个供应商、全国98%的群众提供逾51000个医药产品。同时，公司也是广州地区和广州药品储备承储单位、广东省急救药品供应单位、广州亚运会运动员专用药械配送单位。

一 国内医药物流存在的问题与发展趋势

（一）医药物流发展中存在的主要问题

近年来，我国现代医药物流不断快速发展，但同时亦显现出较多短板，总体表现为“小、散、弱”。

1. 物流智能化技术应用率较低，服务能力有待提升

目前大部分医药仓库均依赖人工进行物流作业，相关设施自动化程度较低，库内运作效率不高，服务能力也无法有效提升，并且区域发展不平衡的情况随着以长三角、环渤海为核心，珠三角、东北、中东部地区的快速发展更加凸显。医药物流的智能化技术应用仍相对落后于社会物流，医药物流中心的规模和服务能力也有待提高。

2. 物流衔接流程规范散乱，缺少行业统一标准体系

医药物流行为不兼容、衔接不畅，缺乏对质量管理体系、组织和人员、物流信息技术等方面的评估标准，制约了行业的进一步发展。2018 年在中国医药商业协会供应链分会的牵头下，制定了《涉药物流企业分类与评估管理规范》《药品经营企业物流服务能力评估标准》《涉药运输企业医药物流质量及服务能力评估标准》等相关物流服务能力标准，开始建立相关的标准体系。

3. 标准单元化物流程度偏低

当前物流运作中标准单元物流载具应用较低，导致包装、装卸、配送等环节需进行容器更换，工作量增多，影响作业效率及成本，不利于货物快速流转。按照传统的货物装卸方式，装卸一台 7.6M 的车辆需要至少两人超过 1 小时的操作，另外还很容易在装卸过程中出现差错。如果使用标准的运输容器单元进行装载运输，同样一台 7.6M 的车辆只需 1 人半小时就能完成，而且可以有效减少装载过程中产生的差错。

4. 运输网络灵活性差，网点分布不足

运输网络稳定性较差，运输模式成本高，不利于终端市场的拓展及多元化服务的提供，难以满足客户需求。传统的医药物流运输网络与社会物流运输网络相比还非常单一，基本上就是从分拨中心直接到客户。而社会物流会因各配

送区域的大小设置许多运输节点，从分拨中心到区域性配送中心，再到配送中转点等多级的运输网络，从而形成多点、多线条的立体型运输网络。这种立体型的运输网络在提高配送效率和降低运输成本上有着巨大的优势。

（二）医药物流未来发展趋势

1. 供应链趋向扁平化、一体化，对物流服务能力的要求不断提高

随着一系列医药流通行业政策实施，行业业务板块发生调整，商业板块占比下降，终端市场逐渐壮大，其订单小而散及接近客户的特点对企业的分拣处理能力及客户服务能力要求越来越高，物流服务水平在行业中的战略地位不断提升。随着供应链环节减少，医药物流中心从“存储分拣型”向“拆零分拣型”转变。进出订单需求碎片化，订单“小批量、高频次”、订单品种集中度降低、配送客户点数和拆零分拣量翻倍增长，客户对医药商业企业的服务能力要求越来越高。

2. 高端智慧型物流技术广泛应用，将拉大业内竞争差距

信息技术及现代化物流设备已经广泛应用，大多数企业建立了管理信息系统，快速推进智能化物流中心建设。物联网、云计算等现代信息技术开始应用，装卸搬运、分拣包装、加工配送等专用物流装备和智能标签、跟踪追溯、路径优化等技术迅速推广。

3. 专业化、精细化管理和技术不断升级，服务规范化趋势明显

物流成本控制、物流管理标准与操作规范日趋完善，标准化工作有序推进，实现物流管理的规范化、生产运营的效率化、服务规范的统一化有利于物流整体水平的提升。而且，分工和专业化的发展是经济增长的源泉，好处在于能够获得分工经济和专业化经济，进而提高生产效率。

二　区域性物流多仓运营及网络建设

（一）物流网络模式与建设原则

随着国家“两票制”等政策的逐步推进落实，如何更有效率地覆盖终端客户成为企业面临的首要挑战，所以在物流网络建设上主要参考以下原则。

一是，以聚焦客户服务需求为原则，需实现广东省内终端（医疗、零售）客户 4 小时配送、商业客户 12 ~ 24 小时配送、跨省客户 4 ~ 8 天配送的业务需求。

二是，在满足客户需求的前提下，考虑物流作业能力、效率与客户需求之间的匹配关系，以及运费、运量、运输距离的关系，合理选择配送仓库的地理位置，缩短配送距离，减少不合理的搬运，在此基础上平衡物流中心布局建设与运输之间的成本。

基于以上原则，物流网络建设需通过中转点全覆盖的网点建设及干支线运输的配送模式组建，建设“分拨中心/物流中心—配送中心/中转点”的层级式物流网络。分拨中心/物流中心通过高效率的分拣能力承担 90% 以上的拣选任务，配送中心/中转点主要起到配送支点的作用，用以提高对终端客户的服务能力。此物流网络模式，从仓储、运输、客户服务对各业务类型进行资源匹配与服务水平的制定，使物流网络模式丰富多元，灵活适应业务发展。

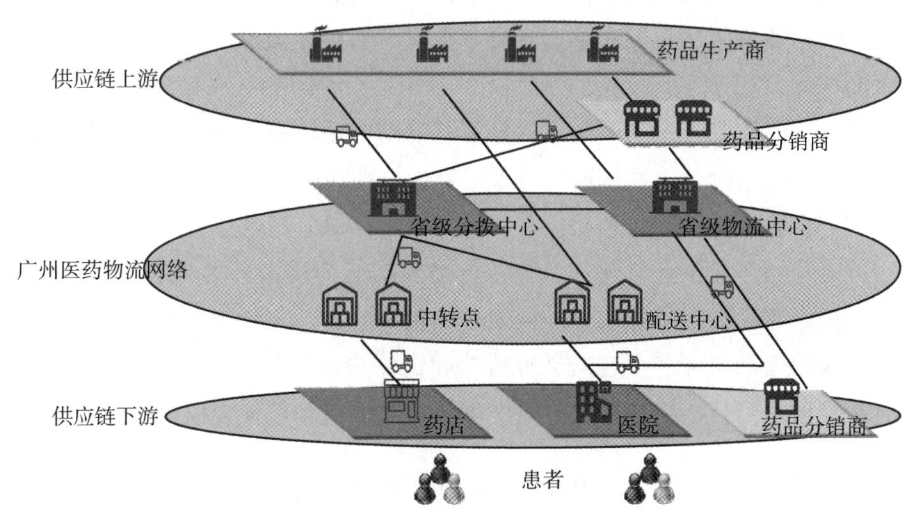

图 1　层级式物流网络

（二）打造多层级、多功能的物流配送网点

基于上述的物流网络模式，需要建设相应的分拨中心/物流中心及配送中

心/中转点，上述物流网点的选址应考虑经济性原则、适应性原则、协调性原则和战略性原则。

1. 经济性原则

物流网点建设主要包括建设费用及物流费用，而未来物流活动辅助设施的建设规模及建设费用以及运输等物流费用是不同的，选址时应以总费用最低作为物流网点选址的经济性原则。

2. 适应性原则

物流网点的建设需充分考虑国家的政策，与行业的发展方向相适应，并兼顾公司的发展战略。

3. 协调性原则

物流网点的建设应将公司的物流网络作为一个整体来考虑，使物流网点在地域分布、技术能力、配送能力等方面相互协调。

4. 战略性原则

物流网点建设应具有战略眼光，要考虑全局性、长远性，局部要服从全局，眼前利益要服从长远利益，既要考虑眼前的实际需要，又要考虑日后发展的可能。

基于上述原则，广州医药在目标区域范围内建设省级分拨中心、物流中心及中转点，构建全覆盖物流网络体系。其中分拨中心配置AS/RS、货到人、影像复核、堆垛机械手等自动化设备，承担集中存储、高效分拣、快速吞吐的功能，打造仓储作业工业化模式。中转点主要功能为连接分拨中心/物流中心与客户，提供商品到客户的最后一程配送及相关服务，并且按照不同的业务内容配置相应的仓储服务。中转点是否启动建设需考虑建设成本与公司发展方向，参照标准项目可行性评估机制，科学确定启动节点和建设规模。

（三）应用干支配送模式，快速覆盖终端客户

广州医药在广东省内的商业业务仍采用传统点对点运输直配，而终端业务配送主要采用干支线运输配送模式。

干支运输配送模式，商品由分拨中心采用干线车辆集中配送到各中转点，在中转点经过二次归集后再采用支线车辆配送至客户。干线采用大型车辆集中装载，而且在运作过程中使用笼车等标准装载容器实现快速发货及装车，提高

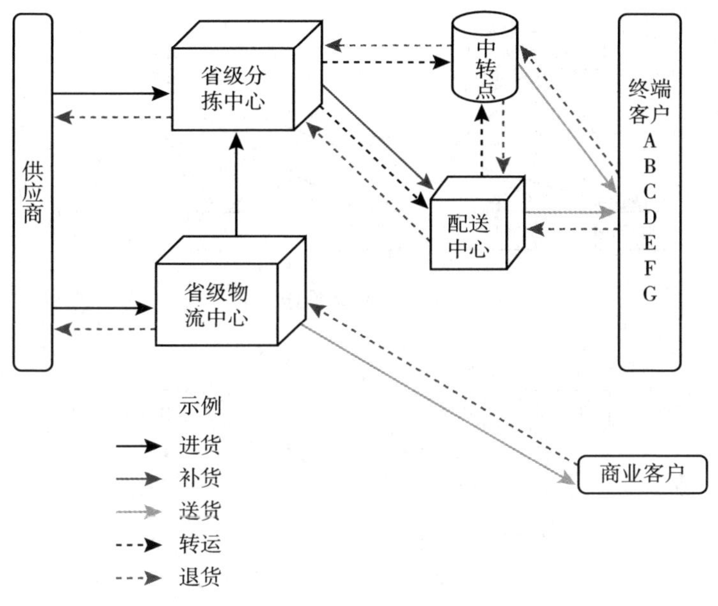

图 2　物流配送模式

整体装卸效率。支线运输采用小型运输车辆进行配送，服务型强、运输频次高，比干线运输有更高的灵活性和适应性。这样，干线运输和支线运输结合起来，使整个运输系统更加完善，并兼具下述优点。

一是，干支运输模式适应了医疗、零售等终端客户配送点多、单次送货量少的特点；另外，干支线配送能有效消除交叉配送，从而降低运输成本，如图3所示。交叉运输的存在，使输送路线长、规模效益差、运输成本高。如果在分拨中心与客户之间设置中转点，采用干支配送方式，则可消除交叉运输，如图4所示。因为设置中转点以后，将原来直接由各分拨中心送至各客户的零散货物通过中转点进行整合再实施配送，减少了交叉输送，输送距离缩短，成本降低。

二是，干支运输整合了终端配送员队伍，负责支线配送的自有终端配送人员大量增加，通过加强对自有配送人员的培训，大幅提高对客户的服务水平。

三是，实行干支运输实现了运输过程全节点记录，有助于加强对运输配送全过程的监控，能有效提高整体配送及时率。

四是，分拨中心采用标准装载容器进行快速备货，药品抵达中转点后再进

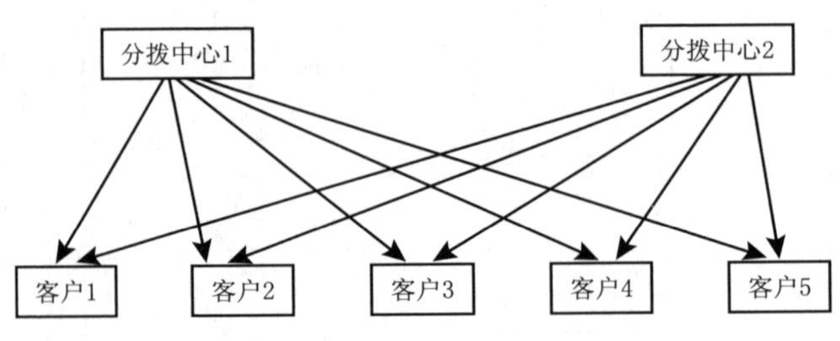

图 3　交叉输送

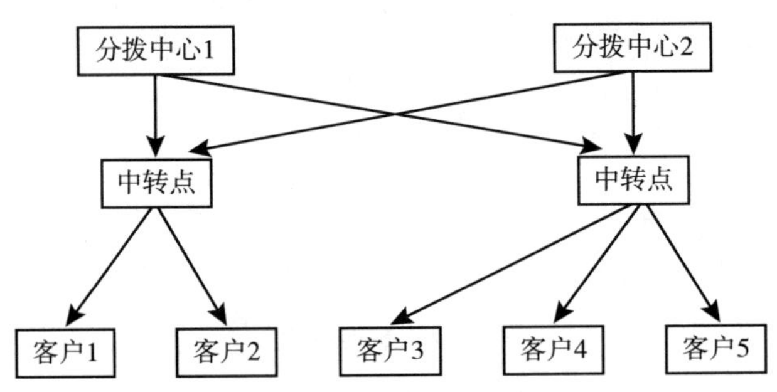

图 4　减少交叉输送

行二次分拣，实现分拨中心备货场地向中转点延伸，提高了分拨中心备货场周转率；而且将原有的配送过程拆分成干线与支线两个过程，能更好地推广在运输过程中的标准化操作，降低配送过程的质量风险，更有效地提高客户的满意度。

（四）搭建智能信息系统，助力多仓高效协同

配合多仓物流运作体系、干支线运输模式等实施，广州医药将进一步应用信息化技术，对系统进行改造与优化，购进专业化智能管理与控制软件，提高信息化智能水平，为深耕终端市场提供智能信息支撑。

搭建服务信息平台，支持供应链上企业流向、仓储、运输、销售等管理系统相对接，配合供应链标准一体化建设，保证供应链重点用户系统数据对接畅通率，提高客户满意度。

改造物流信息系统，引入人工智能算法，开发手机签收坐标定位及电子围

栏、物流可视化等，增强仓储与运输的控制与信息传输，做到管控、决策科学、智能，数据可追踪、可溯源。

由于应用大量自动化智能设备进行分拣作业，因此需要引入仓库设备控制系统（WCS）来协调、调度底层的各种物流设备，使底层物流设备可以执行仓储系统的业务流程，通过任务引擎和消息引擎优化分解任务、分析执行路径，为上层系统的调度指令提供执行保障和优化，实现对各种设备系统接口的集成、统一调度和监控。

供应链的本质是“四流合一”、高效协同，信息化是推动“四流合一”和高效协同的关键。广州医药以信息化为抓手，通过横向纵向链接，通过信息服务平台将商品流向、运输路线、签收情况、退货信息、车辆情况等信息进行传输与记录，形成全过程的控制与监督。

（五）供应链管理延伸

在中转点的管理上，广州医药采用的是对承运商的深度管理模式。中转点由承运商设置管理，中转点的设立标准、质量控制标准、运营管理标准等整套标准管理体系都由广州医药有限公司督导落地，相关标准严格参照国家药品管理法的相关规定。在日常运作过程中，广州医药会驻有现场监督人员，负责督导承运商落实相关标准，及时解决各项工作问题。

（六）业务流程描述

一是，根据实际业务量与承运商确认干线车辆数量，并要求按照指定时间到达指定提货地点。

二是，出库商品按照标准装载容器分配到每一个标准装载容器中，严格按照标准进行备货。

三是，承运商领取提运票据，到仓库提取承运商品。

四是，按照标准装载容器进行装车，并在车厢上铅封完成发货。

五是，根据各干线配送时限送达各中转点并完成收货。

六是，中转点按照支线线路归集到货商品及配送票据。

七是，按照支线线路配送商品。

八是，商品送达客户后实时签收反馈。

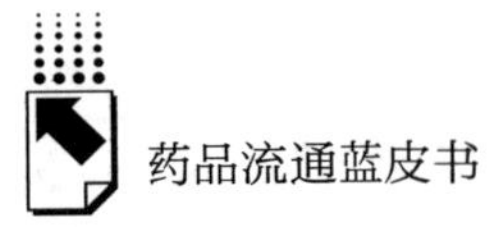

三 总结

广州医药从2009年开始在广东省内开展多仓运营，2017年开始打造建设全省配送网络，历经2年运作省内干支运输的运费比直配下降10%，整体的配送时间成倍缩短。其中东西两翼超400公里的汕头、湛江更是缩短超过50%。通过干支配送模式，企业建立了大批的自有配送队伍，现在的配送员队伍人数成倍增加，有效地提高了终端客户的服务满意度，为公司的终端下沉战略提供了坚实的基础。2021年新的分拨中心将投入使用，广东省内的网络建设及多仓运营将上新台阶，为企业乃至上级集团振兴“大南药”、打造“战略性新兴产业龙头企业”奠定坚实基础，提供有力保障，并将成为建设广东医药强省及粤港澳大湾区医药供应链物流覆盖体系的重要组成部分。

中国药店篇

Chinese Pharmacies Reports

B.17
2018年中国药品零售市场分析

中国医药商业协会

摘　要： 2018 年全国药品零售市场稳中有升，行业集中度逐步提升，资本助力药品零售上市企业加速发展，在药品零售逐渐进入强监管时代下，我国药品零售行业呈现出理性、高质量、专业化、规范化的发展态势。

关键词： 药品零售市场　行业集中度　专业药房　药学专业人才

一　药品零售市场发展概述

2018 年，国家先后推出“互联网 + 医疗健康”、打击骗保、零售药店分类分级管理、“4 + 7”带量采购、执业药师职业资格制度规定和资格考试实施办法等一系列政策，面对新政策、新形势、新环境，药品零售行业也不断进行着变革、调整、升级。在连锁率逐步提升的同时，药店规范化管理和专业化水平面临新的挑战。受智能化、数字化的影响，药品零售行业不断进行探索创新，新业态、新模式不断涌现，药品零售行业迈入专业化和智能化时代。

（一）药品零售市场整体情况

1. 药品零售市场整体规模

2018 年药品零售市场销售规模总体呈现增长态势，增速保持稳定。据统计，2018 年药品零售市场销售总额①为 4317 亿元，扣除不可比因素，同比增长 9.0%，增速与上年相比基本持平。

据国家药品监督管理局统计，截至 2018 年 11 月底，全国共有药品零售连锁企业 5671 家，同比增长 4.8%；下辖门店 25.55 万家，零售单体药店 23.36 万家，零售药店门店总数 48.91 万家，同比分别增长 11.5%、-4.1%、7.8%。

2018 年药品零售连锁企业前 100 位销售总额为 1439.8 亿元（见图 1），占同期药品零售市场销售总额的 33.4%，同比上升 2.6 个百分点，表明行业集中度在不断提高。

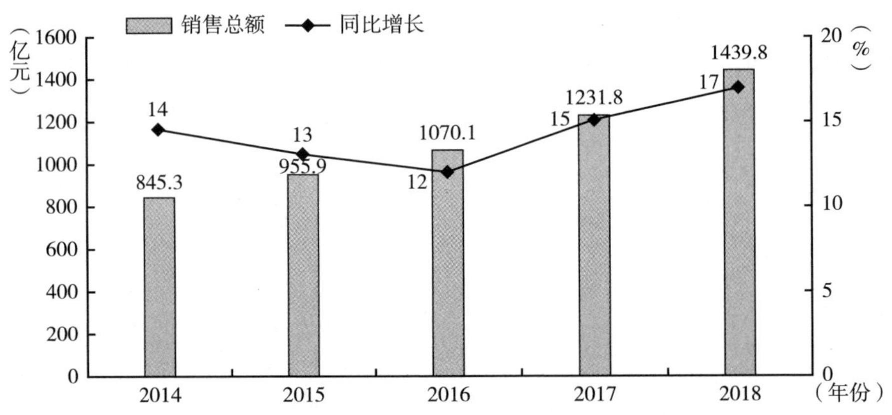

图 1　2014～2018 年药品零售连锁前 100 位企业销售总额及增速

2. 前100位药品零售连锁企业经济效益情况

2018 年，前 100 位药品零售连锁企业平均利润率为 4.2%，比上年上升

① 销售总额为含税值。

0.1 个百分点（见图 2）；扣除不可比因素，平均毛利率为 28.0%，比上年上升 0.6 个百分点；平均费用率为 25.0%，比上年上升 0.8 个百分点。

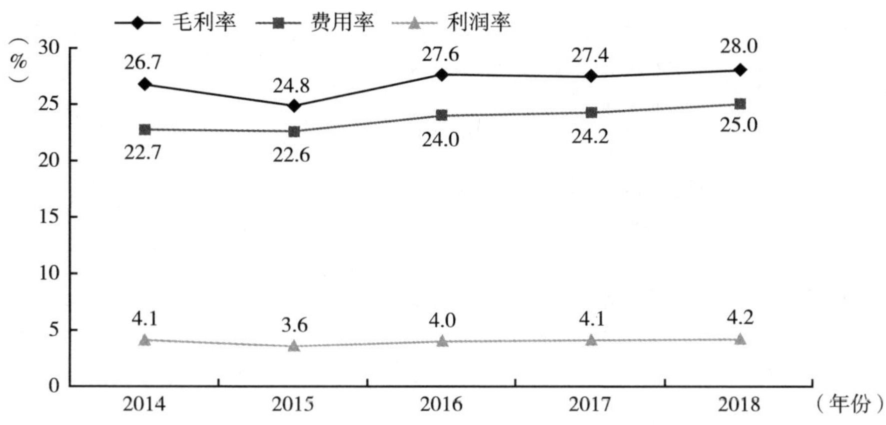

图 2　2014～2018 年药品零售连锁前 100 位企业效益情况

资料来源：商务部药品流通管理系统。

3. 前100位药品零售连锁企业区域分布结构

2018 年，前 100 位药品零售连锁企业家数分布在前 11 位的省份依次为：浙江、上海、四川、广东、山东、江苏、湖北、湖南、云南、北京、重庆（含并列）。11 省市家数占前 100 位企业家数的 77%（见表 1）。

表 1　2016～2018 年药品零售连锁企业销售额前 100 位区域数量分布

单位：家

序号	省份	2018 年	2017 年	2016 年
1	浙江省	14	15	14
2	上海市	9	12	10
3	四川省	8	6	6
4	广东省	7	7	6
5	山东省	7	7	7
6	江苏省	7	6	6
7	湖北省	7	5	5
8	湖南省	5	5	7
9	云南省	5	4	4

续表

序号	省份	2018 年	2017 年	2016 年
10	北京市	4	4	4
11	重庆市	4	4	4
12	河北省	3	4	4
13	贵州省	3	3	3
14	河南省	2	2	2
15	广西壮族自治区	2	2	2
16	江西省	2	2	3
17	黑龙江省	2	2	2
18	吉林省	2	2	2
19	甘肃省	2	1	1
20	山西省	1	2	2
21	安徽省	1	1	1
22	辽宁省	1	1	1
23	陕西省	1	1	1
24	福建省	1	1	1
25	内蒙古自治区	0	1	2

资料来源：中国医药商业协会。

2018 年，前 100 位药品零售连锁企业销售额占比居前 10 位的省份依次为湖南、上海、云南、广东、重庆、北京、湖北、山东、浙江、甘肃。区域销售额占比与企业数量基本保持正向关系，个别省份如浙江省企业数量最多但销售占比较低，说明缺少大规模的药品零售企业。湖南省首次超过上海市成为销售占比最高的省份。前 10 位省份的销售额占前 100 位企业销售总额的 80.0%（见表 2）。

表 2　2016～2018 年药品零售连锁企业销售额前 100 位区域销售占比

单位：%

序号	省份	2018 年	2017 年	2016 年
1	湖南省	14.04	12.58	12.07
2	上海市	13.07	14.65	15.28
3	云南省	9.45	9.55	9.18
4	广东省	9.27	9.23	12.64
5	重庆市	7.66	8.47	9.23

续表

序号	省份	2018 年	2017 年	2016 年
6	北京市	7.46	8.08	8.22
7	湖北省	5.55	4.88	2.83
8	山东省	4.76	4.07	3.59
9	浙江省	4.39	4.54	4.21
10	甘肃省	4.30	1.52	1.35
11	河北省	2.78	2.83	2.34
12	江苏省	2.74	2.59	2.67
13	四川省	2.63	2.48	2.88
14	辽宁省	2.48	2.94	3.51
15	河南省	1.71	1.59	1.34
16	吉林省	1.59	1.66	1.76
17	贵州省	1.53	3.18	1.34
18	广西壮族自治区	1.22	1.02	0.84
19	黑龙江省	1.15	1.25	1.48
20	江西省	1.02	0.87	1.14
21	安徽省	0.46	0.53	0.51
22	陕西省	0.37	0.38	0.33
23	山西省	0.20	0.41	0.46
24	福建省	0.18	0.22	0.24
25	内蒙古自治区	0.00	0.46	0.56

资料来源：中国医药商业协会。

4. 药品零售企业资本市场现状

从收入增长情况来看，2018 年 25 家药品流通行业上市公司实现主营业务收入总和为 11494 亿元，同比增长 15.52%，与 2017 年 13.39% 的增速相比有所提升，主要因为一些企业实施了较大的并购活动，带来了业绩的较大提升。从盈利水平情况来看，2018 年，25 家医药流通行业上市公司的平均综合毛利率为 17.68%，与上年同期相比有所提升。从上市公司的业务构成来看，零售业务毛利率较高，平均为 25.90%，分销业务毛利率较低，平均为 8.55%。在以零售为主业的企业中，大参林的毛利率最高，达到 41.65%，主要是因为高毛利的参茸滋补药材占比较高。

2018 年，资本市场对药品流通行业的估值继续下调，从 2017 年的平均市盈率 31. 50 倍下降为 2018 年的 20. 16 倍。但对零售企业的估值仍保持较高水平，以零售为主营业务的四家企业（一心堂、益丰、老百姓和大参林）平均市盈率为 29. 45 倍，明显高于分销企业的平均估值，这主要是因为处方外流和整合加速为零售市场带来了较高的资本市场预期。

（二）药品零售企业门店分布情况

1. 药品零售企业直营门店结构情况

2018 年，销售额前 100 位药品零售企业门店总数达到 69359 家，比上年增长 18. 9%，其中直营门店数 47201 家，比上年增长 27. 7%，直营店占门店总数的 68. 1%，占比提高了 4. 7 个百分点（参考附录表 8）。

2. 医保定点药店区域分布情况

各地医保部门落实宽进严管的市场管理方针，逐步改药店医保定点审批制为协议制，部分城市取消了医保定点药店的距离限制、经营范围限制等一些不合理限制，扩大了供给。但部分区域还设置了不必要的限制，比如总量限制、年新增量限制、人口覆盖面限制、距离限制、经营范围限制。医保定点药店的增加，既方便了群众购药支付，也提升了医疗保障的人性化程度。随着《欺诈骗取医疗保障基金行为举报奖励暂行办法》和《医疗保障基金管理条例（征求意见稿）》等政策陆续出台，定点药店管理更加规范，政府监管更加严格。受区域政策差异影响，医保定点率区域差异较大，在零售百强企业中医保定点率最高的省份可达 98%，最低只有 20%，平均医保定点率69%。

表 3　2018 年销售额前 100 位药品零售企业医保定点药店区域分布

单位：家，%

序号	省份	医保定点门店数	门店总数	医保门店占比	企业数
1	湖北省	6516	6943	94	7
2	湖南省	6447	8329	77	5
3	云南省	6099	7608	80	5
4	重庆市	4564	12470	37	4

续表

序号	省份	医保定点门店数	门店总数	医保门店占比	企业数
5	广东省	4021	5113	79	7
6	上海市	3611	5358	67	9
7	四川省	3154	4075	77	8
8	甘肃省	2679	2976	90	2
9	山东省	2363	3453	68	7
10	辽宁省	1257	1466	86	1
11	河北省	1041	1179	88	3
12	吉林省	1033	1230	84	2
13	浙江省	988	1303	76	14
14	河南省	782	1143	68	2
15	贵州省	709	764	93	3
16	北京市	510	2553	20	4
17	广西壮族自治区	495	880	56	2
18	江西省	378	530	71	2
19	黑龙江省	363	371	98	2
20	江苏省	363	800	45	7
21	陕西省	184	263	70	1
22	安徽省	176	247	71	1
23	山西省	147	185	79	1
24	福建省	118	120	98	1
	合　计	47998	69359	69	100

资料来源：商务部药品流通管理系统。

（三）药品零售市场品类销售结构①

1. 品类销售结构

据典型样本城市零售药店 2018 年品类销售统计，在零售药店多元化经营中，各类商品近两年来基本格局保持不变（见图 3）。在所统计的零售药店经营的九大类商品销售额中，化学药、中成药、食品（含保健食品）销售额均居前三位；药品类［包括化学药品、中成药、生物制品和中药饮片（含中药材）］在零售药店的销售占比连续 5 年稳定在 80% 以上（见图 3、表 4）。

① 统计口径与上年不可比。

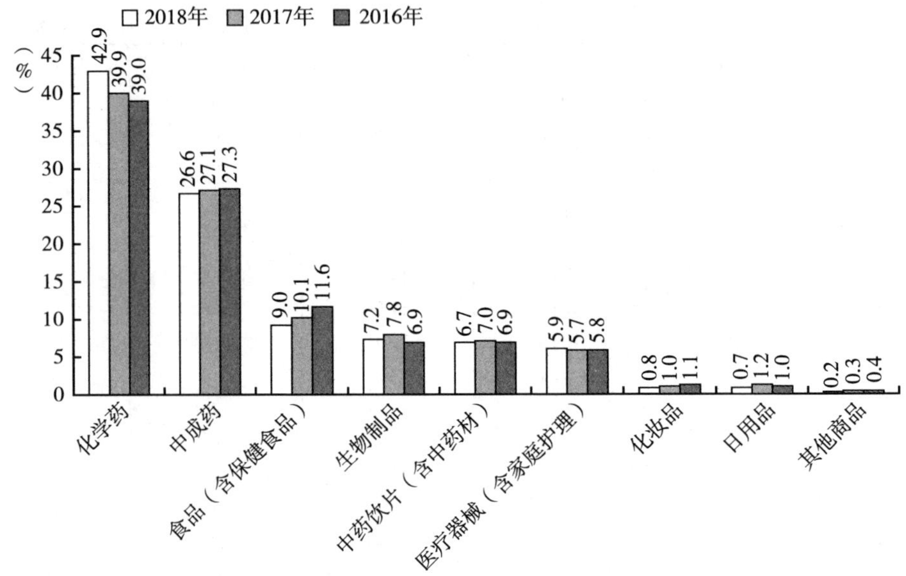

图 3　2016～2018 年典型样本城市零售药店销售品类结构分布

资料来源：中国医药商业协会。

表 4　2017～2018 年典型样本城市零售药店大类产品销售占比

单位：%，百分点

大类名称	2018 年		2017 年		占比变化
	份额	排名	份额	排名	
化学药	42.9	1	39.9	1	3.0
中成药	26.6	2	27.1	2	-0.6
食品(含保健食品)	9.0	3	10.1	3	-1.1
生物制品	7.2	4	7.8	5	-0.6
中药饮片(含中药材)	6.7	5	7.0	4	-0.3
医疗器械(含家庭护理)	5.9	6	5.7	6	0.2
化妆品	0.8	7	1.0	8	-0.2
日用品	0.7	8	1.2	7	-0.5
其他商品	0.2	9	0.3	9	0.0

注：样本范围为 19 个省份 38 家药品零售连锁企业，约 2700 家门店。

资料来源：中国医药商业协会。

化学药销售额占比前三季度连续上升，第四季度有所回落；中成药销售额占比第一季度和第四季度较高，第三季度最低；食品（含保健食品）销售额连续四个季度稳居第三位，且销售额占比稳定，为 9% 左右；其余各类产品销售额占比变化不大（见图 5）。

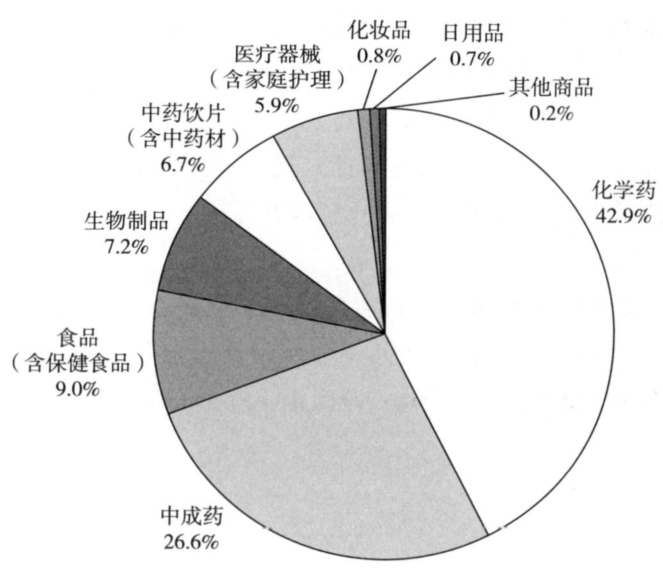

图 4　2018 年典型样本城市零售药店销售品类结构分布

资料来源：中国医药商业协会。

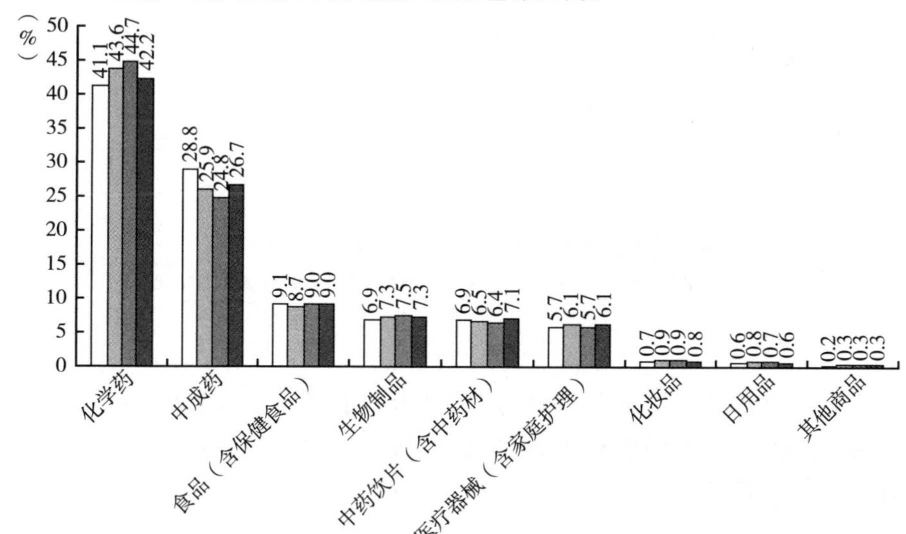

图 5　2018 年典型样本城市零售药店各季度销售品类占比

资料来源：中国医药商业协会。

2018 年典型样本城市零售药店品类销售统计如表 5 所示。其中化学药，在天津、内蒙古、黑龙江销售额占比过半；中成药，在天津、上海、浙江、河南、广西、宁夏销售占 30% 以上；中药饮片（含中药材），在河北、福建、湖南销售占 10% 以上；食品（含保健食品），仅在山东销售占比超过 15%；医疗器械（含家庭护理），在北京销售占比超过 10%。

2. 品种销售结构

2018 年，典型样本城市零售药店药品本土企业、跨国企业销售占比与上年差异不大。如图 6 所示，在药品销售中，本土企业占主要地位，占比为 64.2%，较上年下降 1.0 个百分点；跨国企业占 35.8%，较上年上升 1.0 个百分点。

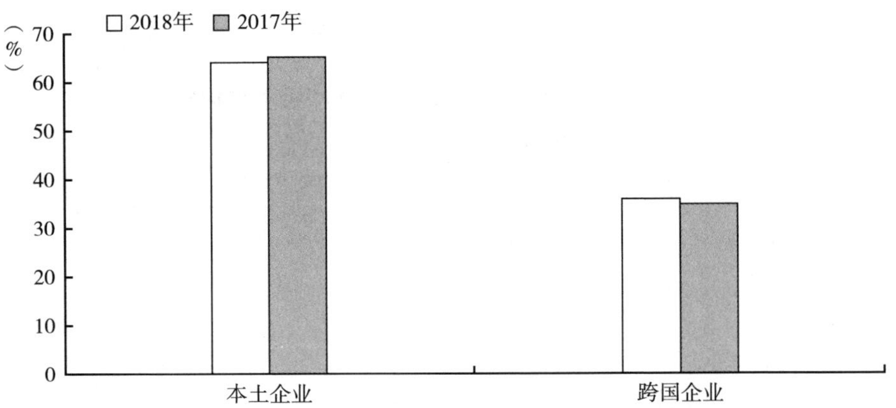

图 6　典型样本城市零售药店 2017～2018 年药品（化学药品、中成药、生物制品）供应商市场份额占比

资料来源：中国医药商业协会。

在化学药品大类①中，抗肿瘤药物较上年增长 4 个多百分点，居首位；神经系统用药物、专科用药物、呼吸系统用药物、抗生素类药物销售占比下降幅度较大（见表 6、图 7）。

① 依据《国家药管平台药品分类编码与基本数据库》药品分类。

表 5　2018 年典型样本城市零售药店区域大类产品销售结构

单位：万元，%

区域	化学药		中成药		食品（含保健食品）		生物制品		中药饮片（含中药材）		医疗器械（含家庭护理）		化妆品		日用品		其他商品	
	销售总额	占比	销售总额	占比	销售总额	占比	销售总额	占比	销售总额	占比	销售总额	占比	销售总额	占比	销售总额	占比	销售总额	占比
北京	20630	33.3	17192	27.8	7684	12.4	5437	8.8	2044	3.3	6616	10.7	1217	2.0	932	1.5	166	0.3
天津	4162	60.5	2292	33.3	212	3.1	6	0.1	71	1.0	100	1.5	15	0.2	10	0.1	8	0.1
河北	14876	47.4	4300	13.7	2285	7.3	3646	11.6	4957	15.8	1067	3.4	149	0.5	94	0.3	28	0.1
山西	14969	45.6	7978	24.3	3986	12.2	1420	4.3	2527	7.7	1620	4.9	58	0.2	157	0.5	89	0.3
内蒙古	12403	54.3	3965	17.4	2029	8.9	2365	10.4	799	3.5	1018	4.5	77	0.3	108	0.5	84	0.4
辽宁	30305	45.4	16736	25.1	6915	10.4	2720	4.1	5493	8.2	3377	5.1	692	1.0	349	0.5	147	0.2
吉林	2412	48.8	1471	29.8	418	8.5	216	4.4	92	1.9	295	6.0	9	0.2	23	0.5	1	0.0
黑龙江	56671	59.2	18936	19.8	5514	5.8	8033	8.4	2229	2.3	3239	3.4	613	0.6	392	0.4	72	0.1
上海	81995	40.7	73957	36.8	13886	6.9	6991	3.5	8321	4.1	12057	6.0	2194	1.1	1538	0.8	299	0.1
江苏	57188	40.8	32612	23.3	10151	7.2	11930	8.5	13566	9.7	11816	8.4	1517	1.1	1189	0.8	285	0.2
浙江	5974	34.5	6402	36.9	2441	14.1	39	0.2	1167	6.7	1108	6.4	89	0.5	97	0.6	24	0.1
安徽	1756	41.0	1085	25.4	298	7.0	603	14.1	232	5.4	221	5.2	39	0.9	22	0.5	22	0.5
福建	11637	43.4	5266	19.6	2109	7.9	2891	10.8	2846	10.6	1576	5.9	282	1.1	153	0.6	43	0.2
山东	16660	35.0	12773	26.8	7490	15.7	2960	6.2	3775	7.9	2651	5.6	468	1.0	561	1.2	282	0.6
河南	8685	37.4	7573	32.6	2861	12.3	997	4.3	1340	5.8	999	4.3	239	1.0	249	1.1	293	1.3
湖南	29025	37.2	22383	28.7	9717	12.4	3453	4.4	8303	10.6	4230	5.4	287	0.4	606	0.8	97	0.1
广东	54106	46.4	21857	18.7	8225	7.0	17662	15.1	8057	6.9	5782	5.0	225	0.2	447	0.4	351	0.3
广西	5270	29.5	6417	35.9	2112	11.8	1816	10.2	1089	6.1	865	4.8	117	0.7	35	0.2	131	0.7
宁夏	6849	34.5	6840	34.5	2687	13.6	444	2.2	1362	6.9	1260	6.4	58	0.3	117	0.6	213	1.1
总计/平均	435572	42.9	270036	26.6	91020	9.0	73631	7.2	68269	6.7	59898	5.9	8345	0.8	7080	0.7	2633	0.2

资料来源：中国医药商业协会。

表 6　2017 ~ 2018 年典型样本城市零售药店化学药品销售占比

单位：%，百分点

序号	化学药品大类分类	2018 年占比	2017 年占比	变化
1	抗肿瘤药物	15. 19	10. 94	4. 25
2	心血管系统用药物	14. 85	14. 80	0. 05
3	神经系统用药物	10. 88	11. 32	-0. 44
4	专科用药物	8. 55	9. 58	-1. 04
5	激素及调节内分泌功能类药物	8. 32	8. 71	-0. 39
6	维生素类、矿物质类及营养类药物	7. 62	7. 61	0. 02
7	消化系统用药物	6. 56	6. 76	-0. 20
8	调节免疫功能药物	6. 06	5. 33	0. 73
9	呼吸系统用药物	5. 73	6. 24	-0. 50
10	抗生素类药物	4. 25	4. 82	-0. 57
11	泌尿系统用药物	3. 37	3. 66	-0. 29
12	血液系统用药物	2. 73	2. 78	-0. 05
13	抗病毒药物	2. 38	2. 31	0. 07
14	抗变态反应药物	1. 21	1. 27	-0. 06
15	化学合成抗菌药	0. 83	1. 00	-0. 17
16	抗真菌药物	0. 67	0. 69	-0. 02
17	其他抗感染类药物	0. 22	0. 22	0. 00
18	抗寄生虫药物	0. 18	0. 19	-0. 01
19	糖类、盐类与酸碱平衡调节药物	0. 14	0. 16	-0. 01
20	抗分枝杆菌药物	0. 08	0. 08	0. 00
21	酶类及其他生化药物	0. 06	0. 09	-0. 03
22	麻醉及其辅助用药物	0. 05	0. 05	0. 01
23	特殊管理药物	0. 04	0. 04	0. 01
24	解毒药	0. 01	0. 03	-0. 02
25	诊断用药物	0. 01	0. 00	0. 00
26	其他化学药物	0. 00	1. 32	-1. 32

资料来源：中国医药商业协会。

在中成药大类①销售中，清热剂销售额在 2018 年首次居首位，销售额占比增长近 2 个百分点，祛痰剂销售额占比在 2018 年也增长较快；除清热剂、祛痰剂、解表剂、祛湿剂、五官用药、开窍剂、理气剂、消食剂、妇科用药、治燥剂销售占比有增长外，其他几类销售占比较上年均有所下降，其中补益剂、疏风剂下降幅度较大（见表 7、图 8）。

① 依据《国家药管平台药品分类编码与基本数据库》药品分类。

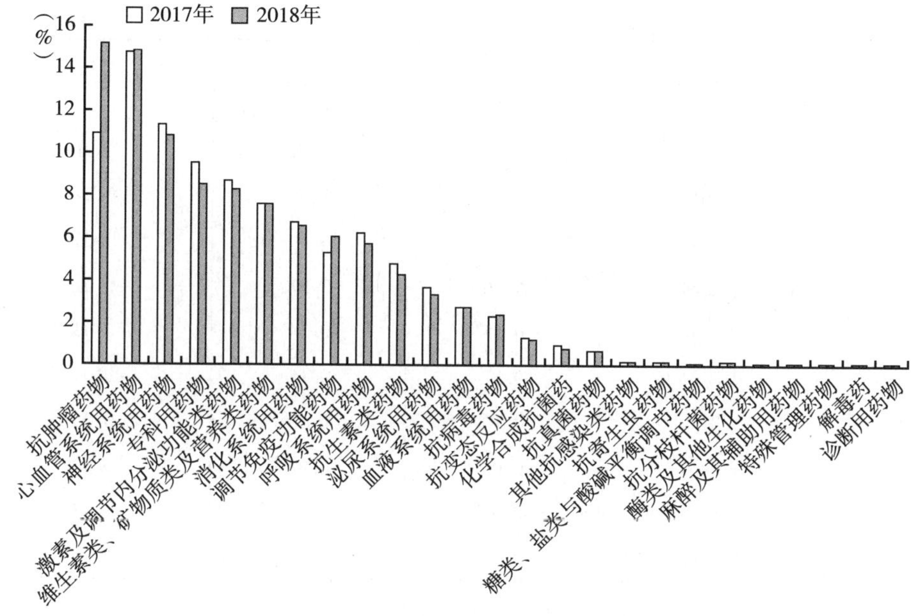

图7 2017~2018年典型样本城市零售药店化学药品大类结构

资料来源：中国医药商业协会。

表7 2017~2018年典型样本城市零售药店中成药大类排序

单位：%，百分点

序号	中成药大类分类	2018年	2017年	变化
1	清热剂	22.56	20.57	1.99
2	补益剂	21.31	22.63	-1.32
3	理血剂	15.21	15.50	-0.29
4	祛痰剂	10.62	9.20	1.42
5	解表剂	6.25	5.96	0.29
6	祛湿剂	5.27	5.26	0.01
7	五官用药	4.09	3.87	0.22
8	疏风剂	2.83	4.74	-1.91
9	安神剂	2.69	2.85	-0.15
10	开窍剂	2.49	1.74	0.75
11	理气剂	1.58	1.51	0.07

续表

序号	中成药大类分类	2018 年	2017 年	变化
12	民族药	1.51	1.63	-0.12
13	消食剂	1.15	1.14	0.01
14	妇科用药	1.07	1.03	0.04
15	泻下剂	0.44	0.44	0.00
16	温里剂	0.36	0.37	-0.01
17	和解剂	0.33	0.34	0.00
18	固涩剂	0.11	0.15	-0.04
19	外用药	0.10	0.10	0.00
20	治燥剂	0.03	0.01	0.02
21	其他功用	0.00	0.97	-0.97
22	驱虫剂	0.00	0.00	0.00

资料来源：中国医药商业协会。

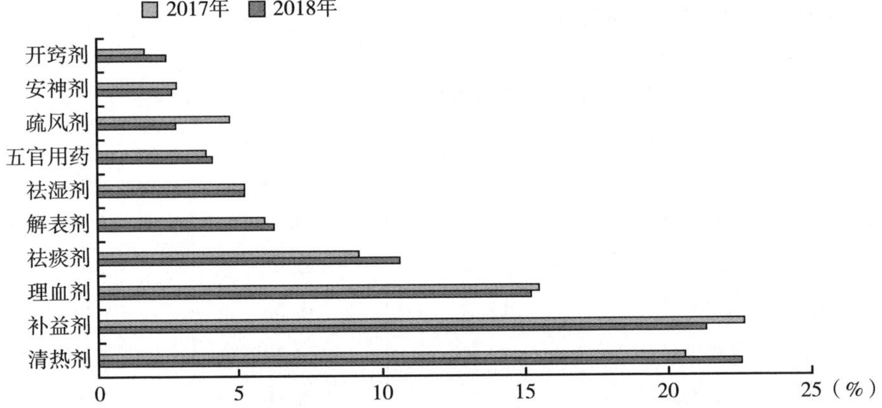

图 8　2017～2018 年典型样本城市零售药店中成药大类占比前 10 位

资料来源：中国医药商业协会。

在化学药品、中成药和生物制品销售中，典型样本城市零售药店 2018 年药品销售额前 10 位如表 8 所示，其中，片剂、胶囊占 6 席，且有 7 种为跨国企业品种，有 6 种为抗肿瘤药。

表 8　2018 年典型样本城市零售药店单药品销售前 10 位排序（化学药品、中成药、生物制品）

单位：万元，%

序号	品名	生产企业	销售额	占比
1	甲磺酸奥希替尼片	AstraZeneca AB	10803. 72	1. 39
2	阿胶	东阿阿胶股份有限公司	9581. 98	1. 23
3	注射用曲妥珠单抗	Roche Pharma(Schweiz) AG	8288. 80	1. 06
4	枸橼酸西地那非片	辉瑞制药有限公司	7879. 82	1. 01
5	他克莫司胶囊	Astellas Pharma Co. Limited	7619. 21	0. 98
6	复方阿胶浆	东阿阿胶股份有限公司	6860. 45	0. 88
7	甲磺酸伊马替尼片	Novartis Pharma Schweiz AG	6370. 10	0. 82
8	盐酸安罗替尼胶囊	正大天晴药业集团股份有限公司	6340. 92	0. 81
9	阿托伐他汀钙片	辉瑞制药有限公司	5870. 34	0. 75
10	贝伐珠单抗注射液	Roche Pharma(Schweiz) AG	5858. 89	0. 75

资料来源：中国医药商业协会。

表 9　2018 年典型样本城市零售药店国产生产企业销售前 20 位排序（化学药品、中成药、生物制品）

单位：%

序号	生产企业	样本市场占比
1	东阿阿胶股份有限公司	3. 51
2	正大天晴药业集团股份有限公司	2. 55
3	江苏恒瑞医药股份有限公司	1. 20
4	北京同仁堂股份有限公司同仁堂制药厂	1. 15
5	扬子江药业集团有限公司	1. 08
6	云南白药集团股份有限公司	1. 06
7	天士力医药集团股份有限公司	1. 02
8	济川药业集团有限公司	0. 99
9	石药集团欧意药业有限公司	0. 91
10	内蒙古鸿茅药业有限责任公司	0. 85
11	同溢堂药业有限公司	0. 79
12	华润三九(郴州)制药有限公司	0. 77
13	北京同仁堂科技发展股份有限公司制药厂	0. 76
14	杭州中美华东制药有限公司	0. 68
15	石家庄以岭药业股份有限公司	0. 68

续表

序号	生产企业	样本市场占比
16	山西广誉远国药有限公司	0. 67
17	北京振东康远制药有限公司	0. 67
18	仲景宛西制药股份有限公司	0. 66
19	广州白云山陈李济药厂有限公司	0. 62
20	珠海联邦制药股份有限公司中山分公司	0. 62

资料来源：中国医药商业协会。

表 10　2018 年典型样本城市零售药店跨国生产企业销售前 20 位排序（化学药品、中成药、生物制品）

单位：%

序号	生产企业	样本市场占比
1	Roche Pharma(Schweiz) AG	7. 05
2	辉瑞制药有限公司	6. 98
3	AstraZeneca AB	5. 02
4	Novartis Pharma Schweiz AG	4. 88
5	阿斯利康制药有限公司	3. 20
6	Astellas Pharma Co. Limited	2. 73
7	惠氏制药有限公司	2. 58
8	丹麦诺和诺德公司	2. 21
9	上海罗氏制药有限公司	2. 18
10	拜耳医药保健有限公司	2. 15
11	赛诺菲(杭州)制药有限公司	2. 08
12	中美上海施贵宝制药有限公司	2. 00
13	西安杨森制药有限公司	1. 82
14	北京诺华制药有限公司	1. 80
15	京都念慈菴总厂有限公司	1. 20
16	Bayer Pharma AG	1. 19
17	Patheon Italia S. P. A.	1. 15
18	Bayer Vital GmbH	1. 15
19	中美天津史克制药有限公司	1. 12
20	德国威玛舒培博士药厂	1. 08

资料来源：中国医药商业协会。

表 11　2018 年典型样本城市零售药店化学药品前三大类中前 10 位生产企业排序

单位：%

序号	类别	厂家排序	供应商	占比
1	抗肿瘤药物	1	AstraZeneca AB	17. 08
		2	Novartis Pharma Schweiz AG	12. 79
		3	正大天晴药业集团股份有限公司	10. 88
		4	江苏恒瑞医药股份有限公司	5. 52
		5	Ben Venue Laboratories Inc.	4. 48
		6	Roche Pharma(Schweiz) AG	4. 35
		7	Novartis Europharm Ltd.	3. 47
		8	贝达药业股份有限公司	3. 09
		9	南京绿叶制药有限公司	2. 65
		10	AstraZeneca UK Limited	2. 59
2	心血管系统用药物	1	辉瑞制药有限公司	14. 50
		2	阿斯利康制药有限公司	6. 91
		3	北京诺华制药有限公司	5. 15
		4	Bayer Pharma AC	4. 70
		5	Sanofi Pharma Bristol-Myers Squibb SNC	3. 00
		6	施慧达药业集团(吉林)有限公司	2. 88
		7	Novartis Pharma Schweiz AG	2. 59
		8	施维雅(天津)制药有限公司	2. 27
		9	Merck Sharp & Dohme (Australia) Pty. Ltd.	2. 21
		10	华润赛科药业有限责任公司	2. 15
3	神经系统用药物	1	德国威玛舒培博士药厂	6. 08
		2	Bayer S. p. A.	5. 60
		3	石药集团恩必普药业有限公司	5. 17
		4	北京四环制药有限公司	3. 51
		5	上海强生制药有限公司	3. 00
		6	中美天津史克制药有限公司	2. 72
		7	浙江诚意药业股份有限公司	2. 62
		8	西安杨森制药有限公司	2. 46
		9	江苏万邦生化医药集团有限责任公司	2. 16
		10	吉林步长制药有限公司	2. 16

资料来源：中国医药商业协会。

表 12　2018 年典型样本城市零售药店中成药前三大类中前 10 位生产企业排序

单位：%

序号	类别	厂家排序	供应商	占比
1	清热剂	1	济川药业集团有限公司	5.89
		2	扬子江药业集团有限公司	5.77
		3	漳州片仔癀药业股份有限公司	4.13
		4	石家庄以岭药业股份有限公司	3.04
		5	天士力医药集团股份有限公司	3.02
		6	云南白药集团股份有限公司	2.92
		7	广州莱泰制药有限公司	2.88
		8	太极集团重庆涪陵制药厂有限公司	2.49
		9	江西康恩贝中药有限公司	2.09
		10	马应龙药业集团股份有限公司	1.68
2	补益剂	1	东阿阿胶股份有限公司	30.47
		2	广州白云山陈李济药厂有限公司	4.81
		3	江西汇仁药业股份有限公司	4.79
		4	山西广誉远国药有限公司	4.76
		5	仲景宛西制药股份有限公司	4.06
		6	江西济民可信金水宝制药有限公司	2.62
		7	九芝堂股份有限公司	1.90
		8	北京同仁堂科技发展股份有限公司制药厂	1.82
		9	杭州中美华东制药有限公司	1.77
		10	北京同仁堂股份有限公司同仁堂制药厂	1.57
3	理血剂	1	云南白药集团股份有限公司	5.98
		2	天士力医药集团股份有限公司	5.91
		3	云南白药集团无锡药业有限公司	4.25
		4	陕西步长制药有限公司	3.73
		5	河南润弘制药股份有限公司	3.53
		6	石家庄以岭药业股份有限公司	3.36
		7	安徽安科余良卿药业有限公司	2.87
		8	上海和黄药业有限公司	2.83
		9	天津中新药业集团股份有限公司第六中药厂	2.65
		10	广州白云山和记黄埔中药有限公司	2.29

资料来源：中国医药商业协会。

（四）零售药店执业药师现状

注册于零售药店的执业药师呈上升趋势，截至 2018 年 12 月底，零售药店 48.9 万家，注册执业药师 46.8 万人，药店执业药师占比 89.4%，较 2010 年注册于零售药店执业药师人数43334人增加358264人，增幅达827%。截至2018年8月底，全国已有953164人获得执业药师资格证，已注册的执业药师人数为449972人，注册率为47.21%。按照注册的执业药师人数计算，我国平均每万人口执业药师数为3.2人，除辽宁、吉林、广东省为4人以上标准外，其余省份都没有达到。零售药店配备执业药师情况，重庆、四川、山东、江西、黑龙江、内蒙古、青海、宁夏、云南、贵州、新疆11省份执业药师配备率不到60%。

执业药师配备存在的主要问题：一是执业药师配备标准全国统一，实际执行中并不适合；二是城乡执业药师配备差异大，乡村执业药师严重不足；三是药店尤其是县级以下地区的药店从业人员报考通过率普遍偏低，且对人才吸引力弱；四是城区每名执业药师远程审方的门店数量偏多；五是执业药师注册率低并且实际服务能力不足。

二　药品零售市场发展的主要特点

（一）药品零售连锁企业销售规模有所增加

从销售情况看，2018年，前100位药品零售连锁企业的销售额底线为1.85亿元。如表13所示，与上年相比，年销售额超过50亿元的企业为7家，与上年持平；销售额在40亿～50亿元的企业数为2家，比上年增加1家；销售额在30亿～40亿元的企业数为4家，比上年增加2家；销售额超过10亿

表13　2017～2018年不同销售规模药品零售连锁企业家数统计

单位：家

销售额分布	2018年	2017年	2018年比2017年增加
超过50亿元	7	7	0
40亿～50亿元	2	1	1
30亿～40亿元	4	2	2
20亿～30亿元	3	3	0
10亿～20亿元	12	12	0
超过10亿元(汇总)	28	25	3

资料来源：商务部药品流通管理系统。

元的企业数为 28 家，比上年增加 3 家，说明优势企业的销售规模发展较平稳。前 100 位药品零售连锁企业销售额占零售市场销售总额比重为 33.4%；其中前 5 位企业占销售总额的 12.1%，前 10 位企业占销售总额的 18.5%，前 20 位企业占销售总额的 23.8%，前 100 位企业销售总额及市场占有率较上年均有所提高，进一步反映出收入逐渐向大型连锁企业集中的趋势。

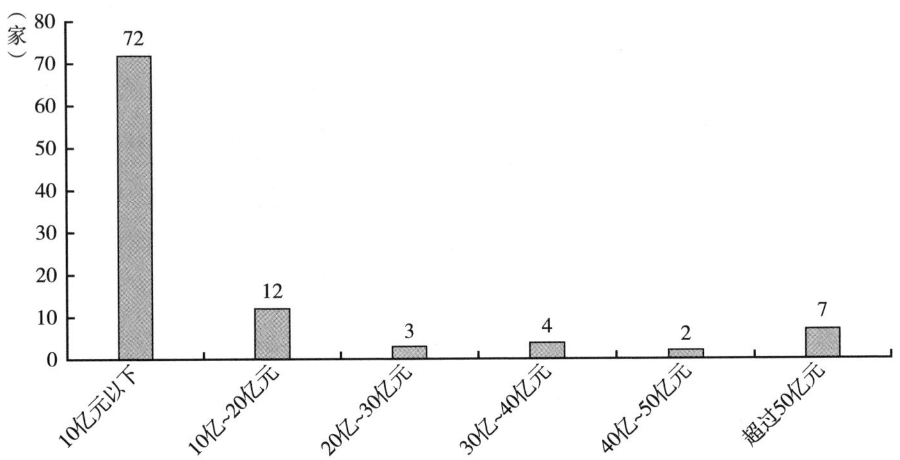

图 9　2018 年度销售总额前 100 位药品零售连锁企业分布

资料来源：商务部药品流通管理系统。

（二）行业集中度不断提高

零售市场集中度及零售连锁率不断提高，截至 2018 年 11 月底，药品零售连锁率已达到 52.2%，同比提高 1.7 个百分点（见图 10）。2018 年，销售额前 100 位的药品零售企业门店总数达到 69359 家，较上年同期增加了 11004 家；销售总额 1440 亿元，占零售市场总额的 33.4%，同比上升 2.6 个百分点。排序最后一位的企业销售额由 2017 年的 1.4 亿元上升到 2018 年的 1.8 亿元。

（三）医药零售行业并购整合持续发展

2018 年药品零售市场销售总额为 4317 亿元，同比增长 9.0%，一心堂、老百姓、益丰、大参林四大上市连锁企业增长迅速，老百姓营业收入 95 亿元，同比增长 26. 26%；一心堂营业收入 92 亿元，同比增长 18. 39%；大参林营业收入 89 亿元，同比增长 19. 38%；益丰药房营业收入 69 亿元，同比增长 43. 79%（见表 14）。据不完全统计，截至 2018 年底，A 股医药制造板块、零售板块、批发业板块含药店零售业务的上市企业共有 35 家（见表 15），新三板上市的药品零售企业共有 8 家（见表 16）。药品零售连锁企业作为药品使用的终端市场的重要组成部分，承担着医药分家的破局重任。随着医改政策的推进，医院端有望逐渐将药品市场份额让给零售药店，药店受到资本市场的关注，未来，医药零售行业的并购还将持续。

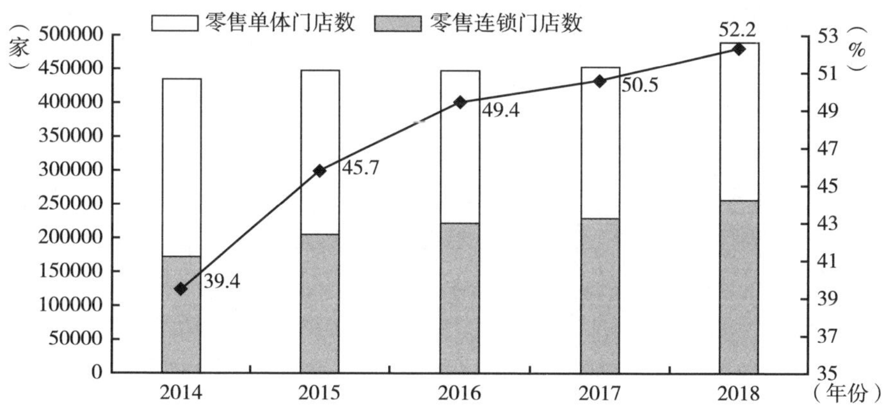

图 10　2014～2018 年全国零售药店连锁率统计

资料来源：国家药品监督管理局。

表 14　A 股上市的四大药品零售企业

单位：万元，%

序号	公司名称	股票代码	上市地点	2017 年主营业务收入	2018 年主营业务收入	同比增长	2018 年毛利率	2018 年净利润	2018 年归属于母公司利润
1	老百姓	603883	上海	750143	947109	26. 26	35. 21	50400	43504
2	一心堂	002727	深圳	775114	917627	18. 39	40. 53	51977	52107
3	大参林	603233	上海	742120	885927	19. 38	41. 65	52569	53163
4	益丰药房	603939	上海	480725	691258	43. 79	39. 73	44157	41641
合计/平均				2748102	3441921	25. 25	39. 28	199103	190415

资料来源：上市公司年报。

表 15　含药品零售业务的 A 股上市企业

单位：万元，%

行业分类	公司名称	2018 年主营业务收入	零售板块子公司简称	2018 年零售业务收入	同比增长	零售业务占比	零售业务毛利率
流通业	国药控股	34452582	国大药房	1480390	16. 29	4. 24	
	华润医药	16620560	华润堂、医保全新、礼安连锁、同德堂	477935	34. 73	2. 88	14. 60
	上海医药	15908440	华氏大药房、上海药房	720207	27. 70	4. 53	15. 14
	九州通	8713636	好药师药房连锁	196031	4. 46	2. 25	18. 93
	国药一致	4312239	国大药房	1087316	9. 91	25. 21	23. 03
	南京医药	3130305	百信药房	121231	3. 58	3. 87	21. 39
	英特集团	2049214		86285	145. 23	4. 21	13. 65
	重药控股	2580274	和平药房	173347	23. 01	6. 72	24. 23
	嘉事堂	1795989	嘉事堂药店连锁	17251	16. 32	0. 96	16. 32
	人民同泰	705522	人民同泰连锁	108128	-6. 97	15. 33	27. 27
	柳州医药	1171453	桂中大药房	130643	50. 54	11. 15	26. 40
	鹭燕医药	1150089	鹭燕大药房	47000	20. 08	4. 09	0. 00
	浙江震元	285806	震元医药连锁	55318	12. 95	19. 36	25. 06
	第一医药	117667	第一医药商店	67977	2. 40	57. 77	21. 89
	华通医药	152269	华通医药连锁	25302	21. 93	16. 62	26. 28
制药业	白云山	2095423	采芝林药业连锁、健民连锁				
	康美药业	2647697	康美人生、康美之恋、康美大药房				
	同仁堂	1420864	同仁堂药店	755972	11. 76	53. 21	30. 26
	太极集团	1068938	桐君阁大药房	455733		42. 63	18. 30
	信邦制药	658028	科开大药房				
	东北制药	746656	东北大药房				
	济川药业	720821	为你想大药房	22409	8. 90	3. 11	15. 87
	新华制药	520787	新华大药店				
	以岭药业	481456	以岭药堂大药房				
	恩华药业	385817	恩华统一				
	仁和药业	440342	仁和堂医药连锁				
	千金药业	332855	千金大药房连锁	143684	8. 34	43. 17	16. 23
	九芝堂	312276	九芝堂零售连锁	77272	28. 52	24. 74	24. 14

续表

行业分类	公司名称	2018 年主营业务收入	零售板块子公司简称	2018 年零售业务收入	同比增长	零售业务占比	零售业务毛利率
	太安堂	331530	康爱多	215368	47.09	64.96	18.78
	振东制药	341975	振东大药房				
	片仔癀	476616	片仔癀国药堂				
	马应龙	219751	湖北天下明大药房和马应龙大药房				
	丰原药业	301340	丰原大药房				
其他	辽宁成大	1927516	成大方圆				
	开开实业	87757	上海雷西大药房				

资料来源：上市公司年报。

表 16　新三板上市的药品零售企业

单位：万元，%

代码	名称	2016 年营业收入	2017 年营业收入	2018 年营业收入	同比增长	2018 年毛利率	2018 年归属于挂牌公司股东的净利润	所在省份
830923	上元堂	29934	29227	27821	-4.81	36.40	1105	江苏
834888	康之家	19424	22048	45666	107.12	13.41	1265	广东
837742	易心堂	16179	16133	17955	11.29	36.65	-3118	浙江
837119	聚丰堂	2052	34423	26105	-24.16	6.27	-254	河北
870320	养和医药	9675	9775	10082	3.14	46.11	-1347	广东
870572	鑫海药业	5585	5749	6210	8.02	45.84	-140	广西
870594	都市医药	8753	11946	19802	65.76	19.22	-1619	广东
870811	神农药房	6698	7566	9385	24.04	23.17	202	吉林

资料来源：上市公司年报。

三　药品零售业未来发展走势预测

2019 年，随着“三医联动”改革的不断深入，在科技发展和市场变化的驱动下，为迅速适应流通新业态、新模式的变革，有效满足医药卫生体制改革的要求和人民群众日益增长的健康需求，药品零售行业积极向集约化、标准化、信息化方向发展，形成了专业药房、智慧药房等多元化服务模式的发展之路。

（一）药品零售市场由高速增长走向理性发展

自 2010 年以来，受益于宏观经济高速增长和人民健康需求日益增加，“十一五”期间、“十二五”期间我国药品流通市场规模复合增长率高达 20.6% 和 16.7%。2018 年我国居民人均医疗保健消费支出水平仍持续高于 GDP 增长水平，但医药企业销售收入已结束了双位数的高速增长，整体呈现个位数低速增长状态，全国药品零售市场由高速增长回归理性高质量发展。

（二）行业整合加速，集中度不断提高

随着国家药品带量采购的启动和仿制药一致性评价工作推进，药品市场将形成创新药和优质仿制药并重的格局，药品零售行业面临机遇和挑战。政府带量采购推动院外零售市场的发展，零售药店发展迎来新机遇，未中标产品由医院临床终端市场转向院外药品零售终端市场，但采购价格下降使药店赢利空间大幅压缩。同时，随着药店分级分类管理制度的深入推进和实施，零售药店的规范化经营要求不断提升，监管不断趋严，将进一步带动零售药店行业整合，加快行业洗牌，中小药店要生存和发展，必须借助外界资本的实力、靠大靠强，共享资源。医药行业进入调整和优化时期，行业集中度将持续提升。

（三）药品零售行业进入强监管时代

随着长春长生疫苗事件的发酵，药品监督管理部门对于医药行业的监管，史无前例地拉开了“最严问责”序幕。政策将对每一个地方、每一个角落，进行问责式监管，要求“压实企业主体责任，强化属地管理责任”。强监管时代的到来，不仅表现在药监的强监管上，还表现在医保、税务强监管上。2018 年国家医保局部署“打击欺诈骗取医疗保障基金专项行动”，并将“维护医保基金安全，巩固打击欺诈骗保的高压态势”作为 2019 年国家医保的首要工作任务。全国已进入国地税合并新时代，金税等“十二金”已经全国联网；金

税三期全面升级，全税种、全过程、全行业、全监控；风险推送精准排查，税务监管力度空前，药品零售行业进入强监管时代。

（四）专业化药房已成行业发展的新趋势

随着医改政策的深入推进，处方外流已成趋势，国内药品零售企业纷纷建立特药药房、慢病药房，以满足肿瘤、血液、自身免疫系统等特殊疾病和慢性病患者的购药及服务需求。面对专业药房不断涌现和行业发展需要，依据《全国药品流通行业发展规划（2016～2020年）》等文件要求，中国医药商业协会制定了《零售药店经营特殊疾病药品服务规范》《零售药店经营慢性病药品服务规范》等相关行业标准，对药品的存储管理、处方审核以及专业服务都提出了更高的要求，标准的出台将对药房规范化、专业化发展起到指导作用。随着更多的院内药品销售转移到院外零售渠道，将一定程度上倒逼国内零售药店行业的专业化发展，专业化服务能力提升将成为行业发展的新动力。

（五）创新服务模式，开展智慧经营

近两年，随着医药行业政策大年的到来，新的法规政策不断出台，国家大力推进实施“互联网＋医疗健康”战略，这必然带来行业模式的创新与格局的改变，医药电商已经在行业中初具规模，面对市场痛点、线上线下融合需求及消费者网络购物习惯不可逆转这三大要点，医药电商未来仍将高速发展。中国医药行业商业化的成熟，必然是以技术驱动整体运营效率和专业服务能力的提升为前提，受新零售、新技术影响，药品零售企业积极创新零售服务模式，通过信息化、智能化赋能，开展特色经营。推出场景营销、无人售药模式，利用数字化营销管理、支付宝、微信、AI机器人等新理念新技术新产品打造智慧药房，引领零售药店向更加现代化方向发展。

（六）药学技术人才作用凸显

随着我国人口老龄化、人民保健意识增强及疾病谱改变，在医改政策影响下，零售药店药学服务模式从“以药品为中心”转变为“以患者为中心”，从“以保障药品供应为中心”转变为“在保障药品供应的基础上，以重点加强药

学专业技术服务、参与临床用药为中心”。

药师作为提供药学服务的重要专业人员，已成为企业品牌的核心竞争力。2019 年 3 月，国家药监局发文，全国范围内开展为期 6 个月的药品零售企业执业药师“挂证”行为整治，要求零售药店必须配备执业药师，且在职在岗。目前，零售药店执业药师严重短缺，药师的重要性也更加凸显，其培养、配置、使用等问题将更受关注。

B.18

社会药房驱动下的“三医联动”新趋势

丁锦希　周乐章　李 伟　郑翠微　郑 洋　黄新锋*

摘　要： 以降低患者负担、提升患者用药可及性为主要目的，2017年、2018年国家两次进行高值药品医保谈判准入工作，但落实阶段却存在谈判药品“进院难”的窘境。对此，我国多地采用社会药房通道供应药品，设置一系列管理措施，进一步推动了“医药分开”政策体系构建进程和“三医联动”进程。

关键词： 谈判药品　社会药房　三医联动

2017年、2018年，国家两次进行高值药品医保谈判工作，先后将36种创新药物与17种抗癌药物纳入国家乙类医保目录。两次谈判均以降低患者负担、提升患者用药可及性为政策初衷，但在落实过程中遇到阻碍。本文将主要从谈判成果落实情况入手，分析现存问题及解决方案，并探讨在社会药房推动下“三医联动”未来的总体机制。

一　现存问题及原因

与之前平均零售价相比，36种谈判药品价格的平均降幅首次达到44%，最高达到70%，此次抗癌药价格谈判平均降幅也达到56.7%，大大减轻了我国患者的医疗费用负担。但在实践过程中，36种谈判药品虽落地一年有余，但其政策成果的落实情况却不尽如人意。据悉，2018年9月，《南方周末》就

* 丁锦希，中国药科大学教授，博士生导师，国际医药商学院副院长；周乐章、李伟、郑翠微、郑洋、黄新锋，中国药科大学国际医药商学院硕士。

已刊登了关于北京市患者在三甲医院难以购得治疗多发性硬化症的谈判药品倍泰龙的问题。

可见，谈判成果公布后，谈判药品可获得性仍存在重大障碍，这在极大程度上降低了参保人对医保制度改革的获得感。究其原因，课题组总结认为，谈判药品在公立医院渠道销售所面临的阻碍主要有以下几点。

（一）医疗机构“药占比”考核

自 2015 年国务院办公厅发布《关于完善公立医院药品集中采购工作的指导意见》（国办发〔2015〕7 号）起，“争取在 2017 年将公立医院药占比（不含中药饮片）总体降到 30% 以下”已成为各级公立医院改革的重要考核指标。本次谈判药品价格高昂，若按当前政策将其纳入药占比考核及处罚范围，势必会影响医生、医院的自愿使用动力，造成院内使用困难的问题。

为应对该问题，部分地区探索将谈判药品剥离出“药占比”考核范围，以促进其采购使用。2018 年 12 月，国家医疗保障局发布《关于做好 17 种国家医保谈判抗癌药执行落实工作的通知》（医保办发〔2018〕20 号），文件明确提出：“不得以药占比等为由影响谈判药品的供应与合理用药需求”。

2019 年 1 月 30 日，国务院办公厅印发《国务院办公厅关于加强三级公立医院绩效考核工作的意见》（国办发〔2019〕4 号），文件表明：三级公立医院绩效考核指标体系由医疗质量、运营效率、持续发展、满意度评价等 4 个方面的 55 项指标构成，不再使用单一药占比进行考核。

然而，上述政策的落地实施需要过程较长。虽然单一药占比考核已取消，但由于医院用药存在使用惯性药品采购具有调整周期，短期内患者仍较难在医院中购买药品。同时，上述考核指标仅针对三级医院，三级医院以下仍受到“药占比”管控。

（二）其他控费措施

除药占比外，医疗机构还面临药品零加成、总额控制等问题。而首次谈判药品近一半为肿瘤靶向药物，此次更全部为抗癌药品。以 2017 年度 36 种谈判药品为例，共有 11 种药品单价超千元，曲妥珠单抗（20ml/瓶）仍以 7600 元/

瓶的价格位居谈判药价格第一。可见，使用此类药品将占据较大比重的“基金总额”，而零加成政策也进一步降低了医生使用的积极性，造成公立医院使用障碍。

一是“药品零加成”政策的实施导致医院药品供应基本无利润可言，却要继续承担药房运营和人员福利的双重成本，这给医院带来了一定的经济负担。考虑到谈判药品不同于一般处方药，其大多为生物制品，对冷链设备的要求比较高，如此将大大增加医院的库存成本和管理成本。因此，零加成政策客观上抑制了公立医院采购和使用高值谈判药的内生动力。

二是医药总费用增长比。2017 年 4 月 19 日国家卫计委等七个部门联合下发《关于全面推开公立医院改革工作的通知》（国卫体改发〔2017〕22 号），通知中明确提出“2017 年全国公立医院医疗费用平均增幅控制在 10% 以下”，并建立挂钩机制，将费用控制情况与公立医院财政拨款预算安排、医院等级评审准入、院长评聘及绩效工资核定等挂钩。

三是医保总额控制。为保障谈判药的合理使用，国家医保局发布《关于将 17 种抗癌药纳入国家基本医疗保险、工伤保险和生育保险药品目录乙类范围的通知》（医保发〔2018〕17 号），文件中明确提出“因谈判药品纳入目录等政策原因导致医疗机构 2018 年实际发生费用超出总额控制指标的，年底清算时要给予合理补偿，并在制定 2019 年总额控制指标时综合考虑谈判药品合理使用的因素”。然而，年底补偿问题与当地医保基金的收支情况息息相关，目前很多地区医保基金增加支出的可能性仍有待商榷。目前各地医疗机构主要采取的是建立问责制度以及对高值药品、耗材、辅助药物等限制使用，继而使谈判药品的院内使用受到一定阻碍。

上述渠道限制不仅将造成谈判成果难以落实，就生产企业而言，其谈判品种已大幅降价，却因无法进入医院销售致使其市场份额并未有实质提升，甚至出现总利润下降情况，这与此前谈判机制倡导的“以量换价”政策考量并不完全符合。

2019 年 3 月，国家医疗保障局发布《2019 年国家医保药品目录调整工作方案（征求意见稿）》，明确价格较高或对医保基金影响较大的专利独家药品应当通过谈判方式准入。全国医疗保障工作会议上也进一步明确，应发挥医保战略购买者作用，将更多救命救急的好药纳入医保，作为基本医疗保险基金平稳运行长效机制。可见，国家正逐步探索推行医保目录动态调整机制，重大疾病高值药品的谈判准入将趋于常态化。然而，上述问题的存在将直接减弱企业谈判动力，导致后续动态调整难以可持续发展。

基于此，公立医院通道供应高值谈判品种尚存诸多阻碍，无法有效保障谈判药品的可及性，难以成为后续医保谈判药品有效供给的主流模式。

二　解决方案——DTP 药房供给模式

为推进谈判成果落实，《关于将 36 种药品纳入国家基本医疗保险、工伤保险和生育保险药品目录乙类范围的通知》（人社部发〔2017〕54 号，以下简称“54 号文”）明确表示“要采取有效措施鼓励定点零售药房为参保人员提供药品，发挥药房在医保药品供应保障方面的积极作用”。可见，探索社会零售药房供给模式已成为打通谈判药品市场销售渠道、解决公众用药需求的重要途径。

结合 54 号文精神，此类药房主要为 DTP（Direct to Patient）药房，即指获得谈判药等高值药品经销权，并提供冷链配送、患者咨询与教育等专业化药学服务的定点药房，参保人于此购买药品可享受统筹报销待遇。

（一）DTP 药房特点

医药端：不同于一般医保定点药房，DTP 药房主要负责谈判药等高值药品的供给。对此，药房应获得药品经销权，接受厂家认证和质量控制，其药品主要由生产厂家直供。

医疗端：全国试点地区大多采取“三定管理”模式，即定医疗机构、定责任医师及定社会药房。针对定点药房，其主要负责药品的调配供应及冷链配送，需要认真审核定点责任医师开具的相关证明材料，辅助定点医疗机构管理。

医保端：具备资质的参保人在其参保地指定药房购买药品可实现医保统筹基金报销，即购药时仅须按比例结算个人承担部分，其余部分则由医保统筹基金与药房另行结算。因此，药房需要与医保部门实现平台对接，便于患者支付与医保结算。

（二）发展情况

目前，DTP药房已成为近年来在美国等发达国家发展迅速的药房经营模式。2017年，美国专业药房市场规模达1383亿美元①，占全美药房处方业务总收入的33.5%。其市场参与者除了CVS、Walgreens、Express Scripts等传统医药流通界的龙头外，还包括以独立专业药房为主营业务的新型流通企业，如美国最大的独立专业药房Diplomat Pharmacy、专注肿瘤治疗的专业药房US Oncology等，DTP药房发展趋势良好。据测算，美国药房福利管理机构（Pharmacy Benefit Management，PBM）管理下的专业药房市场规模将在2021年扩大至约2400亿美元②。

而国内，早在54号文出台之前，我国部分先行省份为提高地方谈判药品的可及性，已经开始探索DTP药房供给模式，截至2019年3月初，全国17个省份已在全省范围内开通了谈判药品DTP药房通道，另有14个地市（不包含在17个省份内）也单独开通了该通道，一共涉及154个城市。

以青岛市为例，其遵循“总量控制、公开公平、方便服务、择优选择、分类管理、能进能出”六大基本原则对药房进行严格筛选。除信誉良好、管理规范、基础设施完备外，由于谈判药多为生物靶向制剂，其储存温度要求极其严格，因此作为负责谈判药供给的DTP药房应具备完善的硬件设施，尤其是冷链设施，以保证药品质量、药效和安全性。2016年，青岛市主要DTP药房——德信行惠友大药房药品销售额就已达到2亿元，其中来自医保的销售收入达1.5亿元，2017年药房销售人数近3万人，慈善援助约2万人，总销售额近5亿元，实现了高速增长。

同时，考虑到谈判药品多为肿瘤用药，对于患者教育等药房药学服务具有较高要求，DTP药房也同步加强了软件建设，配备专业药师团队，对患者进行专业的用药指导。

可见，DTP药房对推动我国社会药房建设、促使“医药分开”政策体系

---

① 高弘杨：《强者愈强，由巨头瓜分的2017年美国药品零售市场》，《中国药店》2018年第6期。

② 平安证券：《医药商业新模式之DTP药房篇——专业服务打开零售新市场》。

形成以及我国新一轮深化医疗卫生体制改革产生重要影响，在医保、医疗、医药“三医联动”的制度框架下发挥其重要的作用。因此，针对社会药房供给模式下的“三医联动”机制进行深入分析具有重要的理论与实践意义。

三 “三医联动”机制探索

在推进公立医院改革和医药分开的大背景下，以 DTP 药房供给渠道研究为切入点建立医药与医疗、医保的联动机制，是推进“三医联动”改革的重要内容。其与医疗、医保机构的联动机制主要体现在两个方面。

（一）医药与医疗联动

医药与医疗联动，即社会药房对医生个体用药行为的影响，强化医生用药效果，加强用药管理。随着我国医疗卫生体制改革的不断深入，社会药房可能将成为我国处方药的一大销售途径。考虑到社会药房通道供应包括治疗重大疾病的药品，若使用方式存在偏差或不及时评估疗效，将造成治疗效果减弱甚至延误病情等问题，社会药房通道的管理模式将对医生用药效果产生重要影响。

对此，笔者认为医药对医疗联动的推动作用，即社会药房使用通道对医生用药的影响主要体现在以下三方面。

1. 患者管理，提高依从性

医生在完成诊疗工作后，往往需要患者使用相应的药物配合进行辅助治疗，因此患者的用药依从性是影响医生诊疗效果的重要因素。我国患者用药依从性差的情况非常普遍，尤其是特药治疗方面。数据显示①，接近 50% 的慢病患者在第一年就停止了用药，尤其在服药的第一个月服药依从性下降比例最大，这不仅导致病情恶化，增加患者自身的痛苦，也是对医疗资源的极大浪费。

随着 DTP 药房的发展，其作为处方药的供应方，通过提供患者教育、随访管理等药学服务可提高患者的用药依从性，与医生共同配合，实现对患者的

① CVS/caremark Enterprise Analytics 2008. Book of Business Adherence Metrics, Adherence to Care the Rapeutic Categories, Q4 2007 through Q3 2008.

有效治疗。可见，社会药房在一定程度上推动了医药与医疗二者的联动发展。

（1）患者教育

患者教育是指以病人为中心，针对接受治疗的患者及其家属所实施的有目的、有计划、有系统的健康教育活动，其目的是防治疾病、促进身心康复①。社会药房通过高质量的患者教育可提高患者的依从性，使患者能够积极配合医生治疗，从而达到最佳的治疗效果②。

目前，国内社会药房在药房内设立独立的患教区，针对药品适应证、服药时间、复诊时间、药物相互作用、药品不良反应等方面定期进行患者教育，主要通过邀请三甲医院临床专家来店的方式进行患者教育，此举使医生的作用延伸至社会药房，在一定程度上对医药与医疗联动起到推动作用。

苏州市华润礼安特药药房在药房内划定了独立的患教区，每月会组织 1 ~ 2 次患教活动，涉及各个疾病。其中，肺癌每月固定组织一次，企业负责邀请肺癌治疗领域的临床专家，药房负责通知患者。

除了患者教育以外，国外专业药房还通过建立自己的网络问询平台，在药房顾问的帮助下，使患者可以通过 CVS 药房现场或 URAC 认证电话服务中心获得 24 小时在线药师一对一的帮助，以及时解决患者的用药问题，提高患者的药物依从性，从而达到配合医生治疗的目的。相比其他干预措施，这种有针对性的问询方式能够提高患者依从性达到 2 ~ 3 倍。据统计，通过该项目提高了依从性管理水平，进而降低药物不良反应的发生，使每个患者每年可节约 4000 美元③。

（2）随访管理

为提高自身药学服务水平，社会药房普遍增设了随访管理服务。由药房对患者进行规范的随访管理，有助于随访工作的常规化，也便于药师对患者进行跟踪观察，强化医生的用药效果。

随访后，药房药师根据随访情况简要评价患者在药物疗效、安全性、依从

① 詹光义：《患者教育在医院日常工作中的重要性》，http：//zl. hxyjw. com/arc_ 6341。

② 沈爱宗、陈飞虎、陈礼明等：《实施全程化药学服务提高病人用药依从性》，《安徽医药》2005 年第 9 期。

③ Adherence_ CVS Health Programs &Services，https：//payorsolutions. cvshealth. com/programs – and – services/improving – health/adherence.

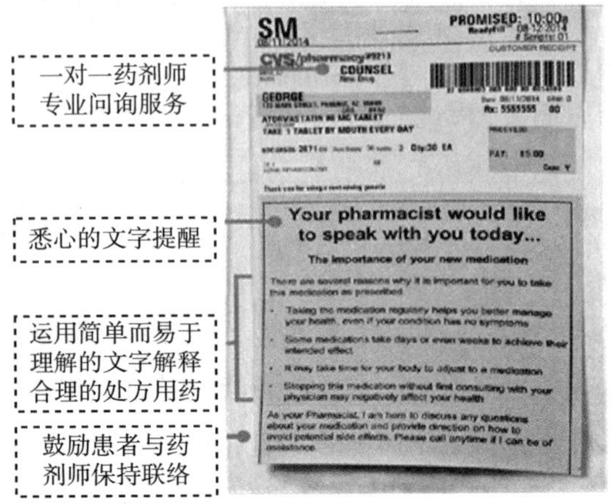

图 1　美国专业药房一对一患者问询

性上是否有改善，或者某些指标是否有改善等。评估后，若需要调整给药方案，通过及时与医生进行沟通，协同解决治疗相关问题；若患者只是轻微不良反应，药师可根据相关指导原则自行处理。对于随访中发现的问题，药房通过追踪机制进行跟进，以确定问题已得到妥善解决，若问题仍未解决，需引导患者立即就医。

我国社会药房的随访方式以电话随访为主，微信等聊天工具为辅，随访流程包括随访前准备、随访时沟通、随访后处理三大环节。具体流程如图 2 所示。

2. 给药管理，提高方便性

人社部谈判成功的 36 种高值药品中，注射剂占比最高，达到 39%，今后注射剂也将成为 DTP 药房销售的主要品种。但目前，注射剂的输注尚存以下两点主要问题。

其一，不良反应发生率高。根据《关于发布国家药品不良反应监测年度报告（2017 年）》公告，注射给药不良反应发生率占比最高，达 64.7%。

其二，现输注渠道受阻。由于抗菌药物滥用、“以药养医”问题层出不穷，全国各地均开展试点，从抗菌药物入手，逐步停止全部药品的门诊输液服务，患者输注受阻。

因此，通过搭建输注中心，社会药房在提高注射剂给药管理、提升患者用

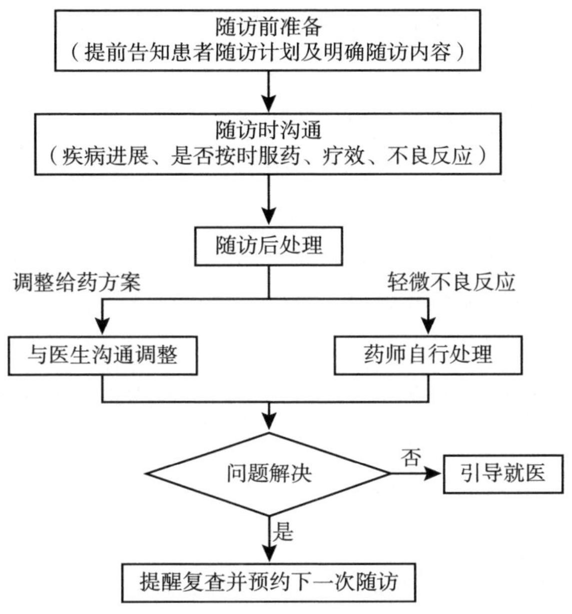

图2　社会药房随访流程

药安全的同时解决了患者输注受阻的问题，为患者带来切实的便利。

考虑到我国DTP药房发展处于起步阶段，在人员、设备等各方面还不够完善，还未具备在药房内设置独立输注中心的条件，因此我国主要通过与医疗机构合作的形式搭建输注中心，即社会药房出资在医院内部搭建日间病房输注中心。截至目前，通过与三级医疗机构合作的日间病房输注中心已达13家，部分地区社会药房与社区医院进行合作，实现输注地点基层化，进而助力分级诊疗。

表1　社会药房与医疗机构合作搭建输注中心（部分）

地区	三级医疗机构	社区医院
青岛	青岛大学附属医院（青医附院） 青岛市立医院 青岛市中心医院（肿瘤医院）	同和社区卫生服务站
苏州	苏州市立医院肿瘤内科（东区）	平江社区卫生服务站
南京	江苏省肿瘤医院 江苏省人民医院	玄武门社区卫生服务站

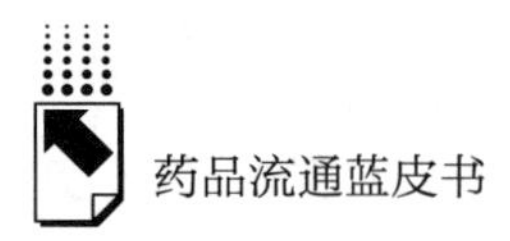

以青岛市为例，青岛德信行惠友大药房与市中心医院输注中心实行点对点合作，该输注中心于2012年3月建立，2015年11月成为市人社局批准的第一家日间诊疗试点单位。输注中心归日间病房单独科室管理，共开设诊室18间，设高级病床和躺椅共53张，配备来自各肿瘤专业的诊疗小组24个，平均月接待500人次。

对此，为保障患者输注安全，我国社会药房主要从硬件设施、人员配备、软件管理三个方面对输注中心做出了明确的建设要求。

（1）硬件设施要求

现阶段，我国输注中心布局以安全性、便利性为主，将输注中心分为相互独立的调配区及注射区两部分。

①调配区：一方面配备了药物专用的医用冷藏箱，保障药物的储存安全；另一方面还配备了无菌操作台、百级生物安全柜等硬件设备，使医务人员可在洁净调配区完成静脉注射药物配液过程，保障注射液全程无菌。

②注射区：配置了一定数量的床位或输注座位，为患者提供独立、舒适的输注环境。重庆市在陆军军医大学附属新桥医院肿瘤科设立了首个日间病房输注中心，其自主研制的“头等舱式”输液椅子，使患者享受到高端、舒适的输注环境。

（2）人员配备要求

输注中心内配备由医师、护士、药师等组成的医疗团队，以保障患者的输注安全。医师负责对患者出现的不良反应进行处理；护士负责药品的注射及患者看护；药师则负责药品的验收、调配和储存保管。现阶段，我国日间病房输注中心均配备了医师和护士等医护人员，如青岛市中心医院日间病房输注中心配备5名专职医生和10名专职护士，在患者输注过程中监测和看护。

（3）软件建设要求

为保证外购药品的安全性，社会药房还从预约管理、配送管理、余液管理和风险管理四个方面实现全流程专业化管理，保障患者的用药安全。辽宁省肿瘤医院日间诊疗中心于2017年11月建立了电子预约平台，患者仅需在平台预约，由社会药房所售药品将药品统一冷链配送至输注中心，患者直接到输注中心完成输注，避免来回奔波于医院与药房，极大地提高了患者输注的便利性。

相较于国内日间病房输注中心，为进一步方便患者输注管理，美国部分专业药房将输注站设置在药房内，为患者提供便捷的输注服务，并由第三方认证机构对输注站进行认证，对输注站人员配置、管理流程等方面提出标准化要求，从而对患者用药管理进行加强。此举可在保障输注的同时，推动医疗资源的合理配置，促进医药与医疗联动。

值得一提的是，美国专业药房的输注站对输注过程中风险管理较为完善。输注中心作为输注治疗发生地，应主动承担重要的不良反应应急及监控职责，控制输注风险。美国 Premier Point 输注站在患者输注过程中，通过为患者佩戴 ViSi 移动设备，对重要生命体征进行即时监控，数据直接与输注站护士中心相连，实现了对患者的实时监测，保障患者输注安全。

3. 治疗管理，提高疗效

社会药房所售药品多为治疗重症疾病的特殊药品，本身易产生较严重的不良反应，并存在较多并发症，因而其药物治疗过程也较为复杂，需要药房和医生共同配合，进行严格管理。以多发性骨髓瘤为例，这是一种恶性浆细胞病，该病具有多种并发症，其用药也较为复杂，需及时根据疾病严重程度进行计量调整。如患者在使用万珂进行药物治疗时，若发生与治疗有关的神经痛或周围感觉神经病的症状，应按推荐的用法用量进行调整。

因此，院外管理极为重要。社会药房在用药管理中发挥了重要作用，主要体现在以下几方面。

（1）疗效评估

我国对患者的治疗和评估实行责任医师制①。责任医师负责对患者后续的治疗效果进行评估。但由于责任医师工作繁忙，其接触患者的机会只在患者定期复查（一般为 2 个月）时，因此很难对患者的用药情况进行持续监测。

而社会药房正好成为填补医疗服务空白的重要选项，其能对患者的用药情况进行监测，并将相关情况及时向医生进行反馈，以便医生及时调整或终止给药方案，防止无效治疗，避免错失治疗时机，进而促进医药与医疗间的联动。

国药集团西南药房为每一位来店患者均制作了特药患者用药信息登记本，登记本中详细记录患者的基本信息、临床信息、购药和用药信息以及慈善援助

---

① 《关于印发〈江西省特殊药品纳入城镇大病保险支付经办操作办法〉的通知》，http：//117. 40. 143. 215：18001/sungov/viewLawContent. jspx？bod600 = 898。

情况等。登记本由患者本人保管，每当患者至责任医师处复查评估时，患者可将登记本交由医生查阅，帮助医生了解患者的日常用药情况，从而为疾病复查评估提供临床参考。

此外，国外专业药房还建立了药物不良反应（ADR）监测与上报制度，以加强药房对患者用药管理以及药物治疗的成效进行评估，与医院医师共同保证患者的用药安全。以美国专业药房 ADR 上报机制为例，美国专业药房药师的自发上报是通过 FDA 的 MedWatch 报告系统进行的，通过 FDA 的在线申请或向机构提交书面报告完成。除上报外，药师还可定期登录系统，查看相关药品最新不良反应报告，更新知识储备，更好地配合医生进行用药管理。

（2）档案管理

良好的信息管理能确保患者的记录得到妥善保存，这样不仅有利于保证患者治疗的连续性，而且有助于评价患者在药物治疗方面的成效①，进而加强专业药房对患者的用药管理。社会药房主要通过建立电子化患者信息档案，并将患者教育、随访以及疗效评估等内容记录于患者档案中，便于后期交由医师查看，由药房与医生共同对患者进行用药管理。

为规范患者的管理，国大药房与罗氏制药共同推出了一款特病会员服务系统。该信息系统为每一名国大药房会员建立患者档案，档案管理项目包括处方信息登记、会员基础信息、会员临床信息、购药信息、药品空盒回收信息。

表 2　国大药房特病会员档案管理内容

项目类别	项目内容
处方信息登记	登记每位患者所有处方信息
会员基础信息	登记患者姓名、性别、年龄、身份证号码、手机号等基础信息
会员临床信息	登记患者照片、患者处方医院及处方医生、患者告知书、患者签字、病理报告
购药信息	患者购药数量、患者购药阶段
药品空盒回收信息	患者回收空盒核销情况

① Culhane NBACV, Medication Therapy Management Services: Application of the Core Elements in Ambulatory Settings. American College of Clinical Pharmacy. March 14 [Z] . 2007.

此外，为方便患者、药房专员、医生三方主体使用该信息系统，系统同时开放了电脑端口和手机端口，患者、专员和医生可通过微信端口进入该系统，查看患者档案并提交资料。

相较于国内，国外专业药房在患者档案管理上更为完善，更加信息化。MedicoRx Specialty① 是获得美国 URAC 认证的专业药房，OMMI（Online Managed Medical Information）是 MedicoRx Specialty 目前正在使用的医疗信息在线管理系统。此系统允许专业药房、医生和患者之间实现统一的直接访问和信息共享。OMMI 系统不仅将患者记录内容电子化，更重要的是其为专业药房、医生和患者提供全方位的服务，使医生和专业药房药师能够实时接触病人，共同保证患者的用药安全并进行及时管理。

（3）个性化服务强化效果

目前，我国社会药房在针对患者的个人因素提供个体化、专业化的药学服务方面较为薄弱，导致患者用药依从性较低，因而社会药房对强化治疗效果的作用不显著。

然而，美国专业药房实施个体化药物治疗管理（Medication Therapy Management，简称 MTM）多年②，运行模式成熟，其通过实施 MTM 为患者提供个体化药学服务，对改善患者的药物依从性、降低患者的医疗费用以及增强患者对专业药房的认可度和黏附性具有重要的意义。其 MTM 个体化服务主要包含以下两个核心项目。

①药物治疗回顾（Medication Therapy Review，MTR）。MTR 是指药师收集患者信息，评估患者药物治疗状况，识别并确定优先解决的 DRPs，如药品不良反应、用药错误、药品选择不当等，制定解决方案的系统性活动。MTR 在患者和药师之间进行，药师通过提供 MTR 可减少医师随访次数、患者住院时间及医疗消费等③。

---

① Online Maneged Medical Info，https：//medicorx. com/mtm - program - overview/.

② Sarah Shore Anderson，Ann M. Philbrick.，“Improving Multiple Sclerosis Care：An Analysis of the Necessity for Medication Therapy Management Services Among the Patient Population”，*Journal of Managed Care&Special Typharmacy*，2014；20（3）：254 - 261.

③ 马一平：《美国药物治疗管理服务项目的开展情况与药师服务模式》，《中国药房》2012 年第 9 期。

②药物治疗计划（Medication-related Action Plan，MAP）。MAP 是以患者为中心的列表文件，便于追踪患者情况和进行患者自我管理，包括患者姓名、医师和药师信息、建立日期、患者需要实施计划的步骤等。

2007 年 8 月，美国联合健康保险公司对口服肾移植免疫抑制剂的患者启动了 MTM 项目，研究者提取了联合健康保险公司一年的数据，并将接受了专业药房 MTM 项目的患者与未接受 MTM 项目的普通药房患者进行对比分析。数据显示[①]，接受了 MTM 项目的专业药房病人的平均医疗花费降低 30%，就医成本也显著降低，中断药物治疗的病人数显著降低，即专业药房提供的个体化 MTM 项目降低了病人的医疗总费用，同时也提高了病人的药物治疗依从性，强化治疗效果。

目前国内也已经开始探索在社会药房开展 MTM 服务。2016 年 8 月，由北京药师协会和美国药师协会（APHA）联合举办“首期美国 MTM 药师资格证书培训班”，旨在提升我国药师能力，加快药师转型。同时，国内部分大型企业也已开始探索 MTM 服务，如天津瑞澄大药房与辉瑞公司合作开展 MTM 项目，辉瑞公司提供 MTM 平台，瑞澄大药房选取一家最大的门店开设慢病管理专区，旨在通过药学技术人员对患者提供用药教育、咨询、指导等一系列持续性的专业服务使药物治疗效果最大化。

可见，随着我国社会药房的不断发展，其不仅仅只是一个药品的销售地点，而是依托强大的药事服务和专业化患者教育体系，成为一个以药品为载体的、与医疗相联动的、立体化的新型高端医药服务平台。MTM 个体化服务将会成为社会药房专业化药学服务的核心，推动社会药房在强化治疗效果上发挥积极作用。

（二）医药与医保联动

医药与医保联动，即通过社会药房可进行有效控费，并通过社会药房采集医保支付标准制定参考的“价”“量”数据。

---

① Suzanne Tschida，Saad Aslam，Tanvir T. Khan，et al.，“Managing Specialty Medication Services Through a Specialty Pharmacy Program：The Case of Oral Renal Transplant Immunosuppressant Medications”，*Journal of Managed Care Pharmacy*，2013，19（1）：26–41.

当前，我国医疗体制改革已进入深水区，随着2017年及2018年两次抗癌药纳入医保，居民对医改政策的获得感不断提升，逐步提高的医疗保障水平对医保基金使用效率的同步提高也显现了强烈需求。以往通过医疗机构进行控费往往会出现医疗机构动力不足、政策设计不合理等现象，而由社会药房承接部分药品的主要销售渠道不仅有利于医保基金的管控节流，同时社会药房对作为直接与患者接触的服务提供者，掌握了详细的患者用药信息和药品流通信息，其数据库为医保部门进行数据收集和分析提供了可靠端口，同时也为国家药品价格制定及医保支付标准的制定提供数据支持。

1. 配方审核，防止骗保

2019年1月，国家医疗保障局工作会议公布了2019年国家医保局六大项重点工作，特别提出要把“维护医保基金安全作为首要任务，持之以恒强化医保基金监管，压实监管责任，堵塞制度漏洞，巩固打击欺诈骗保的高压态势”作为工作重点，并同步发布《国家医疗保障局关于做好2019年医疗保障基金监管工作的通知》（医保发〔2019〕14号），对于骗保行为管控提出进一步要求。可见，打击骗保行为、保障医保基金安全已成为国家医保工作的重中之重。

谈判药品主要用于治疗特殊的严重疾病或罕见病，其价格往往较为昂贵，鉴于其价格高昂特征，谈判药品的配方伪造率必然较高，易发生医保欺诈行为。如青岛市特供药房——德信行惠友大药房每年审核1万余名患者配方，但审核通过率却不超过50%，主要原因正是购药患者的配方材料存在假冒伪造等行为。对此，在后续的试点地区社会药房的推进过程中，社会药房陆续建立了严格的配方审核来减少不良骗保事件的发生，以推动医保与医药的良性循环发展。

目前，药房审核以纸质审核为主，重点完善待遇资质、医疗文书和用法用量等审核内容，保障患者的基本用药安全。在药房审核过程中，与药品治疗操作指引不符合、诊疗记录不翔实或非责任医师开具的处方，不予发药。

然而，随着越来越多的谈判药品纳入医保支付范围，纸质审核将面临一系列问题，如配方真实性难以审核，纸质配方易破损不便保存，难以和医保部门数据共享等，从而危害医保基金安全。因此，部分地区社会药房已开始探索由纸质审核向电子审核发展，在纸质审核的基础上按要求将参保人购药的明细信息上传至网上医保系统。四川省协同平台可供医保、医疗机构、供药机构三方登录，进行信息录入上传、查询及审核，从而保障处方审核工作（见图3）。

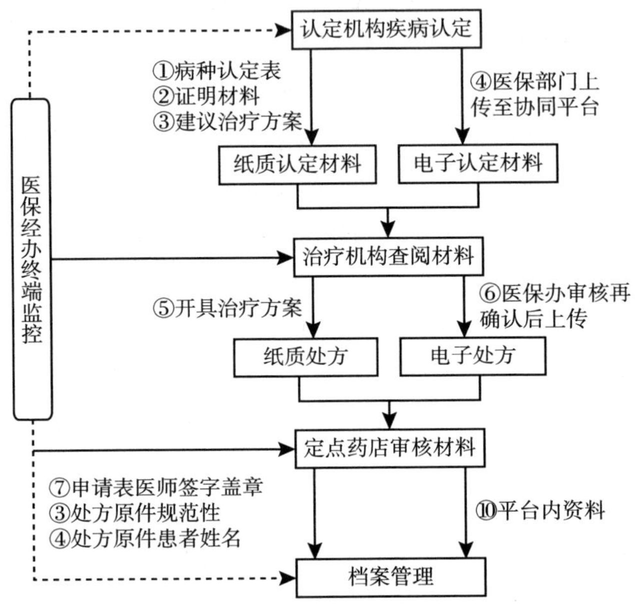

图3　四川省协同平台处方外配流程

为增强患者购药便捷度，除首次购药需患者亲自到药房完成信息审核外，后续患者即可通过电话或网络直接完成购药。通过电子平台，不仅提高了配方审核的效率和准确性，社会药房还可与医保部门、医疗机构建立数据端口，实现患者与医疗资源对接，形成有效的审核数据共享，为完善医保费用核查提供方便真实的信息化平台，实现医保终端总监控。

类似于四川省协同平台，美国特药药房的处方审核也是通过专业化的第三方机构——药房福利管理机构（Pharmacy Benefit Management，PBM）来完成。PBM 是介于保险机构、制药商、医院和药房之间的独立管理协调组织。为了确保特药处方的合理利用和与专业效益设计保持一致性，PBM 在不降低医疗服务质量的前提下，通过在医院进行事前审核和在专业药房（如 CVS 专业药房）进行即时审核，达到保障患者合理用药、控制药品费用增长的目的。

2. 配合评估，控制滥用

随着两轮国家抗癌药谈判成果落地，社会药房在全国各省市陆续开通试点，数量增长迅速，社会药房逐渐成为患者购买高值药品的重要选择，但这种现象也对医保基金造成了极大压力。

经过两次国家抗癌药谈判后，共有 53 种谈判药品被纳入基本医疗保险乙类目录，其高昂的价格和费用支出的高速增长将再度加重基金负担。而我国医保基金存在可持续问题，部分统筹地区医保基金结余减少，这对我国医保基金的平稳运转提出了更大的挑战。

表 3　城镇职工基本医疗保险基金运行情况

单位：个，亿元

年份	当期收不抵支		累计收不抵支	
	统筹地区数量	缺口金额	统筹地区数量	赤字金额
2009	114	8.9	10	7.8
2010	257	47.3	12	23.9
2011	298	46.1	10	1.7
2012	232	71.5	48	13.4
2013	225	88.9	22	5.35
2014	185	81.3	42	43.2
2015	143	71.4	40	71
2016	100	61.6	16	17.5
2017	49	47.4	3	18.2

资料来源：卫生部卫生发展研究中心。

而谈判药品由于其疗效突出、价格昂贵的特点，在纳入医保目录后若不严格把控极易出现滥用现象，危害医保基金安全。定期疗效评估旨在根据患者疾病状态及时调整用药方案，避免无效用药，从而在一定程度上起到节约医保支出的作用。

对于患者而言，使用谈判药品后患者需要定期到责任医师处复核评估，如江苏省规定每两月一次，治疗医师根据患者体重变化、耐受性、不良反应等具体情况进行处方剂量或用药频次等处方调整。河南省也规定，“经评估达不到临床医学诊断标准和特药支付管理规定的参保患者，不再享受特药待遇”。

而社会药房在患者疗效评估方面发挥了重要辅助作用。社会药房具有直接面向患者的信息便利性，因此更容易和患者就健康状况和用药情况进行交流，收集到的信息可以反馈给其责任医师，医师可据此进行治疗方案的变更，进一步避免基金浪费。

3. 数据收集，协助控费

社会药房作为直接与患者接触的服务提供者，能够获得患者完整的数据信息，这些数据信息不仅可帮助药房、患者、医生、药企等改进自身运营状况，更对医保部门收集数据起到至关重要的作用，达到多方共赢的效果，如社会药房可充分利用信息系统对其资源进行合理配置，调整经营策略；充当患者和企业之间专业医药信息媒介，企业发现的产品最新信息如配伍禁忌等信息可通过社会药房传达给患者，以优化患者的药物治疗效果等。

而对于医保来说，社会药房可以成为医保部门获取原始数据、进行数据分析测算和价格制定的重要端口，其通过收集统计药房数据可为新一轮专利药谈判、支付标准的制定提供大数据。

美国在2012年已将社会药房数据纳入药品定价体系。在美国医疗保险和医疗补助服务中心（The Centers for Medicare & Medicaid Services，CMS）2012年5月发布的《国家药物采购成本计算方法（草案）》中，明确提出了通过收集零售药房的采购成本数据来测算国家药品采购成本，从而为制定品牌药和仿制药的参考价格提供依据。该模式流程如图4所示。

美国《社会保障法》第1927（f）节规定，CMS可以与供应商签订合同，对零售社会药房的医保门诊药品的零售价格进行月度调查。美国通过采集定点机构采购成本数据，旨在利用全国平均药品采购成本（Calculating the National Average Drug Acquisition Cost，NADAC）创建一个新的、能够反映药房购进药品所支付真实成本的国家价格基准。

对此，NADAC其实就是零售社区药房提交的药品采购成本的简单平均值。CMS认为，NADAC可以为各州医疗补偿机构提供药物的零售价格信息，各州医疗补偿机构可以据此来评估本州的药品定价方式并对不同的赔付方式进行成本比对。

相较于由生产企业自行决定的平均批发价格（AWP），采购成本通过发票体现零售商真正支付给批发商或制造商的价格，因此NADAC更能体现药品的真实价格水平。

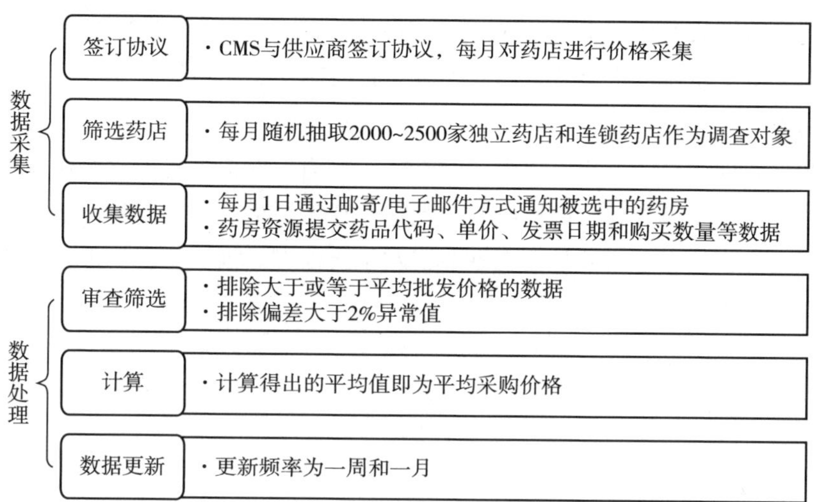

图4　美国药房价格数据采集流程

而在2015年，美国临床及经济审查研究所（The Institute for Clinical and Economic Review，ICER）为解决美国逐渐加重的医疗保险压力提出了针对适应证定价的ISP药品定价规则（Indication-specific Pricing），即使同一药品不同适应证下价格也应有所区分，以便更合理按照临床药效对药品价值进行付费。而ISP模式下社会药房需要承担严格按处方适应证销售药品的责任并且起到市场交易数据的记录工作，为药品不同适应证下价格制定提供数据支撑。

在域外研究基础上，我国现在也同步探索医保支付标准制定，其数据来源也决定了其标准制定的准确性与科学性。下阶段，我国也可由定点社会药房自主上报其购销量价数据的采集模式，该量价数据最接近市场真实药价水平，有利于测算出符合市场价值规律的支付标准。

四　结语

综上所述，鉴于公立医院受“零加成”、“总费用增长比”和“总额控制”等费用管控措施的限制，医保谈判药品难以进入公立医院的现象在较长时间内将持续存在。而在实践中，DTP药房已成为保障参保人医保制度改革的获得感、提升高值药品可获得性的重要渠道。因此，建议相关医保部门重视并发挥

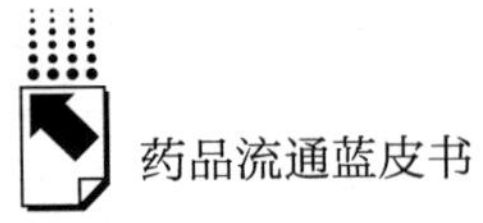

社会药房特别是专业的 DTP 药房的作用，使高值药品医保谈判的成果能够顺利落地，真正惠及广大患者，减轻我国患者的医疗费用负担。

为进一步完善社会药房高值药品供给模式，在下一阶段建议社会药房应进一步加强软件建设，并提升患者治疗管理的能力，保证具有药学专业技术的药师对患者提供用药教育、咨询指导、回访、疗效评估、个人药物记录等一系列专业化服务，探索提供数据服务功能，利于医保大数据测算，实现药房认证的专业化和动态化。

B.19 我国药品零售市场执业药师队伍发展态势

王淑玲*

摘　要： 自1994年实施执业药师考试制度以来，经过25年的发展，全国累计取得执业药师资格证的人数已达到103.31万人，近50万执业药师在药品生产、经营以及使用单位中注册执业。在执业药师队伍不断壮大、人员素质不断提升的同时，报考人数与合格率、注册领域发展趋势、零售药店配备率与配备政策等各方面都呈现出不同的特征和发展态势。

关键词： 执业药师　零售药店　药品

一　我国药品零售市场执业药师发展态势

（一）执业药师与药师

执业药师是指经过全国统一考试合格，取得"执业药师资格证"并经注册登记，在药品生产、经营、使用单位中执业的医药技术人员，是《国家职业资格目录》准入类资格中唯一药学类专业技术职业资格人员。我国《执业药师资格制度暂行规定》明确规定在药品生产、经营以及使用单位中都应该配备执业药师，以确保药品质量，保障人民的用药安全。

* 王淑玲，沈阳药科大学工商管理学院副教授，市场营销教研室主任，药事管理和工商管理硕士研究生导师。

在我国，执业药师分为两种：执业（西）药师和执业（中）药师。这是我国特殊的国情决定的，是我国与世界上其他发达国家只有执业（西）药师不同的地方。我国的执业（中）药师实施执业中药师资格制度，目前主要执业于中药生产和中药流通领域。

在我国，“药师”属于职称的概念。“药师”的概念最早产生于我国计划经济时期，其主要沿袭几十年前的现行职称政策。我国药学技术人员的职称分类同样受我国特殊国情的影响，分为西药类和中药类。在由原卫生部制定的《卫生技术人员职称及晋升条例》（试行）和原卫生部颁布的《卫生技术人员职务试行条例》中明确规定了我国主要实行职务聘任制，并对依法受聘的医药技术人员按职称级别分类，主要分为主任药师和副主任药师（高级职称）、主管药师（中级职称）、药师、药士（初级职称）。药师则属于职称级别中的初级职称，主要在医疗机构中进行执业。

（二）我国执业药师报考与资格状况

1. 报考人数与合格率情况

我国执业药师资格制度由 1995 年建立发展到现在，已经走过 23 年的历程，其间举办的执业药师资格考试已达 20 余次。分析 2008 年至 2018 年底 11 年里我国执业药师的报考情况，可看出 2008～2015 年我国执业药师报考人数呈现逐年递增的趋势，尤其在 2014～2015 年的增长速度更为突出，在 2015 年出现了执业药师报考人数的最高值，达 112.14 万人，较 2014 年增长 28.12 万人，较 2013 年增长 71.88 万人，但 2016 年报考人数有回落，2017 年和 2018 年报考人数处于平稳状态。从 2008 年报考人数 10.79 万人到 2018 年增加到 68.76 万人，11 年间年均报考人数为 48.29 万人。

我国执业药师的报考人数不断增长，意味着社会对执业药师的职业认可程度在不断提高，11 年内执业药师考试的合格率由 2008 年的 11.24% 上升到 2017 年的 29.19%，11 年间年平均合格率为 15.97%。每年具体的报考人数和合格率如图 1 所示。

2. 获得执业药师资格状况

截至 2018 年 12 月底，全国累计取得执业药师资格证的人数已达到 103.31 万人。通过对 2008～2018 年执业药师取得资格的人数统计分析（见图 2），发现我国执业药师取得资格的人数一直呈现稳步增长的趋势，在 11 年里获得资格的人数增加 87.05 万人，年均增长 8.7 万人。其增长率在 2008 ~2015 年间一直呈现稳步增长的趋势，并且在 2014 ~2015 年增长率达到近 11 年最高值 56.62% ，2016 ~2018 年增长速度减慢，获得执业药师资格证书的增长速度与执业药师报考人数增加有关。

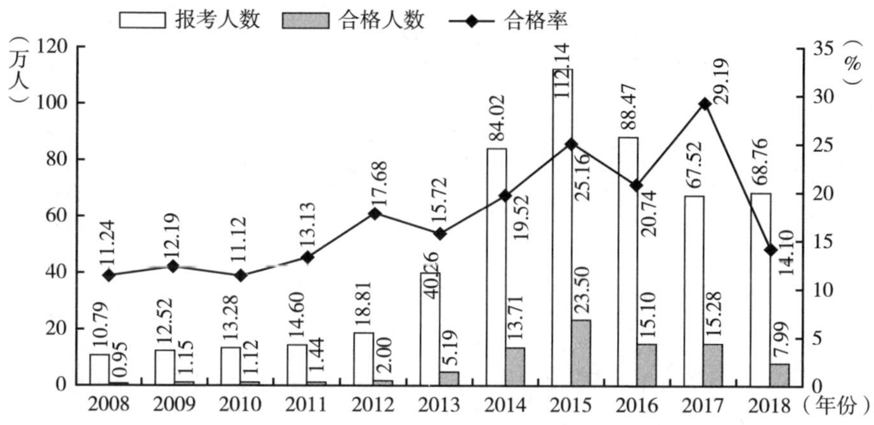

图 1　2008 ~2018 年报考人数与考试合格率

资料来源：国家药品监督管理局执业药师资格认证中心。

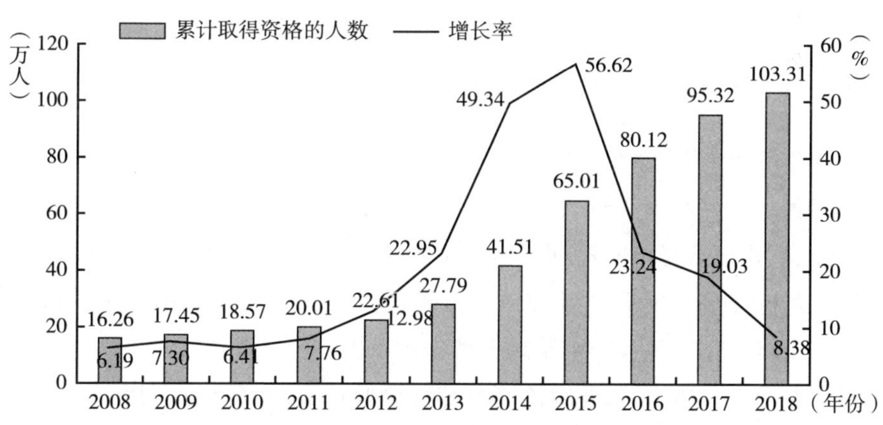

图 2　2008 ~2018 年我国获得执业药师资格证人数

资料来源：国家药品监督管理局执业药师资格认证中心。

3. 报考人数和合格人数发展趋势比较分析

用 2008～2018 年的报考人数增长趋势与执业药师合格人数增长趋势进行比较可以看出，合格人数增长趋势相对来说稳定在 20% 左右，报考人数增长折线波动很大，可以看出报考人数增长与合格率关联不大，与行业政策和药品市场发展等密切相关（见图 3）。

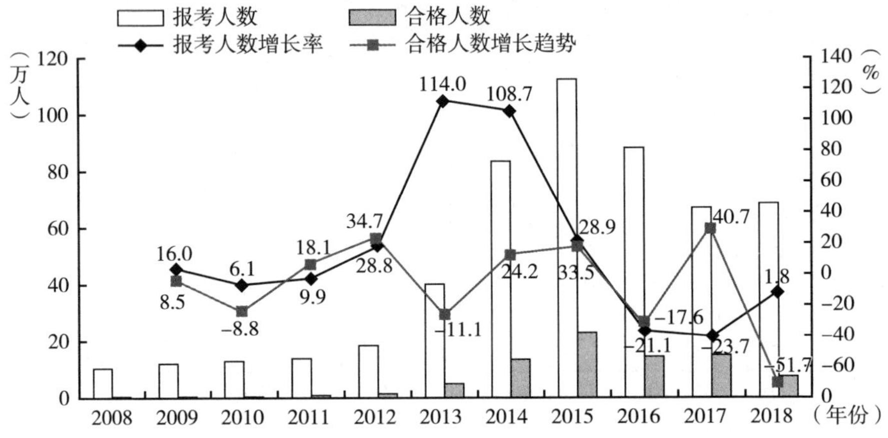

图 3　2008～2018 年报考人数与合格人数增长趋势比较

资料来源：国家药品监督管理局执业药师资格认证中心。

（三）我国执业药师注册现状

1. 执业药师注册总体情况

国家食品药品监督管理总局执业药师资格认证中心数据显示，截至 2018 年 12 月底，我国取得执业药师资格人中已注册的执业药师人数为 46.8 万人，103.3 万执业药师中注册率为 45.4%，剩余的 54.6% 执业药师未进行执业注册；我国每万人口中执业药师平均人数为 3.4 人。

通过对 2008～2018 年我国执业药师资格取得人数与注册人数的情况进行总体分析（见图 4），我国执业药师注册率在 2008～2015 年一直呈稳步增长的趋势，2016～2017 年执业药师注册率出现了下降的趋势，2018 年注册率呈上升趋势。

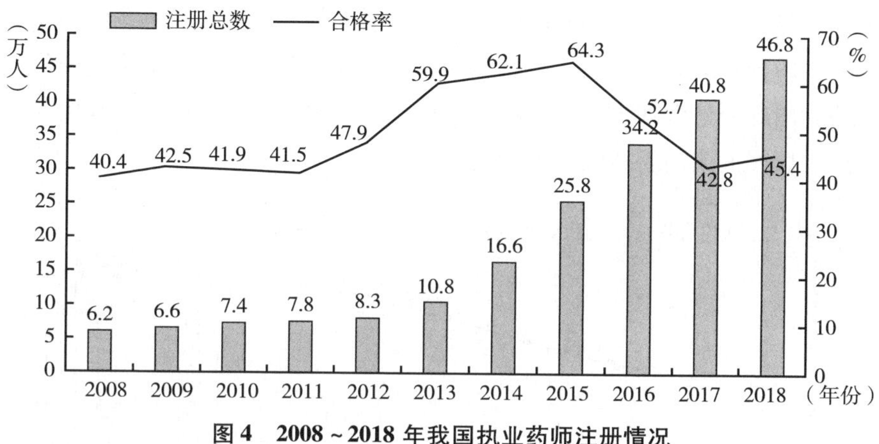

图4　2008～2018年我国执业药师注册情况

资料来源：国家药品监督管理局执业药师资格认证中心。

2. 执业药师注册领域分布情况

截至2018年12月底，注册在零售药店的执业药师有418576人，注册在药品批发企业的执业药师有34827人，注册在医疗机构的执业药师有10759人，注册在药品生产企业的执业药师有3857人。由此看出，绝大部分的执业药师都执业在零售药店，工作在药品生产企业与医疗机构的执业药师相对较少，两者之和占比为3%。虽然目前我国执业药师绝大多数都在零售药店注册工作，但由于我国零售药店近年来发展迅速，零售药店的数量不断增加，因此执业药师注册数量的增长速度仍然不能满足零售药店对执业药师数量上的需求，仍然没有达到每家零售药店至少配备一名执业药师的要求（见图5）。

3. 执业药师注册分布地理区域特点

我国执业药师在地域分布上存在比较大的差异，东部地区执业药师资源较为充沛，而对于西部地区而言执业药师资源则较为短缺。在华北、东北、华东、中南、西南、西北地区①已注册的执业药师分别占全国执业药师注册总数的13.6%、10.4%、28.0%、30.1%、11.2%、6.7%。由图6可以看出在中

① 华北地区：北京、天津、河北、山西、内蒙古；东北地区：辽宁、吉林、黑龙江；华东地区：上海、江苏、浙江、安徽、福建、江西、山东；中南地区：河南、湖北、湖南、广东、广西、海南；西南地区：重庆、四川、贵州、云南、西藏；西北地区：陕西、甘肃、青海、宁夏、新疆。

南地区是执业注册人数最多的区域，西北地区人数最少。我国执业药师除了存在区域上的分布差异情况外，在城镇与乡村也存在明显的分布不均衡现象。这就说明我国部分地区缺少执业药师为其提供药学服务和指导居民合理用药，使很多地区居民的用药安全没有保障。

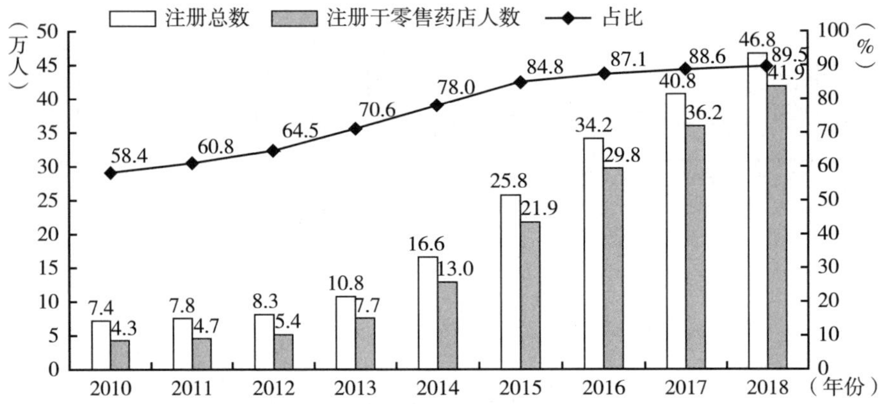

图5　2010～2018年全国执业药师注册零售药店情况

资料来源：国家药品监督管理局执业药师资格认证中心。

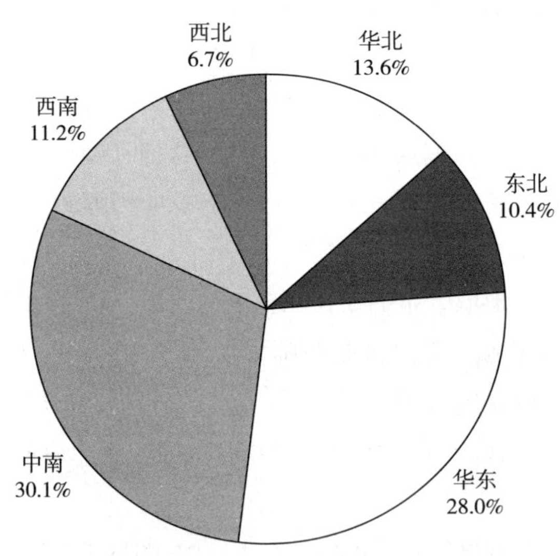

图6　我国执业药师地理区域分布情况

资料来源："我国执业药师配备使用政策研究"课题组实地调查数据。

4. 注册于零售药店的执业药师数量与药店数量增长情况比较

我国零售药店数量不断增加，行业集中度不断提升，2009～2011 年的零售药店数量复合增长率为 4.5%，2012 年首次出现负增长，此后也一直保持较低水平的增长。随着处方外流相关政策导向，近两年零售药店数量增长率有所回升，整体来看目前我国零售药店总数量处于相对稳定水平。从图 7 两条折线 10 年的发展趋势中可以看出药店数量增长趋势与药店药师注册增长关联不大，也就是门店管理的规范化程度和政策等因素带动了我国执业药师数量的增加，执业药师队伍不断扩大，2014 年注册零售药店的执业药师数量增长率最高，2015 年至今国家对执业药师能力要求不断提高，随之而来的是执业药师数量增长率有所下降，2018 年随着政策与市场的相互作用，零售药店增长率与其执业药师增长率相近。

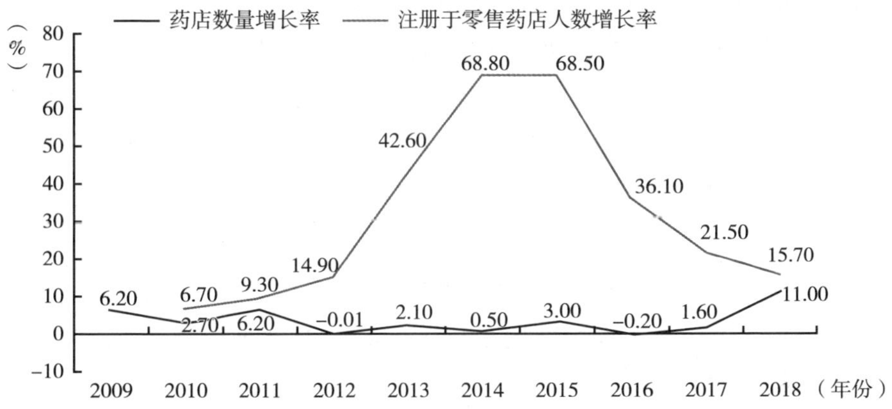

图 7　我国药店与注册于药店的执业药师发展情况

资料来源：国家药品监督管理局执业药师资格认证中心。

二　我国执业药师队伍发展的行业依托

（一）我国执业药师队伍与零售药店发展趋势分析

我国零售药店自 20 世纪 80 年代末在国内出现后，始终处于快速发展状态，在 30 年的时间内我国药店从无增加到 2018 年的 40 多万家。2008～2018 年中国零售药店数量由 36.56 万家增至 48.91 万家，在这 11 年里药店总体数量不断变化，每年有增有减，总增长率达 33.78%。零售单体药店数量在 2011 年达到最高，2013 年随着新版《药品经营质量管理规范》（GSP）的出台，零售市场监管规范化，大批药店经营质量未达标，在市场竞争洗牌下单体药店压力剧增，行业集中度提升，零售药店连锁率明显提高。从 2014 年开始，零售药店行业进入结构性调整阶段，单体药店数量迅速下降，从 2013 年的 27.44 万家下降至 26.35 万家，连锁药店从 15.82 万家上升至 17.14 万家，药店发展从行业数量提升开始向集中度提升转型。2016～2017 年，受“两票制”、分类分级管理、处方外流等政策环境影响，单体药店数量下降趋势放缓，药店连锁率仍持续上升。2017 年，受并购热潮影响，连锁药店数量首次超过单体药店数量，连锁药店门店数达 22.92 万家，单体药店 22.45 万家，连锁率由 49.4% 提高至 50.5%。2018 年，由于收购成本显著增加，管控能力跟不上规模扩张速度，传统竞争模式发生改变，传统药店面临互联网模式挑战，在医保控费、药店分类分级管理以及处方外流等政策背景下，药店赢利模式开始向药学服务和慢病管理改变，连锁药店回归冷静，并购规模有所缩小。2018 年，国内网上药店增长到 693 家，进入发展期。具体如图 8 所示。

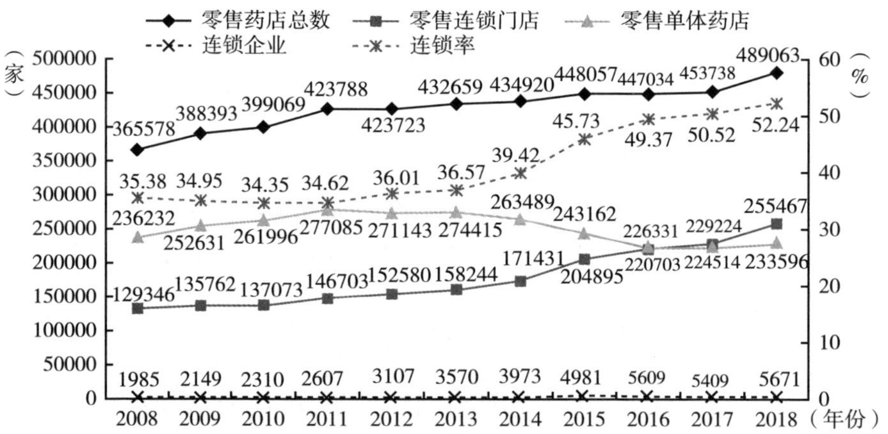

图 8　2008～2018 年全国零售药店发展情况

资料来源：“我国执业药师配备使用政策研究”课题组调查数据。

从 2008～2018 年连续 11 年的零售药店数量、执业药师资格人数和执业药师注册人数发展趋势中可以看出，执业药师注册人数与执业药师资格人数密切相关，并且 2013 ~2018 年执业药师注册人数快速上升，2017 年和 2018 年注册人数与零售药店的数量处于持平状态。具体发展趋势如图 9 所示。

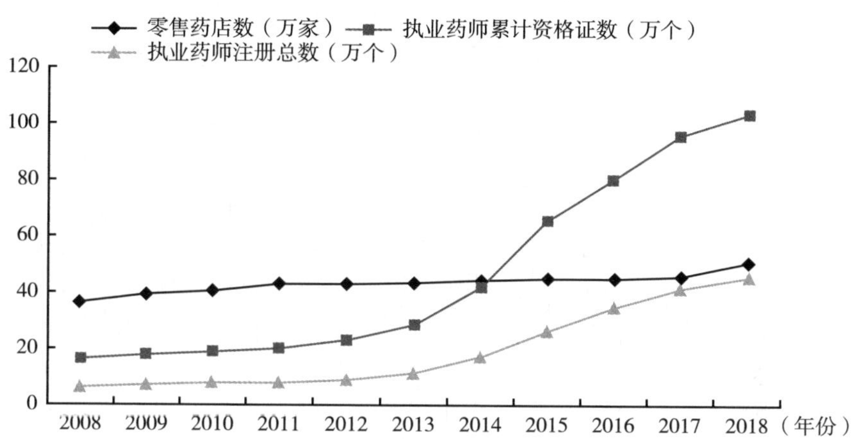

图 9　2008 ~2018 年零售药店与执业药师资格证及执业药师注册发展趋势

资料来源：国家药品监督管理局执业药师资格认证中心。

（二）执业药师队伍与药品零售市场发展趋势分析

药店数量规模、零售市场整体规模呈增长趋势但增速较缓慢，主要是由于国家宏观经济增长放缓以及药品零加成政策的推广使药品价格持续下降，医院药房的社会化转型低于预期效果，促使药店传统业务增长空间收窄，以致于零售药店市场规模增长的步伐持续放缓。2018 年也是药品行业新政层出、行业动荡的一年。4 月 28 日国务院发布《促进“互联网 + 医疗健康”发展的意见》，允许第三方机构配送线上经药师审核后的常见病、慢性病处方的药品，促进与患者的沟通互动、信息共享，规范药品物流配送。8 月 28 日国务院印发的《深化医药卫生体制改革 2018 年下半年重点工作任务》中提出制定零售药店分类分级管理的指导性文件，11 月 23 日商务部发布《关于〈全国零售药店分类分级管理指导意见（征求意见稿）〉公开征求意见的通知》，相继发布的文件对药店分类分级管理试点的准入条件愈发严格。11 月 15 日由 11 个试点地区委派代表组成的联合采购办公室发布《4 +7 城市药品集中采购文件》，“4 +7”带量采购波及药店价格，药店竞争加剧。

2017 年全国 25 个省份药品零售市场销售额 3664 亿元，扣除不可比因素同比增长 8.5%，增速下降 0.7 个百分点。2018 年全国零售市场销售额达 3842 亿元，较 2017 年的 3664 亿元增长 4.9%。虽然市场总额仍在增加，但零售市场销售增长率却从 2017 年的 8.5% 下降 3.6 个百分点，成为继 2011 年以来的最低增速，也是首次药品零售增速低于全国 GDP 增速。具体变化趋势如图 10 所示。

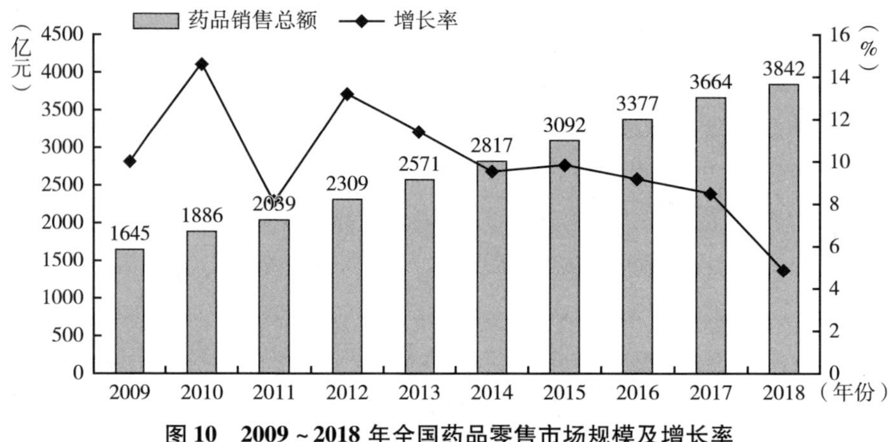

图 10　2009 ~ 2018 年全国药品零售市场规模及增长率

资料来源：米内网和“我国执业药师配备使用政策研究”课题组调查数据。

从图 11 可以看出，2008 ~ 2013 年药品零售市场额的增长率与零售药店数量的增长率关联不大，但是 2013 年之后零售市场额的增长速度与零售药店数量的增长趋势吻合，说明零售药店的发展向理性回归。

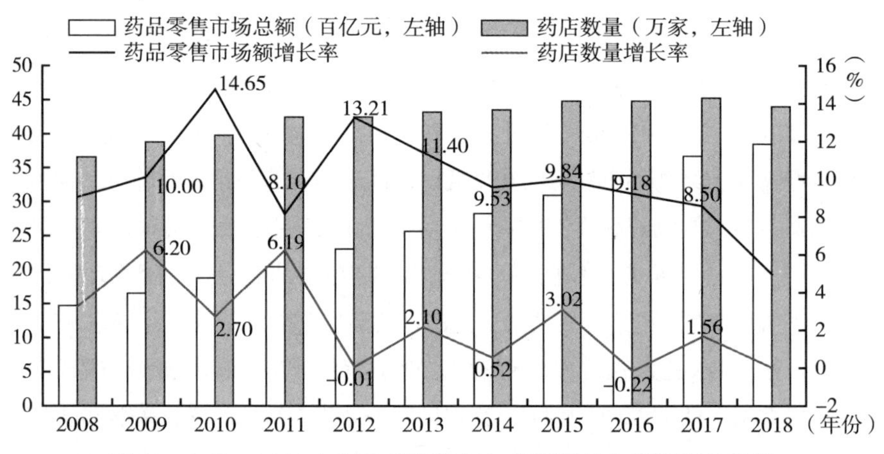

图 11　2008 ~ 2018 年零售药店数量与药品零售市场额增长趋势

资料来源：国家药品监督管理局执业药师资格认证中心和米内网。

（三）执业药师队伍与零售行业发展比较速度分析

2018 年在《“十三五”国家药品安全规划》、《药品经营质量管理规范》及医药卫生体制改革相关政策激励下，注册于零售药店和医疗机构的执业药师呈上升趋势，尤其是注册于零售药店的执业药师显著增加，截至 2018 年 12 月底，注册于零售药店的执业药师人数 418576 人，注册于零售药店的执业药师占注册总人数的 89.4%。注册于零售药店的执业药师增长率与零售药店市场规模增长趋势基本一致，受零售药店市场规模的影响，其执业药师增长率在 2016 年后持续放缓（见图 12）。

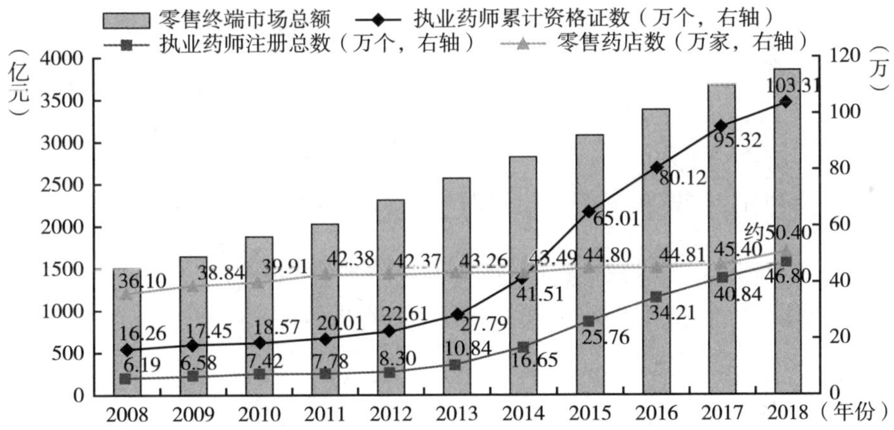

图 12　2008 ~ 2018 年执业药师数量与零售药店数量及药品零售市场额增长趋势

如图 13 所示，2008 ~ 2018 年零售终端市场销售总额不断升高，伴随其变化的包括零售药店数量、执业药师资格数量和执业药师注册总数。零售市场的发展与零售药店数量的增长密切相关，零售药店发展趋势较为平缓；执业资格证持证人数自 2014 年起增长幅度较大，在 2018 年增速变缓；执业药师注册总数于 2014 年同样进入快速增长阶段，较资格证数增速缓慢。

将 2008 ~ 2018 年药品零售市场、零售药店、执业药师资格、执业药师注册等相关规模的增长率综合分析，可以看出执业药师目前在药品零售市场和零售药店行业的发展趋势，具体数据见图 14。2008 ~ 2018 年药品零售终端销售总额的变化情况，以及药品零售终端市场总额增长率，同时零售药店数量增长率、执业药师累计资格证数量增长率、执业药师注册数增长率等四条折线在 11 年间的变化趋势。显而易见，与药品零售终端销售总额增长率相近的为零售药店数量增长率，也就是说二者增长趋势是吻合的，它们在 2017 ~ 2018 年交叉，至此零售药店数量增长率开始略高于药品零售终端销售总额增

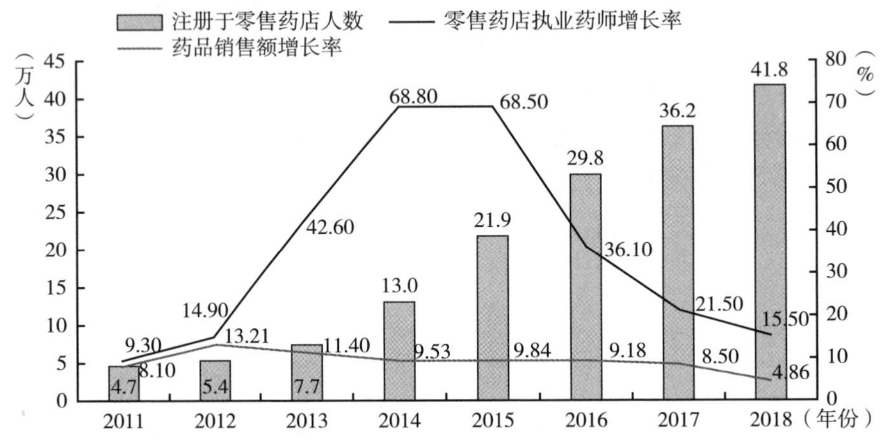

图 13　全国执业药师注册零售药店情况

资料来源：国家药品监督管理局执业药师资格认证中心。

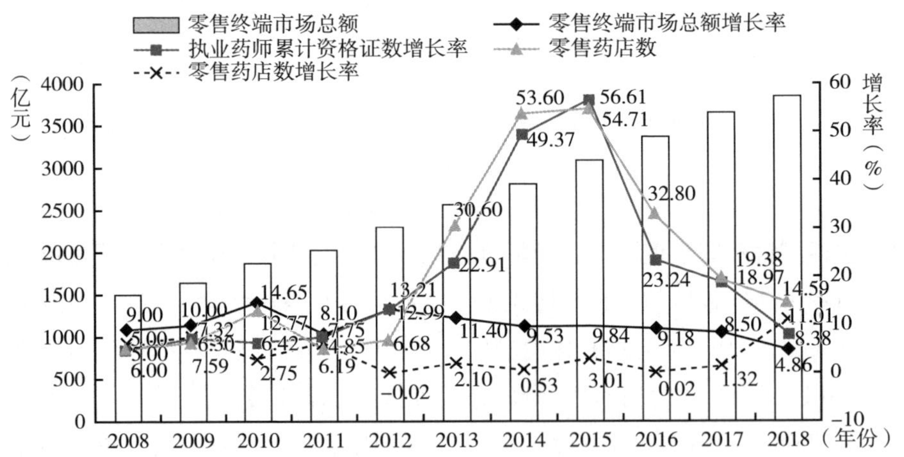

图 14　执业药师资格证数及注册增长率与零售市场总额增长率关联情况

资料来源：国家药品监督管理局执业药师资格认证中心和“我国执业药师配备使用政策研究”课题组实地调查数据分析。

长率；执业药师累计资格证数量增长率与执业药师注册数增长率也呈现曲线趋同性，自2013年开始急剧上升，2015年达到最高增长率，此后曲线呈现下降趋势，这说明执业药师考试合格率与执业药师注册总人数具有趋同性。同时执业药师数量与零售药店、药品零售市场发展趋势关联不大。

三　我国零售药店执业药师配备现状

（一）我国25个省份药品零售市场发展现状

2018年我国25个省份药品零售市场平均销售额为153.68亿元，其中市场销售额最高的是广东省，占比达到11.83%，全国前10大省份累计占全国药品零售总额的54%。从增速来看，湖北省增速位居榜首，达11.5%，四川省紧随其后达10.7%，成为全国增速超过10%的两个省份。总体来看，13个省份增速高于全国平均水平，但浙江和内蒙古在2018年受政策和经济影响较为严重，均呈现负增长，浙江省市场规模下降8.6%。具体趋势如图15所示。

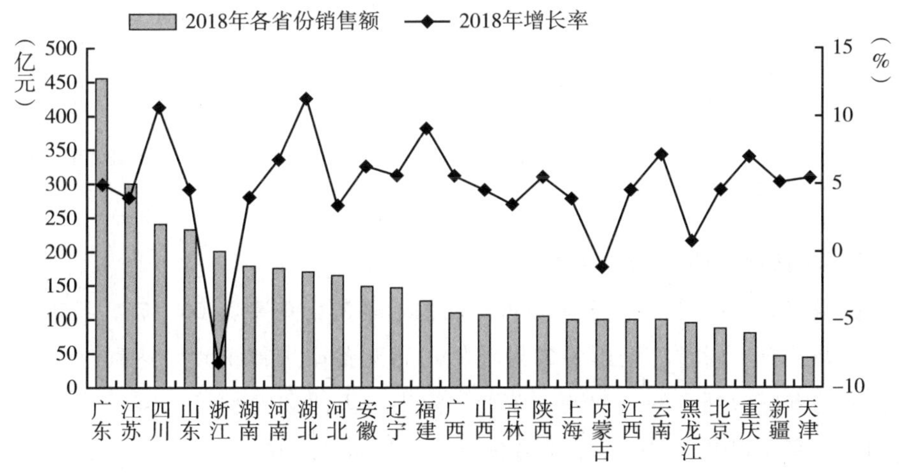

图15　2018年全国25个省份零售药店市场总量

注：省级数据包含乡镇药店。

资料来源："我国执业药师配备使用政策研究"课题组调查数据。

（二）我国31个省份执业药师配备现状

1. 我国31个省份执业药师与人口总量占比情况

截至2018年12月底，通过对全国31个省份的每万人口执业药师数进行分析，可以发现全国每万人口拥有的执业药师数量存在不均衡现象，辽宁省、吉林省和广东省每万人口拥有执业药师达到4人以上，18个省份每万人口拥有执业药师3~4人，其余省份每万人口拥有执业药师在3人以下，具体情况如图16所示。

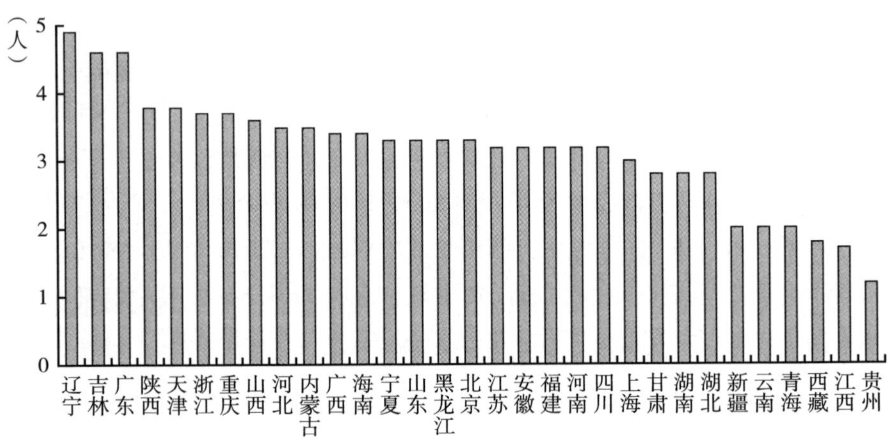

图16　全国各省份每万人口执业药师人数

资料来源：国家药品监督管理局执业药师资格认证中心和“我国执业药师配备使用政策研究”课题组实地调查数据分析。

2. 我国31个省份零售药店执业药师配备情况

截至2018年8月底，全国零售药店执业药师配备率为66.7%，年末配备率有上升趋势。通过对全国各省份零售药店配备率进行统计，达到90%以上配备率的省份包括上海、河南、陕西、海南、天津和安徽等，14个省份执业药师配备率在60%~90%，6个省份配备率为40%~60%，5个省份配备率低于40%。由于执业药师注册人数和药店数量始终是变动的，每个省份的配备率也是动态变化的，具体情况如图17所示。

3. 我国31个省份执业药师学历分布现状

《“十三五”国家药品安全规划》要求加强执业药师队伍建设，实施执业药师能力与学历提升工程，强化继续教育和实训培养。根据国家药品监督管理局执业药师资格认证中心的统计数据，对我国执业药师的学历背景进行分析研究，全国执业药师平均本科及以上学历的占26%左右，仅有海南省占比超过50%，接近一半省份的执业药师本科及以上学历的占比低于30%，可以看出我国执业药师总体学历水平不高，需要加强执业药师的综合素质培养。对我国各省份执业药师的医药学专业背景进行分析研究，全国平均医药学类专业占比为66.1%。全国各省份执业药师医药类专业占比均在56.8%～80.4%，各地区差异不明显，执业药师的专业性仍有待加强。

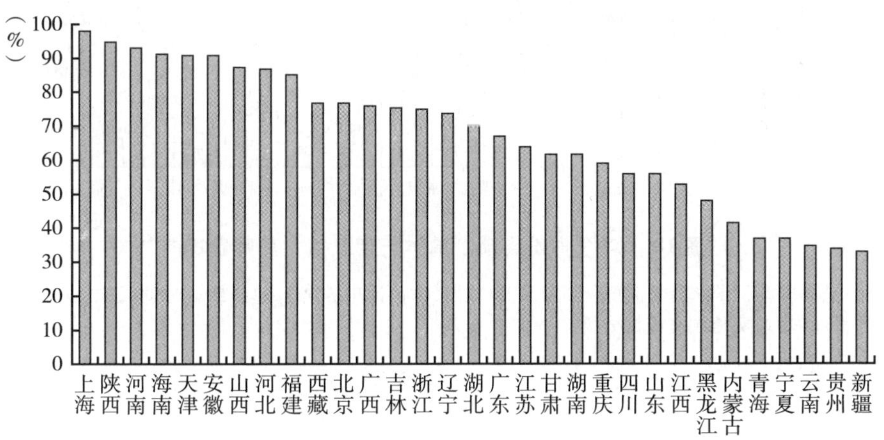

图17　全国各省执业药师配备率情况

资料来源：国家药品监督管理局执业药师资格认证中心和“我国执业药师配备使用政策研究”课题组实地调查数据分析。

（三）我国14个省份连锁、单体药店数及其执业药师数比较分析

将14个省份的连锁药店数量从多到少排列（见图18），江苏省以14160家连锁药店位居14个省份的首位，辽宁省、重庆市、湖北省分别以11741家、11461家、9060家连锁药店排列其后；单体药店数量在9000家以上的省份分别为江苏省、云南省、辽宁省、吉林省、湖北省。

将各省份连锁药店和单体药店现有的执业药师数进行对比（见图18），14个省份中连锁药店执业药师数多于单体药店执业药师数的省份有6个，分别是

辽宁、重庆、湖北、安徽、新疆、天津。连锁药店与单体药店数量差异较大，单体药店数多于连锁药店的省份有湖北、云南、吉林、福建、新疆、甘肃、北京、宁夏等8个省份。

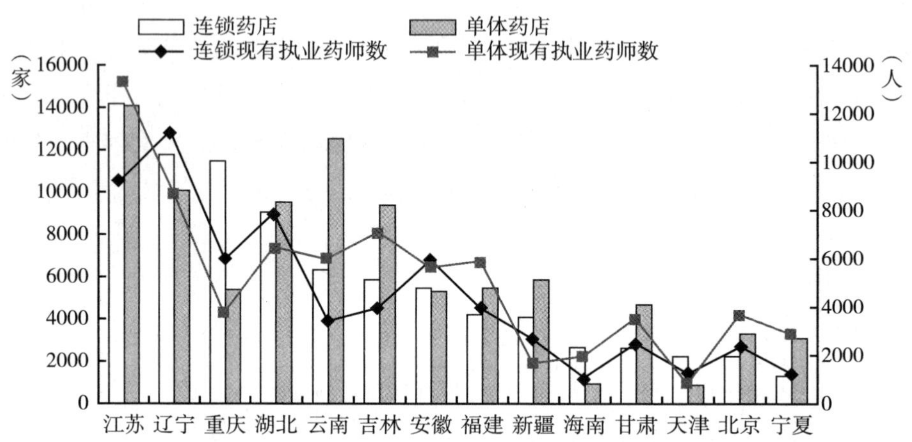

图18　14个省份连锁、单体药店及执业药师情况

资料来源：国家药品监督管理局执业药师资格认证中心和“我国执业药师配备使用政策研究”课题组实地调查数据分析。

B.20
中国药店的专业化升级之路探索

陈 竹　沈睦钧*

摘　要： 近几年我国药品零售行业并购整合明显加速，龙头企业优势逐渐形成。随着社会经济发展，患者对医疗服务质量与可及性要求越来越高。我国药店已具备从传统单一销售向多职能化专业药房发展的契机与客观条件。专业化服务能力升级带动下的赢利能力提升将成为行业发展的新动力。本文阐述了我国药品零售行业专业化发展现状、海外药店的专业化发展情况，并分析探索了我国药店专业化发展道路及途径。

关键词： 零售药店　专业药房　处方外流

本轮医改推进以来，我国药价下降、行业集中度提升、支付方式转变、药师服务能力加强等特征已经与美国、日本20世纪70～90年代的改革十分相似。在新一轮深化医改的趋势下，预期出台的多项政策促使国内药店专业化的发展趋势愈发清晰。未来的药品零售行业预计将与工业企业紧密结合，强化药事服务、慢病管理等专业职能，深入探索多元化业务模式，最终发展成为健康管理的一大入口。

一　我国药品零售行业专业化发展面临的挑战

（一）社会药店整体发展现状

我国社会药店行业增长放缓，未来发展挑战重重。根据南方所统计，我国

* 陈竹，中信证券研究部高级副总裁，武汉大学药学专业学士、硕士，执业药师资格；沈睦钧，中信证券股份有限公司研究部成员，北京大学金融硕士。

零售药店2018年行业销售规模达3919亿元，近3年行业复合年均增长率约8.0%。截至2018年末，存量门店约49万家，增速大大放缓，行业已连续5年处于结构性调整阶段。结合龙头连锁公司的高成长，可以反映出整个行业连锁化及规范化正在快速推动，龙头连锁公司的优势正在快速集中。国内药品零售行业市场的发展方向已经逐渐从数量提升向集中度提升转变，在这个质变阶段优质龙头连锁药店公司也必然迎来专业化能力的升级要求，但迎接机遇的同时也将面临重重挑战。

1. 执业药师缺口大，分类分级推进受阻

根据国家药品监督管理局统计，全国当前注册执业药师总数为46.8万人，较2017年增加6.0万人（每万人注册执业药师为3.37人，较世界药学联合会标准6.2人尚有较大的差距），其中药店注册数41.9万人（医药企业及医疗机构也有一些执业药师的分流）。即便执业药师与全国药店门店一比一配对，执业药师配置率也仅约为91.6%。再考虑到2018年11月药店分类分级管理征求意见稿中二类店和三类店要求两名执业药师的配备标准，假设全国按照10万家二类和三类店的数量布局，执业药师短缺13.84万人，配置率仅约69.7%。这也意味着全国预期有接近1/3的门店将会因执业药师的短缺而面临被迫关店。执业药师平均薪酬因为争夺力度的加大也会大幅度上升。据统计2018年广东省因药店分级分类管理政策的实施，使执业药师平均补贴上涨约30%。因此，执业药师缺口增加了分级分类管理制度推行的阻力。

2. 药店专业化能力仍然不足，就医用药存在困难

我国社区卫生资源有限且在不同地区分配不均，各级医院患者拥挤。此外当前多数省份每万人口全科（家庭）医生人数不足2人，全科医生服务体系尚在探索阶段，分级诊疗制度尚不健全。由于医疗体系、医生培育机制的差别，目前我国家庭医生社会认知程度不高，难以承担分级诊疗的重任。然而我国社会药店长期游离于医疗卫生服务体系之外，患者用药需求往往更依赖医疗机构的医生诊断。目前多数社会药店仍停留在推销高毛利贴牌治疗性医药产品的阶段，药事服务能力不足，仅能承担药品零售经营的角色，社会药店的公共服务与医疗机构的补充角色难以得到充分发挥。

3. 处方外流目前仍然缺乏有效的执行措施

根据《中国药店》杂志披露，截至2018年中国社会零售药店销售收入中

处方药（包含 DTP 药房）占比仍不超过 40%，且绝大部分为双轨制管理的慢性病用药，真正外流出的医院处方用药的占比预计不超过 5%。目前国内缺乏有效的处方外流执行措施以及相关细节的配套法规，“医药分家，处方外流”相当程度上仍停留在顶层设计层面。以药店分类分级政策的推进为例，自 2012 年 12 月商务部发布《零售药店经营服务规范》至今，全国分类分级政策仍处于征求意见状态。社会零售药店尚未真正承担起承接医院处方药分流的角色，处方外流执行尚需时间。

4. 个人医保账户使用效率亟待提高，账户改革推进缓慢

根据人社部统计，截至 2017 年底我国基本医疗保险个人账户累计结存 6152 亿元；医保统筹基金累计结存 13234 亿元（含城乡居民基本医疗保险基金结存），个人医保账户结余占医保统筹基金累计结存已接近一半，个人医保账户的使用效率以及共济功能的发挥亟待提高。预期未来医保账户改革重心在于调整个人医保账户的支付方式和支付范围。改革方向上预期调整和规范个人医保账户功能，一定程度上打通个人和统筹医保账户的支付功能共享，充分发挥个人医保账户的调节功能。2018 年已经有部分省市启动了个人医保账户的调整工作，上半年江苏、浙江等多地已开始逐步规范医保定点药店的个人医保账户支付范围（主要涉及罐装中药饮片、保健品等），并且要求零售药品个人医保账户支付价与当地医疗机构统一招标定价相同。2018 年 10 月 25 日，广州第二人民医院开通了本院全广东省的处方共享平台，实现就诊与取药的分离，要求对接处方共享平台的零售药店的个人医保账户支付和医院价格同步，处方流转效率大大提升。随着个人医保账户在零售端和医院端的支付同价，过去部分工业厂家采取院内院外区别定价、差异化营销的道路逐渐被堵上，部分处方药短期内面临价格调整后成本倒挂，中小连锁企业因缺乏议价能力只能选择放弃销售，龙头连锁公司凭借更强的议价能力迅速与倒挂品种的供应商展开价格谈判或者做针对性品种规格替换，从而倒逼医保账户支付的合理化，也加速了药品零售行业的洗牌。

从医保支付模式上看，改革个人账户职能、推进门诊统筹也应是大势所趋。目前我国职工医疗保险个人账户的基本改革方式分为以东莞为代表的直接取消，以北京市为代表的个人账户现金化，以重庆市等为代表的将个人账户延伸为家庭账户等。但目前各项改革普遍限于理论探讨或试点阶段，缺乏落地措

施，预计短期内全国范围医保个人账户效率低下的问题难以得到彻底改变，对零售药店的专业化进程造成一定限制。

（二）专业化药房已成行业发展的新动力

长期来看，我国药品零售终端市场规模将保持稳健增速，但随着人力成本的上升和产品营销因素的减弱，传统模式下的赢利空间将被进一步压缩，专业化服务能力的提升带动赢利能力的提升将成为行业发展的新动力。近几年药品零售行业并购整合加速明显，龙头企业优势已经逐渐形成，具备从规模化转向专业化能力提升的客观条件。此外随着社会经济发展，患者对医疗服务质量与可及性要求越来越高，我国药店已具备从传统单一销售向药事服务、慢病管理等多职能化专业药房发展的条件。

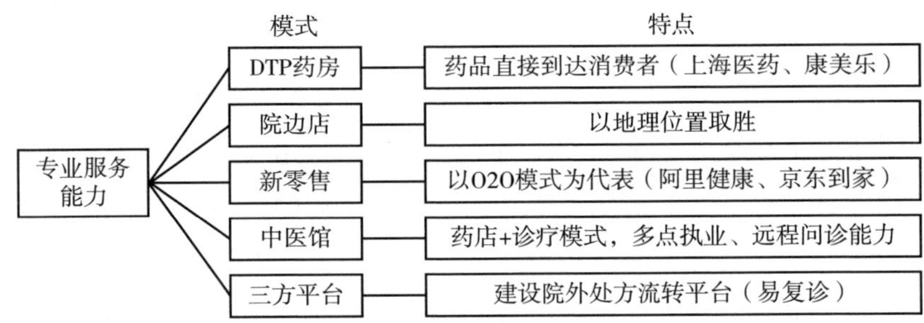

图1　药店多元化业态承接患者专业服务需求

社会药店的专业化进程已成大势所趋。专业药房作为为患者提供药品销售服务、药事咨询服务等全方位药学服务的连锁药房，服务形态集中体现在处方药的配送、各种形式的临床药学服务以及管理协调保险公司对患者的药品报销等方面。专业药房能够帮助患者更高效合理地使用处方药，从而在控制费用的同时改善疗效。与销售非处方药为主的传统社会零售药店相比，专业药房将对药品经营品类、药事服务能力等方面提出更高要求。

二　海外药店专业化发展启示

参照美国、日本的药品零售行业专业化发展趋势，可以清晰看到我国药店当前连锁化率、药师服务能力、处方调配能力均有大幅提升的空间。通过对美国20世纪70年代、日本90年代的药店专业化发展趋势的对比分析，可判断我国零售药店行业正处于专业化升级的早期进程。

（一）美国药店在医保控费浪潮下迎来专业能力的提升

20世纪70～80年代，美国的医疗支出快速上升，政府开始与商业保险公司合作探索控制医疗费用的多项措施，包括设立医保药品目录、限制医保药品的价格加成等，付费方式逐渐向按疾病诊断相关分组（DRGs）转变。与此同时，部分药品流通企业开始布局专业的处方药流通业务。80年代后，许多需要长期用药的患者因住院费用高昂而选择院外用药治疗，驱动院外药店的药学服务能力快速增长。90年代以来，商业保险公司开始与专业药房合作探索控制高价专业药用量的新型商业模式。在控费浪潮下，美国社会药店的专业化水平大大提升。

药房专业化进程带来了传统零售药店的洗牌。美国传统零售药店受医保控费、行业专业化服务能力要求提升等影响经营门槛大幅提高。1990～1997年，美国药店总数（部分为大型超市、食品超市内设药店）由58642家减少至51170家，减少了12.7%；其中单体药店数从31879家减少至20844家，减少了34.6%；行业连锁化率由31.8%上升至37.4%。此外美国药品零售龙头CVS、Walgreens等企业抓住历史机遇，借助龙头企业优势在专业药房领域大力布局，行业地位得到大大巩固。发展至2017年，美国专业药房CR4已高达66%，且全部为PBM公司掌控。

（二）日本调剂药局在处方外流中迎来快速发展

近年来，日本、韩国以及我国台湾地区在医药卫生体制改革中，都将医药分开作为医药卫生体制改革的核心制度开展制度设计和改革落实。以日本为例，从20世纪80年代开始执行医药分开改革，深度贯彻“医”和“药”两条改革主线，发展至今带来处方外流的快速发展，提供专业化服务的调剂药局受益于行业变革。

- 医：挂号费、诊疗费适度提价，降低药占比。
- 药：设立处方调剂局以承接处方，以医保支付为出发点，干预药品支付价格。

受老龄化趋势影响，日本医疗卫生支出压力明显逐年加大。从 1988 年开始，日本政府每两年进行一次针对《药价标准》（医保目录，目前共 15925 种）品种的价格谈判，以市场基准价加以一定比例的调整确定新的医保支付价，历次调整平均降价幅度约 6%。

仿制药的大幅降价倒逼流向市场化的院外市场。根据日本厚生劳动省统计数据，在日本本轮医改期间医药分业率从 1992 年 14.1% 增长至 2017 年的 72.4%，绝大部分的慢病处方药全部实现了院外处方外流。外流处方的主要承接方为调剂药局，调剂药局接受的处方量从 1992 年的 1.79 亿张增加到 2017 年的 8.11 亿张，增长 4.4 倍，CAGR 高达 10.6%。同时调剂药局数量从 1989 年的 36670 家增长至 2015 年的 58326 家，CAGR 仅为 1.8%。可以推断，专业化强的龙头连锁调剂药局公司承担了绝大部分的处方外流市场。此外，受政府不断调低药价影响，药品利润率不断被压缩，部分单体调剂药房经营日益困难，逐步推动调剂药房行业的连锁化规模化发展。行业并购整合也开始加速，仅 2016 年日本便有超过 1000 家调剂药房被并购。

（三）我国药店专业化地位应重新定位

当前国内药品零售行业格局与日本 90 年代类似，药品价格在带量采购、医保谈判、零差率等多重政策调控下面临螺旋式的下降，预计在医药分开、药店分类分级加速推进、医改控费的大背景下，国内药品零售业态也可能出现类似的处方外流与加速整合过程，而专业药房也将迎来蓬勃发展的机会。

长期以来，我国社会药店作为大多数慢病患者定期购药的场所，医疗问诊、慢病管理防控等需求满足仍基本局限在医疗卫生服务体系中。目前，我国老龄化趋势明显，但医保控费压力仍在，且基层医疗资源匮乏。参照海外龙头药店的发展历程，我国药店专业化地位值得重新定位，未来有望逐渐承担部分药事服务、基层问诊职能。此外，通过会员管理、用药分析并结合家庭医生体系的建设，未来我国专业药房有望成为居民健康管理的一大入口。参照上述海外连锁零售格局演变的趋势，国内药品零售连锁行业演变特点大致可概括为以下几点。

一是市场饱和度高，需要进行内部资源整合以及多元化经营找到新的利润增长点，因此药妆、商超化是潜在的延展路径。

二是医药分开背景下，零售药店需要承接处方药分流，对产品与医院配备的齐全化要求快速提高。

三是院外市场将成为医药企业下一步竞争重心，推动与工业企业合作的进一步深化。

四是在利润率被进一步压缩的情况下，部分单体调剂药店经营难以支撑，逐步推动行业向规模化和集中化发展。

三　我国政策导向的药店专业化道路逐渐清晰

（一）全国药店分类分级管理制度即将出台

近几年虽然中国药品零售行业集中度提升明显，但是“小、散、乱”的行业整体格局依然没有根本扭转。参照海外经验进行分类分级管理，提升高等级门店的专业性要求势在必行。2018 年药店分类分级政策出台已经有了明显提速，年初至 5 月商务部三次推出新版意见稿，并两次召开零售药店分类分级管理工作座谈会。2018 年 11 月 23 日全国范围意见稿出台，预示全国药店分类分级推进速度已经大大加快，预计最终落地时间有望超出市场预期。

1. 药店经营范围出现差异化

高等级和低等级药店的经营范围开始差异化（当然条件也相应提高），并且有望在医保定点药店、医保资金账户享受优先政策支持，连锁药店龙头的高等级药店比例有望提升，同时有望承接可能放开的医保统筹账户。

2. 龙头企业优势开始集中

经营面积大、执业药师多、药品供应能力强的连锁药店将胜出，单体药店经营空间紧缩，行业迎来集中度大幅提升的阶段。药品零售连锁企业可以实行网上集中审方（仅限于连锁企业），开通网上审方的门店可视为已配有 1 名执业药师。虽然各地的网上审方细则还未出台，但是从网上审方的接入难度和接入成本而言，预计大型药品零售连锁企业的头部效应将又一次集中体现。

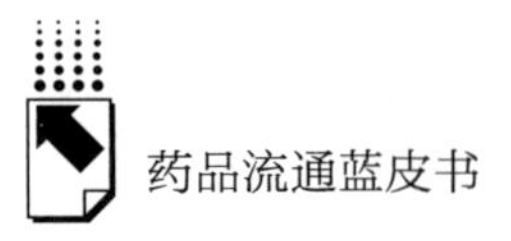

3. 成本上行，行业整合加速

短期内需要面临执业药师等人力成本以及门店升级改造成本上行的压力，部分连锁公司面临抉择，收购资产价格有望下行，行业内资产并购有望提速。

（二）处方共享平台模式推广有望实现多赢

在医药分开大背景下，多种承接处方外流的模式蓬勃发展，其中处方共享平台作为实现“三医联动”的重要途径推广时机已趋于成熟。2017 年 10 月 25 日，梧州市卫计委发布《梧州市处方信息共享平台药店申报登记管理制度（试行）》，11 月 15 日全市 20 余家二级以上医院与百余家药店接入处方信息共享平台，成为全国首个全面实践处方信息共享的城市。“梧州模式”通过医院及卫计、药监、医保的信息共享平台建设配合政府医改，实现了医院、患者、政府、药店的多方共赢。

1. 医院

通过网上挂号预约时间并就近选取药店，缩短患者在医院内挂号及取药时间，患者取药平均时间由 30～40 分钟下降为到院外门店取药所需的 10～20 分钟。医院处方外流可降低医院的药占比考核压力，并可降低医院药房人工、仓储、药品采购资金占用成本。

2. 患者

通过远程诊疗让患者特别是慢病患者二次复诊时可以足不出户享受三级医院服务，可以通过“网订店取”或者“网订店送”的配送服务满足部分患者的需求。结合机构调研信息，梧州市自处方共享推行以来，通过将医疗机构处方引流至社会药店，部分药店处方药品价格平均下降约 16%，药店外流处方品种实现对码，与医疗机构实现“同品同规同价”，支持医保卡结算，通过市场化竞争降低患者的用药成本。

3. 政府

通过互联网技术手段将医院的 HIS 系统、药店的 POS 系统、医保的支付系统和患者端全方位对接，对管辖区域内的医保支出情况做到完全的细节追踪，实现对医保费用的精准监控跟踪。

2018 年，全国各地处方共享推进已明显呈加快趋势。以广西梧州为起点，广东、重庆、天津、山东、甘肃、河南、福建等多地相继发文支持开展试点。

预计以各地处方流转平台为基础的处方共享模式在全国范围推广指日可待，未来将成为医药分开背景下院外承接处方药的重要渠道。具备先发优势且重点布局的龙头连锁企业有望受益，从目前已经执行的区域来看，公立医院处方共享平台从合规性和要求性的角度多对接地方大型药店零售连锁龙头公司，有望进一步强化龙头连锁公司的优势，推动国内药品零售集中度的进一步提升。

（三）政府带量采购推动院外药品零售市场迎来新机遇

2019 年 3 月以来，带量采购正式在 11 个试点城市推行，这预示着医保局成立后以政府为主导的药品采购供应模式有望在未来大举推广。虽然带量采购主要影响医疗机构相关药品价格，但对院外零售药店处方药销售体系同样影响深远。

政府带量采购所涉及的公立医院体系对非住院用药供应的定位为低价保基本供应，其药品销售的市场角色定位逐渐被弱化，品种和厂家的差异性营销逐渐转移到院外零售市场。院外药品零售渠道有望成为终端患者销售的主要阵地，零售企业与工业企业合作有望进一步加强。带量采购叠加一致性评价存量药企洗牌，药品批准文号大幅减少，广泛存在于药品零售行业的贴牌模式面临变革，中小连锁企业的赢利空间将大幅压缩，大型连锁企业的议价能力大幅提升。随着更多的院内药品销售转移到院外药品零售渠道，将一定程度上倒逼国内零售药店行业的专业化发展。

随着未来带量采购及相关医保控费措施的不断推行，医保整体收支不平衡的问题有望得到大幅缓解，从而释放千亿级的医保增量空间，预计更多的创新和高价高疗效药物有望纳入医保的支付范围。对于部分可以院外销售的创新药物而言，药店的专业化服务能力也将会是最具有竞争力的。

四　专业药房的升级发展途径

（一）商业化与专业化融合，提升专业药事服务能力

由于国内基层医疗机构医疗资源相对匮乏且分配严重不均衡，我们判断未来药店的专业化服务能力有望承担部分社区的分级诊疗职能。结合药店分类分级管理制度的推进，预计全国推广后高等级和低等级药店的经营范围和职责将

逐渐分化，高等级门店药事服务能力要求也将相应提高，有望在医保定点资格、全品类药品销售方面得到优先政策支持，并有望率先承接在院外开放的医保统筹账户，从而发挥药店与医疗机构的互补作用，国内一部分高质量的药品零售门店其商业化职能与专业化职能将相互融合和快速发展。

（二）与上游工业企业紧密结合，强化药房专业化功能

制药工业与零售连锁的合作黏性加强有望强化药店专业化服务程度。随着带量采购、医药分家的推进，未来大部分慢病处方药消费将集中于零售端。工商合作的空间有望扩大，使药店与上游工业企业结成战略联盟伙伴关系，从而在品类和渠道方面实现全方位、专业化的深化合作。

龙头企业规模优势凸显，保证药品高质高效供应。以美国连锁药店为例，药店往往通过采购团直接与合格的工业厂商对接从而获得采购价格优势，并且依托自身的产品质控体系保证药品的产品质量。如零售药店巨头 CVS、Walgreens 上游供应商分别高达 109 个、127 个，拥有较强的主动权与议价能力，其强大的供应商集采能力保证了优秀的药品和医药相关产品的供应保障。未来随着国内龙头药品零售连锁企业规模优势的逐步显现，也能够通过其专业化能力推动部分常用医药产品的保质保量供应，带动院外医药消费市场的健康发展。

工商合作有助于提升药学专业服务水平，提升慢病服务支持能力。因为深入社区的便利性，包括 DTP、特慢病药的许多用药后跟踪服务都有望在药房端开展。未来，中国一部分药店一定能承担部分社区医疗中心慢病服务支持的职能。越来越多的新特药企业和慢病药企业有望与零售药店企业展开更多的产品线下专业合作，进行慢病宣教和用药知识的解读，利用其专业化服务的能力提供社区的慢病服务支持。

（三）探索新型业务模式，药房专业化打开更多入口

行业新兴业态加速推动药店业务模式升级。我们判断未来药品零售企业将迎来多种业务生态蓬勃发展的阶段，如中药养生药房、DTP 药房、专科药房等将快速崛起，药房多功能化开始逐渐推行，新型流通模式快速发展。行业服务形态将从单纯的销售药品向健康管理发展，关联销售、复购率、顾客黏性等将

大大提升，零售药店终端价值将愈发凸显。

专业药房与保险合作的 PBM 模式，与 DRGs 支付方式改革相融合。参照美国专业药房发展史，PBM 模式结合 DRGs 的医疗支付体系改革能够赋予专业药房更多的处方处置权限，实现医保的精准控费。

专业药学服务模式驱动行业增长。我们判断专业药学服务能力是未来行业发展的关键。考虑到未来行业处方药利润空间将受医改的影响而逐渐压缩，预计药品零售行业将逐渐实现商业化与专业化的融合。专业药房与地产公司或公立医疗机构合作探索社区服务业务及专业药事服务，有望成为行业新型业务模式。

基于实体门店的新零售模式值得期待。行业内各大龙头连锁药店纷纷大力布局 O2O 业务，未来基于线下实体门店的“网订店取”和“网订店送”的新零售模式或将更快普及。

B.21
国药控股湖北国大药房专业服务实践

国药控股湖北国大药房有限公司

摘　要： 为顺应行业发展，国药控股湖北国大药店积极发展创新零售诊疗业务，目前，在专业药店方面的发展已具有一定规模。本文介绍了国药控股湖北国大药房的专业药房特色，详细介绍了其建立的三级药学服务体系以及为确保员工有能力把三级药学服务落到实处建立的三级培训体系等内容。

关键词： 国大药房　汉口大药房　药学服务体系　药学培训体系

一　专业药房特色

国药控股湖北国大药房是中国医药集团旗下国药控股股份有限公司的三级子公司，是国药控股湖北有限公司在湖北省的零售业务管理平台，拥有“汉口大药房”和“国大药房”两个专业药房品牌，在国药控股新零售的战略发展定位下，经过四年的创新零售诊疗业务的发展，已在武汉市设有直营门店50余家，涵盖重症慢性病医保统筹定点药房、新特药品直配的DTP专业药房、社区门店、院边店以及具备诊疗资质的中西医诊所，建成了多业态、多形态融合的综合性零售网络。

湖北国大旗下的汉口大药房黄石路店是武汉市首家重症（慢性）病医保统筹定点药房，开通了高血压、糖尿病、恶性肿瘤等十个病种。为了方便重症慢病患者购药，使患者获得更好的购药体验，在重症慢病药房设有客服中心、处方审核区、医保结算区、发药区、患者休息区、慢病服务中心、患者关爱区、特药服务专区、患者教育区、互联网医院接待区，按照标准流程服务好每一位患者。截至2019年4月，药房累计注册服务患者9万余人，日均接待患者达1800人次。黄石路店现有员工100余人，其中执业药师有20余人，药学专业技术人员占比达80%，并聘请三位武汉市三甲医院原药学部主任组成药物治疗与监护专家组，带领药房执业药师为患者提供专业的药学咨询服务，每年举办近百场针对各种慢性疾病的健康讲座和健康咨询活动，深受广大重症、慢病患者的褒扬与信赖。

为顺应国家医改需求和“医药分家”发展趋势，湖北国大积极发展DTP专业药房，在十余家院边店中设置了DTP新特药服务中心，与数十家国内外知名新特药厂家和十多个慈善基金会保持密切的合作。DTP新特药服务按照七大板块56项工作环节标准作业流程（SOP），为患者提供药师指导、冷链直配、网上复诊、患者教育、慈善援助、定期回访等多样化服务，构建了“厂商、医院、患者、保险、药房”五方融合的新型合作体系。

为了积极响应国家基层医疗卫生服务体系的建设，传承中医药文化精粹的号召，湖北国大打造了“国药中医馆”的中医诊所品牌，聘请湖北省中医院、武汉市中医院、省肿瘤医院的30余名老中医全年无休轮班坐诊，并且打造了名医工作室和名医讲堂，为患者进行中医养生宣教与用药跟踪回访。与此同时，还设置了康复理疗馆，聘请十余位资深中医康复理疗师为患者提供正脊、针灸、推拿、按摩、刮痧、拔罐等理疗服务，是集预防、保健和治疗于一体的现代化中医诊疗机构。

诊疗专业药房以武汉市各市级医院为中心，辐射重点商圈和社区，在药学服务专员和健康管理专员两大专业团队的带领下，为患者提供专业的药学、健康管理服务，并运用互联网大数据管理平台，为患者提供个性化的健康解决方案。

二　专业药学服务体系

目前医疗机构处方外流正在加速，零售药店必须建立专业药学服务体系，才能帮助患者提高药物治疗的安全性、有效性、依从性和经济性，最终达到改善和提高生命质量的目的。只有这样才能赢得患者信任，承接住处方。根据药学服务的深度不同，湖北国大药房建立了三级药学服务体系。

1. 一级：基础药学服务

提供最基本的药学服务，即所有的药房和一线员工都必须能够提供的标准化服务，服务的对象是到药房购药的所有患者，为他们提供面对面的现场服务。患者在药店时，员工按照药学服务礼仪为患者提供以下服务：充分了解掌握病情；分析病情答疑解惑；初步诊断常见疾病，对轻微病症进行用药指导，对不良反应进行风险提示；进行健康检测，采集健康信息；提供互联网远程问诊和咨询服务。一级药学服务的目的是通过专业指导，为患者提供专业化、个性化的健康解决方案。

2. 二级：增值药学服务

在一级药学服务阶段，药房会遇到病情复杂、需要接受更专业药学服务的人群，比如需要长期用药的慢病人群以及同时患有多种疾病或服用多种药物的老年人。针对这类人群，由药学服务专员（执业药师）提供增值药学服务，为患者提供药历建立、用药回访等增值管理，服务内容主要包括处方审核调剂、药物重整与依从性咨询、慢病患者的用药监护、亚健康人群的膳食营养指导、中医体质辨识与养生指导。二级药学服务的目的是通过执业药师开展药物治疗管理，在提高患者的用药依从性的同时增加患者对药房的依从性。

3. 三级：药学服务推广

三级药学服务不是直接面对某一个患者，而是面对某一类群体，比如高血压、糖尿病、痛风、骨质疏松、肿瘤等患者群体，针对这些患者建立不同病类的患者微信群，提供在线用药及健康咨询服务，邀请医生为患者开展公益性质的疾病教育、健康宣教；同时，走进社区举办健康讲座等活动，在公司的微信公众平台进行科普宣传，以及根据临床指南，制订药房疾病教育及健康宣传手册。三级药学服务的目的是通过强大的药学服务信息系统，借助临床药学专家和临床医生的专业影响力，打造医疗生态圈（医、药、患）。

药学服务体系不是冰冷的、理论的、固化的，而是一群“有温度”的人去“深度”开展具有一定“广度”的专业服务。

三　专业药学培训体系

由于湖北国大药房涵盖了重症慢性病药房、DTP 药房、社会药房等不同业态，并且同一家药房中又有药学服务专员、健康管理专员、普通店员等不同的岗位，为确保员工有能力把三级药学服务落到实处，针对不同业态的药房、不同的工作岗位构建了多种形式、多种内容的三级培训体系，为员工提供分级分类培训，进而支撑起能够全方位服务于不同顾客群体的三级药学服务体系。

湖北国大药房的三级培训体系从培训“如何销售药品（产品）”转向“如何为患者（顾客）解决健康问题”，按病种开展培训，把具有一定药学基础的员工头脑中的碎片知识储备变为系统应用知识，并通过一定的沟通、服务技巧传递给患者（顾客）。

1. 一级：全员线上培训

一级药学培训面对的是公司全员，在微信学习平台上定期上传课程及培训资料，员工利用碎片化时间在线上完成课程的学习，并进行在线测试。一级线上培训内容主要包括疾病防治知识、亚健康人群的膳食营养指导、中医体质养生、重点药品专业知识、药学服务操作知识等。

2. 二级：门店现场培训

二级药学培训由药学服务专员和健康管理专员按照公司下发的月度培训计划，对门店员工进行专业知识培训，包括患者接待标准话术、检测服务操作程序、患者随访服务操作、用药咨询与指导、药学服务专员指导、患者服务经验交流等。

3. 三级：总部集中培训

三级培训由总部召集专业药师进行集中授课，主要按病种切入，针对地区发病率较高的病种、慢性疾病或特殊病种制定培训计划。培训形式及内容多种多样，包括邀请临床医学或药学专家开展讲座，送优秀执业药师去医院接受临床培训，在药师微信群组织大家针对药学服务问题进行交流讨论，互相分享药学服务案例，在内部开展药学服务技能竞赛、专业素养提升训练营、药学服务情景演练，共同探讨各类疾病患者的药学服务方案。

为了确保培训效果，首先，湖北国大药房对全体员工实行培训学分管理，即每完成一项课程学习并通过考核员工可获得相应积分，学分与绩效挂钩。其次，设置合情合理的量化考核指标，即将培训的专业服务内容转变成药师实际工作中的内容，并且制定相应的量化考核指标，借助软件系统进行管理。最后，湖北国大药房还积极推选优秀执业药师参加各行业内的专业大赛，既达到以赛代训的目的，又让这群有着可贵专业追求的药师们有了一个展示舞台，收获职业荣誉感并增强不断前行的动力。

国药控股湖北国大药房积极发展的DTP专业药房为患者带来了福音，其专业化的药学服务体系以及专业的药学培训体系更是为患者提供了方便，让患者更加放心。

B.22

医药全产业链大数据应用解决方案的提供者

邻客生物科技（天津）有限公司

摘　要： 随着计算机、大数据、人工智能等技术的发展，医药行业数据生产、采集、治理和应用有了新的方法，帮助医药企业提高了临床研究效率和市场精细化管理水平。零氪科技基于丰富的数据治理经验和完善的技术支撑服务体系，为医药全产业链大数据应用提供一体化服务和解决方案。从数据治理到价值兑现，零氪科技探索落地用数据“赋能”医药产业，目前其对医药产业链不同角色的服务包括医疗机构标准化智能随访、医学影像智能诊断、一站式医学科研服务，制药企业患者招募、真实世界研究、数据洞察、药物临床研究服务，以及患者院外“互联网医院 + DTP 药房 + 门诊”服务，建立了医疗服务新模式和医药流通新渠道。

关键词： 医药大数据　数据赋能价值　解决方案

一　大数据革新医药产业：从临床效率提升到市场精细化管理

医药行业是一个以“数据”为基础的行业，无论是在药物研发过程中，还是在药物流通过程中，均需要较大样本量、高精细度数据作为支撑。随着计算机、大数据、人工智能等技术的发展，医药行业数据生产、采集、治理和应用有了新的方法，帮助医药企业提高了临床研究效率和市场精细化管理水平。

新药研发具有投入大、周期长、风险高、多学科综合等特点，国际上通常称新药研发为“双十”，即耗资十亿美元、花费十年以上时间才能让新药面世。如果考虑到新药研发失败的风险，这两个数字还将更高，综合来看创新药在临床试验阶段的成功率不到10%。

近年来，随着互联网和计算机技术的不断发展，电子数据采集技术在临床试验中越来越多地被采用，与传统的基于纸质的采集方式不同，它具有数据及时录入、实时发现数据错误、加快研究进度、提高数据质量等优势，因此各国药品监管部门都鼓励临床试验中采用电子数据采集技术以保证数据质量。如美国 FDA 在 1997 年发布的 21 CFR Part 11 法规，中国 CFDA 在 2016 年 7 月发布的临床试验电子数据采集技术指导原则等，电子数据采集是临床试验大数据应用的基础。

电子数据采集能够实现临床试验数据的质量和真实完整性监管，便于系统风险管理和药品全生命周期管理。近年还涌现出真实世界研究（Real World Study，RWS）和可穿戴设备追踪新药上市后临床表现等新方法，前者在较大样本量基础上观察患者在真实环境下根据实际病情、治疗意愿、经济条件而进行的治疗措施达成的治疗效果，进而开展药物在更贴近真实环境下安全性、药物经济学、适应证评价等工作；后者让研究者长期监测患者用药反应，进行不良反应的追踪，保证患者用药安全，降低药物风险。

大数据技术优化药品供应链管理是另一个重要方向。《全国药品流通行业发展规划（2016～2020 年）》指出：利用云计算、大数据等现代信息技术，整合药品研发生产、流通使用、疾病谱变化及患者健康需求和消费习惯等数据信息，加强对大数据的管理、分析和应用，为药品研发机构、生产企业判断市场趋势、调整产品结构以及医疗机构改进用药选择、加强合理用药，提供有价值的数据支撑，提高整个药品供应链的运作效率。

随着医保药品价格谈判工作常态化、国家组织药品集中采购和使用试点工作的推进，医药企业运营压力倍增，需要加快临床研究效率，储备创新药优势品种，同时改进已上市药品的市场管理水平，降低营销支出，实现精细化管理，这些都要求药企提高大数据采集能力，提高大数据应用水平。

二　零氪科技为医药全产业链大数据应用提供解决方案

零氪科技基于丰富的数据治理经验和完善的技术支撑服务体系，为医药全产业链大数据应用提供一体化服务和解决方案。

医疗大数据标准度、结构化是应用的基础。零氪科技组建了专业团队标注、清洗数据，采用“智能 + 人工”的方式进行数据结构化，再由专业人员进行人工核查。同时也非常重视数据集成的合规性，包含现场脱敏、患者知情告知的签署，并配备超过 200 人的专业患者随访团队，弥补了以往没有用药后患者康复情况、缺失继续治疗结果的问题，较好实现了临床数据的完整链，建立起患者的多维度数据，较好地把控了数据质量环节，使数据真正做到结构化、标准化、可溯源。

2016 年，零氪科技作为技术支持方，积极参与国家卫计委、中国医师协会牵头组织的“国家结构化数据标准制定”项目，推动我国临床诊疗病历结构化和规范化发展进程，推动国家及行业标准制定。这一工作将为我国医疗领域 AI 及大数据的应用铺平道路。2017 年，零氪科技又协助中国医师协会胸外科医师分会和人民卫生出版社出版我国首部胸外科疾病术语集——《胸外科疾病标准化诊疗术语》，规范肺部疾病、食管疾病、纵隔疾病、胸壁疾病、胸膜腔疾病、胸部创伤等胸外科 300 余条诊疗术语，对推动和促进我国医疗术语的统一规范具有里程碑意义。

截至目前，零氪科技在医疗数据标准化采集和治理方面已经投入资金超过 10 亿元，研发了结构化医疗数据引擎 DRESS、LinkLab 医学科研云、Fellow - X 智能病历结构化系统、Hubble - AI 辅助决策系统等，通过核心算法用 AI 技术驱动医疗数据的智能结构化处理和应用。零氪科技医疗大数据解决方案已经覆盖国内超过 700 家医院，处理肿瘤患者结构化电子病历数据约 300 万份，完成了中国癌症患者就诊迁移图的绘制。

为进一步打造数据闭环，零氪科技还建立了“邻客 · 智慧药房 + 日间门诊”和零氪（银川）互联网医院，完成了“院内 + 院外”医疗数据的无缝衔接。邻客 · 智慧药房与国内外众多大型药企、高等级医院深度合作，为患者提供“诊疗 + 用药 + 随访”一体化服务，已在全国布局 45 家智慧药房，遍及 4 个直辖市与 25 个省份，DTP 品种数达 1200 SKU，包括最新的 O 药、K 药[①]等产品，累计服务 20000 多名患者。零氪互联网医院正式上线运营后，除提供普通的健康咨询、随访管理、远程诊治、专家导诊等服务外，还将提供线上学术交流、临床研究招募、公益活动开展、AI 辅助诊断等特色服务项目。

从数据治理到价值兑现，零氪科技探索落地用数据“赋能”医药产业，目前其对医药产业链不同角色的服务包括：医疗机构标准化智能随访、医学影像智能诊断、一站式医学科研服务，制药企业患者招募、真实世界研究、数据洞察、药物临床研究服务，以及患者院外“互联网医院 + DTP 药房 + 门诊”服务，建立医疗服务新模式和医药流通新渠道。

以零氪科技制药企业数据洞察服务为例，该服务以零氪科技医疗数据处理、挖掘和分析为基础，结合数据处理和分析核心技术优势，从病种白皮书、患者诊疗路径、用药特征分析、用药趋势演变等入手，帮助制药企业全面了解市场趋势，洞悉先机并提早布局，优化市场运营能力。

三　零氪数据覆盖了药品全生命周期的服务链条

基于数据治理能力，零氪科技已经建立了覆盖药品全生命周期的数据服务链条，通过大数据和人工智能技术，在药物临床研究、药品上市、药品营销等多个阶段提供创新的解决方案。

（一）药品上市前：患者招募

新药在进入审批前需要进行 3 个阶段的临床试验，找到合适的患者是临床试验得以开展的前提和基础。试验管理人员需要从海量的病例中找出那些符合药物试验的患者，并且通知受试者，该过程需要大量的时间去筛选病历。零氪与超过 700 家三甲医院以及大型肿瘤专科医院建立了合作关系，帮助医院进行临床数据的集成、清洗和挖掘，建立了科研级大数据平台。在医药临床试验的

① O 药：Opdivo（商品名：欧狄沃）；K 药：Keytruda（商品名：可瑞达）；均主要用于治疗黑色素瘤、非小细胞肺癌等癌症疾病。

各个阶段，需要进行受试者招募时，通过零氪的大数据平台可以定位不同病种患者集中区域，提高精准匹配效率，在较短时间内完成试验招募入组工作。一方面，缩短了新药研发时间，帮助药企提高研发效率、降低研发成本，使新的治疗药物更快地应用于临床；另一方面，给受试者带去了更有益、更新的治疗方案，从而改善患者健康状况，提高受试者生存质量。

（二）药品上市：市场洞察

在药品上市阶段，药企有强烈的新产品上市定位、竞争对手情报分析、定价策略及市场宣传需求。传统的情报分析，主要调研方式有大规模问卷调查、1对1深度访谈、面访、电话访谈和焦点小组访谈等。可以看出，这样的样本量往往十分有限，对于市场的洞察能力也不足，无法真正给药品销售决策提供有效的支撑。

零氪科技凭借大数据治理能力以及覆盖广泛的数据网络，可以通过大数据分析的手段来研判市场竞品情况、患者群体重点存在区域以及重点医院的用药情况等。比如，零氪 RWE for epidemiology study 作为疾病报告的“数据仓库”，有零镜（PRISM）助力数据洞见。其支持自定义筛选，直接获得数据分析结果，支持在线分析，多设备登录且兼容传统报告；还可以直接连接临床患者数据库，无偏差反映真实世界，支持数据库时间筛选和更新，了解市场最近动向，以此帮助药企制定正确的市场策略。

（三）药品上市后的成熟期

1. 药物评价

药物上市后再评价是药品研究的一个重要环节，是确保用药安全、有效的手段，也是对新药评价的扩大及延伸。Ⅳ期临床试验一般可不设对照组，但应在多家医院进行，观察例数通常不少于2000例。对于药物临床研究来说，常常面临数据不足的情况。同时由于需要排除部分风险因素，研究者难以预估这些被排除风险因素的患者对药物的应答情况。这就为药物真实应用于临床时的作用增加了不安全因素，让药企面临风险。

零氪科技基于真实世界数据进行药物评价研究，可以弥补这个缺陷。在这个过程中，不仅不会刻意排除某类患者，而且与传统临床试验参与范围比较狭窄、数据量有限的情况恰好相反，大数据能完成成千上万个患者医疗数据实时收集，覆盖面更广，更贴近临床实际。对于药物性能分析过于复杂和耗时的问题，基于零氪的大数据治理能力，将所需数据源进行编排分析，并往复循环，使探索所有的数据并实时检验不同的假设成为可能，帮助研究者不断提出新的问题。零氪拥有极强的人工智能能力，具备机器学习和认知计算能力，能够被广泛应用到试验研究设计、试验流程管理、试验数据统计分析等各个环节，提升整个临床试验的效率，高效完成药物的安全性、有效性等评价的研究。

2. 适应证拓展

一般情况下，医生基于产品说明书来决定药物的使用范围。事实上，很多医院都会出现超出药物产品说明书的使用情况，医生根据自己的经验判断去开具药方，这个情况在整个药品行业中并不少见。如果开展相关研究，进行疗效分析，药企便能够以此为证据，决定是否需要扩大产品的适应证，从而为药物打开更广阔的使用空间。传统意义上，药企只能通过昂贵的 RCT 临床试验，经历漫长的时间去发现新的适应证——研究耗费巨大，耗时过长，且患者入组困难。

零氪科技基于大数据能力，开展创新性 RWS，可以帮助药企和专家提前做分析，寻找丰富、高质量的临床证据，帮助药企破解新适应证注册审批面临的现实困难，而且由于其基于真实世界数据产生，具备入排标准控制较少、患者入组较容易等因素，费用成本也少得多。

3. 患者管理

患者尤其是对慢病患者来说，必须要坚持长时间的治疗，如果治疗和用药坚持不到足够长的时间，或者只做了第一个阶段的治疗而没有深入向下，那就无法获得预期的治疗效果，对药企而言，这是患者流失以及一线数据的流失，因此有一个关键就是患者依从性管理。零氪科技通过互联网医院、邻客管家 APP 等数据平台可以直接接触患者，辅助线下实体 DTP 药房，为患者提供药品销售、用药咨询、健康教育等多种服务，通过多种载体加强与患者的沟通，可极大提升患者依从性。

4. 药物警戒

药物警戒贯穿于药物发展的始终。临床研究中，受试者均经过遴选，且数量有限，药品应用的条件与临床实践存在差异，研究时间也是有限的。对于罕见且严重的不良反应、长期毒性、对特殊人群（如儿童、老人或孕妇）的影响以及药物相互作用等信息，上市前的研究常常是不完全的。因此，药物上市后监测（PMS）工作的开展尤其重要。此阶段主要的研究方法是观察性的，在临床治疗条件下而不是在严格的试验条件下观察研究对象，难以控制混杂因素，因此观察性数据往往比试验性数据质量差。在PMS阶段，药物警戒一个重要的挑战就在于如何收集、分析上市后的药物的观察性数据，并得出具有较强说服力的结论，这也是药品不良反应监测的主要内容。

零氪科技基于大数据手段，能够更广泛地搜集观察性数据，弥补传统临床数据匮乏的缺陷，更加及时地反馈药品不良反应、治疗效果等，为药企提供高效的药物警戒服务。

（四）中医药发展

临床疗效是中医药学赖以生存和发展的基础，但由于未经过严格的评价，类似个人经验往往不能取得广泛认可，这已成为中药尤其是中药注射剂发展的瓶颈。近年来由于监管政策和市场竞争格局的变化，诸多中药注射剂品种需要通过上市后再评价来获得更真实、更深入的临床证据，以进一步体现、论证其优势，并寻找新的临床定位、新的适用人群、使用方法。虽然随机对照试验（randomized control trials，RCTs）及相关药理研究为中药注射剂的获准上市提供了基础、必需的有效性和安全信息，价值毋庸置疑。但对于中药注射剂来说，RCTs，特别是解释性随机对照试验（explanatory randomized control trials，ERCTs）往往无法提供足够的有效性和安全性证据并支持药品上市后在广大人群中应用的临床实践。

真实世界研究为中医药研究特别是中药注射剂上市后疗效评价提供了新的努力方向。零氪科技基于真实世界证据，可以对临床上的说明书用法进行调查，为中医药的合理用药提供证据，在证明中药注射剂安全性和有效性的同时也为临床医生提供合理用药参考，提升患者用药的安全性，并帮助药企发现药品潜在的适应证，推动药品营销和推广。

所以，零氪科技将大数据技术引入中医药科研是一个崭新的研究方向，在保存中医特色的同时又不失中医药科研的科学性，以取得符合真实临床情况的科研成果。

医药电商篇

Medical E-commerce Reports

B.23
2018年中国医药电子商务发展报告

欧阳日辉　常莹娜*

摘　要： 本文将医药电子商务分为药品电子商务和医疗电子商务，阐述了2018年我国医药电商发展情况，医药电商呈现出盈利能力逐渐走强、医药双向融合趋势加快、资本流入促进上市热潮、政策利好等特点，但仍存在流量与渠道不足、资本运作与管理面临短板、医改政策制约等问题。展望我国医药电商未来发展，应加快医药电商生态建设、加强线上线下融合、加速模式创新和政策创新。

关键词： 医药行业　医药电商　互联网医疗　医改政策

* 欧阳日辉，经济学博士，教授，中央财经大学中国互联网经济研究院副院长、桂林旅游学院数字经济研究院院长、永州众智数字经济研究院院长，主要研究领域为数字经济、电子商务和金融科技；常莹娜，中央财经大学经济学院硕士。

医药电子商务是我国电子商务的重要组成部分。根据《电子商务法》关于电子商务的定义，医药电子商务是指医疗机构、医药公司、医药生产商、医药信息服务提供商、第三方机构等通过互联网等信息网络，在法律许可范围内销售药品或者提供医疗服务的经营活动。随着网络信息技术与医药融合，医药电商的内涵与外延得到拓展。笔者认为，医药电商包括药品电商和医疗电商。药品电商主要是指消费者、医疗机构和药品生产服务商在网上完成药品交易的一种新型商业运营模式；医疗电商主要是指远程医疗、互联网医院、机器人医生（人工智能医生）等新业态依托信息网络技术提供医疗服务的活动。

一　2018年我国医药电商发展概况

我国医药电商的发展历程，可以分为四个时期①：探索期（1998～2003年）、启动期（2004～2011年）、成长期（2012～2015年）、发展期（2016年至今）。目前，我国医药电商行业处于快速发展时期。2018年，我国医药电商行业市场规模、融资数量、服务与运营水平稳步增长，网上药店数量小幅增加，B2B和B2C业务销售结构日趋平衡，医药电商延伸至发展潜力较大的互联网医疗板块。

（一）医药电商交易额达978亿元

2018年我国医药电商销售总额较大，同比增长速度快。2015～2018年我国医药电商直报企业（B2B与B2C）销售总额从476亿元发展到978亿元，年均增长超过25%，B2B业务模式销售额占比始终保持在90%以上。

（二）药品电商渗透率达4.53%

药品网购渗透率稳步提高，从侧面反映出我国医药电商行业市场规模不断增加。2015～2018年，我国医药电商对药品流通市场的渗透率②总体稳步增长，分别为2.87%、3.33%、3.68%、4.53%。

① 石安杰：《医药电商竞争力报告：益药购、阿里健康、健客如何布局医药电商2.0》，动脉网，2018年5月18日，https://vcbeat.top/MGI2OGI3YTJiOWU3MDU0NGI4MzUxYzFjZmFkYWFjYzc=。

② 医药电商对药品流通市场渗透率=医药电商行业全年销售额/药品流通行业全年销售额。

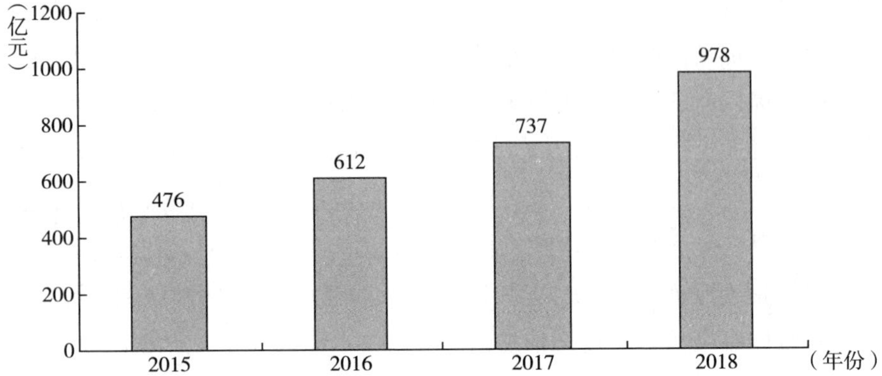

图 1　2015～2018 年中国医药电商市场总体规模情况

资料来源：2015～2018 年商务部《药品流通行业运行统计分析报告》。

表 1　2015～2018 年中国医药电商渗透率情况

单位：亿元，%

年份	2015	2016	2017	2018
医药电商直报企业销售额	476	612	737	978
药品流通行业销售额	16613	18393	20016	21586
渗透率	2.87	3.33	3.68	4.53

资料来源：2015～2018 年商务部《药品流通行业运行统计分析报告》。

（三）B2B 模式销售额占 95.19%

从 B2B、B2C 业务市场份额来看，B2B 模式占据我国医药电商销售总额的 90% 以上。根据商务部数据，2015～2018 年我国医药电商直报企业销售额分别为 476 亿元、612 亿元、737 亿元和 978 亿元，其中 B2B 类占比分别为 93.28%、94.12%、94.03% 和 95.19%，B2B 业务 4 年占比均超过 90%。B2C 业务市场占比较低，分别为 6.72%、5.88%、5.97%、4.81%。

（四）B2C 模式销售结构稳定

2016～2018 年我国医药电商 B2C 模式销售结构均衡且较稳定。2016～2018 年西药类、其他类、医疗器材类、中成药类四大类总占比超过 90%，四类占比相对平均，且 2018 年的平均程度最高①。其中，医疗器材近三年占比分别为 19.6%、24.1% 和 28.49%，呈现逐年上升趋势；其他类近三年占比分别为 34.60%、28.20% 和 23.12%，呈现逐年下降趋势。这说明即使在医药电商 B2C 业务销售结构多元化的趋势下，医疗器材销售依然是稳健的一环。

表 2　2015～2018 年我国医药电商直报企业 B2B、B2C 业务销售份额情况

单位：亿元，%

年份	2015	2016	2017	2018
B2B	444	576	693	931
占比	93.28	94.12	94.03	95.19
B2C	32	36	44	47
占比	6.72	5.88	5.97	4.81
销售总额	476	612	737	978

资料来源：2015～2018 年商务部《药品流通行业运行统计分析报告》。

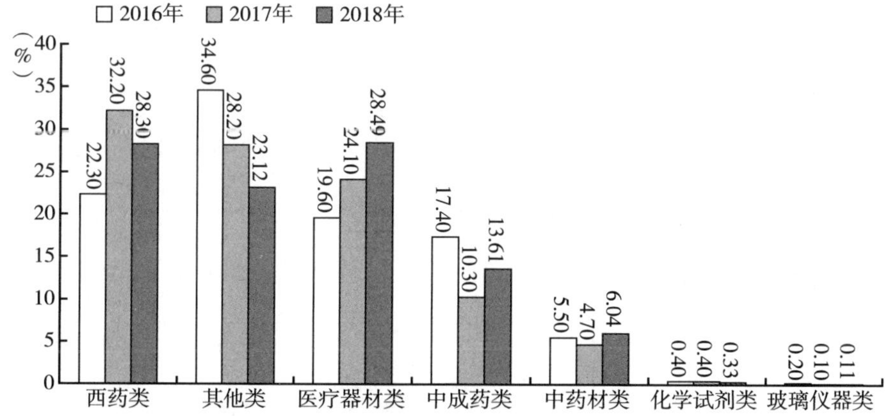

图 2　2016～2018 年中国医药电商直报企业 B2C 业务销售结构情况

资料来源：2016～2018 年商务部《药品流通行业运行统计分析报告》。

（五）医药电商融资总量超100亿元人民币

2018 年，医药电商行业全年融资总额翻倍，资本走向集中。2016 年我国

---

① 2016～2018 年西药类、其他类、医疗器材类和中成药类总体标准差为 0.106、0.067、0.060，2018 年标准差最小，因此离散程度更低，更趋于平均。

医药电商共发生融资 10 笔，总金额约 18.36 亿元[①]。2017 年发生融资 13 笔，总金额 8.73 亿元。截至 2018 年 11 月底，我国医药电商行业共发生融资 11 笔，总金额超 100 亿元。其中，平安好医生和 111 集团（1 药网）的上市分别带来 70 亿元和 6.87 亿元的大额融资，占医药电商全年融资总额的 74.4%，资本走向集中。

表 3　2018 年中国医药电商企业融资情况

企业名称	时间	融资情况	累计融资	已有投资方
叮当快药	1 月 29 日	B 轮/3 亿元	约 5 亿元	杨文龙、春风创投、同道资本、软银中国等
阿里健康	5 月	A 轮/数千万元	数千万元	广发信德 - 广发证券
平安好医生	5 月 4 日	IPO 募资超 70 亿元	约 140 亿元	永柏资本、IDG、中建投、软银等
贝登	5 月 23 日	A + 轮/1 亿元	—	天溏资本
医吖	6 月 7 日	种子轮/2 千万元	—	远毅资本、东方富海等
药师帮	6 月 14 日	C 轮/4.2 亿元	约 15.1 亿元	顺为资本、松禾资本、高捷资本、常春藤资本等
	11 月	D 轮/9.14 亿元		
七乐康	8 月 1 日	战略投资/—	约 10 亿元	江苏高科技投资、长江国弘投资、启迪创投、清控银杏、红杉资本中国等
健客	9 月 4 日	B 轮/8.9 亿元	约 20 亿元	凯欣亚洲投资、火山石资本、PGA 基金、Asia-Pac eCommerce 等
药兜网	9 月 4 日	A 轮/数千万元	数千万元	海之康医疗健康基金等
111 集团(1 药网)	9 月 12 日	IPO 募资超 6.87 亿元	约 25 亿元	锴明资本、信中利资本、常春藤资本、通和毓承等

资料来源：《速途研究院：2018 年中国医药电商行业研究报告》，速途网，2019 年 1 月 7 日，https://new.qq.com/omn/20190107/20190107A0P1R8.html；《激荡 2018！疯狂融资百亿人民币，这个行业迎来大利好!》，动脉网，2018 年 11 月 2 日，https://baijiahao.baidu.com/s?id=1615984166857242337&wfr=spider&for=pc。

① 汇率说明：第（五）部分及表 3 采用 2018 年 12 月 31 日人民币兑美元和人民币兑港元汇率，即 1 美元 =6.8755 元人民币；1 港元 =0.8777 元人民币。

（六）互联网医疗发展潜力较大

目前，我国互联网医疗市场渗透率增长不明显，未来挖掘空间大。监测数据显示，2017 年第二季度至 2018 年第三季度，我国医疗领域互联网活跃用户全网渗透率在 6% 左右，比例较低。2017 年第二至第四季度渗透率增速为负，2018 年前三季度我国互联网医疗用户全网渗透率增长速度波动较大，反映出当前我国互联网医疗普及仍处于低速不稳定发展阶段。

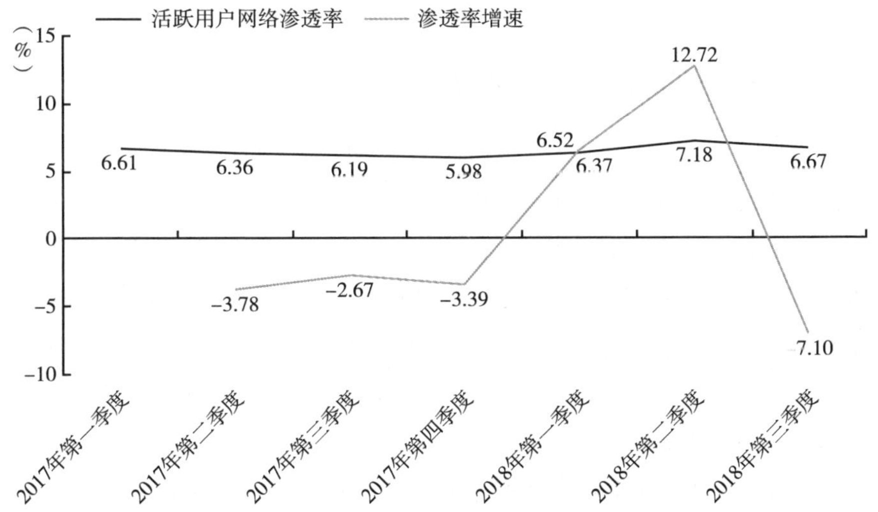

图 3　2017 年第一季度至 2018 年第三季度互联网医疗活跃用户全网渗透率

资料来源：易观智库《中国互联网医疗下半场专题分析 2018》，2019 年 3 月 14 日，http：//www. sohu. com/a/301336255_ 204078。

二　2018年我国医药电商发展特点

2018 年，我国医药电商行业总体呈现“规范化”“一体化”的发展特征，具体表现为盈利情况好转、融资能力增强、政策环境改善和产业融合趋势增强。

（一）盈利能力逐渐走强

2018 年我国多数医药电商企业营收能力较 2017 年有较大提升，盈利情况逐渐“扭亏为盈”。截至2018年9月30日，阿里健康医药电商平台6个月收入总额2.25亿元，同比增长234.6%①。1药网母公司111集团全年营收17.9亿元，同比增长86.1%；净利润-3.80亿元，同比下降52.9%②。平安好医生营收33.38亿元，同比增长78.7%；净亏损9.13亿元，同比下降8.8%；毛利为9119万元，同比增长49%③。康爱多药房网营收21.48亿元，同比增加57%；净利润3904.28万元，同比增长22.4%④。2018年医药电商行业净利润增长总体慢于营收增长，这反映医药电商企业或许面临更高的运营等成本费用。

（二）医药双向融合趋势加快⑤

医药双向融合行业发展特点显著，医药电商试图打通从“药”到“医”渠道，实现向上蔓延，打造互联网医院、构建处方药流转平台等；互联网医疗平台尝试利用诊疗场景“卖药”，增加由“医”到“药”业务，实现向下延伸。本质上反映我国医药电商积极顺应“三医联动”改革，盘活资源，拓展盈利点⑥，构建全链条生态闭环的行业倾向。药品电商加紧布局从“药”到“医”板块业务，国药在线、健客、妙手医生也在试图布局药房托管、DTP药房等商业板块，加强医院药品市场抢夺。移动医疗平台试图通过“医生”资源优势，加强药品的场景销售⑦。2018年，微医启动“互联网医院+药店”合作计划，合作药店通过登陆乌镇互联网医院的药店系统，为会

① 《中期报告2018》，阿里健康官网，2018年11月20日，http：//doc.irasia.com/listco/hk/alihealth/interim/2019/intrepc.pdf。

② 《1药网母公司111集团发布2018年财报：营收17.9亿同比增86%》，新浪医药新闻，2019年3月8日，https：//med.sina.com/article_detail_103_1_62097.html。

③ 《平安好医生首份年报：2018年营收同比增78.7%，净亏损9亿元》，艾媒网，2019年2月28日，http：//dy.163.com/v2/article/detail/E93N1ISK0514A1HE.html。

④ 《“年报”太安堂：2018年年度报告》，中财网，2019年4月9日，http：//www.cfi.net.cn/p20190420190409.html。

⑤ 观点整合：《2018医药电商发展趋势：单纯电商是找死，深度融合谋活路！》，上海医药商业行业协会，2018年1月5日，https：//www.sohu.com/a/214837708_753101。

⑥ 王浩：《回望2017，破局2018，医药电商的眼前和苟且》，亿欧网，2018年1月4日，https：//www.iyiou.com/p/63680.html。

⑦ 阿茹汗：《医药电商再突围》，EEO大健康，2019年1月22日，https：//dwz.cn/EzVvfMLg。

员提供精准的药事服务。目前微医药诊店平台已经与超过 2 万家药店合作，日均服务量超过 5 万人次①。好大夫、春雨等也积极补足药品供应的相关业务板块。

（三）资本流入促进上市热潮

2018 年我国医药电商行业资本吸纳能力增强。资本流入加快是行业逐渐步入成熟、企业价值兑现的重要标志。截至 2018 年 11 月底共发生融资 11 笔，总金额超 100 亿元。融资爆发现象的主要原因是平安好医生和 111 集团（1 药网）上市带来大额融资，分别达 70 亿元和 6.87 亿元，合计占 2018 年医药电商融资总额的 74.4%（见表 3）。资本对医药行业的追捧促进“头部企业”加快上市步伐②，这是由于医药电商行业资本规模效应（大规模资本的正外部性）显著，通过融资扩大竞争优势是“头部企业”抢占市场的重要手段③。目前，1 药网、健客、好药师、七康乐和阿里健康大药房在产品经营规模、融资能力、线上服务能力、附加服务能力等竞争力评价方面位居前五④。

（四）政策走向利好

2018 年是“医药分离”大形势逐渐明晰、医药电商行业发展前景明朗的开局之年。在经历了 2017 年末和 2018 年初《网络药品经营监督管理办法（征求意见稿）》《药品网络销售监督管理办法（征求意见稿）》两旨“禁令”之后，监管当局终于顶住压力，继续朝着医药分离、处方药外流和医药市场化的脚步进发。2018 年 4 月颁布的《关于促进“互联网 + 医疗健康”发展的意见》对医药电商行业释放出空前利好信号，提出允许“线上开具处方单”和“第

① 《格局生变，1.3 万家医药流通企业饭碗保不住，只因为这件事》，动脉网，2018 年 10 月 23 日，https://baijiahao.baidu.com/s?id=1615078326380179994&wfr=spider&for=pc。

② 观点整合：王浩：《2018 医药电商三大变化》，《医药经济报》，2019 年 1 月 3 日，https://dwz.cn/HP1fAfMO。

③ 朱绍辉：《医药电商到底赚不赚钱？为什么是它率先独立上市……》，2018 年 10 月 4 日，https://dwz.cn/y8DWdgVL。

④ 《2018 年医药电商行业竞争力报告》，动脉网，2018 年 5 月 18 日，https://vcbeat.net/reportDetail?rid=be27c902377d636baef5d5d43c14ec8e。

三方机构配送”等。从长期发展趋势来看，我国医药电商行业已经进入市场化和预备承接处方药外流的加速阶段。2018 年是承上启下的重要转折年，未来政策将大概率对医药电商和医药行业产生利好作用。

三　我国医药电商发展存在的主要问题

医药电商行业由于其特殊行业属性、依赖我国现有医疗体系、深受政策影响等特征，其发展存在流量饱和、资本运作与管理能力不足、严监管、处方药限制等主要问题。

（一）流量饱和与渠道不足①

我国互联网流量红利期已过，流量市场趋于饱和。医药商品对流量促销手段敏感性低，通过增加广告流量提高销售额效果不显著；线上流量营销成本高于线下营销②；政策限制导致市场空间压缩。这些因素导致以“流量”为核心的传统医药电商模式面临困境。医院本身分散的采购渠道导致 B2B 业务规模化程度低，医院为主要销售渠道，占比约 70%，其他零售终端占比较小。带量采购、一致性评价等大幅度压低 B 端药品利润③，鼓励实体药店的相关政策和资本运作导致大型药店并购、小型药店倒闭，B 端数目减少④。医院控制处方权，B2C 渠道优势被双倍抑制，B2B 业务渠道萎缩与流量不足。

（二）资本运作与管理短板

我国医药电商企业存在资本运作和人员管理能力的短板，具体表现为：①互联网医药电商企业擅长获客与推广，与传统线下实体药店具备实力差异；②医药电商平台与传统零售药店存在较多利益摩擦与管理问题，例如实体药店

---

① 席悦：《医药电商进入中兴期》，中国物流与采购杂志，2019 年 3 月 5 日，https：//dwz. cn/Bkaw1Kpq。

② 村夫日记：《医药电商：巨亏下的转型之路》，2018 年 9 月 27 日，https：//dwz. cn/AJDoYoDZ。

③ 温淑萍、冯晓冰：《处方药外流，万亿药品市场与它的焦虑者们》，经济观察网，2019 年 1 月 29 日，https：//www. iyiou. com/p/91281. html。

④《中国药店 2018：零售药店数量减少　连锁化率明显提升》，《医药观察家报》2019 年 3 月 13 日，http：//news. pharmnet. com. cn/news/2019/03/13/518421. html。

担心零售市场投入产出比较低、风险较大，合作意向不高，可能存在线上线下药品结构的错配问题，实体药店利润结构导致配送意愿过低等①；③早期“吹捧潮”导致O2O线下运作体系基础薄弱，在人员配置与体制建设上存在巨大短板②。

（三）医改政策有待加强电商发展

从短期来看，“医药分离”政策机制存在不利于医药电商发展的负面要素：第一，“两票制”和“4+7”带量采购政策引起的低价采购模式导致传统药企形成“薄利跑量”和“一家独大”的局面③，致使B2B渠道生存环境更加恶化。第二，处方药外流的突破程度有限，达到日本、美国等当前医药分离模式的可能性较小④，对医药电商市场空间释放造成抑制。第三，“互联网+医疗健康”短期内实现效率不高⑤，传统医药电商销售仍然在OTC和非药品领域，市场占比只有整个药品流通行业的10%左右；互联网医院、智慧医疗等仍游离在控费、分级诊疗、公立医院改革等中国医改的核心领域之外⑥。

（四）“处方药外流”的局限性

“处方药外流”具有较大政策波动，直到2018年监管当局相继颁布《药品网络销售监督管理办法》和《关于促进“互联网+医疗健康”发展的意见》，业界认为网络销售处方药迎来“新春风”⑦。然而，医院方利益动机不足，零售商积极

---

① 陈爱军：《如何做加法？叮当快药带来的转型思考》，亿欧网，2019年3月5日，https://www.iyiou.com/p/93953.html。

② 《一文看透：医药B2C、B2B、O2O、医药新零售、医药电商盈利之道》，亿欧网，2017年5月19日，https://dwz.cn/ogZ9O8uR。

③ 带着南风看世界：《深度解析带量采购政策对医药行业的影响》，2018年9月17日，https://baijiahao.baidu.com/s?id=1611784483343160541&wfr=spider&for=pc。

④ 上药战略研究院：《医药电商为什么没有出现独角兽?》，上药观察，2018年8月6日，https://dwz.cn/DEU0fb1K。

⑤ 王旭光：《医药电商破解传统药品零售痛点》，国际商报微商业，2019年1月11日，https://dwz.cn/Ox8TF67U。

⑥ 上药战略研究院：《医药电商为什么没有出现独角兽?》，上药观察，2018年8月6日，https://dwz.cn/DEU0fb1K。

⑦ 政策梳理参考表2。

性不高，缺乏处方药大幅度放量的利益驱动力①；同时线下零售店铺药剂师制度较为混乱，处方药零售缺乏有效的专业性辅导。2018 年 11 月 26 日，国家卫健委、国家中医药管理局联合下发的《关于加快药学服务高质量发展的意见》明文禁止医院药房托管②，阻断了医药电商涉猎“药房托管”商业模式的可能。从利润结构来看，处方药的品种利润结构和地方政府的限制政策决定只有部分慢性病药品、肿瘤专科药品、中成药、独家特效药等存在较大的外流销售利润空间。

（五）支付限制和安全隐患

医保统筹尚未实现，医药电商支付存在限制。当下我国医保控费形势严峻，短期内开放线上医药零售医保支付比较困难③。即使实现医保统筹，分级诊疗使基层医疗机构成为药品零售发展的替代市场，抑制医药电商零售医保统筹的内在动力。医药电商由于信息技术的大量接入，将给药品交易、病患就诊的数据安全带来风险④。同时从线上到线下的药品传输，也可能造成配送人员身份识别困难和药品造假等安全隐患。

四　我国医药电商发展的主要趋势

未来，我国医药电商行业的发展趋势将围绕处方药外流、商业模式更新、产业融合与蔓延和技术催生新业态等方面展开。

（一）处方药外流促进医药电商发展

处方药外流将为我国医药电商行业释放约 2000 亿元的市场增量⑤，医药

---

① 《四大挑战 + 五大突破口！哪些处方药适合在零售药店布局?》，《医药经济报》2019 年 4 月 7 日，https：//dwz. cn/NHPdFKXr。

② 邓勇、匡悦：《药房托管被禁，企业面临哪些风险？如何应对?》，《医药经济报》2019 年 2 月 21 日，https：//dwz. cn/2EgwrTP1。

③ 周玉涛：《医保统筹进药店，势必会经历一个载艰负难的开局》，亿欧网，2018 年 3 月 24 日，https：//www. iyiou. com/p/68634. html。

④ 李蕴明：《宗云岗：医药电商步入“医药 + 互联网 + 医疗”对接期》，医药经济报（微信公众号），2018 年 7 月 6 日，https：//dwz. cn/6BByYCnN。

⑤ 葛战一：《一文看懂医药电商 B2C 行业投资逻辑　| 高特佳研报》，高特佳投资，2018 年 8 月 2 日，https：//dwz. cn/U5wpVzyG。

电商将作为处方药的重要承接方获得发展：允许“在线开具部分处方单”，使电商平台可通过“线上医生”与“网上医药商城”端口的大量对接，提升“场景对接”，提高购买转化率；允许“第三方配送”为 B2C 和 O2O 两种模式的线上线下流转提供合法性；具有互联网等新技术背景的医药电商公司，拥有能力构建电子处方流转、承接和共享平台。

（二）医药电商商业逻辑产生转变

从“C 端扩张”到“B 端赋能”①。我国医药电商行业过去主要依赖“C 端”接入人数增多带动药品销量提升的商业模式遭到一定的发展局限，医药电商 B 端增速明显②。从“渠道规模”到“供应链价值”③，业界企业纷纷跨界合作，我国医药电商将从“单打独斗”转向通过利用供应链管理实现多元竞合的未来行业格局。从“流量营销”到“用户为王”。我国医药电商行业将逐渐从严肃的营销话语向以用户为核心、加强与消费者沟通的方向转变，整个行业通过药品的场景营销、差异化竞争、口碑传播、客户忠诚度等驱动，开始进入“以人为本”、“细分化”和“定制化”的新发展阶段。

（三）医药电商将促进医药行业重塑

医药电商将促进医药行业的数字化进程。未来医药电商将进一步推动人工智能医护、医药物联网等新兴业态的发展。随着大数据、云计算、人工智能技术的普及，药品和医疗信息将逐渐实现全记录和可追溯，从而提升药品流通的效率和透明度④。医药电商将促进药店分类分级格局的形成。医药电商将加快拥抱线下优势药品零售方，抢占优势资源拥有体，同时这种资源的“强强联合”将加快资本向头部企业聚拢。另外，医药电商也将十分重视长尾市场的发展，数据显示该板块拥有药店分类、医疗分诊的最

---

① 《中国医药互联网+：风雨欲来，蓄势待发》，德勤中国，https：//dwz. cn/ldcUVIkh。

② 《科技赋能 B 端新趋势白皮书》，普华永道中国，2018 年 7 月，https：//www. pwccn. com/zh/services/consulting/publications/new-trends-technology-enabling-to-b-services-whitepaper. html。

③ 《2018 年全球医疗行业展望》，德勤中国，https：//dwz. cn/HndZlJyU。

④ 《2016 医药电商方兴未艾，未来发展六大趋势》，波士顿咨询，2016 年 4 月，https：//www. useit. com. cn/thread-11853-1-1. html。

快复合增长率。医药电商这种向两头发展的“拉力”，将在一定程度上加快药店分类分级格局的形成。

（四）医药电商加快布局“互联网 + 医疗”①

当前我国“互联网 + 医疗”行业发展速度较快，表现为以大数据、云计算、“5G + AI”双核为驱动的智慧医疗模式，具有互联网医院、诊前诊中诊后智能连接和健康管理等多种商业实现方式。随着《“健康中国2030”规划纲要》等政策号召，大数据、云计算、AI、区块链、5G 等新技术发展，业界加快布局“互联网 + 医疗”，这些个体实践推动了总体趋势的形成。未来医药电商企业与互联网巨头将纷纷加入互联网医疗、智慧医疗的“大健康”主竞场②。

---

① 《中国健康产业 2019 白皮书：四个维度预测下一个爆点》，2019 年 3 月 27 日，https：//dwz. cn/OTvwXvxW。

② 观点整合：《这或许是 2018 年国内最后一单大合作！医药分销进化正当时》，《医药经济报》2018 年 12 月 29 日，https：//dwz. cn/m3dtS13j。

B.24

2018年药品流通行业信息化应用情况调查分析

中国医药商业协会智能化应用分会

摘　要： 药品流通行业在保持增长态势的同时，整体行业环境和企业发展也发生着巨大的变化。数字化转型、人工智能等创新模式的涌现对已有的信息化技术提出了更高要求。本报告通过调研了解企业在药品基础数据管理、药品追溯系统建设、企业数字化转型、人工智能应用等信息化方面的发展规划，希望为企业决策者、信息化建设参与者提供有效参考，通过对标行业的应用情况，对企业的信息化建设策略做出修正和优化；同时，为行政主管部门的政策优化、技术和专项资金支持提供参考。

关键词： 药品流通　药品追溯系统　数字化转型　人工智能　新医改　数据

一　调研的基本情况

2019 年初，中国医药商业协会完成了对 99 家药品流通企业关于信息技术应用的有效问卷调查和重点访问。被访企业的营收规模等级分类及占比如图 1 所示。

在 99 家被访企业中，有 78 家企业的主营业务中包含批发业务，39 家企业的主营业务中包含零售连锁业务，18 家企业的主营业务中包含第三方物流业务，另有 13 家企业包含电子商务业务，11 家企业包含单体药店经营业务。

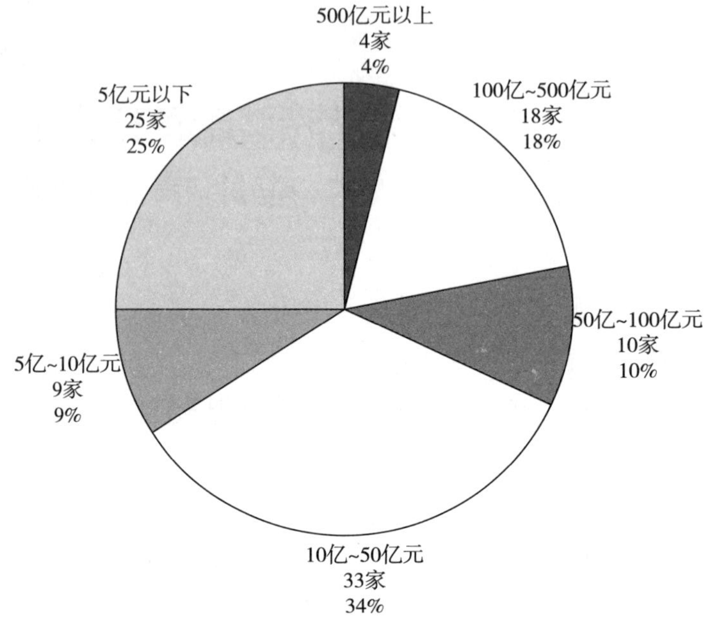

图1　被访企业营收规模分类

本次调查主要针对目前药品流通企业重点关注的几个方面做了详细数据采样，包括信息化战略与投入情况、信息化系统规划与选型情况、药品基础数据系统建设情况、药品追溯系统建设情况、企业数字化转型情况、企业人工智能应用情况等。同时，继续关注企业在新医改浪潮中的准备工作和实施策略、企业在未来三年信息化技术方面的投入和希望政府及相关单位做的支持工作。

本次调查数据收集汇总后，中国医药商业协会智能化应用分会和医药信息技术专业委员会与多位业内信息化专家一起，对回收的有效调查问卷进行了编码、统计分析和研讨，最终撰写完成本报告。

二　调查数据分析

（一）企业信息化战略与投入情况

在信息化战略和投入方面，本次调查主要从企业对信息化战略的理解、对信息化建设的人力资源投入和资金投入等方面进行调查。

99 家被访企业中，信息化战略明确的有 48 家，占比 48.48%；较为明确的有 42 家，占比 42.42%；不明确的有 9 家，占比 9.09%。从中可以看出，90%以上的企业有较明确的信息化战略，比重较 2017 年有所提高，企业将信息化战略和发展战略密切结合，通过信息化建设提高企业竞争力。

从信息化建设的人力资源投入上看，在被访企业中有 8 家企业的信息化人员超过 100 人，超过 50 人的有 15 家，可见企业在信息化工作的人力资源储备上是比较充足的。

从信息化建设的资金投入上看，40.4%的企业在信息化资金投入上超过 200 万元，这一数据远高于 2017 年的 30.21%。而资金投入 1000 万元以上的企业占比 18.18%，较 2017 年多出将近 7 个百分点，具体数据如表 1 所示。

表 1　2018 年企业信息化资金投入情况

单位：家，%

选项	小计	比例
1000 万元以上	18	18.18
500 万～1000 万元	8	8.08
200 万～500 万元	14	14.14
50 万～200 万元	26	26.26
50 万元以下	33	33.34

（二）企业信息化规划与选型情况

在信息化规划与选型部分，主要从企业的信息化系统规划情况、信息化系统选型原则、信息化系统的选型及考虑因素等方面进行调查和访谈，归纳出企业对信息化规划的重视程度以及在选型中主要考虑的因素，希望可以为企业提供信息参考。

在企业信息化系统规划情况调查的 99 家被访企业中有 51 家表示有明确的信息化规划，占比 51.52%，这一数据较 2017 年提高近 5 个百分点；44.44%

的企业表示将根据企业业务情况来定，只有 4 家企业表示无明确的信息化规划，这说明企业对于信息化规划的重视程度正在提高，并且有一半以上的企业已经有了明确的信息化规划，这无疑将大大增强企业在面临不断变化的生存和竞争环境时的应对能力。

在信息化系统选型原则上，企业的三个优先考虑因素依次为：企业战略、业务需要、方便实用。同样与 2017 年对比可以发现，越来越多的企业开始根据企业战略进行信息化规划（见图 2）。

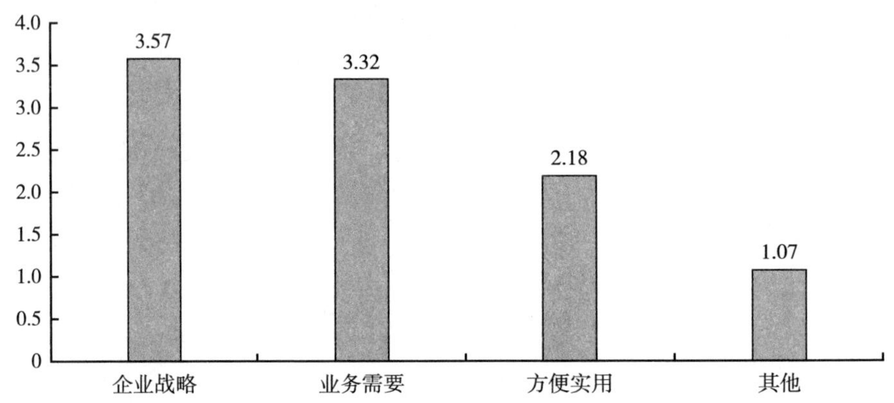

图 2　企业信息化系统选型原则排序

注：选项值计算方法为：选项平均综合得分 = （Σ 频数 × 权值）/本题填写人次。

在企业的信息化系统选型中，55. 1% 的企业选择了国内厂商，近 42% 的企业选择自主研发 + 厂商的模式，18. 37% 的企业选择了国内厂商 + 国外厂商，8. 16% 的企业选择完全自主研发，6. 12% 的企业选择其他选型，仅有 5. 1% 的企业选择了国外厂商。由此可见，国内厂商仍然是企业在系统化选型中的第一选择，选择国外厂商的企业很少，同时随着企业对信息化投入的不断加大，企业自主研发 + 厂商这种合作共赢的模式也越来越受到企业的欢迎。

企业在选择合作厂商时的关注点有不同亦有相同。不同的是，选择国外厂商时企业比较关注稳定的平台；而选择国内厂商时则更关心良好的服务。相同的是，企业无论选择国内厂商还是国外厂商，前两位比较关注的因素都是稳定的平台和良好的服务，而与产品和服务相比，价格反而成为企业最后考虑的因素。这说明企业在选择建设信息化系统时，满足企业需求才是第一位考虑因素，同时这也很好地印证了随着企业对信息化认知的深入，基于自身个性化的需求开始更多地选择自主研发+厂商这种共赢的合作模式。具体数据如表2、表3所示。

表2　企业选型选择国外厂商时主要关注点

单位：%

选项	排序	比例(多选)
稳定的平台	1	82.50
良好的服务	2	81.25
管理提升	3	71.25
品牌	4	68.75
完整的产品线	5	56.25
价格便宜	6	33.75

表3　企业选型选择国内厂商时主要关注点

单位：%

选项	排序	比例(多选)
良好的服务	1	89.69
稳定的平台	2	82.47
管理提升	3	74.23
完整的产品线	4	65.98
品牌	5	61.86
价格便宜	6	47.42

（三）药品基础数据系统建设

在药品基础数据系统建设环节，主要从企业药品基础数据的统一管理情况、药品基础数据的专业化主数据系统建设情况、药品编码的原则以及药品编码在企业上下游供应链中的实际应用情况等几个维度来了解企业在药品基础数据系统建设方面的基本现状。

在企业药品基础数据的统一管理方面，99家被访企业中有95家为统一管理，占比95.96%，有4家为非统一管理，由各分子公司或者各部门自己分别管理。在对药品基础数据进行统一管理的95家企业中，55家的药品基础数据是由集团统一管理，分支公司有专岗专人统一管理的占被访企业的

55.56%；40 家公司有专岗专人统一管理，占被访企业的 40.40%。这说明企业十分重视药品基础数据的统一管理工作，尤其重视集团化的统一管理。

在专门或者专业的主数据系统对药品基础数据进行管理方面，接近六成（59.6%）的被访企业倾向于通过 ERP 系统中独立的药品数据模块实现管理，38.38% 的被访企业通过独立的主数据管理系统来实现，2.02% 的被访企业并未设置专门或者专业的主数据管理系统。在药品基础数据管理方面，ERP 系统能够极大地满足企业的基本需求，而这一方式也无疑成为企业在药品基础数据管理上的第一选择。

在企业药品编码的原则上，在 99 家被访企业中近一半（49.49%）为集团统一编码 + 分子公司或各系统统一应用该编码的形式；近三成（29.29%）为企业统一编码 + 各系统统一应用该编码的形式；另有 14.14% 采用集团统一编码 + 分子公司或各系统单独编码 + 和集团对码的形式；3.03% 采用企业统一编码 + 各系统独立编码 + 和企业统一编码对码的形式；集团无统一编码而分子公司各自编码、企业无统一编码而各系统各自编码这两种形式则各占比 2.02%。集团统一编码 + 分子公司和各系统统一应用该编码的药品编码形式，可以更好地实现药品在企业内部的信息化管理，特别是对药品购销等数据的分析，以便发挥出药品编码应有的作用。而从现有的数据来看，企业对此部分的重视程度显然不够，药品编码的统一管理仍需要继续大力推进。

药品编码在企业上下游供应链中的实际应用方面，在 99 家被访企业中 57.58% 的企业与上下游供应链通过对码的形式应用药品编码；22.22% 的企业与上下游供应链对接时无药品编码的应用；而仅有 20.20% 的企业与上下游供应链使用统一的药品编码。

在药品编码和药品基础数据信息的统一化应用方面，84.85% 的被访企业希望有统一的药品编码和药品基础数据信息供企业应用，仅有 15.15% 的被访企业选择无所谓（13.13%）或者不希望（2.02%）。

（四）药品追溯系统建设情况

2018 年 11 月 1 日，国家药监局发布《关于药品信息化追溯体系建设的指导意见》（国药监药管〔2018〕35 号），药品追溯体系的建设正在进入新阶段，将通过强有力的推进走上正轨。本次调查主要从企业目前使用的追溯系统的基本情况及是否满足企业需求、企业在建设追溯体系时主要考虑的因素以及遇到的困难等方面进行了考察。

在被访企业中，有48.48%的企业使用阿里“码上放心”系统，35.35%的企业自建追溯系统，16.16%的企业上传到其他第三方平台。其中，只有32.32%的企业认为所使用的追溯系统可以完全符合企业的管理需求，近七成（67.68%）的企业表示使用中的追溯系统部分符合需求还需完善，或者完全不符合需求但还没有找到可替代的系统，这与2017年超过七成的数据相比有所下降，但仍有较大的提升空间。这说明，现阶段市场中的追溯系统并不能完全满足企业需求，药品追溯系统建设仍然任重而道远，需要相关部门和企业共同努力并采取强有力的措施推进落实。

在企业追溯系统建设过程中，69.7%的企业认为追溯系统的建设成本过高，62.63%的企业认为追溯采集效率低，40.4%的企业认为追溯数据存储或上传存在安全问题。与2017年的数据相比，认为追溯采集效率低、追溯数据存储上传存在安全问题的企业数量占比增加了近20个百分点，这说明企业在追溯系统建设中遇到的困难仍然较多，其中追溯系统建设成本过高是企业普遍存在的问题，同时追溯采集的效率问题和数据存储的安全问题也成为当下企业建设追溯系统时不可忽略的考量因素，企业追溯系统建设急需更为完善的解决方案。

企业在选择追溯系统时，60.61%的企业希望使用第三方追溯平台且无特殊偏好，21.22%的企业选择企业自建追溯系统，18.18%的企业选择使用阿里“码上放心”系统。同时，在符合国家政策要求的情况下，企业建设追溯系统中数据安全为首要考虑因素的占比最高，其次为应用方便快捷，建设成本低和其他考虑因素占比最低。具体情况如表4所示。

表4　企业建设追溯系统主要的考虑因素

单位：%

选项	比例
数据安全	57.58
应用方便快捷	33.33
建设成本低	7.07
其他	2.02

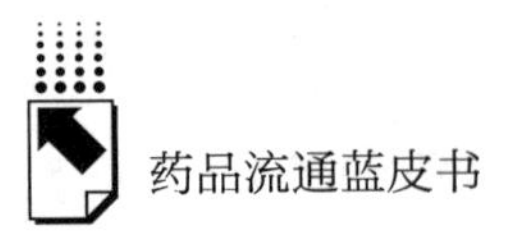

（五）企业数字化转型情况

随着数字技术的不断更迭和创新，数字化转型的大趋势已经渗入医药行业的各个领域，利用科技手段为药企赋能，提高行业的整体运行效率，进而实现构建全新数字经济体系的目的。

从企业数字化建设的开展情况来看，72.73%的企业正在开展或已经开展数字化建设，64.65%的企业已经制定或正在执行企业数字化战略，只有27.27%的企业尚未开展数字化建设，35.35%的企业尚未制定企业数字化战略。此外，在数字化组织机构方面，近六成（59.6%）的企业尚未成立新型的数字化组织机构，已经成立或正在成立新型的数字化组织机构的企业占比仅四成（40.4%）。这说明企业已普遍认识到数字化转型对其发展的重大意义，并制定数字化战略，革新企业数字化建设，但多数企业并未成立新型数字化组织机构，企业对数字化转型的重视程度仍待提高。

从企业对数字化转型内容的认知来看，排在前三位的是企业决策者要从经验判断向“数据说话”“智慧决策”转变（占比77.78%），实现从组织到服务、从客户到业务、从前端到后端的“数据互联互通”能力（占比74.75%），以及要加快推进新一代信息技术的应用、实现“数字化”信息系统建设（占比66.67%）。其次依次为从独自应用企业“数字”资源转变到共享“数字”、共创“数字生态”（占比65.66%），将“数字”视为核心资产、新资源和新财富（占比63.64%），破除传统业务与信息技术之间存在的界限和“鸿沟”、成立新型的数字化机构（占比61.66%），企业价值观和战略导向要从业务驱动转变为数据驱动（占比55.56%）。从企业战略、决策者意识、数字化建设、服务方式转变等层面进行考察，大部分企业对数字化转型的内容已经有了较为清晰的认知，这也是企业数字化转型的基础。

从企业已有的数字化转型成果来看，选择已经和上下游实现企业部分数字共享的企业占比56.57%，选择企业的决策大部分都以“数字”为基准的企业占比49.49%，选择已经建设互联互通、共享的信息化系统的企业占比45.45%，选择已经成立专门的数字化组织机构的企业占比23.23%。显然，虽然大部分企业对数字化转型有了较为清晰的认知，企业数字化建设已初见成效，但各项数字化指标多低于50%，企业的数字化转型仍有较长的路要走，需要政府以及行业协会对企业给予指导和协助。具体情况如表 5 所示。

表 5　企业数字化转型成果情况

单位：%

选项	比例（多选）
已经和上下游实现企业部分数字共享	56. 57
企业的决策大部分都以“数字”为基准	49. 49
已经建设互联互通、共享的信息化系统	45. 45
已经成立专门的数字化组织机构	23. 23

（六）企业人工智能应用情况

近年来，随着新医改政策的全面推行与不断落实，药品流通行业正在迎来新一轮的变革。而人工智能的崛起将极大提升医药行业运用数据的能力，以智能化的颠覆式升级推动云计算、大数据、物联网等技术与医药产业的深度融合。本次调查将主要从企业对人工智能的需求和应用现状、人工智能在企业中的应用场景以及人工智能背景下的企业发展趋势等三个维度进行考察。

在企业对人工智能的需求和应用现状方面，80. 81% 的企业均认同流通企业有人工智能的需求，但只有 28. 28% 的企业在实际应用场景中应用了人工智能。这说明企业普遍认同人工智能在企业中的应用价值，但人工智能却在应用环节上十分薄弱，人工智能与产业链的结合仍有较长的路要走。

在人工智能于企业中的应用场景方面，在 99 家被访企业中 53. 54% 选择了物流业务智能辅助，49. 49% 选择了零售业务智能辅助，47. 47% 选择了采购业务智能辅助，42. 42% 选择了销售业务智能辅助，41. 41% 选择了云计算、大数据的智能化技术，另有 27. 27% 、26. 26% 、23. 23% 和 16. 16% 分别选择了企业画像或会员画像、管理过程智能决策、外部服务（如智能机器人客服、智能语音客服）和其他。这说明企业对人工智能在物流、零售、采购、销售等方面的应用场景有了初步的认知，但并不深入。

在人工智能背景下的企业发展趋势方面，88. 89% 的企业选择了线上、线下一体化，71. 72% 的企业选择了批发、零售一体化，65. 66% 的企业选择了业务、资讯一体化，49.49%的企业选择了自营、合作一体化，另有2.02%的企业选择了其他（见表6）。

表6　人工智能大趋势下药品流通企业的发展趋势

单位：%

选项	比例(多选)
线上、线下一体化	88.89
批发、零售一体化	71.72
业务、资讯一体化	65.66
自营、合作一体化	49.49
其他	2.02

随着人工智能与医药产业链的深度融合，人工智能带给药品流通行业的革新将是颠覆性的，药品流通企业应将智能化技术上升到企业的战略层面，以提升未来企业的核心竞争力。

（七）企业信息化适应新医改情况

2018年的新医改重点工作主要是围绕公立医院控费、智慧医疗、分级诊疗、药品供应保障、现代医院管理、医疗保障管理、商业保险引入、中医药服务、综合监管等展开，而企业需要根据国家医改政策逐渐推进企业的信息化改造。

被访企业为顺应“两票制”，积极改造自身信息化系统，调整优化配送关系，严格执行票据查验管理，推进实现信息透明和数据共享。同时，企业与上游供应商系统进行对接，在“两票制”的规则下匹配业务作业数据和上游数据。现阶段国家鼓励医药分离，降低医院的药占比，在此基础上，医院的处方如何外流、如何更好地为药店赋能、为患者服务也成为企业的关注点，企业通过积极建立院外药房、电子处方交互平台、与第三方合作电子处方外流平台、智慧云药房等多种方式承接上游医院的处方外流业务，同时提升自身的服务能力。

区域级的分销企业通过与医院的积极合作，为其提供SPD院内物流服务，从而实现自身ERP系统和医院HIS系统的无缝连接，降低医院成本并实现医院终端的高效服务。

（八）未来三年企业在信息化方面的重点投入

在本次的调查结果中，企业信息化建设方向发生了很大的变化，在核心ERP系统建设基础上增大了对创新业务支持的投入。未来三年，企业希望在大数据和云计算、供应链服务效率、集团化业务整合、企业数字化创新等方面进行重点投入。

1. 大数据和云计算

被访企业中，有32%的企业计划在未来三年加大在大数据和云计算方面的投入，在完善企业ERP系统建设的基础上希望进行大数据分析和数据可视化建设，使企业在经营时能够更准确地获得、上报相关信息，从而辅助企业决策。企业希望通过大数据对商品、供应商、客户、门店、会员进行精准画像，支持企业决策和服务优化。

2. 供应链创新服务

在本次调研中，被访企业希望通过供应链信息化技术的创新来改变原有生态模式的诉求也越来越强烈，包括供应链金融、电子处方流转平台、企业上下游供应链的协同、电子商务系统、数字化营销平台等。企业供应链服务的创新，也是信息化智能化新技术在供应链各环节的应用。被访企业在系统服务厂商的选择上，自主研发+国内厂商的模式也越来越得到企业的认可，基于企业需求的供应链创新服务已迫在眉睫。

3. 集团化业务整合

随着国家大力推进医药卫生体制改革，医改带动药改，全国性商业企业和区域性龙头商业企业逐渐建立竞争优势，对集团化业务整合的需求也越来越清晰化。企业线上+线下业务的整合、ToB端一体化供应链物流整合平台的整合、ToC端数字化营销服务平台的整合等，成为大型企业未来三年集团化业务整合的迫切需求。

4. 业务中台

在本次调研中发现，在叠加了政府、监管、技术、商业模式急剧变化的各种持续变革下，被访企业业务已经迎来了巨大的变革时代，无论是ToB的业务还是ToC业务，都已经面临迅速变化的市场现状，各种新渠道、新模式、新服务、新技术层出不穷，消费者和企业用户的需求和习惯也在不断变化，企业边界在无形中不断扩张，对企业业务发展的敏捷度形成了巨大的挑战。企业希望从信息化角度抽取公共服务部分，形成业务中台，希望能有效帮助企业在互联网时代大幅提升自身的业务敏捷度，驾驭和应对各个角度的变革，将应对变化的能力转化为企业竞争力，获得业绩增长。

5. 企业数字化创新

在本次调查中，企业在机遇与挑战并存的外部环境催生下，数字化创新势在必行。同时随着“智慧企业”的不断发展，尤其是在2018年“智慧药店”也开始逐渐进入大众的视野，药店“智慧化”发展的重点放在零售上，药店转向智能化的第一步是开启医药零售新模式。在未来的三年中，企业希望借助智能硬件或智能软件，为线下药店“插上智慧的翅膀”，从而提供更好的服务。例如，某些药店引入“小乔机器人”作为执业药师的助手，通过智能化分析为顾客提供精准合理的用药方案。而大参林等后起之秀引入英克+微信智慧药房，通过智能化软硬件服务为顾客带来自助式、富含科技感的全新药店服务体验。

（九）企业希望获得政府部门或相关机构的支持

1. 政策和资金

99家被访企业中，近七成的企业表达了希望政府和行业机构能够给予企业在信息化建设中的明确政策导向以及资金扶持，希望行业协会可以成立行业信息化创新支持基金，支持行业信息化创新发展。

2. 行业标准化

无论从企业对信息化追溯体系建设还是从药品主数据管理出发，都希望政府和相关机构建设一套基于品规的药品编码标准、追溯码编码标准。

3. 渠道和平台

希望由相关机构组织行业建立医药商业企业服务平台，为企业提供行业信息服务、产业链整合服务、人才培训（尤其是数字化建设方向）等综合性行业服务等。

4. 公有云服务

基于对数据安全以及使用快捷方便的双重考虑，希望由政府出面主导提供满足企业应用的高性价比的公有云服务。

5. 税收优惠

希望政府部门可以降低医药商业企业税费，在新医改下减轻企业税收负担，并针对专项扶持成立专项资金。

三 结论

（一）企业信息化战略较为明确且稳步推进

调查显示，大型企业都有较明确的信息化战略，且资源投入逐年增加，中小企业也逐渐认识到信息化的重要性，积极寻找新的信息化手段支持业务发展。具体维度来看，药品流通企业信息化“战略需求”驱动和“业务需求”驱动的特征明显。随着企业对信息化系统认知的深入和重视，在稳步推进信息化的同时，基于自身发展的个性化需求，企业也在积极探索新的信息化建设模式，除选择主流的国内厂商外，自主研发 + 厂商这种共赢的合作模式正在被企业认可，并且企业自主研发投入逐年增大。

（二）药品基础数据建设需要强有力的整合

从调查结果可以看出，企业十分重视药品基础数据的统一管理工作，尤其是集团化的统一管理以及全行业性的统一管理。从现有数据管理来看，ERP系统无疑是满足了企业内部的基本需求，也成为企业在药品基础数据管理上的第一选择。但从全产业链来看，统一的药品编码和药品基础数据信息的统一化应用并未完全实现，这也是企业所迫切需求的，而这一标准化的实现需要政府或者行业协会牵头进行强有力的行业整合。

（三）药品追溯系统建设多样化发展但部分问题凸显

从被访企业反馈的数据来看，药品追溯系统仍有较大的提升空间，而现阶段市场中的追溯系统建设开始多样化发展，不仅有阿里的“码上放心”系统、第三方追溯平台，有实力的大中型企业也开始加大投入自建追溯系统。多样化的发展也说明现阶段市场中的追溯系统并不能完全满足企业的需求，除建设成本过高这一普遍存在的问题外，追溯采集的效率问题和追溯数据存储的安全问题也已成为当下企业建设追溯系统时不可忽略的考量因素，企业追溯系统建设急需更为完善的解决方案。

（四）企业数字化转型已初见成效但在实际建设上仍需努力

从被访企业反馈的数据来看，虽然大部分企业对数字化转型的内容有了较为清晰的认知，七成以上的企业正在建设或已经开展数字化，六成以上的企业已经制定或正在执行企业数字化战略。企业逐渐认识到将“数字”视为核心资产、新资源和新财富，破除传统业务与信息技术之间存在的界限和“鸿沟”，企业决策者要从经验判断向“数据说话”“智慧决策”转变，成立新型的数字化机构，加快推进新一代信息技术的应用，实现“数字化”信息系统建设。但从实际建设成果来看，企业数字化建设已初见成效，但各项数字化指标多低于50%，企业的数字化转型仍有较长的路要走。

（五）人工智能在企业中的应用需要政策引导、技术和资金支持

从被访企业反馈的数据来看，企业普遍认同人工智能在企业中的应用价值，对人工智能在物流、零售、采购、销售等方面的应用场景有了初步的认知但并不深入，人工智能与产业链的结合仍有较长的路要走。而这一颠覆性的革新过程需要政策给予方向性引导、技术的支持以及资金的大力扶持。

B.25
互联网时代下的处方药新零售

上海医药大健康云商股份有限公司

摘　要： 过去数年间，随着“互联网＋”行动计划的推进，电商平台、创业公司、传统医药企业等纷纷进入医药电商领域。迄今医药电商的商业模式逐渐完善，但药品高监管的行业特性使“互联网＋”融合进展缓慢，医药电商B2C业务始终局限在OTC与保健品等领域。在当前政府严抓医保控费、出台鼓励发展“互联网＋医疗健康”政策、处方外流逐渐成为趋势下，医药电商的发展迎来了新的机遇。本文将以上药云健康为例，介绍一种创新的互联网处方药销售模式。

关键词： 医药电商　“互联网＋”　处方药　益药体系

一　制约医药电商发展的因素

（一）处方药网售已成为行业痛点

2018年以来，互联网ToC端医药电商稳步发展，但总体来说医药电商并未进入良性发展阶段。一方面是因为目前医药电商的销售模式多以高补贴换取流量的方式运作，虽然该方式能够带来高速增长，但并未形成用户依赖，增长的质量和持续性不足；另一方面作为药品销售的主流，处方药的网上销售始终面临着政策方面的限制。自2014年起，网售处方药政策制定经历了数次变动，截至目前仍然未有直接放开的迹象。在业务和资本的双重压力下，2018年医药电商纷纷向线下转型，寻求通过线下发力满足增长需求。

（二）医保控费引发处方药大面积外流

自全民医保政策实行以来，医保支出日益成为政府的沉重负担。在此背景下，相当一段时间以来医保控费降价成为政府指导医改的原则。受其影响，控制不合理医疗费用支出、打破以药补医、实行医药分离成为其中一条重要举措。在切断医院利益链条方面，已实施了药品入院零加成等一系列措施，使院方丧失节流处方的动力。在切断医生利益链条方面，已实行院内药品控费的一系列政策，并在2018年底推出了“4+7”集中采购试点。其中，“4+7”带量采购涵盖医院采购药品60%~70%的市场份额，竞标成功的少数企业将分享该份额。此政策直接导致大量仿制药企业陷入困境，迫使其主动废除不必要的营销费用等以降低药价。在此政策影响下，一方面竞标集中采购失败的企业被迫寻找院外销售渠道；另一方面成功留在院内的药品，由于价格的大幅下跌，利润大幅减少。从长期影响来看，大部分药企将进一步专注于研发可以自主定价的新药以确保利润，院外渠道的价格自主性优势将使其成为这部分药品的主要渠道。多重因素影响下，处方大面积外流有可能成为新的趋势。

（三）“互联网+处方药”时代来临

2018年4月28日国务院办公厅发布了《关于促进“互联网+医疗健康”发展的意见》。文件明确指出：允许依托医疗机构发展互联网医院，同时允许在线开展部分常见病、慢性病复诊，明确医疗机构作为互联网医院载体的主要地位，这对之前流行的互联网平台型模式是致命打击。另外，从互联网医院配套方考虑，文件亦在一定程度上给予网售处方药新的可能性。随之而来的《医疗机构处方审核规范》《互联网诊疗管理办法（试行）》《互联网医院管理办法（试行）》、《远程医疗服务管理规范（试行）》等一系列配合互联网医院出台的文件，更是明确指出医生在掌握患者病例资料后，确定患者已在实体治疗机构确诊后可开具线上处方，并可委托第三方机构配送药品。一系列政策的发布，让医药电商能够有条件为实体医疗机构复诊患者通过线上流转的电子处方完成处方药销售。

在市场环境改变和政策放开的双重影响下，医药电商将有机会摆脱原有“普药+保健品+计生用品”电商的大众认知，充分利用线上线下相结合的

O2O 模式的优势，承接处方有序外流，帮助医疗体系良性运转，从而转变为专业化互联网医药服务商。同时与互联网医院结合，为互联网诊疗提供助力，发展基于该模式的增值服务亦将是行业未来的重要方向。

二 处方外流面临的问题与解决方案

尽管处方外流已成为相关领域的共识，但处方的特殊性使处方药销售渠道的创新仍然面临着诸多的问题和挑战，而这些问题也是多年来监管机构迟迟不愿放开处方药网售的根本原因。

首先，处方的获取和流转的可及性和可控性不足。现今多数医疗机构仍是信息孤岛，处方标准和形式也多有不同，无法达成互联互通，且处方包含高度敏感的个人信息，不可控的处方外流将给患者的信息安全和医保机构的资金安全带来极大风险。监管机构和医疗机构的顾虑使处方外流困难重重。

其次，处方药以医保为主的支付方式使其在目前阶段仍以医院为主要销售载体。特别是医保统筹支付目前在绝大多数地区仅开放给医疗机构，医保支付对接零售药房尚存监管、控费等多个政策难关。即便处方外流，患者仍然需要在医院内使用医保支付，大大降低其在院外购药的动力。

最后，处方药不同于 OTC 药品，患者对于专业的药事服务有强烈需求。而我国在全国范围内存在执业药师配比不足、药店专业化药事服务能力不足的现象，远不能满足处方药承接需求。

针对上述问题，上海医药旗下承接处方药网售的创新电商平台——上海医药大健康云商股份有限公司（下称“上药云健康”）在分析和理解目前处方药网售的现状与医改诸多痛点后，果断改变医药电商传统模式，另辟蹊径专注于处方流转各环节的综合服务，由原先流通企业服务到医院的“传统分销商”角色，转变为基于“互联网 +”服务到患者的“处方药新零售”角色，建立了一套以电子处方流转为核心的处方药新零售业务模式，着力解决处方药网售中信息安全、医保资金安全、药品滥用和药事服务缺乏等问题。从处方的获取和管理、支付与合理性管控、实现药品配送、患者增值服务等处方流通环节的多个方面，帮助政府机构落地医药分家政策，助力医疗改革，安全承接处方外流，降低社会总成本。

三　益药互联网处方药新零售生态

为落地以电子处方流转为核心的处方药新零售业务模式，上药云健康构建了“益药”品牌体系。在处方的获取和管理方面创建了“益药·云医院”“益药·电子处方”；在支付和合理性管控方面创建了“益药·金融”；在实现和配送方面构建了“益药·云药房”“益药·药房”；在患者服务方面创建了“益药·会员”等多个子品牌，共同构建了处方药新零售闭环生态。

（一）以“益药·电子处方”为核心的处方流转系统

上药云健康以“益药·电子处方”平台为核心构建了整个处方药新零售生态圈，旨在建立一个开放式的电子处方流转平台，以获取和管理处方。通过对接医疗机构 HIS 系统、互联网医院以及 APP 等，打破各医疗机构存在的信息孤岛问题，将各级医疗机构差异化处方信息通过云平台接入处理后形成标准化电子处方，引导处方通过平台合规有序可控流出，合理实现医药分离，使医疗机构回归诊疗业务，同时为智慧医疗战略发展目标奠定坚实的基础。

“益药·电子处方”通过构建电子处方平台、药品数据平台和患者数据平台组成大数据平台实现集中审方、快速精准配送与提取，处方和药品的流向管理，患者长期用药精准指导和建议等功能，并以其为核心，为其他延伸业务的发展提供坚实的基础。截至 2018 年底，“益药·电子处方”平台已经累计流转处方超出 1000 万张，对接医疗机构 340 家，为 360 余万名患者提供服务。

（二）云医院 + 电子处方 + 云药房的应用生态

“益药·药房”是上药云健康旗下的国内一流 DTP 服务网络。目前全国拥有 70 余家门店，经营 200 多种高值药品。作为益药生态承接处方实现和配送功能的新零售药事服务中心，为患者提供了对接电子处方的各类线下服务，包括送药到家等物流增值服务、专业化药事服务、慈善赠药服务、患者教育平台以及医疗金融服务。

与“益药·电子处方”相结合，在部分地区上药云健康将“益药·药房”升级为“益药·云药房”。通过接入“益药·电子处方”平台，借助高度自动化的流程为社区医院及大型医疗机构患者提供药品快速送达服务，为大量患者减轻购药负担。

其中，以上海模式最为成熟。通过对接上海市医疗机构，上药云健康有效助力上海市的社区医改“1 +1 +1”组合模式。通过电子处方共享、药品的配送及快速的直配上门服务和长处方管理等业务，帮助更多患者特别是慢病患者和转诊患者减少问诊成本并帮助社区医院满足了用药需求，借此提高了社区医院的价值并缓解了大型医疗机构人满为患的情况，从侧面降低了医疗医保支出成本。至2018 年12 月，上药云健康已覆盖70%以上的上海社区医院。通过该模式，广大市民配药用药便捷程度大幅提升，问诊频次有所降低，获得市民普遍好评。据上海市卫计委统计，2015 年全市每户籍人口问诊频次已经从5. 86 人次降至2017 年的5. 77 人次。同时该模式有效控制了大型医疗机构病人不断膨胀的趋势，2016 年全市三级医院就诊人数涨幅首次呈现降势，65 岁以上老人在三级医院就诊比例现断崖式下跌。

为进一步完善业态，上药云健康与江苏医改先锋城市镇江市紧密合作，先后在镇江成立云药房、云医院。其中与江苏大学附属医院共建的“益药 · 云医院”——网上江滨医院是江苏省内首个互联网医院。“益药 · 云医院”通过与“益药 · 电子处方”和“益药 · 云药房”结合，构建了实现在线问诊挂号、电子病历共享、在线医嘱、在线开具处方、在线缴费及送药到家的一体化互联网医疗服务平台，使患者可以足不出户享受到一站式的医疗服务，实现了“医 + 药”的业务闭环。未来，“益药 · 云医院”还将逐步实现远程会诊、双向转诊，使社区医院与等级医院区域协同，进一步推动优势医疗资源下沉到基层医疗机构，建立健全分级诊疗制度；并将此模式逐步向全国范围内推广，以满足群众多样化、多层次的健康需求，促进卫生健康事业不断发展。

（三）益药 · 金融——基于生态的延伸增值服务

基于“益药”品牌生态，上药云健康在处方的支付和合理性管控方面发展了“益药 · 金融”品牌。一方面在多地探索符合当期需求的医保控费方式；另一方面在自费和商业保险领域，通过旗下子公司镁信健康探索专注于帮助患者更有效地管理医疗支出。

在国家医保方面，上药云健康因地制宜地实行符合当地政策要求的医保控

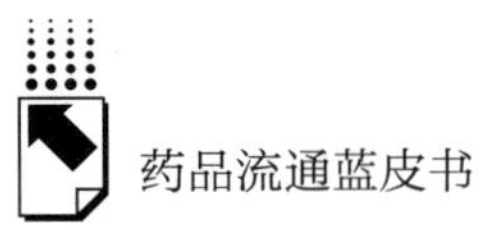

费手段，帮助政府解决控费需求。在杭州，上药云健康旗下的杭州全德堂药房承接了当地大病医保结算审核的职责，购药患者通过审核后由全德堂负责医保结算，并通过注射药品存店保管、使用时间登记和医院直接配药等方式确保患者合理用药和医保资金的安全。

在自费药和商保领域，镁信健康作为上药云健康的创新支付平台，自2017 年 8 月成立以来一直坚持医疗创新支付领域的探索，开展了高值药品金融分期业务、疗效保险业务等多个全国首创业务。通过多家大型药企，以及知名金融保险机构开展医疗金融及药品福利领域解决方案的设计与合作。目前，镁信健康已就肺癌、丙肝、类风湿、眼科、巨细胞病毒感染、骨质疏松、卵巢癌等十余个病种的高值药品开展金融服务业务，并为大量患者提供了金融服务。仅以阿斯利康“泰瑞沙”购药分期付款为例，截至 2018 年 7 月 31 日已累计授信数百人，累计授信金额近 5000 万元，实际发放贷款近 4000 万元，为大量患者减轻了资金压力。

B.26

百洋智慧药店模式助力连锁药店智能升级

青岛百洋医药股份有限公司

摘　要： 在国家医改政策红利不断叠加、零售药店发展新机遇与新挑战并存的情况下，百洋医药集团有限公司研发的智慧药店模式通过信息化的技术驱动、优化药品零售终端出现的多种场景，为零售药店面临的挑战提供了解决思路，将有效地助力零售药店的转型升级。

关键词： 智慧药店　新技术驱动　医药零售场景

一　“智慧药店”将成为未来发展趋势

随着互联网技术与零售药店的加速融合，医改、医疗健康政策以及市场发展的本身需求使智慧药店成为行业发展的必然趋势，医改政策红利的不断叠加也使药店迎来运用数字技术快速发展的阶段。

2018 年 1 月，商务部发布的《全国零售药店分类分级管理指导意见（征求意见稿）》指出，到 2020 年，全国大部分省市零售药店分类分级管理制度基本建立，工作机制运行良好；药品零售行业信息化管理水平大幅提高，行业监管科学性和有效性显著提升。到 2025 年，在全国范围内统一的零售药店分类分级管理法规政策体系基本建立，药品零售行业信息化、集约化和标准化程度进一步提高，行业现代化水平达到国际领先标准。2018 年 7 月 10 日，国家卫生健康委员会、国家中医药管理局《关于深入开展“互联网 + 医疗健康”便民惠民活动的通知》提出，二级以上医院要加强药学部门信息化建设，鼓励有条件的医疗机构推进“智慧药房”建设，实现处方系统与药房配药系统无缝对接，方便群众及时取药。

我国医院处方外流具有很大的市场潜力。数据显示，2016 年我国药品市场超过 85% 的药是处方药，而 77% 的处方药销售都停留在医院内，只有 23% 左右流到药店等院外渠道。相比之下，发达国家的处方院外化比例远远高于中国，2016 年日本的处方药院外配药占比约为 71.7%，美国 2015 年就超过 83%①。

在医药分开、处方外流的外部环境驱动下，零售药店的发展迎来了新的机遇。零售药店因拥有药品和药事服务基础且覆盖率较高等优势，成为承接处方外流的重要载体，但同时也面临挑战。伴随药品零售端竞争格局的进一步加剧，连锁药店需要拥有更专业的服务能力以及资源整合等多方面能力，才能生存并扩大渠道影响力。未来无法聚焦患者需求并提供附加服务的药店或将面临市场的淘汰。

由于技术、政策和市场带来的驱动，智能型的企业和药店才有未来。2018 年为药品分类营销的发展元年，无论专利药和非专利药都需要在零售端寻找新的营销模式。随着政策的开放，实际上所有的连锁药店都可以网售处方药，但必须保证处方真实、物流安全、信息完整这三个条件，实体医院处方线上化后将实现“网订店取”“网订店送”。科学技术的发展为药店提供智慧化的解决方案，帮助药店拥有“数字化营销的能力、品类协同的能力、服务升级的能力”三个方面的核心竞争力。

二　百洋智慧药店整体解决方案

近年来，在“健康中国”战略目标的推动下，中国药品零售规模快速扩容，到 2018 年已扩增至 4317 亿元。就药店规模而言，截至 2018 年 11 月底，全国共有药店 48.9 万家，连锁率 52.2%②。与此同时，得益于处方外流等利好因素，药品零售的市场份额在逐步增长。

在传统连锁药店快速扩容的同时，连锁药店在管理经验上的不足、经营同

---

① http：//k. sina. com. cn/article_ 2272376423_ 8771b66701900b3iu. html.

② 《2018 年药品流通行业运行统计分析报告》。

质化等种种问题也阻碍着连锁药店的可持续发展，很多药店的传统单个产品营销模式已经无法满足时代的需求。具备智慧化服务升级能力的药店可以让医药零售终端不可替代，完整的集成性营销方案需要有对传统方案的迭代，最终使药店实现成本降低、效率提升。区别于传统药店，智慧药店可有效整合产业资源，为消费者提供整体服务和解决方案。

百洋医药集团作为一家专注于健康产业资源创新整合的集团企业，深耕中国医疗健康事业，以先进的品牌分销模式为基础、以领先的科技创新为特色、以高效的产业协同为核心，通过旗下的国际品牌生态圈、智能化应用生态圈、健康服务生态圈及金融服务生态圈为大健康产业链条的各个环节提供完整的解决方案。基于对医疗健康行业的了解，百洋始终践行以新技术优化医疗服务场景，希望通过信息化的技术助力行业转型升级、提质增效，着力打造智慧药店整体解决方案，通过技术驱动优化零售终端的数字化营销场景、处方引流场景、供应链场景、辅助咨询场景、体验营销场景、医疗服务场景，助力零售药店转型升级。

（一）明镜营销云实现数字化精准营销场景

2017 年，百洋医药集团基于 Oracle 营销云和 Oracle NetSuite 云 ERP 推出的“百洋明镜营销云”，以客户为中心，提供全新的客户体验。通过自动化的大数据管理和客户个人信息优化，帮助药店全方位了解和管理客户，为药店提供数字化营销解决方案，实现客户标签化、过程数据化和反馈即时化。

明镜营销云是以数据驱动的客户体验优化和收入增长的营销技术平台，为企业和营销人提供自动化营销、精准化营销和个性化营销解决方案。通过营造与客户的零距离体验，将渠道、内容、社交媒体和数据管理结合，形成从潜在客户到业务订单的完整转化流程，让营销人实现从 CMO 到 CGO 的完美转型。结合自己的经营理念，百洋依托 Oracle 营销云的 Oracle Eloqua、Oracle Blue Kai 和 Oracle Maxymiser 模块，实现了营销自动化、大数据管理、客户体验三大领域的全方位提升，提高了药店运营管理效率。

（二）第三方处方共享平台实现处方引流场景

根据国办发〔2017〕13 号《关于进一步改革完善药品生产流通使用政策

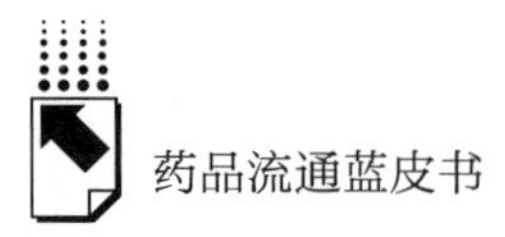

的若干意见》、国办发〔2017〕37 号《深化医药卫生体制改革 2017 年重点工作任务》等文件内容，医院不得限制处方外流，应主动向患者提供处方，患者凭处方在零售药店购药将成为常态。但通过纸质处方等形式流转，存在院外处方合理性无法监管、患者无从选择购药药店、处方真实性无法溯源、院外处方数据难以积累等问题。上述文件也提到应通过“探索医疗机构处方信息、医保结算信息与药品零售消费信息互联互通、实时共享”的方式来实现处方信息规范化流转。

百洋医药开发的易复诊第三方处方共享平台向行业输出专业完整的处方信息共享与诊后患者管理解决方案，实现了医疗机构处方信息、医保结算信息以及药品零售信息的互联互通。平台通过与医疗机构的 HIS 系统对接，将医院的外延处方引流到符合条件的专业药店，并在引流过程中进行专业规范的处方审核流程，多方联合监控实现合理用药，为广大患者提供安全、可溯源的药事服务。

患者在医院就诊后，可凭借外延处方信息选择就近药店购药，同时可实现医保报销。对于需要持续用药的慢病患者，可在线实现复诊续方，节省了因续方问诊而产生的时间成本和诊疗费用，实现慢病复诊便捷化。同时，药店可通过易复诊，将医疗服务延伸到诊前咨询和诊后管理环节，提供线上问诊、线上购药、慢病用药指导和健康管理、送药上门等服务，为患者提供全流程健康管理服务。

（三）库存虚拟化优化供应链场景

专业药店可承接处方药销售，但处方药库存效期与药品多品种需求的矛盾是药店经营一直以来的难题。此外，处方药毛利低、特药经营授权难以获得也使很多药店对此可望而不可及。百洋动态虚拟库存解决方案基于上下游信息共享、整合多方仓储物流资源、供应商管理库存的理念，通过云仓技术和 GPO 平台，打造多级分布、全国覆盖、迅捷反应、柔性共享的供应链，帮药店做精细化的品类规划，保证药品的安全供给能力及通过采购联盟提升对上游工业企业的议价能力，最终帮助专业药店实现处方药和特药的经营销售，降低库存成本和囤货风险，提升药品的周转效率。

（四）智能化第二诊疗意见实现辅助咨询场景

肿瘤患者在医院确诊后医生给出治疗方案，但调研显示，60%以上的患者会前往另一家医院进行病情咨询及治疗方案的确认。相比医院，药店具备先天的社区医疗服务优势，通过为患者提供第二诊疗意见，能够让患者坚定治疗的信心。百洋智慧药店整体解决方案将世界领先的 Watson for Oncology（Watson 肿瘤解决方案，以下简称 WfO）等人工智能工具引入药房，辅助药店医师为患者提供经济、权威、便捷、个体化的肿瘤治疗第二意见，免去患者四处奔波多方求证之苦，帮助药店医师指导患者做出最佳治疗决策。

WfO 是目前全球医疗领域中唯一应用级人工智能工具，在国际顶级癌症机构——纪念斯隆凯特琳癌症中心（MSKCC）受训多年，学习了 300 种以上医学专业期刊、250 本以上的医学书籍、超过 1500 万页的论文和大量临床病例。目前 WfO 提供的肿瘤方案水平已经可以和 MSKCC 的顶级专家们媲美，一致性高达 90%以上。WfO 可支持包括肺癌、乳腺癌、结肠癌、直肠癌、胃癌、宫颈癌、卵巢癌、前列腺癌、膀胱癌、肝癌、甲状腺癌等 13 个癌种的治疗。

2017 年 3 月百洋与 IBM 合作，将 WfO 引入中国并进行本地化驯化，使其成为肿瘤医生最佳的人工智能助手。只要在系统中输入患者的个人信息和癌症分期、局部复发、化疗方案、病理分期等多项具体指标，WfO 会在十几秒内给出规范化、个性化的治疗方案，包括推荐方案、考虑方案和不推荐方案。与此同时，WfO 会在每一种方案后面注明出处和依据，并按照可信度的大小顺序排列；当选定了某一种治疗方案后，它还会给出采用此方案的病例数、生存率、药物禁忌、不良反应发生率等相关信息，帮助医生和患者共同评估该方案的疗效与风险。

百洋打造的智慧药店 Watson 智能化第二诊疗意见将帮助患者不出国门，量身定制世界顶级最佳治疗方案，让智能医疗服务真正惠泽百姓。

（五）智能终端体验及服务实现体验式营销场景

体验营销的关键包括“情感、感官、思考、行动”四点，正因为健康品类具有特殊性，所以专业性在体验营销中至关重要。只有通过提供专业的产品和服务，才能让消费者亲身感知产品，与消费者建立信任感，进而提高转化率。百洋智能终端体验及服务可以为患者提供健康体验服务，在舒适的体验区内指导消费者使用和维护产品，并提供健康数据作为使用后的评估，帮助消费者正确使用产品并了解使用效果。

为满足不同消费者的需求，百洋着力打造了“身高管理体验中心、口腔护理体验中心、医学美容体验中心、呼吸睡眠体验中心、疼痛管理体验中心、AED 急救体验中心”六大体验中心，在药店内设立体验专区，让消费者在店内实现产品体验，在专业店员的指导下体验穿戴设备，为消费者提供更好的医疗健康服务。

此外，基于对会员数据的采集和大数据分析，药店可定期回访会员，开展会员关爱、健康咨询、专家会诊、健康讲座等活动，增强药店会员的黏性和复购率。

（六）药店诊所化解决方案实现医疗服务场景

中国零售药店的不断升级必然会使未来药店具备医疗服务场景，实现药店诊所化。药店门诊作业主要为诊疗基础业务模块，百洋打造的菩提医疗云 HIS 平台可提供标准化、可共享的药店诊所业务整体信息化解决方案，有效实现医疗数据共享与交换，为药店提供一套完整的患者健康管理和临床应用工具，极大地减轻了药店医护人员的工作强度，提高了药店的工作效率。同时，系统强大的信息数据加工处理功能为药店的管理和决策分析提供科学依据。

菩提医疗云 HIS 平台支持连锁药店经营管理，通过运营管理业务模块能够准确、快速地知晓旗下各药店运营情况，能够为医护工作人员、药店管理人员、患者提供从终端到平台的一体化解决方案。应用菩提云终端替代传统 PC，摆脱了桌面与硬件终端绑定的传统模式，满足医护人员多场所移动办公的需求；同时，菩提云终端无须任何的维护，所有数据的运算、存储都统一在医疗云数据中心，为药店信息化建设的投入节省了大量人力、物力成本，有效提升药店医护人员的办公效率，使药店在追求经济效益的同时又增强自身的会员服务能力，可以为更多的患者提供医疗服务，有效提升药店的医疗服务水平。

总体来看，在政策驱动下，终端药店的分类分级管理将在各个层面提上日程，人工智能、云端大数据已经在商业包括零售终端开始成熟化地应用。伴随着我国居民生活的消费升级，消费者希望在实体药店享受专业健康服务、会员优惠、舒适的健康体验和便捷的购买服务。药店则希望通过精准营销提高营业收益，提升客户体验，留存高价值客户。百洋智慧药店整体解决方案将从软件、硬件全方位助力药店由简单的药品销售门店升级为周边社区患者的健康体验中心、医疗服务中心、慢病管理中心，帮助药店在真正意义上实现蝶变，成为引领行业发展的智慧药店。

B.27
基于数据桥接链的药品追溯监管服务

北京数衍科技有限公司

摘　要： 为了加强食品药品安全监管，国家提出药品上市许可持有人、生产企业、经营企业、使用单位通过信息化手段建立药品追溯系统，实现药品生产、流通和使用全过程来源可查、去向可追的指导意见。数衍科技公司利用“数据桥接链”技术，无须系统改造，低成本、高效率地建立起药品供应链条中各方的数据联结，并结合物联网、人工智能及大数据分析技术，以真实、及时、安全、完整的数据支撑药品追溯监管服务。

关键词： 药品监管　药品追溯　数据桥接链

一　数据的真实完整性是药品追溯监管的有力保障

2019 年是药品监管系统机构改革到位后的起步之年。准确把握药品监管新属性、新定位的思想，正确履行药品监管新职能、新使命的行动指南，是做好新时代药品监管工作的核心。习近平总书记在中央政治局第二十三次集体学习时发表重要讲话，指出要切实加强药品安全监管，加快建立科学完善的药品安全治理体系，坚持严管并重，严把从实验室到医院的每一道防线。本方案通过分析药品监管领域大数据应用状况，从信息和技术两个层面进行定义和描述，提出信息数据技术的应用框架，建立基于真实、及时、安全、共享数据基础上的信息化监管及服务体系，推动药品监管的科学化、现代化，为推动大数据在监管领域的应用提出具体建议。

目前，药品监管面临的挑战如下。

一是管理工作责任大、任务重，传统管理方式人员不足；

二是监管对象多，系统种类多，导致监管数据获取难度大；

三是按原有上报方式造成企业负担，且无法保证数据的真实、实时、完整；

四是行业缺乏“数据信任机制”，行业数据共享障碍大

二　药品追溯监管当中的数据伦理问题

（一）药品伦理问题关系到追溯体系建设的成败

药品信息化追溯体系建设依靠真实、完整的生产经营数据开展，这些数据是行业相关方的核心数据，关系到企业、个人的利益，高度敏感。追溯数据的收集、管理、分发和使用涉及数据伦理问题，数据伦理问题的解决事关追溯体系建设的成败。

制定追溯体系数据管理规范，要“放管”结合，以“服务”为本，帮助企业转换经营模式。要充分考虑药品产业链中已形成的商业伦理，将商业伦理转化为追溯体系的数据伦理，明确数据的汇聚中心、所有权限界定和利用范畴等，指导追溯体系建设和运行，否则数据既不“真”也不“全”。

保障数据伦理在追溯体系中的落实，创新技术是重要抓手，也要调动多个社会主体参与，才能做到“低实施成本、高运行效率”和“多数人监管少数人”，将体系建设运行成本降到最低。

（二）数衍科技对于药品伦理问题的理解

北京数衍科技有限公司（以下简称“数衍科技”）创始人兼CEO、中国医药商业协会副会长王占宏在其发表的《药品追溯体系中的数据伦理》主题演讲中表示，“药品追溯首先要解决的是数据伦理问题，只有遵循平等、自由、安全、公正、责任等伦理原则，才能帮助药品追溯体系各方做出合法且合情合理的行为。”

三　数据桥接链技术为药品追溯监管提供真实完整的数据支持

（一）数据桥接技术

“数据桥接”技术是一项无须系统改造及第三方业务系统对接，基于一款独立的软件插件或者硬件设备，与应用软件数据交互的进程中获取目标数据的技术。全面支持 Windows 系列、Linux 系列和 Android 系列等主流操作系统，免对接、零打扰、覆盖广、推广快、成本低地将封闭数据转化为可控的开放数据。

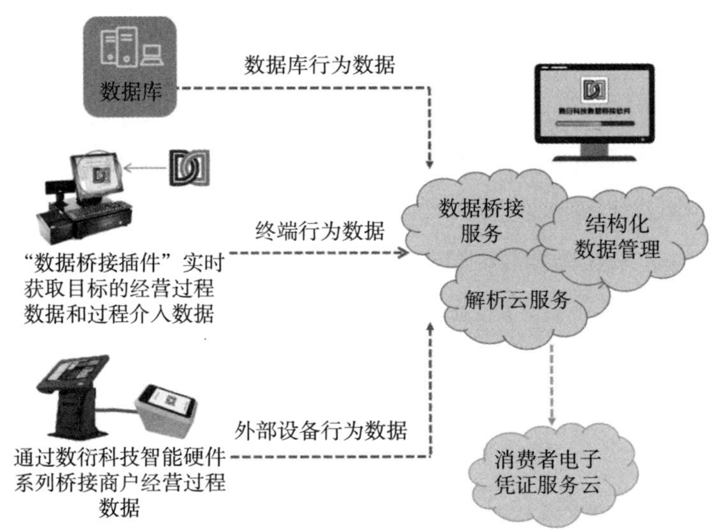

图 1　数据桥接技术

（二）区块链技术

区块链密码技术，基于“源数据”加密和匿名数据治理技术，确保数据的安全；同时将“智能合约”嵌入数据桥接中，确保数据各角色按“合约”自动执行，确保数据在药品生态各角色间的可控共享。

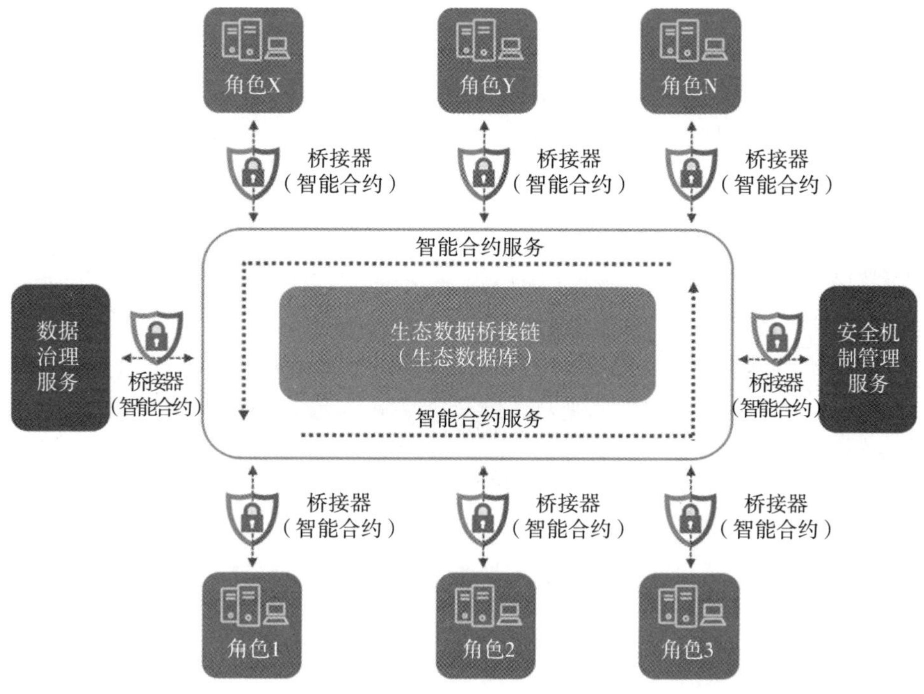

图 2　药品数据桥接链

（三）智能合约技术

“合约”是在生态中数据拥有者和数据使用者之间，为了建立双方合作信任和提高生态效率制定的关于“数据信任”的约定。

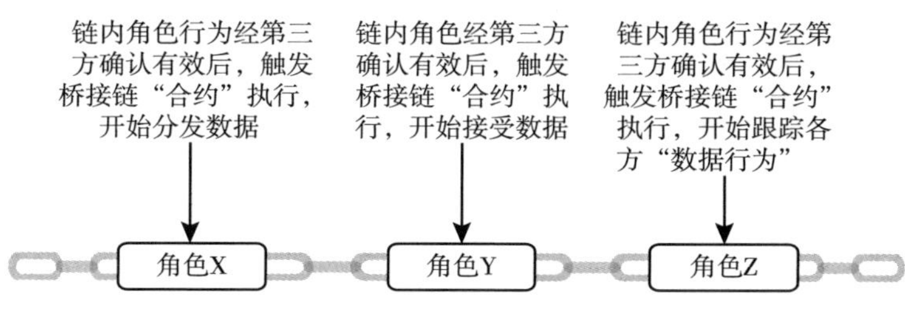

图 3　合约的概念

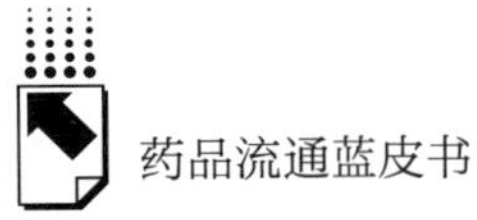

“智能合约”是将生态中“数据信任”的约定转化为计算机可执行的语言，当数字条件发生时自动触发“合约”条款的执行，确保“数据信任”持续的形成。合约内容可以是政府监管的相关法律法规，也可以是企业间达成经营合作形成的合约。

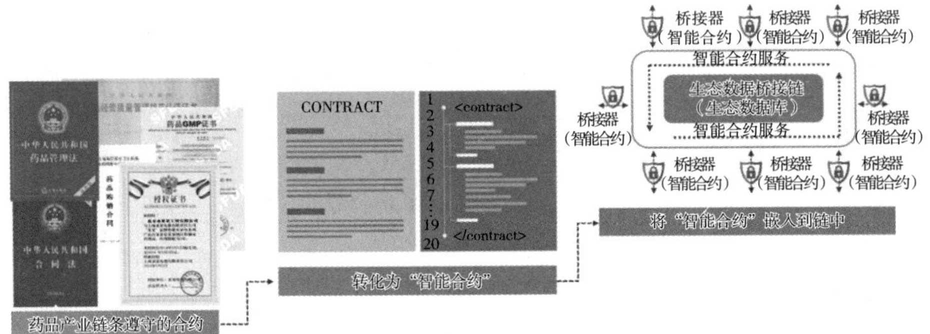

图4　智能合约技术

（四）数据匿名化技术

将加密密钥通过另一把私密密钥加密，加密后的明文和加密后的密钥上链保存。私密密钥通过非对称密钥导出函数进行管理，提供服务化可编程接口，业务参与方根据各自不同的业务范围和分享范围获得不同的解密业务数据的密钥。

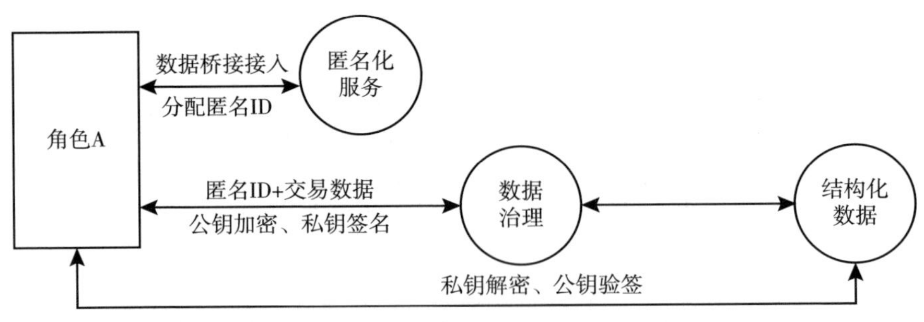

图5　数据匿名化技术

四　数据桥接链技术在药品追溯监管中的应用

（一）数据桥接链技术战略联盟

在“2018 智慧食药博览会”上，数衍科技与中国健康传媒集团、太极股份有限公司、浙江清华长三角研究院、联通大数据公司签订了五方战略合作协议，数衍科技借助在科技、人才等方面的优势，与合作伙伴共同在食品药品信息化追溯、食药安全舆情监管、健康大数据服务及产品研发、服务运营等多个业务领域开展全面合作。

数衍科技从自身技术优势出发，可实现无须改造、低成本极快建立追溯体系。在药品追溯方面，数衍科技帮助药品上市许可持有人、生产企业、经营企业、使用单位通过信息化手段建立药品追溯系统，打通药品生产、流通、销售三大环节，形成互联互通药品追溯数据链。

（二）利用数据桥接链技术进行数据采集

1. 药品流向数据获取

生产企业、流通企业、医院、药店无须进行系统改造，就能将各个 ERP 系统中的原材料出入库单、药品出入库单、随货同行单、质检报告、发票等信息数据，利用数据桥接技术采集、上传到药品追溯监管平台。

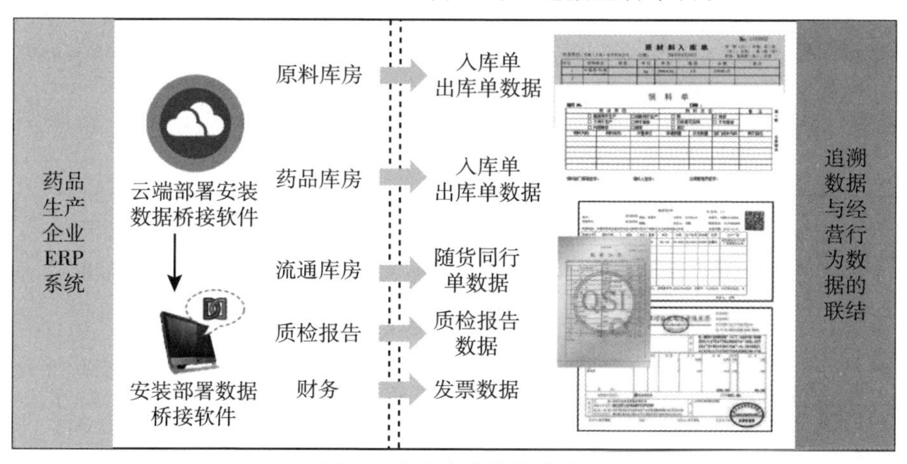

图 6　生产企业数据获取

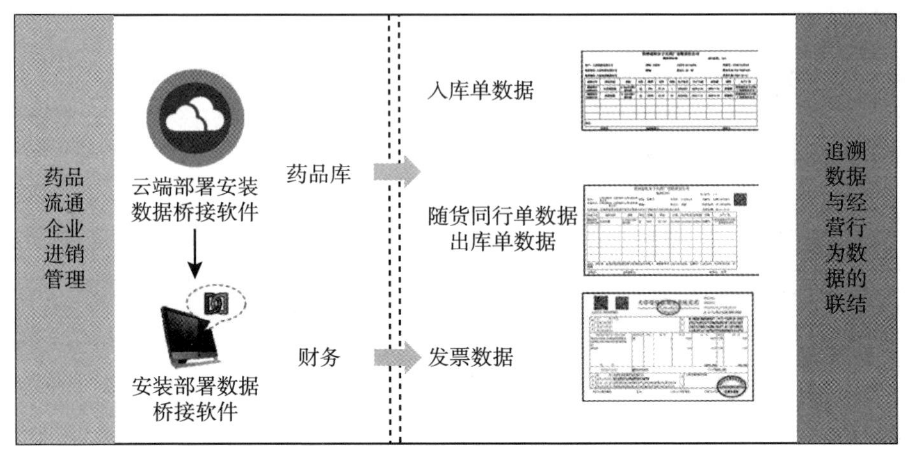

图 7　流通企业数据获取

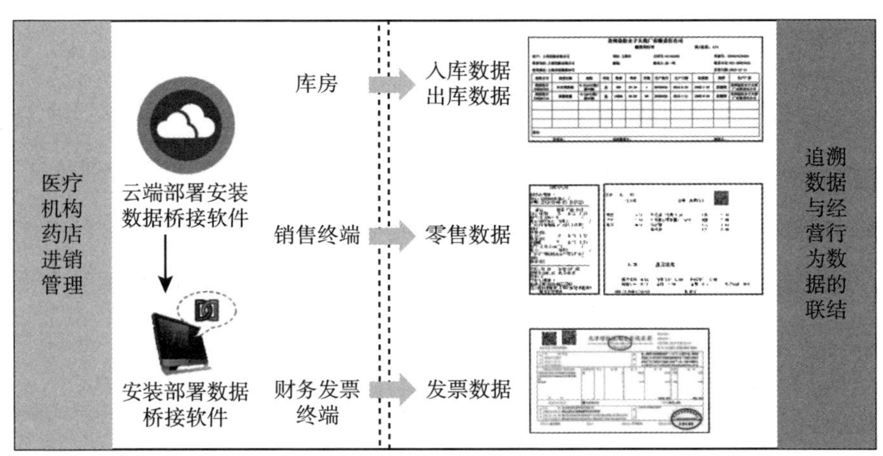

图 8　医院、药店数据获取

2. 药品生产工艺过程数据获取

利用数据桥接技术，联结药品生产过程中的各种仪器仪表，将原辅料比例、时间、温湿度、压力、制作工艺、包装过程等数据采集、上传到药品追溯监管平台，从根本上解决药品追溯源头监管难的问题。

（三）药品追溯数据服务体系

依据药品追溯条码数据、批次批号数据、随货同行数据、发票数据、出入库数据等追溯监管核心数据，以药品生产、流通、销售为轴心，利用数据桥接链技术构建基于真实、及时、安全、完整的药品追溯监管服务体系。

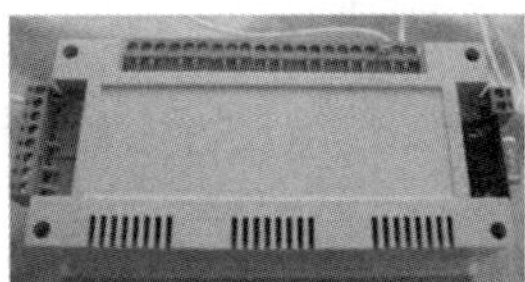

图 9　生产工艺过程数据获取

（四）药品追溯监管云平台

利用数据桥接链技术建立的药品生态数据为构建药品智慧监管及服务提供了真实、及时、安全、可信的坚实数据支撑。该服务将在大数据服务中心的基础上，为政府、企业、个人提供包括药品追溯召回、生产经营管理、健康保障在内的各种数据服务，满足药品监管部门的日常监管、重点稽核、应急处理、舆情监控等监管需求。

药品追溯监管云平台的具体服务内容包括以下几点。

1. 药品追溯召回服务

药品智慧监管平台针对药品溯源方面的主要问题，把控生产、分销、经营销售的全链条环节实时获取药品出入库、销售流通等信息。应用区块链技术，实现生产企业、流通企业、终端销售商、消费者、政府监管部门等多方数据实时共享。

2. 生产行为监控服务

使用智能数据桥接技术，将原辅料、工艺、流程、成品等药品生产过程各环节数据收集、上传至监管平台，完成药品生产质量全流程的监控管理。

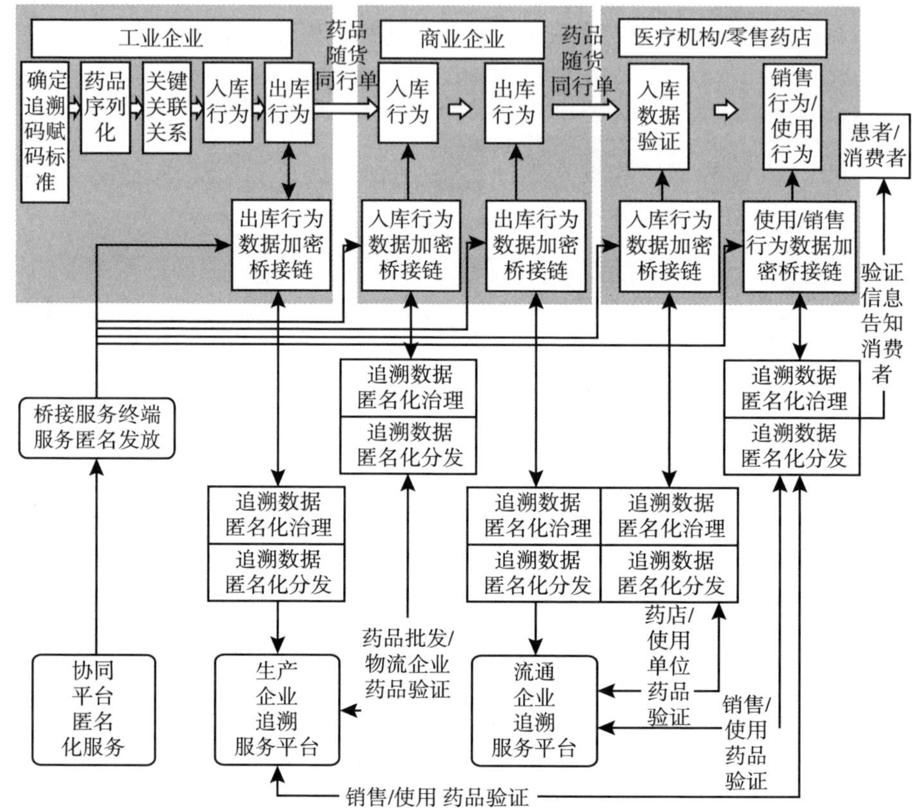

图 10　基于数据桥接链的药品追溯数据服务体系

3. 流通行为监控服务

以药品流通销售过程中的出入库单据、税务票证、物流信息、销售凭证等为依据，定位药品进销存、终端销售等流向环节，防止药品串换、回购、假劣上市等违规情况出现。

4. 物流智能管理服务

搭建三位一体的智能物流云平台，充分融合“物流 + 互联网 + 大数据”优势，整合物流产业链上的相关资源，为生产企业、物流运输公司、经营企业提供资源对接服务，包括物流订单管理、供应链协同、物流运输管理、智能路径优化等。

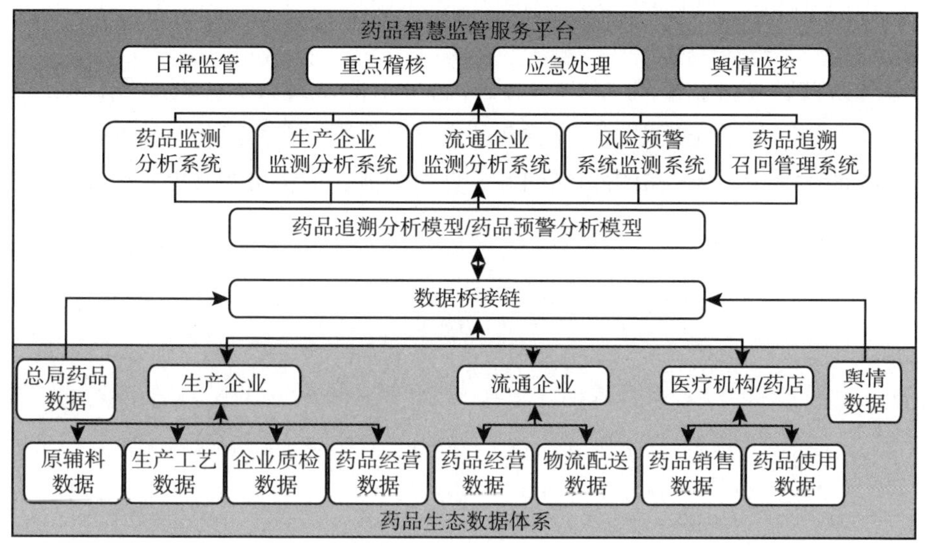

图 11　药品追溯监管云平台业务流程

5. 疫苗管理服务

利用供应链的药品流向数据，监控疫苗的生产、流通、销售环节，通过分析疫苗的生产、流通、销售数据，包括交易时间、药品名称、批准文号、生产批次号、生产企业、经营企业、销售主体等信息，结合地理信息系统（GIS）应用及物码定位技术，跟踪管辖区域内的疫苗流向。

6. 舆情监控服务

利用互联网信息同步技术，结合第三方服务（比如中国传媒集团舆情监测），对网络中的新闻、论坛、网站、社交媒体等重要信息散播源进行发帖、留言、投诉、讨论等行为及信息监控，以舆论热度、参与数量、重要性等维度汇集，帮助药品监管部门及时发现问题、主动跟踪事件，积极引导大众舆论，保持社会稳定。

7. 不良反应监测服务

通过对药品使用中的各项数据，包括试验数据、临床数据、投诉数据、医院/药店上报数据、个人反馈数据等信息渠道，及时掌握不良反应发生情况，发现新的、严重的药品不良反应，加强药品使用管理，避免同种药品同样不良

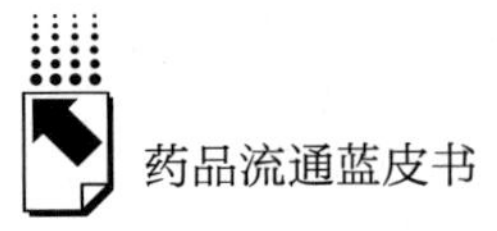

反应的重复发生，保障民众用药安全和身体健康。

8. 用药安全服务

通过监管平台和手机 APP，利用合法可信的公开数据，例如平台流向数据、不合格药品曝光数据、第三方药品查验数据等，在为药品监管部门提供流向监控的同时，为民众提供药品溯源、真伪验证、不合格药品提示等安全用药方面的信息服务。

B.28
111集团打造线上线下一体化的医药健康生态圈*

111 集团

摘　要： 在国家“两票制”、“4+7”集中采购、处方外流等各种改革和利好政策的推动下，“互联网+医药健康”加速发展，未来发展潜力巨大。111 集团正在打造的互联网医药健康生态圈由三大模块组成：B2C 医药平台 1 药网，B2B 医药平台 1 药城和 1 诊西南互联网医院。依靠底层的供应链管理、IT、互联网、云计算、AI 等技术建立起医药流通的云服务平台，通过 T2B2C，全面实现 B 端和 C 端、线上和线下、自营和平台、医和药的融合发展，为医生、药店、医院、药企、药品流通商赋能，从而缩减医药流通中间环节，优化供应链，为大众的就医买药提供完整的解决方案以及实惠和方便。

关键词： 医药新零售　T2B2C 模式　PAMS 用药安全系统　“诊+疗”一体化服务　PBM

一　构筑“三架马车”　助力医药新零售

随着“互联网+”的政策、技术、平台、服务的不断发展，“互联网+”的模式不断创新，医药行业迎来了转型升级的大好契机。

---

* 文中部分资料及数据来源：米内网，http://www.menet.com.cn/；动脉网，《医药电商行业竞争力报告》。

公开数据显示，2018 年我国药品市场规模增至 1.76 万亿元。受政策因素影响，处方外流的市场规模将突破 1300 亿元，处方院外销售额占处方销售总额的 45%。随着新一轮医改的不断深入推进，“4+7”带量采购方案落地，大量处方和药品正在流出公立医院，“互联网+医药健康”正迎来形态和格局大变革的关键时期。

中国互联网医药第一股 111 集团致力于以科技赋能，打造中国最大的线上线下一体化医药健康平台，目前已经形成了 B2C 医药平台 1 药网、B2B 医药平台 1 药城和互联网医院 1 诊的“三架马车”业务格局。

图 1　111 集团网上医药批发、零售和互联网医院业务模式

（一）医药电商2.0率先打造“医+药”服务闭环

与美国等发达国家相比，我国的医药电商起步较晚，医药电商在整个药品零售市场所占份额较低。美国医药电商交易额在 2015 年就已达到 820 亿美元，占整个美国药品销售市场份额的 33.3%。但是我国药品网购占比仍低于 10%，未来发展空间巨大。

公开数据显示，过去 6 年我国医药电商销售规模的年均复合增长率达到 55.5%，医药电商占药品终端市场的比例年均复合增长率也高达 37.6%。大部分企业处于药品服务阶段，对诊疗服务、慢病管理、健康保险业务涉足很少。但少数代表性电商企业已在转型升级，朝着医药电商 2.0 推进。111 集团旗下 B2C 医药平台代表企业 1 药网，在网售药品的基础上发力在线问诊、健康管理等医疗服务，率先打造“医＋药”服务闭环。

1药网成立于2010年7月，是中国第一批获得国家食品药品监督管理总局颁发“互联网药品交易许可证”的合法网上药店，为广大顾客提供一站式“医＋药”的便捷体验。截至2018年6月，1药网拥有注册用户数量超过1500万，在售商品数量超过29万种，在行业居于首位，能满足几乎所有用户需求，并在广州、昆山、天津、重庆设有仓储中心，可确保主要城市在售商品24小时内送达。

2016年以来，1药网已经成为中国最大的B2C自营网上药店。除了为广大消费者提供丰富的医药和健康产品外，近年来1药网在业内率先打造“医＋药”服务闭环，走出了一条医药电商转型之路。目前，1药网拥有自聘和第三方医疗专业人员超过2000人，可以为用户提供在线诊疗、开电子处方、转诊等一站式的“诊＋疗”健康解决方案。

通过官网和移动客户端，用户可以拥有足不出户的一站式“医＋药”便捷体验：患者可以通过互联网医院与签约专家医生进行远程视频诊疗，确诊后可以延伸医嘱开具电子处方；如果需要进一步检测诊疗，可以转诊至合作伙伴医院；互联网医院在线诊疗后，由1药网旗下的壹号大药房完成药品配送。

（二）快速扩张的B2B平台　两年覆盖15万家药店

目前，我国医药电商产业生态已基本形成，以运营方为核心，对外链接资源方、第三方服务商和用户，打通了药品的生产、流通、支付以及消费环节。

我国电商市场主要包括B2B和B2C两类电商平台，B2B的市场份额占据绝对优势，过去6年间其市场占比都在50%以上。B端的客户群体主要由医院、基层医疗机构、终端药店构成，采购数量大。

111集团旗下B2B医药平台“1药城”，自2017年上线短短两年时间发展迅猛，目前业务已覆盖全国30个省份。截至2018年12月31日，有总计超过15万家的连锁药店、单体药房、民营医院和私人诊所通过1药城进行药品采购。

“1药城”是一个大型、专业的服务于药品/医疗器械生产企业与医疗机构的互联网批发平台，秉承公平、公正、公开的理念，坚持政府主导、市场引导的原则，在“互联网＋”的助力下提供在线药品展示和交易的第三方服务，旨在积极探索建立药品流通新机制，有效降低药品交易成本，推动科学合理的药品价格机制，促进药品价格理性回归，切实减轻群众医药费用负担。

“1 药城”为药品流通全流程打造交易服务平台，为药店、医院、药企、药品流通赋能，通过压缩中间环节使供应链扁平化，提升药品流通效率。平台是贯穿整个医药的流通环节，为用户和商家之间提供了药品/医疗器械的展示、交易管理、交易规则、物流管理、数据服务等综合性电商开放平台功能和服务，供交易双方独立开展交易活动的信息网络系统。

为保证药品 SKU 丰富度和价格优势，1 药城和 93 家药企、275 家大型分销商合作保证药品供应，其中不乏礼来等跨国药企。从采购、仓储、订单处理到收款、交付客户，所有的流程都是由 1 药城完成，为提升供应链效率以及更好地服务药店客户，1 药城在广州、昆山、天津、重庆四地建立了中心仓，并投入大量精力打造供应链平台体系，包含智能采购、库存管理等，降低药店采购和库存成本。

（三）通过互联网医院提供“诊 + 疗”一体化服务

和其他被互联网改变的行业不同的是，医药医疗行业具有较高的行业壁垒，同时是一个任何环节都缺一不可的闭环，这也是医药电商平台寻求转型之路的原因。单一的医药电商平台和互联网医疗平台，对于具有诊疗购药需求的用户来说都只能满足单一方面的需求。只有真正可以提供诊疗一体化服务的互联网医药医疗平台，才是未来互联网助力医药医疗行业变革的真正推手。

在 111 集团的互联网医药健康生态圈中，1 诊为用户提供便捷的“诊 + 疗”一体化服务，建立电子病历，帮助用户进行健康管理。针对医生可以为其提供患者管理系统，让医生成为用户的家庭医生。目前，111 集团拥有自聘和第三方医疗专业人员超过 2000 人，通过互联网医院医疗专业人员为消费者和药店提供在线问诊和电子处方服务，使用户可以更便捷、高效、实惠地获取医疗服务。

当前，各大互联网医疗平台都在探索不同的模式，通过互联网的科技赋能为用户解决线上诊疗的难题。111 集团旗下的 1 诊则通过试水“昆山模式”，结合集团独有的供应链管理优势，探索互联网医疗的创新模式。

昆山是中国首批“智慧城市”试点城市，经过多年持续建设，昆山的城市信息化基础设施不断完善，连续多年入选中国城市信息化 50 强。2019 年，江苏省昆山市卫计委与 111 集团开展互联网医疗项目战略合作，携手探索互联网医疗创新模式。111 集团在昆山设立线下医疗机构，依托实体开展互联网医院业务，以此为切入点探索互联网医疗创新模式。

111 集团利用在智能供应链、云平台解决方案、大数据、医疗专业能力等核心优势，依托强大的药品供应和药事服务体系，为昆山区域内的医疗机构、药品批发和零售企业提供基于互联网的运营服务。

二　打造 T2B2C 模式，科技赋能提高药品流通效率

随着线上流量红利消退以及传统零售行业进入增长减速时期，无论是线上电商还是线下实体零售都需要新的增长点，而新零售的出现对二者而言无异于一剂良药。在这样的大背景下，新零售这股浪潮涌向各个行业的同时，也开始向医药行业渗透。

111 集团提出，打造“O + O”医药新零售模式，以科技赋能商业去更好地服务大众（T2B2C），打通线上线下零售终端，建立一体化的医药健康平台和生态圈。通过高科技来赋能所有的 B 端用户，包括药企、医院、药店，甚至保险公司等医药健康服务企业，从而更好地服务 C 端顾客。

（一）在线续方，提升药品流通效率

中国的医改进程正在进入深水区。随着医药零售变革的加速，一方面，越来越多的消费者期待能享有更健全优质的医疗服务，推动中国医疗和医药市场更正规化和规范化；另一方面，处方外流以及大数据在医疗行业的不断应用，为医药零售市场行业发展注入了新的活力。

在处方外流的趋势发展下，在线续方服务成为医药零售市场变革的一大撬动点。“线上长处方续方”诊疗服务，目前最大受益人群是糖尿病、高血压等慢病患者。由于这类慢病患者病情相对稳定、周期长，因此不需要每周都去医院进行检查，医生也可以根据患者的实际情况开出一个在较长时间内都适用的处方，也就是“长处方”。通过“线上长处方续方”服务糖尿病、高血压等慢病患者，可以大大减少前往医院挂号、检查、拿药的次数，减轻患者负担。同

时，家庭医生线上就可以看到患者的历史病例、药物使用情况，实时监控患者的体征、血压，随时提醒患者用药，方便家庭医生对慢病患者进行线上健康管理。

111 集团通过与 UCB、诺华等多家药企开展医院院内在线续方合作，帮助慢性病患者在线进行处方续方，药品送货到家免去了患者每次来医院开药的车马劳顿；对于异地就医的三、四线城市的患者来说，离开医院后当地买不到的药品通过在线续方轻松购买；药企更是借此提升了患者依从性。

作为首家提出 O + O 新零售模式的平台，111 集团建立了一整套自己的线上基础设施，包括 1 药网、1 药城和 1 诊，可以让用户足不出户在家里就享受在线续方服务。如果患者手上已经有处方，通过互联网医院 1 诊问诊、医药专业人员审方后，可将药品送到患者家门口。如果没有处方，经过互联网医院的医生问诊，就可以获取电子处方。如果是上了岁数的慢性病患者，不适应互联网手段，可以到楼下药店，通过 111 集团和药店合作的软件、云服务等向互联网医院的医生问诊，获取电子处方，然后在药店刷医保卡就可以拿药回家。

在当前药品流通效率低下的情况下，在线续方服务还能大大提升药品的流通效率。药企可以通过 111 集团的平台让药品走向各个药店、诊所和医院。111 集团可以为药企提供各种数据服务，比如药品流向数据，可以细致到哪些区域、哪些渠道，以及终端用户的画像和行为分析。药店可以在 111 集团的平台上按需采购，随需随订，节省了采购人员和库房，可以降低成本，加速周转，进一步提升药品流通效率。

（二）PAMS 为用户用药安全把关

安全用药关乎人民群众生命安全。公开数据显示，1999 ~ 2015 年，全国药品不良反应监测网络累计收到“药品不良反应/事件报告表”近 930 万份。2015 年全国药品不良反应监测网络收到“药品不良反应/事件报告表”139. 8 万份，较 2014 年增长 5. 3% 。

在强大技术力量的支持下，基于集团药典数据库，111 集团开发打造了 PAMS（Prescription Automatically Monitoring System）安全用药系统。根据临床合理用药专业工作的基本特点和要求，运用信息技术对科学、权威和不断涌现的医药学及其相关学科知识进行标准结构化处理，提供临床医学诊疗、循证药学支持、药学会诊、病例讨论、用药建议、在线药学服务等，帮助医生、药师、临床专业人员在用药过程中及时有效地掌握和利用医药知识，预防药物不良事件的发生，促进临床合理用药。

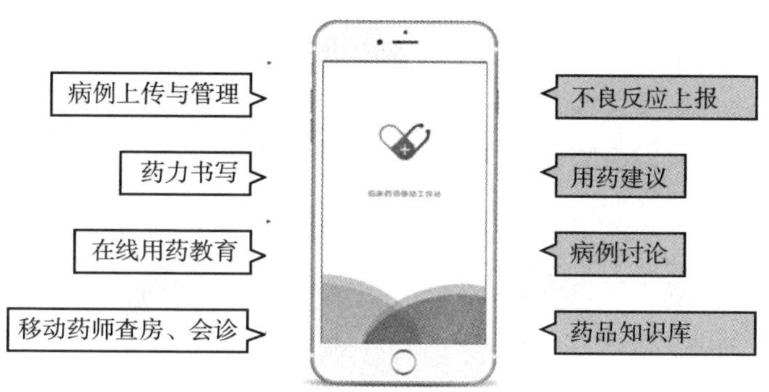

图2　111 集团 PAMS 安全用药系统

PAMS 及时判断了问题所在，避免了病人因联合用药造成的伤害，降低了后续医疗费用的支出。2018 年，PAMS 顺利接入江苏省昆山市区域药事服务综合平台，并成为云审方的唯一承接系统。

三　云服务平台推进医药供给侧改革

111 集团通过使用大量高科技，包括互联网科技、云服务科技、供应链管理科技、人工智能科技、大数据科技和区块链科技，搭建了云服务平台的底层架构。在这个基础上，形成各种各样的服务模块来给各个生态圈的参与者提供服务。

云服务平台具有无限可扩性，可以实现品种增加、服务类型增加、区域覆盖增加等，同时具有集成性、实时性、柔性和可扩性。通过 IT 自主开发，111 集团研发了所有的供应链管理系统，包括仓库管理系统（WMS）、物流管理系统（TMS）、采购管理系统（PMS）、库存优化系统（IOS）和价格智能系统（PIS）。

这样一个具有创新和高拓展性的平台，大大推动了医药供给侧改革，通过平台加强与药企合作，通过云仓布局以及遍及全国的零售网络直接触达药店终

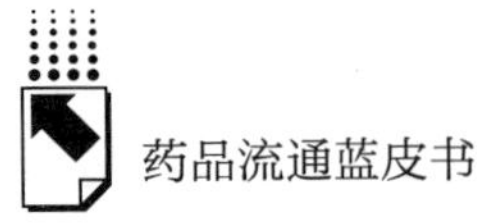

端，为药企开辟新的增长渠道。

在药店端，111 集团在全国已经服务了超过 15 万家线下药店，其并不是简单的流通商，而是让药店通过云端解决方案享受云库存，用云平台系统让药店解决“三高一低”的问题。通过技术赋能药店，111 集团为药店提供一整套软件，通过智能采购，帮助药店更高效地进行组货，药店还可以根据实际需求进行实时采购从而降低现金流压力，实现更优质的客户管理，还可以帮助药店端的用户通过互联网医院的医生进行问诊，获取电子处方。

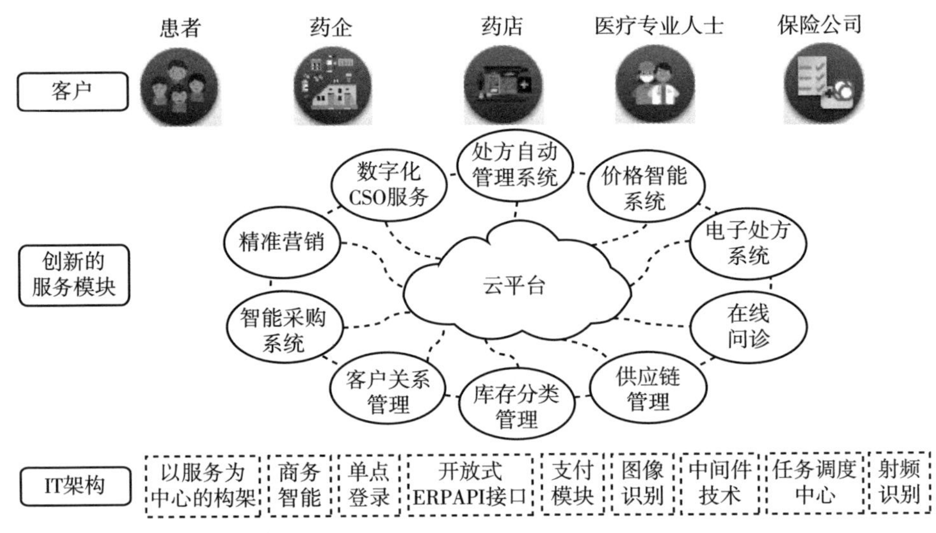

图 3　111 集团搭建的云服务平台底层架构

四　承接处方外流　探索中国的 PBM

在老龄化加剧的背景下，公开数据显示，2016 年中国健康医疗支出总额 6800 亿美元，其中社会公共医疗支出占比 61%，个人支出占 35%，商业保险占比非常低，仅占 4%。美国 2016 年健康医疗支出总额 3.2 万亿美元，其中社会公共医疗支出占比 49%，商业保险占比高达 40%，个人支出仅占 11%。

美国的药品管理市场化程度高，处方药完全市场化，制药企业、分销商、药品福利管理（PBM）、保险公司在药品供应和管理环节中发挥着主体作用。

美国商业医疗保险发达，患者只需向保险机构缴纳保费，就可以获得药品报销服务。同时，政府的基本医疗保险也会为患者承担部分药品费用。特别是市场中存在大量的 PBM 机构，在美国的整个药品管理体系中起着不可替代的作用。PBM 是专业化的第三方机构，独立于制药商、经销商、医疗服务机构、政府，通过与药品企业、医疗服务机构、保险机构签订合同，在不降低医疗服务质量的前提下达到药品控费的目的。

在处方外流的趋势背景下，111 集团在国内率先探索中国的 PBM 模式。2018 年 11 月 5 日，国内首家中外合资寿险公司中宏保险与 111 集团宣布达成深度战略合作，双方在构建预防、问诊、购药、药品福利管理和健康保障的“大健康”生态闭环服务体系上发力，同时探索 PBM 模式，通过赋能保险公司对医疗费用进行有效管理、节省支出、增加药品效益，从而降低保费，增强患者依从性，让患者疗效有保障、减少看病费用。

中宏保险将借助 111 集团的技术实力和行业经验，打造整合互联网医药 + 保险的创新型健康产品，如针对特定人群的保障产品，在合作基础上提供定制化服务等。同时，111 集团也将借力中宏保险的平台扩宽服务场景、完善健康服务生态链，帮助保险公司获取基于顾客数据的洞察和分析，基于精算来设计保险产品帮助保险公司控费，保险公司也可以根据用户大数据设计新的保险产品为大众服务。

国 际 篇

International Reports

B.29 欧洲发布《反假药指令》的背景及主要内容

欧洲医药健康流通协会

摘　要： 为保护整个欧盟的患者不受假药伤害，欧洲发布了《反假药指令》。本文介绍了欧洲《反假药指令》包括安全特征、验证系统等相关重要概念，并介绍了欧洲药品验证系统以及加入此系统的组织、系统运作警报等内容。

关键词： 欧洲　《反假药指令》　药品验证系统

一　欧盟发布《反假药指令》的立法背景

2019 年 2 月 9 日是欧盟授权条例（DR）中安全特性的实施截止日期，是

《反假药指令》（FMD）① 要求的一部分。至此，基于欧洲药品验证系统（EMVS）和配药点（PoD）验证的全欧洲药品验证程序在整个欧洲得以实施。整个制药行业各参与方必须遵守《反假药指令》法中所规定的要求。这些要求包括药店和医院对每盒药品的包装进行强制验证，以及其他药品供应链参与方，还包括每天在配送中心处理成千上万药品的医药批发商需遵循的法规要求。药品供应链从生产开始，通过药品批发分销商的分销系统、仓库，再运送至药品零售商或医疗机构药房，最终把药品送达患者手中。药品供应链（尤其是在欧洲）面临的挑战之一是药品制造商和病人之间的多次易手问题，每一次易手都给假药或不合格药品提供了潜入市场的机会。欧盟 FMD 是立法/监管部门对这种威胁做出应对的法规，旨在通过采取相关措施以保护合法的供应链，尤其关注供应链的两端，即合法产品的市场投放以及患者的配药点。2011 年 6 月 8 日，《反假药指令》（2011/62/EU）通过，目的是为保护整个欧盟的患者不受假药伤害制定立法基础，FMD 包括了采用安全特征的条款。“委员会授权条例”（2016/161）（第 2001/83/EC 号补充指令）详细规定了防止假药进入合法供应链的相关措施，特别要求在特定的供人类使用的药品包装上采用安全特征，包括唯一标识码（UI）和防篡改装置，以便于识别和验证。这些规定于 2019 年 2 月 9 日生效，即在“欧盟委员会授权条例”发布后的第三年生效：所有欧盟和欧洲经济区的成员国（无先行措施的）需要从此日期起履行安全特征的规定。同时，这个日期也是 EMVS 与全欧洲配药点认证（PODA）流程的实施日期。自此以后，所有提供给欧洲的产品都需要带有明确的安全特性——通过添加并上传至 EMVS 的唯一标识码可实现序列化以及防篡改设置。已有先行措施的三个成员国（比利时、意大利和希腊）获准延长 6 年实施“安全特征”，在“欧盟委员会授权条例”发布后的第九年（2025 年 2 月 9 日）实施，不过比利时仍坚持 2019 年的时间表。FMD 的目标是打击假冒伪造产品（假药），规定将唯一标识码应用于最小销售包装的产品，并将 UI 存储于“中央数据存储系统”中，在向公众供应药品时对产品的真实性和防篡改设置完整性进行验证。不过，整个供应链的药品批发分销商可以基于风险对产品进行额外的验证。

---

① DIR 2011/62/EU.

二 《反假药指令》的重要概念

（一）利益相关者的参与

欧盟 FMD 强制规定 EMVS 应由非营利的法定实体设立和管理，并由赋予药品安全特性的药品上市许可持有人/制造商提供资金。药品批发分销商、药店和其他有关各方有权在自愿和免费的基础上，参与建立管理数据库系统。因此，代表欧洲利益相关方的组织合作成立了“欧洲药品验证组织”（EMVO），以履行这一强制规定，其中 GIRP 作为 EMVO 的创始成员之一代表药品批发行业。

（二）配药点的验证和基于风险的验证

《反假药指令》和“欧盟授权条例”（DR）规定了配药点（PoD）验证的概念，详细说明了基本要求：在药品生产时，需要在每个包装上标注 UI 并且在配发药给患者之前（比如在药房或医院）对该安全特征进行验证。上市许可持有人（MAH）应在产品上市前将最初的序列化数据上传至数据库存储系统，确认产品是真实的和处于可供配发的状态。配药点（一般为药店或医院）会进行有效验证并改变状态，可将产品状态变更为“解除授权（不可配发）”。

《反假药指令》并没有要求是端到端的全程追踪追溯，而是注重于最终端（即患者），同时也容许供应链在整个环节任何一点扫描包装的唯一标识码，以确定药品是处于配发或者没有配发的状态。

虽然终端（患者）的追溯方法并不要求供应链中的药品批发分销商和其他物流供应商例行公事地参与每一步，但有一项规定（DR 第 23 条）允许成员国要求药品批发分销商在将药品供应给个人或机构（例如配药医生、兽医、眼科医生、警察、军队、监狱、学校、收容所、疗养院等）之前，对某种药品的唯一标识码进行验证并变更其状态。

药品批发分销商还需要履行一些义务，包括在药品发送到下一级前对药品包装进行基于风险的验证，以及对于从其他批发商、药店或者授权销售药品的机构那里退回来的药品的验证。这些与医药全线批发商有关的义务，在 DR（授权条例）第五章中有规定。

（三）持有药品

虽然没有要求追踪药品实物在供应链每一步中的位置，但 EMVS 保存了序列化的产品在供应链中的状态，通过验证包装用户能确定药品是否可以配发或者不可配发。

法规规定了在一系列的商业条件下保持产品状态的义务，并将这一义务分配给不同的利益相关者、药剂师、医院、药品批发分销商和制造商，这意味着特定的供应链参与者在实际拥有产品时，例如持有药品时，将扫描 UI。终端用户（例如药品全线批发商、药房等）通常会扫描唯一标识码，并与数据库存储系统信息对照。然而，欧洲的供应链具有复杂性和流动性特点，并不总能支持直接的定位：在许多情况下，财务和实际货物分离。例如批发商（第三方物流）根据品牌持有人的指示操作，产品可能是属于供应链中的一个成员的财产，却由另一个成员所保管。

单品级和各层级关联中的各层级关联是指各单品级代码的关联，例如对于药品最小销售包装上的单品级代码，其上一级包装（例如包装箱或者托盘）上有关联代码，可以对包装箱或者托盘上的“父代码”进行一次扫描，就可通过使用数据库搜索功能或通过使用单独的业务渠道提供的信息获得。通过上传至具有共享访问权限的数据库，或者通过供应链合作伙伴之间的“点对点共享”，含有父子数据的“关联”功能，使人们通过对运输货品的一次扫描就能高效地获得包含在同一托盘或装运箱内的所有最小销售包装的药品的序列号。

如前所述，《反假药指令》要求的重点是只对供应链最末端的交易货品，即销售单位进行编码；EU－FMD 不要求将安全特征添加至更高层级的货品中，例如包装箱和托盘。因此，即使立法者认识到贸易伙伴可以采用“关联”作为一种提高效率的方式，但并没有关于关联的法律要求。

但是，DR（欧盟授权条例）前文 20 节中明确提到了“关联”，并且欧洲委员会卫生和食品安全总局——问与答①中允许使用“关联代码”，准许同时

① “问与答”由欧洲委员会卫生和食品安全总局定期更新；有关“关联”V13 参考问题 3.4。

验证多个唯一标识符，但前提是利益相关者应自愿签署协议以遵守第 2016/161 号欧盟条例的规定。欧洲医院和一些供应链利益相关方对于“关联”也兴趣日增，正在考虑如何在欧洲供应链中引入“关联”。EMVO 利益相关方明确表示，这不能视为 2019 年 2 月 9 日时间表内的实际选项，因为目前已经运作的 EMVO 并不支持关联。目前的情况是，EMVS 系统没有设计成能够交换关联数据或同时解除关联代码。因此，目前任何想要使用关联功能的各方都需要签订协议，通过 EMVS 之外的贸易伙伴之间的交易（商家对商家）来交换这些数据。

（四）安全特征

用于处方药包装的安全特性，包括一个唯一标识码（UI）和一个防篡改的设置（ATD）。

医药供应链的不同利益相关方对于安全特征的三大主要义务如下。

①使用（安全特征）。

②验证（安全特征）。

③安全特征的解除。

（五）唯一标识码

UI 是在每个包装上以人类可读和机器可读的形式（二维条形码）印刷的带有数据的码，通过扫码可以对印有码的包装进行验证和识别。UI 将包含一个产品代码，一个随机生成的序列号、一个批号和一个失效日期（对于某些市场，还含有一个额外的国家报销或标识号）。安全特征需要遵守国际标准化组织的规定（编码标准符合 ISO/IEC 16022：2006“矩阵码编码原则)。事实上，有两种可满足数据载体和编码要求的适用标准选项。

GS1 标准：基于 GTIN/NTIN/NHRN 产品代码，参见 GS1 全球和 ISO/IEC 15418：2009“GS1 应用标识符和 ASC MH 10 数据标识符和维护”。

IFA 编码系统[①]，基于 PPN 产品代码：参见 Informations stelle für Arzneimittelspezialitäten。

---

① www. ifaffm. de/en/ifa - codingsystem. html.

PPN 主要是由德国的早期 adopter 利益相关者采用的。绝大多数的公司目前都采用 GS1 标准。

（六）防篡改设置（ATD）

防篡改设置（如自毁包装）有助于验证医药产品的包装是否被替换。法律没有规定防篡改设置的技术要求，所以制造商应根据实际需要选择合适的设置。欧盟委员会建议参考源自 CEN 标准 EN 16679：2014 的指南："医药产品包装的防篡改验证功能"。重要的是，UI 和 ATD 都应该在上市许可持有人认定的同一个最小销售包装上。值得注意的是，ATD 的存在可能会影响某些供应链的操作，例如，当在供应链中药品说明书需要变更时，药品包装可能合法地开启包装并重新密封。然而相关的条例规定：重新密封的包装不应显示出原来的、破损的 ATD。ATD 的更换是依据良好生产规范（GMP）的条件并在国家主管当局的监督下进行的。根据指令，停用 ATD 之前须确定原始包装的真实性。

此外，必须考虑人类可读代码和 2D 数据矩阵之间的交互作用。虽然可以在印刷数据上设置一个透明的 ATD，但制造商必须确保数据的可读性不会降低，并且同时确保批次数据（批号和失效日期）在开包后仍能保持可读性，并且病人破坏 ATD 后不会影响相关信息的可读性。

三　欧洲药品验证系统

法规描述了一个由中央枢纽和国家系统组成的数据库存储系统，系统费用向行业也就是以制药商为主的利益相关方收取，旨在共同建立所需的系统和程序。为此，由非营利的欧洲药品验证组织领导的欧洲医药供应链利益相关者共同设计了一个系统架构和商业流程，使所有利益相关方都能履行其法律义务。具体义务包括：将 UI 上传至 EMVS 的方式及时间，何时和如何检验/验证，并且在各种供应链情景中如何解除权限。EMVO 负责监督该欧洲系统的运作以及商业流程的设计和监管，EMVO 也负责运营欧洲 EMVS 的欧洲中心部分。国家药品验证组织（NMVO）正在加入 EMVO，以便在每个成员国建立国家药品验证系统（NMVS），各成员国将

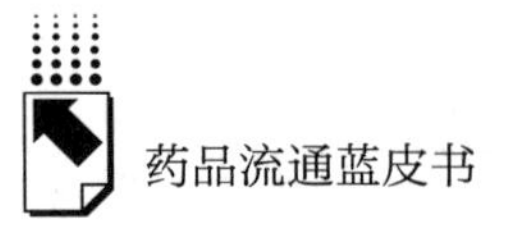

与 EMVO 进行联合运作。目前，正在设立的国家级 NMVO 将会建立和运作国家系统。

（一）EMVS 系统结构

EMVS 由两个主要的职能部门构成，即欧洲枢纽中心和国家系统。

欧洲枢纽中心是存储主数据的主要场所，也是通过 MAH 将数据传送至国家系统的通道。此外，有关重新包装的数据矫正，例如保持原产品批次和重新包装产品批次之间的关联，只能在欧洲枢纽中心进行。

NMVS（国家药品验证系统）作为验证平台，药房、医院或其他注册方，如药品批发分销商，能通过该验证平台检验产品的“真实性”。处理此验证业务或相关业务所必需的数据储存在相应的 NMVS 中，NMVS 的主要任务如下：

①储存相关的产品序列化数据。

②从欧洲中心接收校正后的序列化数据/新产品序列化数据。

③作为药房或其他注册方（如药品批发分销商）的验证平台，检查产品的真实性。

④在授权条例第 23 条中所述的成员国采用的情况下，NMVS 作为医药全线批发商的平台，在产品交付给第 23 条所提及的机构（军队，监狱等）之前，将产品包装标记为“解除授权”。

⑤作为注册方（如药店和医药全线批发商）的平台，将产品包装标记为“解除授权”“从欧盟出口”“打算销毁”“样本”等。

欧洲枢纽中心和 NMVS 积累了一个安全、不可变更且有时间标记的电子审查轨迹，可用于确保系统的运行并在系统的利益相关组织（EMVO 或 NMVO）的严格控制下对系统活动进行审查。

欧洲中心的主要目的如下：

- 存储 EMVS 的主数据。
- 记录批号数据。
- 为制造商向国家系统上传数据提供了通道。
- 一旦某药品包装已在一个市场上出售，则允许系统将所有市场上的药品包装标记为“解除授权”。

- 支持如上所述的重新包装过程中的数据校正。
- 支持市场外的查询。

提供一个中心点，管理一些不能在国家层面解决的问题，例如，不同国家的不同包装的问题。需要注意的是，一旦信息被分发给国家系统NMVS，欧洲中心将不再存储UI的信息。不同的参与方需要连接EMVS的不同部分。

药品制造商和平行分销商将序列化数据上传到欧洲中心。欧洲中心是将数据上传到相关国家系统的门户，它也能控制对EMVS的访问，确保只有合法的系统和组织才能访问欧洲中心。欧洲中心作为一个数据路由器，一旦某个序列化数据被发送至国家系统，欧洲中心就不再存储该数据。

（二）EMVS的使用场景

NMVS作为药店、批发商、医院药房以及其他获授权向公众配发药物的人员的验证平台，负责审查和验证药品的真实性。国家系统接收所有源自欧洲中心的最新（或经修正的）的序列化数据。药店或批发商通过NMVS申请验证。NMVS在产品发送至患者或从欧盟出口之前，将产品标注为“解除授权”，并进行精确配发。

为了根据授权条例（DR）运行一个药品包装验证系统，EMVS支持由不同系统用户运行的各种使用场景。

作为一个中央枢纽，通过以下支持配药点PoD验证的概念：

①向系统提供序列化的产品包装数据。

②验证供应链中的药品序列号和相关批号数据。

③当药品被配发给患者时，将产品包装标记为“解除授权”。

以理想路径为例，使用场景①通过链接合作伙伴（OBP），连接至欧洲中心。分别由医药全线批发商或药剂师通过NMVS进行验证（使用场景②）和配发（使用场景③）。为了管理更复杂的程序所需的这些和额外使用场景以及需要建立的必要能力，将在本文的后续章节中讨论。

（三）受EMVS（欧洲药品验证系统）支持的使用场景

欧洲利益相关方和EMVO已将法律义务转化为一套综合使用场景，用于说明欧洲整个药品供应链流程中所有参与者如何能履行其职责。EMVS 文件①解释了这些使用场景，详细说明了哪些活动可以由不同的利益相关者执行，并说明了他们需要连接 EMVS 的哪个部分，例如欧洲中心（针对 MAH 和平行分销商）或 NMVS（针对药店、医院和医药全线批发商）。EMVS 支持以下使用场景。②

①上传产品的主数据：上市许可持有人或者平行分销商将原始产品主数据从传输到欧洲中心，然后从欧洲中心将数据发送至相关的 NMVS。

②上传药品包装数据：上市许可持有人或平行分销商将原始产品包装数据传输给欧洲中心，然后从欧洲中心将数据发送至相关的 NMVS。

③召回批次：由原上市许可持有人和平行分销商传送完整批次的召回信息。

④验证产品包装：比对 NMVS 的数据验证产品包装的数据（产品代码、序列号、批次数据）。

⑤被解除授权的包装：一个药品被解除授权是为了使其无法在市场上进一步流通使用。

⑥“解除授权”状态将包含以下任一性质/情况：

失窃：须报失的产品包装。

检验（须重新包装）。

免费样品：作为免费样品提供。

样品：作为样品提供给国家主管当局（NCA）。

拟销毁的产品包装。

锁定：临时锁定产品包装以用于调查目的。

缺失：撤回。

供应（是指配送）。

从欧洲出口包装：从欧盟出口后，将产品包装的状态设置为“从欧盟出口”。

① https://emvo-medicines.eu/new/wp-content/uploads/EMVS-URS-Lite.pdf.

② 请注意，只有使用场景③、④和⑤是与医药全线批发经销商相关的。

表 1　不同供应链参与者启动的活动的使用场景

使用场景		发起者				
	系统	欧盟中心		NMVS		
	更新后的包裹状态	MAH/OBP	平行分销商	药剂师	医药全线批发商	监管者
上传产品主数据	暂无	X	X			
上传产品包装的数据	实时	X	X			
召回批次	召回	X	X			
验证包装	未变更	X	X	X	X	
配送包装	提供	X	X	X	X	
解除包装授权	解除		X			
从欧盟出口包装	出口	X	X		X	
撤回产品	撤回	X	X			
标注为“失窃”	失窃	X	X		X	
标注为“被毁坏”	毁坏	X	X	X	X	
标注为“免费样品”	免费样品	X	X		X	
标注为“样品”	样品	X	X	X	X	
标注为“锁定”	锁定	X	X		X	
申请报告	暂无	X	X	X	X	X

请注意，尽管使用场景中的各活动因职责不同而有所不同（如上所述），在某些情况下可以针对 EMVS 的不同部分启动相同的活动，这取决于供应链参与者的访问权限；例如 MAH 可以通过 MAH - 中心界面将包装标记为“拟销毁”，而医药全线批发商将通过他们与 NMVS 的界面发送“拟销毁”的信息。

（四）如何连接 NMVS

所有按照 EMVO 的国家蓝图系统规范设计的国家系统包括一个药品批发分销商和药房界面，通过该界面可使药房供应商或批发商系统连接至 NMVS。

API（应用程序界面）支持以上所列的药品批发分销商必须执行的所有活动，然而大多数药品批发分销商没有建立他们自己的界面，而是求助于第三方的解决方案提供商，确保其选择的解决方案能支持批发商需要执行的所有相关的、目前的和预期的用途。

四　EMVS 中的实体

（一）欧洲药品验证组织

EMVO 根据授权条例（DR）负责运行 EMVS。EMVO 的任务是负责在全欧洲实施一个有效、安全、可交互及具成本效益的药物验证系统。

其创始成员为欧洲制药工业协会联合会（EFPIA）、欧洲药品（欧洲仿制药品和生物仿制药品协会）、PGEU（欧盟制药集团）、GIRP（欧洲药品批发商协会）和 EAEPC（欧洲制药公司协会）。HOPE（欧洲医院和保健联合会）和 EAHP（欧洲医院药剂师协会）作为官方的利益相关方也是 EMVO 的成员单位。

EMVO 主要负责建立和运行欧洲枢纽中心，如前所述这是 MAHs 上传每个药品包装 UI 的地方。欧洲中心作为 EMVS 的中央数据库和路由器，并将所有 NMVS 连接在一起。

EMVO 还协助 MAHs 在公司级层面，也就是所谓的链接合作伙伴（OBP）连接到欧洲中心。OBP 是通过链接欧洲中心上传数据的制药公司和平行进口商，欧洲中心的主要目的是作为一个传输通道，将 MAH 和平行分销商的数据传输给 NMVS。

需要注意的是，MAH 和 OBP 是不同的。在 EMVS 架构下，MAH 或一组 MAH 可以通过 OBP 连接到欧洲中心。OBP 是一个法定实体，其目的是代表一个/多个 MAH 连接到欧洲中心并将数据上传到该中心。在与 EMVO 完成链接程序的同时，MAH 必须在国家级的层面上与相关的 NMVO 签订合同，并支付一笔加入费和年费。收费模式取决于每个 NMVO 的情况。

（二）国家药品验证组织(NMVOs)

EMVS 由两个不同（但相互关联）的层面组成。上文对欧洲层面已做了解释，国家层面的验证平台服务于终端用户，例如药店、医院、医药全线批发商或其他注册方，他们使用该平台以验证产品的真实性和解除产品的授权。每个 NMVO 都负责协助引导最终客户使用。每个国家都必须实施自己的 NMVS（国家药品验证系统），该系统由非营利实体 NMVO（国家药品验证组织）建立和管理。包装的实际验证是在国家级层面上进行的。NMVO（国家药品验证组织）的完整清单请参照网站：www. emvo - medicines. eu/mission/emvs/。

（三）制药公司

每一家制药公司，无论是 MAH 还是平行进口商，最终都要遵守 FMD（反假药指令）和 DR（授权条例）的规定。EMVS 提供了一个系统使每家制药公司在此基础上都能遵守法律，但如果那家公司未能遵守法律，则该公司自行承担所有后果。

OBP 提供了一个单一的实体，通过该实体国家系统可以获得修改或者新产品的序列化数据。为了链接至欧洲中心，OBP 必须直接向 EMVO 支付一笔加入费。值得注意的是，在严格的条件下，一个单一的 OBP 可以代表多个 MAH 进行链接。若要进行此操作，MAH 之间有从属关系并且关联性不少于 50%。换句话说，多个 MAH 不能在没有紧密的业务联系的情况下进行集体链接。就 EMVO 与一家制药公司之间的法律关系而言，OBP 是合同方，OBP 会与 EMVO 签订协议（参与协议）。OBP 应获得 MAH（S）的合法授权，代表 MAH（S）这样做。一旦缔结了链接合约，EMVO 将在技术上协助 OBP 链接至欧洲中心。一旦完成，OBP 就能够上传所需的 UI（唯一标识码）数据到欧洲中心。

五　EMVS 的程序

正如 EMVS 的概述中所解释的那样，EMVS 的新功能可分为两类：安全特性和建立欧洲中心，这样每个药品包装的唯一标识码可以上传。为了更好地理解 EMVS 的工作程序，现描述如下。

（一）最终用户 (药剂师、医院、药品批发分销商) 工作程序

药品包装由最终用户在配发点进行扫描。当药房配发一个药品时，药剂师会扫描包装上的 UI 矩阵码。然后，将从矩阵中获取的信息与 NMVS 中保存的信息进行比对。如果从 UI 代码中获取的信息与系统中保存的信息相匹配，并且满足了“产品未解除授权”等附加条件，药品将会配发给患者。同时，药

品包装的序列号状态将被设置为“解除授权/已提供”。这就意味着药品配发给患者的记录将被保存，这种方式便于核查未来可能发生的假药。

如果代码中的信息与数据存储系统中的信息不同（尤其是“序列号在系统中不存在”），或者该序列号的状态已变更为“解除授权”，这时将不能确认药品包装的真实性，系统将发出警报。因此，药品不能配发给病人。当然，这可能是由于供应链中的程序错误所致，但也可能意味着药品是假药。由于警报的原因，将对供应链中的不同参与者进行调查。药品批发分销商在收到 MAH（或指定批发商）以外的其他来源的药品包装时，他们应根据法律规定，基于风险对 UI 进行验证检查。从 2019 年 2 月 9 日起，所有处方药都包含新的安全特性吗？否，这项法规只适用于在此日期后投放市场的处方药。因此，在最后期限之后的一段时间内，市场上将有一批药品包装不含矩阵码。这些药品包装仍然是安全的，是在一个已优先考虑病人安全的监管框架下生产的。从 2019 年 2 月 9 日起，这些药品包装将不再生产，并将随着时间的推移永久离开供应链。

（二）EMVS 的警报

警报意味着错误，错误是指 EMVS 的正常运行被中断的情况，系统会识别每一个错误，EMVS 内有 5 个级别的错误：从 1 级（系统可以自行处理）到 5 级（系统管理员和外部利益相关者将被告知）。

“错误”是用来描述系统中实际问题的术语。“异常”是提醒与系统交互的人员系统中存在错误。警报是指在发现错误时通知与系统交互的人员以外的利益相关者的过程。因此，每次警报都意味着有错误发生，但不是每个错误都会导致警报。在发生 5 级警报时，通知的外部相关机构包括 NMVO、OBP、EMVO 和 NCA。有哪些警报实例，当一个警报被触发时会发生什么？如最终用户扫描一个药品包装，这个包装的唯一标识码与另一家药店已配发了的药品相同：在第一个例子中，终端用户（药店、医院或药品批发分销商）扫描一个包装，而另一个终端用户已经配发了一个与其有相同 UI 的包装。这会造成异常，NMVS 会告知该用户，然后 NMVS 会向终端用户、该国的 NMVO 和欧洲中心发出警报。欧洲中心将处理该警报并发送警报给 OBP 和 EMVO。

另一个是与市场间交易（IMT）有关的警报例子。

终端用户扫描一个药品包装，然后将来自药品包装的信息发送到相应的NMVS。NMVS无法识别该包装，会向中心发送“错误”提示，以验证该产品是否存在于另一个国家系统中并且是否可供出售。该中心随后将处理市场间交易，并检查该包装是否已在另一个NMVS被注册并检查其是否可配发给病人。根据其所给出的回应，由最终用户配发（或不配发）该产品。但是，如果中心收到一个NMVS的响应，获悉该包装已经在其市场上被配发，该NMVS将自行发出警报，而非初始警报。

（三）EMVS的重要数据

- 2019年2月9日——EMVS进入运行阶段。
- 29个欧洲国家正在加入EMVS。这29个国家都属于欧洲经济区（EEA），意大利和希腊将有较长的执行期。

在整个运行阶段：

- 2000家制药公司；
- 6000家授权批发经销商；
- 140000家药店；
- 5000医院药房；
- 2000位配药医生；

以上将连接EMVS。

B.30

药品数字供应链

Randy V. Bradley

摘　要： 新技术的快速发展使信息技术在供应链流程中的关键性日益呈现。本文从供应链、药品供应链的相关概念入手，介绍了数字供应链的内容，详细列举了医药数字供应链的技术和创新结果，分析了数字化技术的四个阶段，并从四个方面讲述了药品数字供应链的焦点，最后提出对供应链 IT 相关方面的思考。

关键词： 供应链　数字供应链　药品

一　简介

诚如田纳西大学（University of Tennessee）全球供应链研究院关于供应链物理创新的白皮书所阐述的那样，“供应链专业人现在清楚地看到新技术海啸即将来临，并且正努力制定应对它的战略”①。信息技术（IT）对供应链极其关键，因为存在随时随地触达信息以提高响应力的需求和愿望。因此，可促进信息无缝交换的信息技术能力对于有效且及时响应客户和供应商需求的变化至关重要。

让我们思考一下供应链关注的三个基本流程：产品流、资金流和信息流。从相对普遍的意义上讲，我们将大部分时间都花在如何及时将产品和材料从 A 点移到 B 点，即产品流。另外一个举足轻重的流程是如何确保我们拥有恰当

---

① Dittman, J. P. (2017). *New Supply Chain Technology Best Practices: The Application of New Technology in the Physical Supply Chain*, p. 6., Knoxville, TN: 田纳西大学全球供应链研究院。

的资金流，保证产品能够真正移动并且通过所有触点。即使这样说，人们还是会争论，但最关键的还是第三个流程——信息流。我们发现，当供应链专业人士通过企业系统执行交易时，无论是采购商品、履行销售订单，还是与金融中介（例如银行）进行对话，在资金交换以及在货物实际运输之前，至少有两到三个信息流会提前于该类行动发生。如果信息无法正常流动，产品也不会正常运输。即使在信息正常流动的情况下，一旦上游利益相关者不愿意或不能对下游利益相关者保持透明，那么对供应链的挑战仍然存在，因为供应链的可见性有限。透明度和可见性（或缺乏透明度和可见性）是各种法规想解决的安全和信息核心问题所在，如美国药品供应链安全法案（DSCSA）和生产质量管理规范（GMP）。

据估计，美国大约80%的药物原料及40%的成品药均为进口①。美国医生处方的大部分仿制药都来自印度和中国制造商，且数量仍在不断增加。美国食品和药品管理局（FDA）有责任确保美国以外的工厂遵守 GMP（无菌制药的一项标准）。此外，除了对产品的召回、转售、退货和基于风险的验证进行认证之外，美国药品安全供应链安全法案最终将促进整个供应链的序列化、汇总及交易信息交换。GMP 和 DSCSA 应共同确保只有具备完整监管链历史的安全药物才能供患者使用。

药品供应链缺乏可见性可能是许多挑战的根源，包括药品短缺和假冒。为应对挑战，响应法律和行业期望，医药产业开始拥抱“连接技术”，但是正在逐步采用更多“自动化技术”，尤其是智能资产和智能辅助手段。过度依赖更灵活、更智能的信息技术基础设施使业务和供应链风险更加复杂，但是全球经济的变化步伐也稳步加快。遗憾的是，许多组织的信息技术基础设施是僵硬的，企业内部系统之间也缺乏足够的整合。虽然医药行业正在努力通过数字化供应链来解决这一问题和其他挑战（例如，采用新兴技术，增加单个产品的标识符，以及创建全球数据库供所有利益相关者查阅），但供应链数字化是通过一定过程必须实现的明确目标。

① Pagliarulo, N. and Lopez, E. (2018). *Top Challenges Facing Drug Supply Chains*. https://www.biopharmadive.com/news/top-challenges-facing-drug-supply-chains/521876/.

二　数字化供应链

数字化具有帮助医药企业通过一系列新兴技术（统称工业 4.0）来改善运营的巨大潜力。工业 4.0 指的是通过智能工厂、集成 IT 系统、物联网和灵活的、高度集成的制造系统实现智能及分布式生产的新工具和流程。有人估计制药厂的停工期通过数字化可减少 30%~40%[①]。

数字时代和数字供应链会在我们看待这个世界的方式上带来什么变化呢？一个转变是我们看待竞争者或者是潜在竞争者的方式。在数字化商业模式时代，从传统意义上理解供应链管理的人很难知道他们下一次的挑战将来自哪里。基于我的角色，以及我和企业高管的互动，很多组织显然看不到非传统性挑战的到来。部分原因在于该组织目前如何看待竞争。如果你要求某位高管罗列其组织最可能的竞争者，他/她可能会想到同一行业或领域的组织或考虑能向其客户提供二级或替代产品/服务的组织。不幸的是，这种反应是基于传统的竞争观点。在这个数字化颠覆时代，那些你看不见却和你的客户有关系的个人或组织，也可能与你有着超乎寻常的关系，他们才可能是你最大的威胁和对手。

今天，我们见识到了实时获取、按需业务、消费者即时需求、需求时间及需求方式的概念。从技术上讲，这些仍属于电子商务范畴，因为它仍然是通过电子手段执行交易（交换资金以获得产品或服务）。然而，与传统电子商务的运作方式略有不同。这些方式更像是我们所谓的“即时商务”（a-commerce）。我们倾向于这一表述是因为它更好地捕捉到了利益相关者参与药品供应链方式偏好的精髓。即时商务指代的是随时（anytime）随地（anywhere）任意方式（anyway）的商业。对即时商务的挑战是绝大多数供应链并非“永远在线”。永远在线不是一天 24 小时一周 7 天的全天候运营，而是能够在客户、供应商与合作方的触发和提示发生时做出实时响应……而非发生以后再响应。这需要供应链始终保持连接、随时接收和实时响应。在大多数情况下，这类功能并不为当今大多数药品供应链所有。

---

① Behner, P. and Ehrhardt, M. *Digitization in Pharma: Gaining an Edge in Operations*. 2016. 取自 www. strategyand. pwc. com。

例如，我们可以从亚马逊的实践中寻找一些佐证。亚马逊已经为移动 3D 打印站申请了专利。该站点可按需打印物品并将成品送至客户门口或工作地①。另一个有关在数字化推动下制药竞争格局不断演变的亚马逊事例是在 2018 年收购了 PillPack。PillPack 是一家于 2013 年成立的在线药店，它向全美国的患者提供预先按剂量分包装的药物。美国药品市场估值约为 4000 亿美元。有些人认为亚马逊的集中攻势是对高药价和药店泛滥的市场反应。我理解为什么会有这样的解读，我认为这样的解读也不能被称为是一个错误的结论，但是我认为有一个更突出的问题没有讨论，而这个问题和亚马逊的实力密切相关——信任和透明度。全球消费者对亚马逊在交付运营中的表现和透明度已经有了期待。亚马逊的愿景是“成为全球最以客户为中心的公司，在这里，客户可以找到并探索他们可能想在线购买的任何东西”，其使命是“为客户提供最低的价格，最佳的选择，以及最大的便利”。这样的愿景和使命，特别是在绩效的加持下就会产生信任，信任驱动了市场份额，随之非传统竞争者诞生。

在数字时代，有多个类别的先进的新兴技术②和创新成果的加持，随时在线的数字化供应链使我们能够更详细地了解供应链运营和监管链。这些将持续塑造医药数字供应链的技术和创新结果如下：

①3D 打印：一组基于数字三维设计图通过逐层构建制作产品的技术。

②人工智能：使及其能够学习解决问题的模式并执行通常需要人类智力的任务的技术，如决策制定、语音识别、视觉感知和语言翻译。

③自动汽车和无人机：一种由计算机引导的设备，可在地面（汽车）或空中（无人机）无人操纵的情况下移动。

④区块链：一种分布式记账技术，可永久保存交易数据的历史记录。

⑤云计算和存储：使用远程互联网服务器的网络架构托管、存储、管理和处理数据和应用，而非本地服务器或计算机。

---

① http：//fortune. com/2015/02/27/amazon - 3d - printers. https：//3dprint. com/46934/amazon - 3d - printing - patent.

② *The 2017 MHI Annual Industry Report - - Next - Generation Supply Chains：Digital，On - Demand and Always - On.* （2017）. Charlotte，NC：美国材料搬运协会，取自 https：//www. mhi. com/finance/library/annual/。*The 2019 MHI Annual Industry Report—Elevating Supply Chain Digital Consciousness.* （2019）. Charlotte，NC：美国材料搬运协会，取自 https：//www. mhi. org/publications/report。

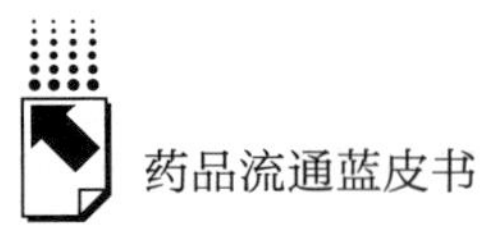

⑥物联网（IoT）/工业物联网（IIoT）：使用互联网连接各种物体（范围不断扩大）中嵌入的传感器和计算机，使它们能够实时发送和接收数据。

⑦库存和网络优化工具：帮助公司设计能高效生产、仓储和分销的网络以服务客户的模型和工具。

⑧预测分析：从现有数据集中提取信息以确定预测未来事件或结果的模式和趋势的行为。

⑨机器人和自动化：设计并使用计算机控制的机器以自动执行一系列由人工完成的传统行动或任务。

⑩传感器和自动识别：自动识别、定位和描述供应链对象并捕捉及传递整个供应链中相关数据和信息的技术。

⑪可穿戴和移动技术：可作为外部配件或衣服部件穿戴或携带的技术设备，具有在设备和网络间交换数据的功能。

在 MHI 最新的年度供应链行业报告（2019 年）中提出的数字化技术金字塔（见图 1）有四个技术阶段，从通过数字连接（第 1 阶段）收集数据到通过人工智能（AI）实现数字连接中供应链价值和理解的提升（第 4 阶段）。供应链数字化金字塔的两个中间阶段分别为自动化和高级分析（第 2 阶段和第 3 阶段）。

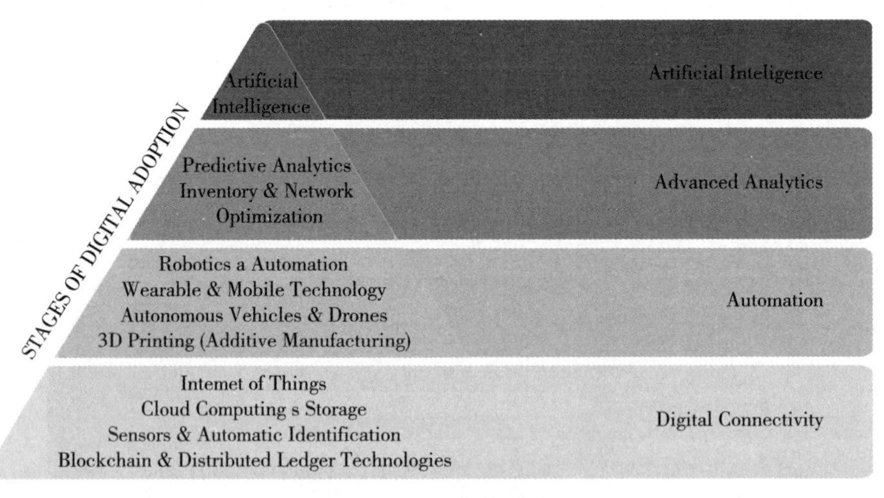

图 1　数字化的阶段

资料来源：MHI，2019。

根据该报告，数字连接指的是“从整个供应链中的多个点和来源收集、清理及组织数据的过程”（P16）。数字连接依赖于四种技术和创新：①云计算和存储，②传感器和自动识别，③工业物联网（IIoT），④区块链分布式记账技术。连接阶段是链接和自动化技术的结合，尽管绝大多数技术基础可能会被归为链接/连接技术/创新。然而，这些现代链接技术在某种程度上与传统链接技术有很大不同。

传统的链接技术如电子数据交换（EDI），主要促进了贸易伙伴之间的信息交换。实时信息交换正确完成并且信息准确可以增强业务合作伙伴的关系。即使信息交换可由用户或程序发起或触发，但大部分信息交换是自动的。此外，这种信息交换通常是在不同组织中的系统到系统的交换（即计算机到计算机），在供应网络的成员之间建立不同系统的物理集成，以便及时和实质性地交换信息，有时称为企业到企业集成（B2Bi）。

更现代的链接技术带来了 M2M（机器到机器）通信（主要是公司内部），使机器和设备能够实时地相互通信。

利用现代链接技术扩展现有基础架构连接性的能力是进入并在第 2 阶段——自动化阶段取得成功的关键。2019 年 MHI 研究中近 1100 名参与者有 70% 表示目前至少使用了第 1 阶段——连接阶段的一项技术。该阶段采用率最高的技术/创新是云计算和存储（56%），传感器和自动识别（43%）以及 IIoT（26%）（见图 2）。

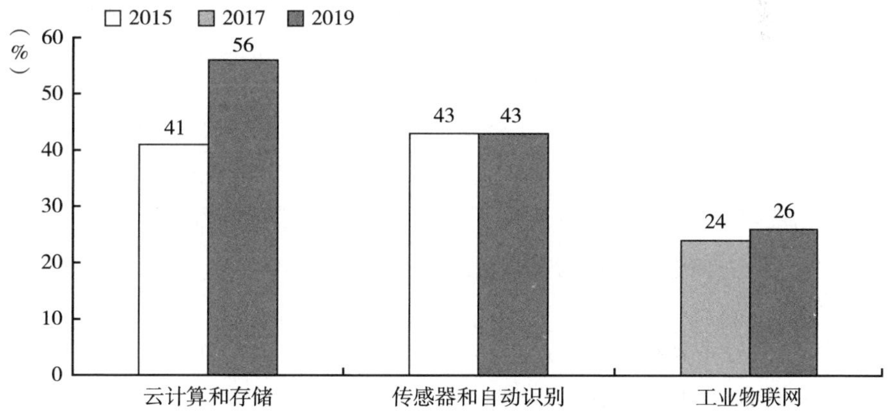

图 2　目前数字链接技术的采用率

注：工业物联网调查数据始于 2017 年。

资料来源：MHI，2019。

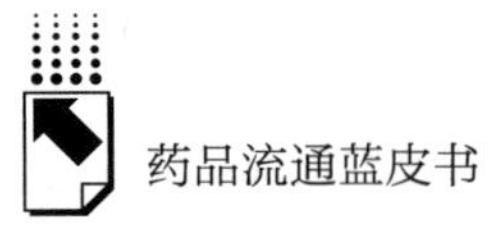

自动化阶段的公司依靠的是先进的机器人和自动化系统、无人驾驶汽车和无人机、可穿戴设备的增强现实以及3D打印技术。虽然这些解决方案可以更常用于执行常规的、重复的和资源密集型的供应链任务，但目标需要更具战略性而非战术性。换句话说，虽然公司倾向于使用这些创新来简化供应链运营，但第二阶段的成功不仅仅是更快地工作，更多的是为了识别如何以不同的工作方式使人力和技术资产的价值最大化。此阶段的成功在于通过适当的创新组合利用连接阶段收集的数据。MHI（2019）研究中超过50%的受访者已经在自动化阶段使用了至少一项创新。采用率最高的创新是机器人和自动化（32%），可穿戴设备和移动技术（26%）以及3D打印（21%）（见图3）。

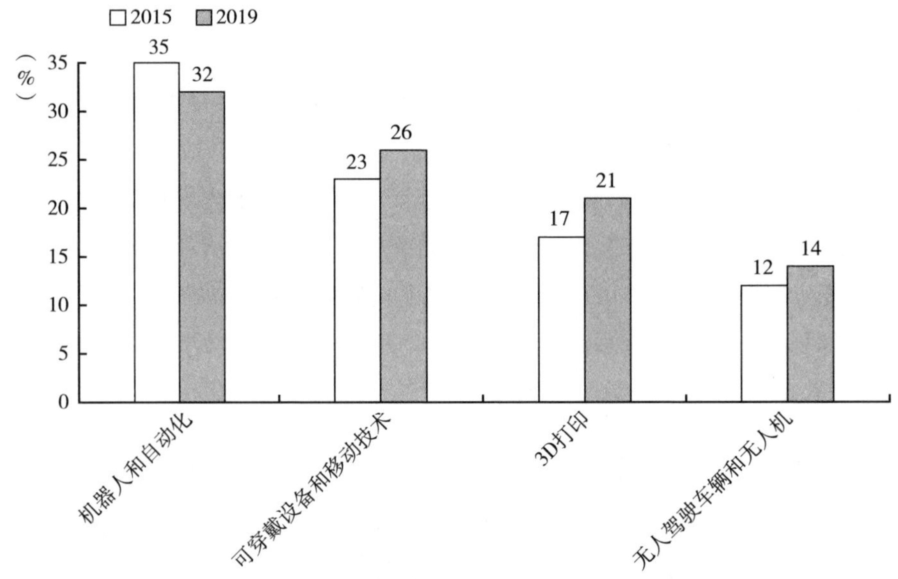

图3 目前自动化创新的采用率（基于MHI 2019）

第三阶段——高级分析，这是将源自前两个阶段的大量数据转换为可执行的见解，并利用这些观点来获得价值和影响。构成此阶段的解决方案或方法是库存和网络优化以及可预测和规范分析。根据MHI研究，只有30%的受访者表示他们目前正在供应链运营中使用预测或规范分析（见图4）。这一阶段目前最大的难题是其采用率（至少对于预测分析来说）低于前两个阶段，然而

87%的高管参加者表示他们计划在未来 5 年内应用高级分析。这说明了几个问题，公司无法正确利用高级分析的一个原因是他们没有底层基础设施从多个数据流中抓取数据。另一个原因是缺少唯一的事实来源而无法协调多个数据源之间不一致的数据。第三个原因与前两个原因有关，即糟糕的数据治理导致与主数据管理相关的问题。

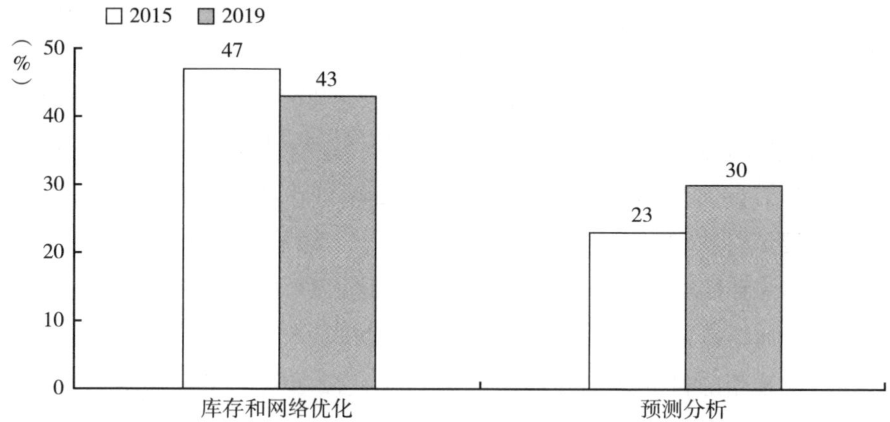

图 4 目前高级分析应用的采用率（基于 MHI 2019）

MHI 报告中强调的数字技术采用的第四个也是最后一个阶段是人工智能。这个特定阶段不再是基于规则的执行（即遵循一组固定的预制定规则）通常由人类完成的任务，更多的是基于数据馈送、模式和行为观察以及数字接口和人机交互反馈的适应性学习。大家可能会认为，这个阶段对公司来说更难以实现，因此一些实际上处于某个较低阶段的组织试着了解 AI 的某些方面会很常见。目前，MHI 研究中有 13%的参与者表示正在使用 AI。虽然公司在进入下一阶段之前不需要在前一阶段采用所有的技术或创新，但在每个阶段掌握正确的解决方案组合对确保在后续阶段取得更大成功至关重要。

三 药品数字供应链的焦点

1. 冷链

药品供应链在许多领域都受益于数字化，其中一个领域就是冷链运输。冷链运输越来越重要，越来越多的基因疗法通过临床试验不断发展再推向全球市场。例如，在肿瘤学领域，嵌合抗原受体（CAR）T 细胞疗法是一种免疫疗法，它利用特殊改造的 T 细胞 – 免疫系统的一部分来对抗癌症。从血液中提取患者的 T 细胞样本，然后进行改造使其表面产生称为 CAR 的特殊结构。CAR T 细胞需要冷藏，以保持细胞活力再输注到患者体内。鉴于每位患者的 CAR T 细胞都是为其特制的，冷链技术需要与能够保存详细的身份链和监管链的跟踪软件相结合。

2. 动态运载匹配

美国联邦汽车运输安全管理局（FMCSA）电子记录装置（ELD）规定要求商业汽车的日志从纸质转变为嵌入式或连接到汽车发动机的数字系统①。ELD 自动记录驾驶时间并监控发动机小时数、车辆移动、行驶里程和位置信息。值得相信和期望的是 ELD 将允许更有效地跟踪司机的服务时间并有助于防止有目的地伪造记录（通过人工保存多个日志的某些情况就会发生）。根据 FMCSA，该规则的目的是加强商用卡车和公共汽车司机遵守服务时间规定，旨在打击疲劳驾驶。

无论大多数人“喜欢”或“不喜欢”这一规则的哪个方面，其在供应链效率提升方面都存在巨大潜力，特别是以动态运载匹配（DLM）的形式。DLM 能够实时跟踪资产（例如车辆），并可根据驾驶员的服务时间“预测”该资产在未来（长达一周）的位置。DLM 创建的实时或近实时的可见性允许托运人和承运人在其地理和经济利益一致时直接且透明地相连。非中介化的方法（即绕过经纪人）有助于在可能互不认识的各方之间建立关系，从而人为地扩展组织的运输网络而不会显著增加成本，因为独立的司机和车队可直接从托运人那里获得运载机会。利用云、社交和移动技术来提高运输效率作为其解决方案的 Konexial 便是这一领域的佼佼者。

3. 仓库自动化

药品供应链数字化的另一个重点领域是智能仓库，包括仓库自动化。制药

---

① Berman, J.（2017）. *Late Push to Extend ELD Implementation Data Nixed by House Vote.* Supply Chain 247. 取自 http://www.supplychain247.com/article/late_push_to_extend_eld_implementation_date_nixed_by_house_vote/ELD。

公司正在部署一系列智能系统和先进的机器人技术以辅助自动存储、拣货/检索和分配货物。仓库自动化形式多样，且没有一种通用的方法。大多数解决方案都针对其运行环境进行了高度定制，并结合了多种解决方案，包括但不限于以下几点。

①高棚仓库技术——高存储密度、最佳空间利用率、高处理速度，特别是在底层空间有限的设施中。

②移动托盘架——支持大件重物的有效仓储和移动。

③自动导引车（AGVs）和自动机器人——计算机控制的机器，可执行传统的人工任务，且无须从始至终的人为干预。

④无线射频识别（RFID）——一种自动识别技术，可为公司提供有关供应链中每件标记物品的身份、位置和数量的即时信息。

这些解决方案协同工作，从货架上取下适当的物品并将它们运送到制造工厂或仓库的另一个位置。一些制药公司也在使用具有由内置传感器、相机和软件构成的智能导航系统的动式机器人（AMR）。这些元素使 AMR 能够熟悉周围环境和设施布局以便择取最便捷的路径抵达目的地，同时避开障碍物和人员。AMR 可用于将货物运入和运出洁净室，从而减少或消除员工在进出洁净室时更换工作服的需要，节省了时间。

4. 药品全链的可见性和创新

随着药品供应链各个节点数字资产和智能设备的不断创新，测试、制造、分销甚至治疗依从性都可以更容易地被跟踪到。药品制造商能从生产线一直跟踪药品到开药方的药剂师手中，并且能更好地解决假冒问题，同时避免积压药物过期①。例如，当一家使用物联网平台的法国制药公司收到从比利时到北美的运输药品温度过低的警报时，它能够在药物运输途中改变其温度②。

随着供应链透明度的提高，麦肯锡（Mckinsey）估计库存减少可以帮助行业节省 250 亿美元（美国），因为应用于可用数据的高级分析可以帮助公司改

① https：//news. thomasnet. com/featured/the - digital - transformation - of - the - pharmaceutical - supply - chain/

② Meek, T. *How IoT is Revolutionizing Pharma*. 2018. https：//samsungnext. com/whats - next/iot - pharma - biotech/.

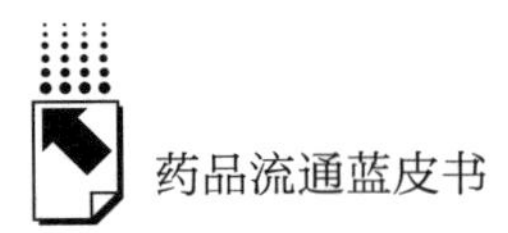

善库存管理[①]。此外，在整个制药过程中捕获数据并充分利用每年可为行业节省58亿~66亿美元。除了成本节约和效率提升之外，还有助于提高制药和技术公司合作时制造的药物的功效。例如，辉瑞（Pfizer）公司一直与IBM合作的“蓝天项目”就是使用物联网通过其服用药物的勺子来收集数据用于检测帕金森病患者的体颤[②]。该项目的目标是开发一个在尽量不影响其生活的情况下持续评估3期临床试验患者在日常生活中正常活动时的表现系统[③]。该项目只是制药公司与科技巨头合作使个性化、闭环医学成为现实的一个例子。

四　总结和结论

采用创新的解决方案并尝试将其叠加在实践或业务流程之上不太可能帮助组织从IT投资中获得更高的价值。你必须先考虑业务流程再考虑技术。重新设计和编排现有业务流程很可能已经足以提升效益。在寻求任何形式的技术之前，组织应该做的第一件事是提出一个问题，“我们是否评估了业务流程?”

很多供应链专业人士和企业高管不愿意做这样的细活，因为他们认为技术是解决供应链效率低下的捷径。“我们一直是这么做的”可能会使企业瘫痪，也会使他们认真调研关键问题。第一个问题是：“为什么我们一直用这种方法处理问题?”第二个问题是：“如果我们换种方式处理问题会怎么样?”这两个问题将为关键决策者以及所有人员就业务流程现状进行自我反思。如果企业担心承担某个项目的负责人不够客观，从职能部门外部配备一名“监督者”审视当前流程是严谨的。监督者的目的是观察和记录所看到的一切。一旦实施后，其结果应该能够使发生的每项活动、发生的方式以及潜在的浪费都得到很好的理解。组织完全理解了以下内容，它就能更好地摆脱浪费：哪些流程需要改变；流程中的决策点；决策者对决策点做出的决策；为决策提供必要信息的是谁；在什么条件下、以什么程度向谁提供必要信息。

---

① Jaques, A., The Digital Supply Chain: Seizing Pharma's Untapped Opportunity. 2017. *Pharmaceutical Technology* Volume 2017 Supplement, Issue 1, pg s20 – s23.

② http://www.pmlive.com/pharma_intelligence/pfizer_and_ibms_tech – enabled_parkinsons_house_1216443.

③ https://www.ibm.com/blogs/research/2017/04/monitoring – parkinsons – disease/.

有许多特定方法可在无须投入更多技术资金情况下改进流程，但根据经验来看，领导者往往更加依赖 IT 方案来提高供应链效率，或者解决、掩盖设计不良的供应链流程，而不是在他们对组织的能力不那么自信或不愿意重新设计或重新编排流程时所采用最佳实践。然而现实情况中如果流程设计不合理或缺乏效率，那么 IT 投资有可能更快使效率低下。

采取这种方式的组织可能会表现不佳，消亡更快。例如，如果供应链的问题是在执行过程中生成了错误数据，那么组织将生成更多错误信息，并且错误信息的生成速度将比之前更快。这意味着执行过程的最终状态将会变得更糟。此外，考虑进行注定会降低执行水平的 IT 投资只会使已变糟的业绩更差。因此，遵循这种模式的公司做出投资财务资源的决策却收获不佳是意料之中的。如果商业专业人士（包括供应链专业人员）及时停止进程并且问“我是否愿意付钱请个做事还不如我的人?”的话，这种情况是可以避免的。从这个角度考虑问题可以更好地以退为进，详细查看每个流程，包括识别流入每项流程的所有数据，观察每项流程产生的所有信息，确定产生信息的去向，判断利用或将会利用那些信息者，了解可从组织的流程中产生的信息上受益最大的团队或职能部门（内外部）。

当思考供应链 IT 的未来时，我们需抓住几个主要问题尽可能提供方向。我们能想到的与供应链 IT 未来最贴切的描述是“多云，可能有雨”。因此，建议组织在考虑投资之前做到以下几步：第一步进行差距分析。这需要确定/识别组织当前的 IT 功能。请注意，我们不能单单关注仅来自我们所称的供应链 IT 解决方案的功能，这些解决方案使我们能够执行供应链运营。我们还应考虑现有的支持技术。在许多情况下，这些将是组织的一些操作性，例如协作系统和链接性技术。事实上，这指的是组织中存在的整个 IT 功能组合。很多时候会发现，这些功能在整个组织中并没有得到详细地记录。每个部门都可能知道它们对应于投资项目的功能有哪些。但在企业规模上，大多数组织都不了解他们的 IT 能力，这样的劣势使组织有重复功能的倾向，意思就是他们会投资某些东西并希望获得新功能，因为他们以为自己尚未具备它们，可实际上，它们已经存在于组织的其他地方。因此，我们已经看到了类似的情况，即组织中的多个流程执行着相同活动。

差距分析的下一步是确定与 IT 功能相关的最终状态或期望状态，这需要

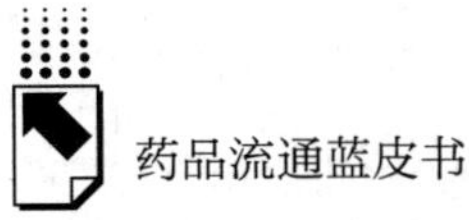

回到组织的使命和其未来三到五年的战略。换句话说，组织需要明确它想要的东西，它希望的位置（从市场角度来看），它希望提供什么类型的产品和/或服务，以及它希望以什么方式提供这些产品和/或服务。一旦这些目的得到解决，组织就必须回答“我是否需要任何其他功能来帮助我以我想要的方式提供这些产品和/或服务?”这个问题，如果答案是肯定的，那么组织必须着手确定所需的功能以帮助其实现其期望的最终状态。接下来是确定差距，这就是组织所需要的IT功能相对于其现有功能的距离。未来的状态并不总是通过获得额外的IT来达到的。在许多情况下，组织应该最先考虑的是能否采用其当前的IT基础架构和功能，通过改进或增强它们以达到目标位置。

区 域 篇

Regional Reports

B.31
推动天津市药品流通行业创新发展的若干思考

天津市医药商业协会*

摘 要： 从“十三五”后半期开始，天津市药品流通行业抓住公立医院改革契机，在夯实现有发展的基础上推动经营模式创新，积极拓展公立社区医疗、社会办小型零售诊疗及药店药品零售直销市场，大力发展药店零售终端业务，推动电子商务交易模式发展，为天津市药品流通市场拓展了更大的发展空间。

关键词： 药品流通 转型创新 天津市

* 执笔人：孙建伟，国药控股天津有限公司高级经理，天津市医药商业协会副秘书长，高级经济师。

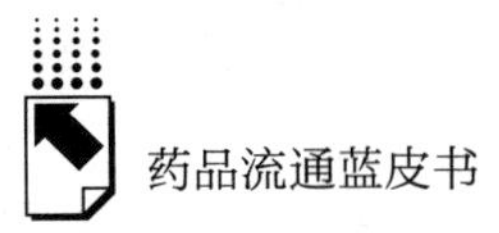

一　新医改背景下天津市药品流通步入市场格局重构进程

“十三五”期间，国家推动新医改政策已经进入攻坚阶段。天津市近年来贯彻落实国家各项医改政策也处在全面有序推进时期，包括所有公立医院落实药品零加成、药品经营收入在全部经营收入的占比控制在30%以内、百元医疗收入中消耗的卫生材料降至20元以下、药品配送全面实施“两票制”政策、统筹加快家庭医生签约服务和医联体建设步伐、推动分级诊疗等政策都已经全面实施。在此基础上，天津市在“十三五”后半期仍将进一步在区域公立医院全面推行医疗机构控费从严政策，通过“控制药品采购总量增幅，控制高价药、抗生素及辅助用药不合理使用，控制医保支付价”的三控组合拳，全面遏制天津市公立医疗机构对药品采购不合理的增长需求。上述全面破除以“以药补医”经营机制为核心的公立医院改革各项政策的落地，无疑将从根本上改变原有的医药市场需求增长机制，平抑药品市场规模非理性扩张。

按照商务部《药品流通行业运行统计分析报告（2018）》的数据，天津市在2018年全国省份药品流通市场规模排序中处于第15位，占全国市场总体规模的2.56%，当年全市药品流通市场规模554亿元，同比上升4.33%。近年来，天津市药品市场规模一直保持个位数低增长的发展态势。

此背景必然会催生天津市药品流通行业发生结构性的变革，从而重构新的行业发展格局，天津市药品流通市场从“十三五”后半期开始必将迎来行业推动经营模式创新转型的变革期。从目前政策实施影响来看，天津市药品流通行业实际上已经步入市场格局重构的进程，正在沿着以下两个轨迹延伸并不断尝试创新突破。

第一，天津市公立医院在医改各项政策效应叠加冲击影响下，将逐步丧失对药品经营超额收益的依赖。因此，天津市药品流通市场以医院纯销为主导的渠道结构逐步解构为以医院和公立基层社区服务渠道并重的双核心医疗渠道结构，而随着医院处方资源流向社会零售药店，社会零售药店渠道也会成为进一步削弱医院药品流通传统主导渠道的另一个重要终端解构力量。综上分析，以公立医院—社区医疗—药店零售为核心分销终端的药品流通渠道架构将成为天津市药品流通行业未来发展的新格局。同时，公立医院药品配送全面实施“两票制”，将倒逼医药流通市场终端客户资源的整合和竞争格局重构。天津市区域具有综合渠道和品种资源实力的大型医药商业，企业必将迎来整合天津区域药品分销渠道、归拢优秀品种资源、推动以药店和小型诊疗为代表的药品分销渠道全终端无缝覆盖的战略机遇期。

第二，基于公立医院全面破除以药补医经营机制改革，医保控费、药品招标采购新政、控制药品占比及药品零差率政策倒逼医院门诊药房变为经营成本负担部门的基本判断，医院门诊药房处方外配的进程会逐步加快。由此，天津市具有医保定点资格且处方药药事服务能力的零售药店会迎来快速发展的新阶段。天津市区域主流药品流通企业开始充分抓住公立医院处方外配的发展趋势，聚焦药店零售业务未来核心竞争力培育，从传统的药品零售服务向提供药事服务、医药咨询、营养咨询、慢病管理、健康管理的定制化健康解决方案服务转型，紧紧把握药店零售终端服务赋能升级的战略转型窗口期。同时，随着医改多项政策的推动，在多方需求的合理推动下，DTP 药店链接药企、医院及患者平台成为主流药品流通企业向医药零售新模式转型的重要发展方向。另外，在大健康战略背景下，药店的多元化服务也使 DTP 药店的经营模式获得广阔发展空间。

二　推动天津市药品流通行业转型升级发展的思考

（一）巩固公立医院药品纯销规模，拓展非药品领域合作

从公立医院药品纯销市场的增长趋势看，天津市药品流通市场的药品分销渠道结构以大中型等级公立医院占据绝对核心地位，其在医药流通市场的占比接近 75%。因此，天津市药品流通行业在政府推进公立医院改革、实施药品价格管制、医保总额预付等诸多政策影响下遭遇前所未有的发展困境。来自大中型医疗机构的药品销售对于商业企业的规模和利润边际收益贡献未来将会出现持续下降的趋势，而医院经营药品的规模增速将在“十三五”后半期乃至未来更长的时期内迎来低速增长的拐点，步入发展滞胀时期。

然而，如果从我国未来医药卫生产业规划布局整体来看，大中型医疗机构

作为城市医疗系统的核心资源仍是满足社会医药用品需求量增长的核心供给渠道。虽然我国整体医药市场在“十三五”后半期开始进入低增长的拐点区域，但从规模基础看依然是拉动医药市场规模扩容的主要力量来源。因此，天津市主流药品流通企业要抓住新医改背景下大中型公立医院实施经营管理模式改革的难得时机，主动改变过度依附医院药品渠道、造成回款期限的持续延长带给企业资金周转的压力，乃至使企业整体经营恶化的严峻局面，积极寻求经营模式的创新突破，摆脱单纯向医院配送药品服务的传统经营模式依赖。为此，企业要深入分析研究公立医院在新医改形势下对于推动自身经营管理模式变革的需求，积极探索基于医院需求服务创新和医院管理解决方案提供商的战略转型，实现在公立医院基于药品配送基础服务之外扩大在医院更多的非药品配送经营管理领域的战略结盟或业务合作，从而彻底改变行业围绕医药产业药品供应链仅仅提供药品配送服务功能，以及长期以来所处的弱势地位。区域主流药品流通企业要探索通过为医院开发和提供多元化的服务解决方案产品，引导医院在公立医院改革新态势下的潜在需求，分享医院纯销市场除了药品规模增长以外的、更多基于营销模式创新合作的经营成果，同时实现强化同医院的业务合作黏性的目标，归拢医院药品经营需求自然增长的份额。

（二）加快从药品配送服务商向客户价值服务解决方案提供商转型

近三年来，药品流通行业围绕结构调整和发展方式转型升级，行业间的兼并重组方兴未艾，行业集中度持续提升，促进行业流通效率和管理水平不断改善，而随着新医改配套措施的贯彻落实和市场竞争的加剧，创新业务与服务模式、借助现代信息技术、开展医院院内医药供应链服务延伸管理成为天津市区域药品流通企业增强自身核心竞争力的共识。在此行业发展时代背景下，天津市药品流通行业近年来也产生了一批有实力的企业开展对医院院内药品物流延伸服务、进行医院物流管理系统（SPD）试点、承接药房托管、医院药库外设管理以及药店承担社区医疗机构药房功能试点等新型服务模式。以国药天津公司、天津太平医药集团和天津华润为代表的龙头企业在向客户服务解决方案提供商转型方面已经率先尝试，基于医院院内药品物流延伸的现代物流服务模式得到商务部积极评价并向全国药品流通行业推广，取得了显著的成果。

毋庸置疑，新医改进入“十三五”期间，在以信息化推动行业变革的时代背景下，整个医药产业链也必将处在一个聚焦整个产业核心竞争力打造、努力提升产业整体经营管理能力、实现产业可持续发展的关键时期。药品流通行业处在产业链承上启下的关键环节上，利用自己在产业链中的资源集成优势，构筑同上下游客户共享的信息化管理平台，建立合作伙伴关系的新基础，从而开辟伴随我国新医改的推进、实现自身从药品分销到健康服务领域解决方案提供商的历史转折。

同时，行业基于信息化管理工具平台为上下游客户提供增值服务解决方案，将更快地促进行业在实现经营模式转型探索进程中触发新商业模式的诞生，更加坚固同上下游客户的战略合作伙伴关系，使药品流通行业成为沟通医药产业链促进各环节共同发展、推动共赢合作的枢纽平台。可以预见，天津市药品流通行业将在区域主流大型药品流通企业引领下，继续积极探索向医疗机构和生产企业开发和提供基于信息化集成服务解决方案的增值服务产品，在颠覆传统的医药购销模式进程中享受药品流通市场集约化发展的成果，逐步构建企业可持续发展新的核心竞争力，推动行业经营管理模式的转型升级。

（三）拓展社区医疗及小型诊疗及药店药品零售市场

1. 医联体模式为拓展社区基层医疗市场提供切入机会

天津市推动落实国家新医改以构建区域医联体、推动分级诊疗、建立基层医疗运行新机制的指导思想，已经逐步在目标区域布局完成了以各区域内的大型三甲公立医院为牵头单位，联动区内骨干社区基层医疗机构的医联体建设，基本实现了社区首诊、双向转诊的基层医疗服务运行模式的目标。据最新披露的天津医药卫生事业发展数据，天津市已全面推开家庭医生签约服务，396 万人已签约；另外，天津市公立医院主导的分级诊疗格局基本形成，全市所有二、三级医院和基层医疗卫生机构参加医联体建设，组建 10 个专业的专科医联体，实现将患者分流到医联体系统内的社区基层医疗单位的机制已经确立。

天津市区域市场药品流通主流企业应牢牢把握好天津市政府在推动基于分级诊疗的公立医院改革成果，充分发挥自身具备的网络覆盖和品种综合优势，通过同各医联体在药品配送业务的合作承接大中型等级公立医疗机构转移到公立基层医疗体系的药品需求，促进城市社区基层医疗机构终端市场的拓展；同

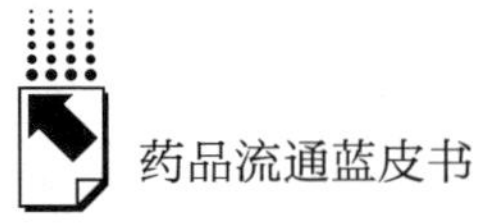

时，利用不断丰富的基层医疗特色药品资源，将基层医疗市场的终端覆盖范围再延伸到分布较广、数量更多的社会办基层医疗机构，从而促进企业扩大社区医疗市场覆盖，做大做强社区基层医疗终端细分市场业务。

2. 拓展以社会办基层诊疗机构和零售药店为核心的药品零售终端市场

积极鼓励社会办医，发展多元化医疗以释放更大政策红利空间，围绕药品价格和招标采购管理模式改革，努力整治药品流通秩序，都将使我国基层医疗医药市场迎来新一轮的迅速发展时期，促成以公立基层医疗机构和社会办基层医疗机构构成的我国基层医疗二元化市场结构的最终形成。从小型药品零售终端市场近年发展实际情况来看，我国基层小型药品零售终端市场已经成为推动我国实现基层医疗运行新机制的新生力量，未来必将会面临更广阔的发展空间。

然而对于基层小型药品零售终端而言，其具有终端渠道分布广泛、需求量少及需求品类繁多的特点。区域主流药品流通企业要实现对该细分市场终端渠道覆盖，务必要突破开发管理成本高、单位效益产出入不敷出的瓶颈。为此，可以借助政府突破新医改、保障百姓用药供应“最后一公里”短板的民生需求，搭建天津市社会办小型诊疗机构和药店药品集采交易平台，从运行机制上，该交易平台首先对具有一定信息化能力的基层小型药品零售终端进行联网，通过交易平台集成基层小型药品零售终端的用药需求，由此得以全面掌握天津市基层小型药品零售终端用药需求和经营特色。药品流通企业则通过集成平台众多用户用药需求，拓展同上游生产厂家的品种资源开发合作，充分利用采购规模优势取得合理价格契合小型终端对价格敏感性的诉求。同时，借此规模优势，有的放矢地拓展面向更大区域城乡大量的社会办小型诊疗机构和药店零售终端，促进对天津市乡镇区域基层小型药品零售终端的市场覆盖，有效解决药品配送“最后一公里”的问题。同时，通过集成规模优势交易模式的创新，突破社会办基层小型药品零售终端客户需求药品数量少、品种繁杂、单品价格及订单价值低的瓶颈，极大地满足分布极为广泛的小型零售诊疗客户对于低采购量、多药品品规及低采购额的特色经营需求。

另外，基层小型药品零售终端药品集采交易平台通过对接区域主流药品流通企业，实现具备价格优势和可靠质量保障的优质药品资源向基层小型药品零售终端客户输出，实现基层小型药品零售终端客户经营品种的迭代升级，使其经营药品能够更好地满足目标客户的需求，从而提升经营收益，并倒逼以不合规经营手段向基层小型药品零售终端配送药品的企业退出竞争。

（四）大力发展药店零售终端业务，夯实大健康产业发展基础

天津市药店零售终端市场在资源整合能力、销售规模、管理水平和效益产出方面距离国内药店零售连锁发展较快的区域有非常大的差距，这种市场特点同天津市整体药店零售市场在基于市场集约化的连锁率提升以及基于药店品类拓展和效益管理能力不足有关，造成零售药店的功能定位经过多年发展仍然局限于买药治病，没有在培育民众保健养生需求的大健康领域、药品之外的保健养生产品线、医疗器械产品线方面针对市场需求进行有效拓展。

近年来，天津市药店零售连锁化进程主要由一心堂、老百姓等上市药店连锁进行逐步整合，客观上也造成天津当地的药品零售连锁企业发展潜力更加受限。着眼未来，天津市药店零售终端市场只有通过走集约化发展之路，在经营模式创新方面聚焦大健康产业领域拓展，提升药店在满足居民保健养生和购药方面体验，实现药店经营品类多元化和基于服务体验的客户价值增值服务输出能力，才能从根本上改变区域药店零售市场相对滞后的发展局面。为此，可以采取以下策略推动天津市药店零售终端市场进入全面创新的发展时期。

第一，随着医保控费、降低医院药占比、取消医院药品加成以及“两票制”实施等医改多项政策的推动，在多方需求合理推动下，DTP 药店链接药企、医院及患者平台将成为药品零售新模式的重要发展方向。以国药控股天津有限公司和天津太平医药有限公司为代表的当地药品流通企业已经在 DTP 药店的经营模式和管理方面积累了经验，其所属的 DTP 药房单店年销售规模均超过 2 亿元，已经跨入全国百强药品零售企业连锁的门槛，在天津市区域市场具有一定的影响力。因此，天津市区域药品流通龙头企业要继续通过批零一体化战略推动药店零售市场在 DTP 药店细分市场等专业经营模式上突破，获得差异化市场竞争力，推动天津市特色药店零售市场发展壮大。

第二，“十三五”期间，随着我国人口老龄化、二孩政策及人民群众健康管理观念转变和保健养生意识的提升，围绕医疗、保健、康复为核心的药学服务、药店零售业态具备独有的聚焦于用药合理性专业化服务能力的先天优势，通过深入挖掘培育药店慢病服务功能，以专业化指导和个性化健康服务为支

点，对消费者进行慢病管理和亚健康指导；同时，在健康养生领域积极向药妆和保健护理领域拓展，对传统的以药品销售为核心的药店零售业态进行经营模式的创新突破。

为此，天津市主流药品流通企业要努力推动营销下沉战略，将分销通路向小型药品零售终端延伸，利用小型医药消费终端对大众消费群体的巨大辐射能力，拓展以保健、养生、美容和健康护理等为核心的一系列相关多元化业务，寻求在健康产业相关业务领域实现增长和突破，使非药品业务成为带动药品流通行业可持续发展的有生力量，实现内涵式增长。

（五）创新电子商务交易模式，打开发展空间

随着“互联网+”国家战略推进，公立医院改革对医院处方外配规制逐步宽松，医药电商潜在发展空间巨大。天津市主流药品流通企业已经开始了在药品电子商务平台交易模式的探索。例如，国药控股天津有限公司2015年启动的健康直通车项目，自主开发微信商城电子商务平台交易系统，引导客户进行线上交易和结算，当年线上交易量突破2500万元，线上成交客户150家，线上交易品种1000个。2017年，国药控股天津有限公司加速健康直通车“互联网+”的进程，启动与北京融贯电子商务有限公司的战略合作，在原健康直通车微信商城的基础上升级到专业化的第三方药品互联网交易平台。目前，健康直通车交易平台实现在“我的医药网”的运行，线上销售规模突破1亿元大关，成为天津市药店零售市场最大的电子商务在线交易平台。国药控股天津有限公司也因此成为天津市首家将终端服务触角延伸至小型民营医院及诊所的大型医药商业企业，综合市场覆盖率和占有率迅速领先，初步建立了线上订单、线上营销、线上结算的功能，实现了对于电子商务平台模式尝试的突破。

电子商务交易模式的创新，无疑将为天津区域具有资源整合优势的大型药品流通企业归拢药品零售直销小型终端市场份额提供最佳解决方案。电子商务交易平台的药品流通配送服务创新模式，具备集成不同客户需求形成对不同品类药品的配送规模优势，有效突破了社会办基层医疗客户需求药品数量少、品种繁杂、单品价格及订单价值低的瓶颈，实现了渠道管理集约、订单集成、经济批量采购的目标，而且顺利突破了仓储管理和运力资源配置的成本瓶颈，大幅降低单体客户维系交易的营销费用支出，实现依托客户订单规模效应，实现

业态整体盈利项目的最终经济目标。

展望天津市药品流通行业未来发展趋势，随着互联网与传统医药产业融合速度加快，以传统医药电商为基础发展起来的O2O、慢病管理、在线诊疗等新兴业务模式，促使药品零售企业由传统药品零售终端商向医药商品、健康产品、专业药学服务和大健康管理的综合服务提供商转型；而药店零售终端市场也将在“互联网+”的时代背景下，实现从传统的柜台药品经营模式向以客户价值体验为核心的专业化服务管理模式转型。

B.32
2018年湖南省药品流通行业发展情况

湖南省药品流通行业协会*

摘　要：　在医改和行业监管日益趋严的背景下，湖南省药品流通行业以稳增长、保民生为目标，积极探索行业稳健发展的道路。本文通过湖南省药品流通行业发展运行数据以及湖南省药品流通协会所做的主要工作，展示了湖南省2018年药品流通行业发展的整体情况和主要特点。

关键词：　药品流通　零售药店　湖南省

2018年湖南省药品流通行业积极贯彻政府的医改方针政策，稳增长、保民生、促发展，企业兼并重组加剧，行业集中度提高。药品流通企业不断提升流通效率和管理水平、创新业务和服务模式、拓展基层医疗市场。药品流通行业的发展已成为推动全省医药卫生体制改革、促进医药产业结构调整转型升级的重要力量。

一　湖南省药品流通行业发展运行数据

2018年，湖南省药品流通行业由于国家“两票制”等政策的实施，行业竞争加剧，批发企业数量呈下降趋势，行业集中度进一步提升。同时，因对药品流通行业监管趋严、趋紧，以及对不良企业“过票”行为的有力打击，一些靠“过票”生存的企业难以为继。此外，由于贯彻落实纠正医药购销领域

* 执笔人：刘湘勇，湖南省药品流通行业协会秘书长。

和医疗服务中不正之风的措施，公立医疗机构严格控制辅助用药和高值耗材的使用，全省医药商业销售总额增幅有所回落。越来越多的医药商业公司开始布局药品零售市场，区域性拥有多家单体药店的从业者逐步向连锁经营转型，使湖南药品零售连锁门店数量呈现增长态势。

（一）2018年全省及长沙市药品经营企业数量及销售情况

截至 2018 年底，全省共有法人批发企业 381 家，较上一年减少 37 家，其中长沙市有法人批发企业 144 家，较上一年减少 8 家，还有部分企业处于待注销状态。总体而言，全省批发企业数量呈下降趋势，主要原因是行业竞争加剧导致企业数量减少；行业监管趋严、趋紧，导致一批中小微企业难以生存发展。

2018 年，全省医药商业销售总额 1164. 75 亿元，再次突破千亿元大关，同比增长 6. 53% ，增幅回落 5. 45% ，主要是受制于公立医疗机构严格控制辅助用药及高值耗材的使用。其中长沙行政区域内的医药商业公司共实现销售总额 658. 48 亿元，占全省医药商业销售总额的 56. 5% 。

截至 2018 年底，全省共有药品零售连锁企业 130 家，较上一年减少 41 家。其中长沙市有药品零售连锁企业 43 家，较上一年增加了 8 家。

表 1　2016 ~ 2018 年湖南省及长沙市药品经营企业数量和销售情况

单位：家，亿元

年份	全省			长沙		
	法人批发企业	连锁企业	销售额	法人批发企业	连锁企业	销售额
2016	375	120	976. 34	139	33	564. 73
2017	418	171	1093. 35	152	35	613. 77
2018	381	130	1164. 75	144	43	658. 48

注：长沙市销售额不含单体药店销售。

（二）全省及长沙市零售药店相关统计情况

截至 2018 年底，全省共有零售药店 20319 家，其中单体药店 8378 家，连锁药店 11941 家，连锁率达到 58. 8% ，比上年增长 2. 4 个百分点；长沙市共有零售药店 4526 家，其中单体药店 1074 家，连锁药店 3452 家，连锁率达到

76.3%，比上年增加近2个百分点。

2018年全省零售药店同比增加1463家，其中单体药店增加162家，连锁药店增加1301家，达到11941家。分析原因主要是监管省局及各地方局鼓励支持连锁经营；部分药品零售连锁企业为抢占市场，不断加大新开门店的力度；以老百姓、益丰、养天和、千金、楚济堂为代表的药品零售连锁企业以特许经营（加盟）方式扩充门店数量，进一步提高市场占有率；一批单体药店面临激烈的市场竞争与合规经营的压力，选择加盟连锁或退出；一批符合相关条件的单体药店转型为连锁经营。

表2　2013～2018年湖南省及长沙市零售药店数量和连锁率

单位：家，%

年度	湖南省					长沙市			
	单体药店	连锁药店	药店总数	连锁率	连锁企业	单体药店	连锁药店	药店总数	连锁率
2013	14950	3760	18710	20.1	57	2181	1701	3882	43.8
2014	13640	4835	18475	26.2	63	1890	1851	3741	49.5
2015	8525	9266	17791	52.1	117	1120	2427	3547	68.4
2016	8514	9060	17574	51.6	120	1016	2869	3885	73.85
2017	8216	10640	18856	56.4	171	1092	3259	4351	74.9
2018	8378	11941	20319	58.8	130	1074	3452	4526	76.3

二　2018年湖南省药品流通协会所做的主要工作

（一）促成开通湖南城乡居民医保个人（家庭）账户

2018年，湖南省药品流通行业协会通过湖南省人大代表、政协委员向省两会提交相关提案、建议，同时通过湖南日报记者李传新在内参发表《将零售药店纳入城乡医保门诊统筹》一文，得到政府部门相关领导高度重视。2018年11月15日，《湖南省城乡居民基本医疗保险个人（家庭）账户管理办法（试行）》（以下简称《办法》）发布。《办法》规定：从2019年1月1日起，湖南省5915万参加了城乡居民医保的参保人，个人（家庭）账户里每年将有资金划入，个人账户资金可以用于医保协议零售药店发生的常见病、多发病、慢性病的购药费用。湖南城乡居民医保开通个人（家庭）账户（213 元/人），给全省零售药店带来了一份 125.7 亿元的大礼包。

（二）积极探讨药品流通追溯体系建设

2018 年 8 月 24 日，国家药品监督管理局发布《关于药品信息化追溯体系建设的指导意见》，并鼓励第三方平台加入，为企业和使用单位提供药品追溯信息服务。为了更好地汇集各方意见建议，及时全面反馈给国家药品监督管理局，同时探讨推动 GS1 国际标准应用于药品追溯编码体系工作，药品追溯工作管理委员会于9 月4 日在北京召开研讨会。对此，湖南省（长沙市）药品流通行业协会高度重视，在认真听取企业意见并与相关会员单位进行研讨后，结合行业实际经营实践向国家药品监督管理局提交了《关于“药品信息化追溯体系建设的指导意见”（征求意见稿）的建议》，就五个方面提出了建议，为建设药品流通追溯体系积极建言献策。

（三）积极推动医疗机构拖欠货款与收取巨额保证金等问题的协调解决

随着市场经济发展和国家医改的进一步深化，药品流通行业集中度进一步提高，医药商业企业的市场竞争压力不断增加，医疗机构拖欠医药商业企业货款、医疗机构集中配送并收取巨额保证金的问题已成为湖南省药品流通行业发展的难点和痛点。从 2016 年始，省药品流通协会两次向省商务厅汇报情况，促成省商务厅就湖南省有关部门单位拖欠药品流通企业货款的问题致函省医改办反映情况、积极协调，希望兼顾各方利益寻求解决办法。经过多方努力，到 2017 年底有关医疗机构支付了医药配送企业的货款。

在 2018 年的湖南省两会上，协会通过湖南省人大代表、益丰大药房董事长高毅递交了“关于清查和解决医疗机构拖欠货款与收取巨额保证金等问题的建议”文件。为此，省商务厅提出建议：一是由省医改办牵头，相关部门参与，成立专门工作小组，加快建设全省“三医联动、三流合一”平台建设，从根本上解决医疗机构拖欠款的问题；二是由省卫健委牵头，相关部门参与，对公立医院拖欠药品流通企业货款进行专题调研，兼顾各方利益，制定“湖南省公立医院拖欠药品流通企业款专项清理工作方案”；三是由省市场监督管理局牵头，对无理收取天价保证金进行专题调查，对屡教不改的行为进行有效查处。

（四）积极呼吁政府降低零售药店房屋租赁税

目前药品流通行业民营企业在房屋租赁税上面临巨大的困难，一是实际税负偏重，房屋租赁税涉及多个税种，总体税负30%左右；二是费用持续增高；三是租赁税负转嫁；四是开票手续烦琐。为了向政府呼吁进一步降低民营企业房屋租赁税，2018年12月8日协会秘书处经过多方调研，收集相关资料信息，起草了“降低房屋租赁税压力，为民营企业减负，更好推进地方实体经济建设”的建议：一是实行综合税率制度；二是出台相关扶持及奖励政策；三是简化和明确代开发票清单；四是开票手续烦琐，应予简化。建议已提交湖南省商务厅领导及会员企业中的省人大代表和政协委员参阅。

（五）对医保协议药店要求配备执业药师+药师提出建议

2018年10月29日，长沙市医保局下发《关于规范市本级医药机构申办基本医疗保险POS机刷卡业务的通知》（长医险〔2018〕71号），要求医保协议零售药店至少配备一名具有执业药师资格和两名具有药师资格或以上职称的药学技术人员。协会经过组织相关企业进行研讨并结合目前长沙市零售行业实际经营的摸底统计情况，向长沙市医保局提出反馈建议。诉求一：请求实行“老店老办法，新店新办法”，即已取得医保定点资格的老门店继续按照“长沙市医保零售药店服务协议”的相关要求执行“协议管理”，从2019年1月1日起，若是新开的门店执行“长医险〔2018〕71号”文件要求；诉求二：请求“实行连锁总部网上集中审方的零售连锁企业门店，可视为配有1名执业药师”；诉求三：请求“一名执业药师视同于两名药师”；诉求四：建议取消对零售药店申办医保刷卡业务需满足“在现址正常经营至少三个月（经营时间以药品经营许可证为依据）以上”的要求；诉求五：建议删除“零售药店”中“其他上岗的营业人员必须持有经地市级以上药品监管部门颁发的培训合格证或上岗证”。

长沙市医保局对建议给予积极回应并表示会认真研究考虑，使长沙市零售连锁药店获得更多的时间来适应满足新政策的要求。

（六）促进长沙市加快推进药品行政许可审评审批制度改革

2018 年 12 月 29 日，长沙市食品药品监督管理局发布《关于明确行政许可审评审批有关事项的通知》。该通知指出：关于药品经营许可，为统一标准，提高执业药师配备率，避免出现反复变更，根据《国家药品安全“十二五”规划》及湘食药监办〔2016〕74 号《关于药品零售企业主要药学专业技术人员管理有关事项的通知》要求，全市所有到期换证的企业分两种情况：一是所有事项未发生变化的，按湘食药监办〔2016〕74 号文件规定，2020 年 12 月 31 日到期变更，副本中注明；二是事项有发生变化的，按新开办要求办。《通知》还特别指出：药品零售连锁门店许可在原核准的经营范围内核减经营项目等 4 种情形免于现场检查。

2018 年长沙市食品药品监督管理局领导多次来协会调研座谈，听取了行业和企业对关于深化“放管服”改革，进一步推进长沙市药品行政许可审评、审批改革的意见与建议，并充分采纳。

附　　录

Appendix

B.33
2018年药品流通行业相关数据

表1　2013～2018年药品流通行业销售统计

单位：亿元

年份	2013	2014	2015	2016	2017	2018
销售额	13036	15021	16613	18393	20016	21586

表2　2018年药品流通行业区域总销售排序

单位：万元，%

序号	地区	销售总额	西药类销售占比	中成药类销售占比	中药材类销售占比
	全国合计	215857256	72.21	15.07	3.07
1	广　东	22107484	70.38	16.48	2.62
2	北　京	17876848	62.54	21.35	3.54
3	上　海	16612379	75.96	9.65	4.08
4	浙　江	16109972	70.52	15.11	4.28
5	江　苏	16029024	71.32	17.15	2.01
6	山　东	12446614	70.98	15.93	2.51
7	河　南	12422902	75.32	10.36	1.71

续表

序号	地区	销售总额	西药类销售占比	中成药类销售占比	中药材类销售占比
8	安　徽	9835241	83.90	6.24	0.24
9	四　川	9273678	77.32	13.50	2.76
10	湖　北	8326473	82.44	7.30	4.33
11	云　南	8125800	64.02	9.94	1.67
12	湖　南	7366190	81.69	9.89	2.28
13	重　庆	7257860	47.99	29.43	16.26
14	河　北	6376493	76.65	12.65	2.54
15	天　津	5536052	71.53	20.03	1.86
16	辽　宁	4594393	80.25	15.16	0.95
17	福　建	4292063	82.54	7.92	2.72
18	陕　西	4206361	75.24	19.25	2.19
19	山　西	4097757	80.54	11.30	1.28
20	广　西	3803211	75.95	15.86	1.71
21	江　西	3249344	70.82	20.68	1.96
22	贵　州	2723370	61.82	23.39	2.57
23	吉　林	2656081	72.77	19.81	1.23
24	黑龙江	2536203	56.61	25.43	1.43
25	新　疆	1822443	80.52	15.80	0.06
26	海　南	1650548	87.53	6.70	0.52
27	甘　肃	1414623	55.77	23.05	9.37
28	宁　夏	1353805	72.74	15.79	5.70
29	内蒙古	934799	81.76	13.78	0.93
30	西　藏	519354	15.66	84.24	0.00
31	青　海	299890	77.59	15.80	2.27

资料来源：商务部药品流通管理系统。

表3　2010～2018年药品流通行业企业数量统计

单位：家

年份	批发企业数量	零售连锁企业数量	零售单体药店数量
2010	13500	2310	262000
2011	13900	2607	277100
2012	16300	3107	271100

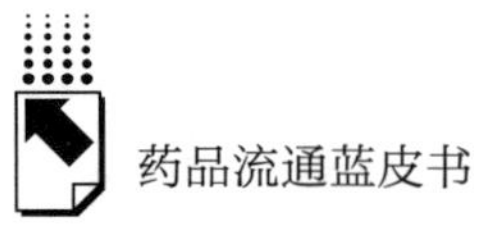

续表

年份	批发企业数量	零售连锁企业数量	零售单体药店数量
2013	14900	3570	274415
2014	13274	4266	263489
2015	13508	4981	243162
2016	12975	5609	226331
2017	13146	5409	224514
2018	13598	5671	233596

资料来源：国家药品监督管理局。

表4　2018年药品流通行业区域企业数量统计

单位：家

序号	区域	企业数量		
		企业总数	其中:批发企业数	其中:零售企业数
1	北　京	6100	251	5849
2	天　津	4488	139	4349
3	河　北	23525	649	22876
4	山　西	12372	411	11961
5	内蒙古	14306	196	14110
6	辽　宁	23263	391	22872
7	吉　林	13708	498	13210
8	黑龙江	20663	522	20141
9	上　海	4200	147	4053
10	江　苏	28186	430	27756
11	浙　江	18500	413	18087
12	安　徽	18549	432	18117
13	福　建	10292	259	10033
14	江　西	12083	399	11684
15	山　东	40640	609	40031
16	河　南	25437	397	25040
17	湖　北	16149	737	15412
18	湖　南	20869	420	20449
19	广　东	58795	1557	57238
20	广　西	18876	350	18526
21	海　南	2292	329	1963

续表

序号	区域	企业数量		
		企业总数	其中:批发企业数	其中:零售企业数
22	重　　庆	15988	683	15305
23	四　　川	30884	1007	29877
24	贵　　州	11060	312	10748
25	云　　南	20093	555	19538
26	西　　藏	548	111	437
27	陕　　西	12570	471	12099
28	甘　　肃	7991	420	7571
29	青　　海	2070	90	1980
30	宁　　夏	3105	145	2960
31	新　　疆	8291	250	8041
32	新疆兵团	2439	18	2421
合　计		508332	13598	494734

资料来源：国家药品监督管理局。

表 5　2018 年药品流通行业区域零售企业门店数量统计

单位：家，%

序号	区域	企业数		门店数				
		零售企业总数	其中:连锁企业数	门店总数	门店同比增长	上年同期	其中:单体门店数	其中:连锁门店数
1	北　　京	5849	112	5737	2.83	5579	3428	2309
2	天　　津	4349	48	4301	-8.02	4676	3113	1188
3	河　　北	22876	340	22536	-2.80	23186	10518	12018
4	山　　西	11961	139	11822	10.41	10707	7239	4583
5	内 蒙 古	14110	173	13937	8.61	12832	6300	7637
6	辽　　宁	22872	278	22594	9.55	20624	10592	12002
7	吉　　林	13210	197	13013	1.83	12779	8247	4766
8	黑 龙 江	20141	214	19927	3.63	19229	9742	10185
9	上　　海	4053	48	4005	3.12	3884	445	3560
10	江　　苏	27756	322	27434	4.90	26153	12327	15107
11	浙　　江	18087	280	17807	4.68	17011	7628	10179
12	安　　徽	18117	301	17816	16.34	15314	8468	9348
13	福　　建	10033	112	9921	14.48	8666	5950	3971

续表

序号	区域	企业数		门店数				
		零售企业总数	其中:连锁企业数	门店总数	门店同比增长	上年同期	其中:单体门店数	其中:连锁门店数
14	江　西	11684	101	11583	9.01	10626	6782	4801
15	山　东	40031	837	39194	7.79	36360	10408	28786
16	河　南	25040	0	25040	12.07	22344	14098	10942
17	湖　北	15412	199	15213	13.60	13392	8027	7186
18	湖　南	20449	130	20319	7.76	18856	8378	11941
19	广　东	57238	461	56777	2.67	55303	35591	21186
20	广　西	18526	215	18311	9.03	16795	6611	11700
21	海　南	1963	39	1924	6.12	1813	485	1439
22	重　庆	15305	91	15214	13.62	13390	3608	11606
23	四　川	29877	497	29380	4.84	28023	4225	25155
24	贵　州	10748	92	10656	45.91	7303	6483	4173
25	云　南	19538	64	19474	5.29	18496	13081	6393
26	西　藏	437	2	435	12.40	387	434	1
27	陕　西	12099	83	12016	12.54	10677	8627	3389
28	甘　肃	7571	72	7499	10.83	6766	4961	2538
29	青　海	1980	27	1953	2.25	1910	543	1410
30	宁　夏	2960	71	2889	7.60	2685	1214	1675
31	新　疆	8041	104	7937	13.06	7020	4802	3135
32	新疆兵团	2421	22	2399	152.00	952	1241	1158
合　计		494734	5671	489063	7.79	453738	233596	255467

资料来源：国家药品监督管理局。

表 6　2018 年主营业务收入前 100 位的药品批发企业排序

单位：万元

序号	企业名称	主营业务收入
1	中国医药集团有限公司	36092202
2	上海医药集团股份有限公司	14664664
3	华润医药商业集团有限公司	13205811
4	九州通医药集团股份有限公司	8695670
5	广州医药有限公司	3982426
6	深圳市海王银河医药投资有限公司	3697620

续表

序号	企业名称	主营业务收入
7	瑞康医药集团股份有限公司	3378216
8	南京医药股份有限公司	3119844
9	中国医药健康产业股份有限公司	3100604
10	华东医药股份有限公司	3066337
11	安徽华源医药股份有限公司	2664235
12	重药控股股份有限公司	2569316
13	浙江英特集团股份有限公司	2043149
14	嘉事堂药业股份有限公司	1788348
15	云南省医药有限公司	1633900
16	四川科伦医药贸易有限公司	1358948
17	石药集团河北省中诚医药有限公司	1302822
18	中国北京同仁堂(集团)有限责任公司	1191261
19	天津天士力医药营销集团股份有限公司	1164655
20	鹭燕医药股份有限公司	1148541
21	广西柳州医药股份有限公司	1062838
22	回音必集团有限公司	968711
23	江西南华医药有限公司	878943
24	民生药业集团有限公司	775844
25	同济堂医药有限公司	733173
26	江西汇仁医药贸易有限公司	717517
27	哈药集团医药有限公司	699162
28	陕西医药控股集团派昂医药有限责任公司	632436
29	重庆桐君阁股份有限公司	604951
30	湖北人福医药集团有限公司	564923
31	江苏省医药有限公司	562630
32	天津中新药业集团股份有限公司医药公司	484087
33	天津医药集团太平医药有限公司	460536
34	修正药业集团营销有限公司	413246
35	江苏先声药业有限公司	412397
36	浙江省医药工业有限公司	409780
37	江苏康缘医药商业有限公司	397147
38	创美药业股份有限公司	390749
39	青岛百洋医药股份有限公司	362647
40	云南东骏药业有限公司	342475
41	葵花药业集团医药有限公司	342085

续表

序号	企业名称	主营业务收入
42	江苏省润天生化医药有限公司	311748
43	重庆长圣医药有限公司	304589
44	浙江震元股份有限公司	284616
45	罗氏(上海)医药贸易有限公司	284190
46	广州采芝林药业有限公司	282139
47	必康润祥医药河北有限公司	276154
48	安徽省医药(集团)股份有限公司	275131
49	江西五洲医药营销有限公司	269810
50	贵州康心药业有限公司	267127
51	山东罗欣医药现代物流有限公司	263224
52	福建省医药集团有限责任公司	262265
53	海尔施生物医药股份有限公司	260907
54	北京双鹤药业经营有限责任公司	258576
55	东北制药集团供销有限公司	254705
56	罗欣医药集团有限公司	252148
57	齐鲁医疗投资管理有限公司	247072
58	昆药集团医药商业有限公司	235622
59	上海康健进出口有限公司	235576
60	吉林万通药业集团药品经销有限公司	235161
61	康泽药业股份有限公司	230800
62	浙江恩泽医药有限公司	224707
63	山西亚宝医药经销有限公司	220108
64	重庆市万州区医药(集团)有限责任公司	211517
65	厦门片仔癀宏仁医药有限公司	209381
66	吉林省天和医药科技有限公司	206742
67	浙江来益医药有限公司	206454
68	泰州医药集团有限公司	204206
69	四川合纵药易购医药股份有限公司	201257
70	安徽乐嘉医药科技有限公司	199988
71	礼来贸易有限公司	198920
72	湖南达嘉维康医药有限公司	195151
73	山东康诺盛世医药有限公司	191197
74	西藏神威药业有限公司	186049
75	昆明滇虹药业销售有限公司	176540
76	必康百川医药(河南)有限公司	174447

续表

序号	企业名称	主营业务收入
77	浙江华通医药股份有限公司	171816
78	上海海吉雅医药有限公司	161447
79	四川本草堂药业有限公司	160823
80	兰州强生医药有限责任公司	160638
81	辽宁汇明医药有限公司	160594
82	山东康惠医药有限公司	160226
83	湖南博瑞药业有限公司	157134
84	山东新华医药贸易有限公司	154614
85	贵州科开医药有限公司	153518
86	浙江嘉信医药股份有限公司	148922
87	云南同丰医药有限公司	148864
88	海南天祥药业有限公司	146366
89	四川贝尔康医药有限公司	143169
90	浙江英诺珐医药有限公司	142356
91	西安藻露堂药业集团有限责任公司	141787
92	上海外高桥医药分销中心有限公司	140217
93	山西康美徕医药有限公司	139427
94	兰州西城药业有限责任公司	138006
95	云南医药工业销售有限公司	137986
96	江苏恩华和润医药有限公司	131009
97	江苏澳洋医药物流有限公司	130249
98	浙江珍诚医药在线股份有限公司	128569
99	浙江瑞海医药有限公司	120486
100	海南康宁药业有限公司	117637
合　计		133878925

资料来源：商务部药品流通管理系统。

表7　2018年销售总额前100位的药品零售企业排序

单位：万元

序号	企业名称	销售总额
1	国药控股国大药房有限公司	1225053
2	老百姓大药房连锁股份有限公司	1065200
3	中国北京同仁堂(集团)有限责任公司	982966
4	云南鸿翔一心堂药业(集团)股份有限公司	970291

续表

序号	企业名称	销售总额
5	大参林医药集团股份有限公司	966982
6	益丰大药房连锁股份有限公司	770856
7	重庆桐君阁大药房连锁有限责任公司	746000
8	甘肃众友健康医药股份有限公司	486000
9	上海华氏大药房有限公司	412441
10	辽宁成大方圆医药连锁有限公司	356603
11	湖北同济堂药房有限公司	350819
12	漱玉平民大药房连锁股份有限公司	335044
13	云南健之佳健康连锁店股份有限公司	302315
14	好药师大药房连锁有限公司	251900
15	河南张仲景大药房股份有限公司	223977
16	河北华佗药房医药连锁有限公司	217395
17	吉林大药房药业股份有限公司	171026
18	重庆和平药房连锁有限责任公司	167356
19	柳州桂中大药房连锁有限责任公司	142929
20	浙江瑞人堂医药连锁有限公司	134279
21	甘肃德生堂医药科技集团有限公司	132719
22	江西黄庆仁栈华氏大药房有限公司	127728
23	成都百信药业连锁有限责任公司	126209
24	哈尔滨人民同泰医药连锁店	124616
25	石家庄新兴药房连锁股份有限公司	121060
26	贵州一树连锁药业有限公司	116778
27	临沂市仁和堂医药(连锁)有限公司	111632
28	山东燕喜堂医药连锁有限公司	100056
29	天济大药房连锁有限公司	99451
30	深圳市南北药行连锁有限公司	98564
31	重庆鑫斛药房连锁有限公司	97208
32	南京医药国药有限公司	95190
33	重庆市万和药房连锁有限公司	93000
34	湖南千金大药房连锁有限公司	92182
35	上海第一医药股份有限公司	78797
36	江苏润天医药连锁药房有限公司	78097

续表

序号	企业名称	销售总额
37	苏州礼安医药连锁总店有限公司	74154
38	杭州九洲大药房连锁有限公司	74100
39	四川太极大药房连锁有限公司	68469
40	安徽丰原大药房连锁有限公司	66684
41	广州健民医药连锁有限公司	65727
42	浙江震元医药连锁有限公司	63117
43	深圳市麦德信药房管理有限公司	62835
44	怀化怀仁大药房连锁有限公司	62561
45	廊坊市百和一笑堂医药零售连锁有限公司	61633
46	成都泉源堂大药房连锁股份有限公司	59706
47	吉林省益和大药房有限公司	58432
48	中山市中智大药房连锁有限公司	58254
49	贵州一品药业连锁有限公司	58162
50	陕西众信医药超市连锁股份有限公司	53963
51	山东立健药店连锁有限公司	50410
52	江苏大众医药连锁有限公司	49545
53	云南白药大药房有限公司	49148
54	康泽药业连锁有限公司	48870
55	青岛德信行惠友大药房有限公司	47612
56	贵州正和祥药业有限公司	45582
57	杭州胡庆余堂国药号有限公司	43809
58	仁和药房网(北京)医药科技有限公司	42987
59	连云港康济大药房连锁有限公司	41958
60	黑龙江泰华医药集团有限公司	40505
61	宁波四明大药房有限责任公司	40206
62	浙江英特怡年药房连锁有限公司	39566
63	上海养和堂药业连锁经营有限公司	37975
64	宁波彩虹大药房有限公司	37337
65	杭州全德堂药房有限公司	34734
66	杭州华东大药房连锁有限公司	34384
67	上海余天成药业连锁有限公司	34118
68	武汉马应龙大药房连锁有限公司	34029

续表

序号	企业名称	销售总额
69	浙江天天好大药房连锁有限公司	33879
70	深圳市万泽医药连锁有限公司	33798
71	广西一心医药集团有限责任公司	33125
72	四川圣杰药业有限公司	32319
73	四川德仁堂药业连锁有限公司	30850
74	浙江华通医药连锁有限公司	30713
75	湖南达嘉维康医药产业股份有限公司	30345
76	常州人寿天医药连锁有限公司	30327
77	北京德信行医保全新大药房有限公司	29216
78	山西荣华大药房连锁有限公司	28791
79	上海得一大药房有限公司	26957
80	上海医药嘉定大药房连锁有限公司	25933
81	福建惠好四海医药连锁有限责任公司	25335
82	海宁市老百姓大药房有限责任公司	25220
83	苏州雷允上国药连锁总店有限公司	24689
84	湖北独活药业股份有限公司	22656
85	河南佐今明大药房健康管理股份有限公司	21695
86	四川杏林医药连锁有限责任公司	21423
87	浙江华联医药连锁有限公司	21010
88	上海南汇华泰药店连锁总店	20847
89	十堰市用心人大药房连锁有限公司	20656
90	绵阳太极大药房连锁有限责任公司	20589
91	易心堂大药房连锁股份有限公司	20416
92	青岛百洋健康药房连锁有限公司	20382
93	西双版纳迪升药业有限责任公司	20216
94	山东利民大药店连锁股份有限公司	20186
95	上海雷允上药业西区有限公司	19804
96	武汉东明药房连锁有限公司	19005
97	江西省萍乡市昌盛大药房连锁有限公司	18802
98	云南省玉溪医药有限责任公司	18663
99	宜宾天天康大药房零售连锁有限责任公司	18662
100	北京嘉事堂连锁药店有限责任公司	18452
合计		14398247

资料来源：商务部药品流通管理系统。

表 8　2018 年销售总额前 100 位的药品零售企业门店情况统计

单位：家，平方米

序号	企业名称	门店总数	直营店数量	加盟店数量	医保定点门店数量	营业面积
1	国药控股国大药房有限公司	4275	3202	1073	3118	471147
2	老百姓大药房连锁股份有限公司	3864	3289	575	2864	550633
3	中国北京同仁堂(集团)有限责任公司	2410	2410	0	483	342955
4	云南鸿翔一心堂药业(集团)股份有限公司	5758	5758	0	4593	631343
5	大参林医药集团股份有限公司	3880	3880	0	3018	363683
6	益丰大药房连锁股份有限公司	3442	3442	0	2580	436822
7	重庆桐君阁大药房连锁有限责任公司	10575	1539	9036	3172	846000
8	甘肃众友健康医药股份有限公司	2306	2306	0	2130	352600
9	上海华氏大药房有限公司	732	471	261	342	62153
10	辽宁成大方圆医药连锁有限公司	1466	1329	137	1257	282315
11	湖北同济堂药房有限公司	4850	230	4620	4850	361040
12	漱玉平民大药房连锁股份有限公司	1515	1515	0	1088	207450
13	云南健之佳健康连锁店股份有限公司	1510	1510	0	1183	220458
14	好药师大药房连锁有限公司	1076	271	805	755	112400
15	河南张仲景大药房股份有限公司	1071	1071	0	710	189002
16	河北华佗药房医药连锁有限公司	540	540	0	529	40000
17	吉林大药房药业股份有限公司	792	792	0	595	110880
18	重庆和平药房连锁有限责任公司	595	575	20	549	67113
19	柳州桂中大药房连锁有限责任公司	374	374	0	239	49755
20	浙江瑞人堂医药连锁有限公司	297	297	0	187	36106
21	甘肃德生堂医药科技集团有限公司	670	670	0	549	116637
22	江西黄庆仁栈华氏大药房有限公司	345	345	0	296	35474
23	成都百信药业连锁有限责任公司	1250	0	1250	1250	111677
24	哈尔滨人民同泰医药连锁店	304	304	0	304	34810
25	石家庄新兴药房连锁股份有限公司	500	500	0	405	64378
26	贵州一树连锁药业有限公司	211	211	0	170	28354
27	临沂市仁和堂医药(连锁)有限公司	573	573	0	496	92761
28	山东燕喜堂医药连锁有限公司	702	702	0	620	82850
29	天济大药房连锁有限公司	442	442	0	354	45110
30	深圳市南北药行连锁有限公司	490	17	473	422	36750
31	重庆鑫斛药房连锁有限公司	771	306	465	314	79069
32	南京医药国药有限公司	347	237	110	0	30530

续表

序号	企业名称	门店总数	直营店数量	加盟店数量	医保定点门店数量	营业面积
33	重庆市万和药房连锁有限公司	529	529	0	529	90930
34	湖南千金大药房连锁有限公司	720	94	626	700	–
35	上海第一医药股份有限公司	93	0	93	40	–
36	江苏润天医药连锁药房有限公司	47	47	0	28	6779
37	苏州礼安医药连锁总店有限公司	77	77	0	56	7000
38	杭州九洲大药房连锁有限公司	120	120	0	102	30010
39	四川太极大药房连锁有限公司	1471	104	1367	1149	104187
40	安徽丰原大药房连锁有限公司	247	247	0	176	24187
41	广州健民医药连锁有限公司	31	31	0	23	4050
42	浙江震元医药连锁有限公司	106	102	4	81	15392
43	深圳市麦德信药房管理有限公司	106	106	0	73	12653
44	怀化怀仁大药房连锁有限公司	268	268	0	268	13554
45	廊坊市百和一笑堂医药零售连锁有限公司	139	139	0	107	38600
46	成都泉源堂大药房连锁股份有限公司	146	146	0	146	14635
47	吉林省益和大药房有限公司	438	320	118	438	52600
48	中山市中智大药房连锁有限公司	317	317	0	268	38038
49	贵州一品药业连锁有限公司	303	303	0	289	27980
50	陕西众信医药超市连锁股份有限公司	263	263	0	184	43625
51	山东立健药店连锁有限公司	510	510	0	6	56300
52	江苏大众医药连锁有限公司	155	155	0	115	15500
53	云南白药大药房有限公司	102	102	0	102	17800
54	康泽药业连锁有限公司	151	151	0	127	20382
55	青岛德信行惠友大药房有限公司	1	1	0	1	759
56	贵州正和祥药业有限公司	250	250	0	250	32535
57	杭州胡庆余堂国药号有限公司	15	15	0	13	5000
58	仁和药房网(北京)医药科技有限公司	27	27	0	8	5238
59	连云港康济大药房连锁有限公司	99	99	0	95	15700
60	黑龙江泰华医药集团有限公司	67	67	0	59	5000
61	宁波四明大药房有限责任公司	58	58	0	48	6710
62	浙江英特怡年药房连锁有限公司	37	35	2	22	4165
63	上海养和堂药业连锁经营有限公司	73	73	0	26	10588
64	宁波彩虹大药房有限公司	191	191	0	147	13600
65	杭州全德堂药房有限公司	1	1	0	1	350
66	杭州华东大药房连锁有限公司	26	26	0	26	2980

续表

序号	企业名称	门店总数	直营店数量	加盟店数量	医保定点门店数量	营业面积
67	上海余天成药业连锁有限公司	60	60	0	31	7777
68	武汉马应龙大药房连锁有限公司	54	54	0	54	5826
69	浙江天天好大药房连锁有限公司	79	79	0	79	13989
70	深圳市万泽医药连锁有限公司	138	138	0	90	12800
71	广西一心医药集团有限责任公司	506	49	457	256	55398
72	四川圣杰药业有限公司	225	225	0	211	36075
73	四川德仁堂药业连锁有限公司	158	158	0	155	15485
74	浙江华通医药连锁有限公司	90	90	0	83	11726
75	湖南达嘉维康医药产业股份有限公司	35	35	0	35	4093
76	常州人寿天医药连锁有限公司	24	24	0	22	6300
77	北京德信行医保全新大药房有限公司	23	19	4	12	3251
78	山西荣华大药房连锁有限公司	185	185	0	147	20558
79	上海得一大药房有限公司	35	35	0	13	5000
80	上海医药嘉定大药房连锁有限公司	51	33	18	18	5508
81	福建惠好四海医药连锁有限责任公司	120	120	0	118	14594
82	海宁市老百姓大药房有限责任公司	95	78	17	73	15500
83	苏州雷允上国药连锁总店有限公司	51	51	0	47	5780
84	湖北独活药业股份有限公司	206	206	0	206	28130
85	河南佐今明大药房健康管理股份有限公司	72	72	0	72	20106
86	四川杏林医药连锁有限责任公司	84	84	0	84	11482
87	浙江华联医药连锁有限公司	93	93	0	82	10050
88	上海南汇华泰药店连锁总店	38	38	0	22	3562
89	十堰市用心人大药房连锁有限公司	215	215	0	209	23700
90	绵阳太极大药房连锁有限责任公司	629	49	580	47	36106
91	易心堂大药房连锁股份有限公司	95	95	0	44	14226
92	青岛百洋健康药房连锁有限公司	16	16	0	16	2230
93	西双版纳迪升药业有限责任公司	139	139	0	133	12798
94	山东利民大药店连锁股份有限公司	136	136	0	136	17180
95	上海雷允上药业西区有限公司	1	1	0	1	3974
96	武汉东明药房连锁有限公司	100	61	39	88	11490
97	江西省萍乡市昌盛大药房连锁有限公司	185	185	0	82	14792
98	云南省玉溪医药有限责任公司	99	91	8	88	12890
99	宜宾天天康大药房零售连锁有限责任公司	112	112	0	112	12320
100	北京嘉事堂连锁药店有限责任公司	93	93	0	7	12868
合　计		69359	47201	22158	47998	7716647

资料来源：商务部药品流通管理系统。

Abstract

The Annual Report On China's Pharmaceutical Distribution Industry (*2019*) falls into nine chapters, which are the general report, policy, industry development, medicine supply chain, Chinese pharmacies, medicine e-commerce, international development, regional development and appendices, to provide key analysis and research on the development of the pharmaceutical distribution industry and related hot issues.

The general report begins with an inventory of the industry development in the 70 years since the founding of the People's Republic of China and the 40 years of reform and opening up, reflecting the tremendous changes and major achievements of the entire industry. It then discusses the development characteristics of pharmaceutical distribution industry of 2018, and finally forecasts the future development trend that the industry growth rate will remain stable, the concentration further be improved, the medicine supply chain model be diversified, the medicine e-commerce develop into the whole industry chain, and retail pharmacies go through transformation and upgrading. The policy section mainly studies the pharmaceutical distribution industry policies implemented by the state and localities, analyzes their impact on the development of the industry and enterprises, and proposes solutions to the difficulties faced by some policies. The industry development section analyzes the operation status of various fields of the pharmaceutical distribution industry in 2018, and the innovation and development of enterprises and the construction of Chinese herbal medicine logistics system. The medicine supply chain analyzes the development status and development characteristics of the pharmaceuticals industry supply chain in 2018, and forecasts the future development trend. At the same time, it also shares the successful cases of SPH Keyuan Xinhai Pharmaceutical Co. and Guangzhou Pharmaceuticals Corporation, Ltd. The Chinese pharmacies section analyzes the development trend of the licensed pharmacist team in China's overall drug retail market and the new trend of the joint reform of the medical insurance system, health system and the medicine distribution system, studies the specialization upgrade path of Chinese pharmacies, and specifically introduces enterprise cases such as the Baheal Smart Pharmacy and LinkDoc Technology whole industry supply chain big data application. The medicine e-commerce section analyzes the application of information technology in the pharmaceutical distribution industry in 2018, and introduced the development cases of e-commerce companies such as Shanghai Pharma Health, and Data Driven Technology, 111 Group. The international development section introduces the background and policy content of the *Falsified Medicines Directive* in Europe and the technology and innovation of the pharmaceutical digital supply chain. It also describes the focus of the pharmaceutical digital supply chain from four aspects, hoping to broaden the readers' international horizons, and providing a reference for corporate strategic planning. The regional development section introduces that the Tianjin pharmaceutical distribution industry seizes the opportunity of public hospital reform to promote business model innovation on the basis of achieving development. It also covers the development of the pharmaceutical distribution industry in Hunan Province in 2018, sums up the characteristics of the province's innovation and development and the progress of industry.

This book brings together the wisdom of dozens of experts in the industry. Through objective analysis and discussion of detailed information, data and charts, it comprehensively reflects the current situation of the pharmaceutical distribution industry in 2018 and looks forward to the future development trend of the industry. It is a series of annual reports reflecting the development of China's pharmaceutical distribution industry, and highly valued by the industry. It is an important document for researching and guiding the development of the pharmaceutical distribution industry and has a high reference value.

Keywords: Pharmaceutical Distribution; Medical Reform; Medicine Supply Chain; Chinese Pharmacies; E-commerce Case

Contents

I General Reports

Abstract: In 2018, the sales volume of the national medicine distribution market grew steadily, and the growth rate dropped slightly. The sales growth of large-scale drug wholesalers has risen steadily, and the scale and intensification level have continued to increase; The concentration and chain rate of retail enterprises were further improved; The level of informationization and standardization of medicine logistics enterprises has been further upgraded; Medicine e-commerce presented a diversified development trend. With the gradual advancement of various national policies, the medicine distribution market continued to develop in an intensive direction. It is expected that industry sales will continue to maintain steady growth in 2019.

Keywords: Medicine Distribution Market; Sales Scale; Drug Wholesaler; Retail Market

Ⅱ Policy Reports

Abstract: It combs the medical reform policies issued by the state and localities in 2018 -2019 from medical treatment, medicine and medical insurance, and outlines the development of pharmaceutical production and circulation in 2018. On such basis, the impact of the medical reform policies on the development of the medicine distribution industry is analyzed, and the development trend of the pharmaceutical circulation industry in 2019 is predicted from the perspective of policy influence.

Keywords: Medical Reform Policies; Pharmaceutical Circulation; Modern Hospital Management; Medical Insurance Payment

Abstract: It combs the history of the government's promotion of medical service pricing reform since the new medical reform, introduces the progress of the reform, compares the experience of medical service pricing development in Britain, Germany, the United States and Japan, and points out the problems in the pricing of medical services in China. From the perspective of the medical insurance payment system, it discusses the path of the medical service price formation mechanism, and provides policy recommendations for reforming the medical service pricing system and improving the medical system.

Keywords: Medical Service; Price; Medical Insurance

B. 5 Policies Related to Drug Regulatory Reform from 2018 to 2019 and Their Impact on the Development of Pharmaceuticals Industry

Tang Minhao / 045

Abstract: It discusses the progress of drug regulatory reform and points out the new challenges of drug regulatory professionalism in institutional restructuring and integration after major adjustments in the drug regulatory system; At the same time, it introduces the direction and key points of the revision of the *Drug Administration Law*, the process of formulating the *Vaccine Management Law*, and the reform measures concerning the administrative approval of medicines related to the *Notice on Rolling Out the Reform "Separating Permits from the Business License"* in the country.

Keywords: Drug Regulatory Reform; *Drug Administration Law*; *Vaccine Management Law*; The Reform "Separating Permits From the Business License"

B. 6 Reform and Prospect of China's Basic Medical Insurance Payment Methods

Mao Zongfu, Hu Borui and Qiao Jiajun / 058

Abstract: Medical insurance payment and medical insurance purchase are a pair of "twin brothers". Medical insurance group purchase of medical services and products can directly adjust the behavior of medical service purchasers and suppliers through payment methods, stimulate the reform of medical and health system related fields, and directly affect the development of the medical institution and pharmaceuticals industry. Therefore, reforming the method of medical insurance payment has become a hot and cutting-edge topic. It mainly explains the direction of the reform of medical insurance payment methods from the historical logic of the reform of medical insurance payment methods in China, and analyzes the impact of medical insurance payment reform on the development of medical institutions and pharmaceuticals industry.

Keywords: Reform of Medical Insurance Payment Method; Development History; Development Impact

B. 7 Influence and Thinking of Quantity Procurement on the Pharmaceutical Distribution Industry

Chen Hao / 067

Abstract: Under the guidance of the principle of "national organization, alliance procurement, platform operation", the joint quantity procurement of "4 + 7" pilot cities has in fact evolved into national drug quantity procurement. This is the first time in the history of centralized drug procurement in China to organize, mobilize and implement quantity procurement at the national level. It has a profound impact on pharmaceutical manufacturers, and because of its associated butterfly effect, it will deeply influence the operating modes of the entire chain, all links and full life circle of China's pharmaceuticals industry. The pharmaceutical distribution industry, which is an important link to the health industry value chain and the medicine supply chain, is no exception. The pharmaceutical distribution industry is facing the most profound and complex policy environment in history, and is likely to be at the time node of transformation and even historical changes.

Keywords: Medicine Distribution; Quantity Procurement; Medical Reform Policies Two-invoice System

B. 8 Analysis on and Solution to the Orphan Drug Shortage in China

Liu Xin, *Mei Dan* / 078

Abstract: China had 38. 33% of 480 orphan drugs commercially available in US, and 29. 57% of 115 orphan drugs commercially available in EU. For the 36 diseases listed in the *Directory of First Batch of Rare Diseases*, 60 orphan drugs have been approved by the US FDA, and 43. 33% of which are commercially available in China; For 18 diseases among it, 27 orphan drugs have been approved by the EU EMA, and 29. 63% of which are commercially available in China. 51. 85% of the 27 orphan drugs listed in the *Directory of First Batch of Rare Diseases* are completely dependent on imports. There is still a certain gap in the commercial availability of orphan drugs between China and the developed countries and regions in the world. It is necessary to speed up the research and imitation of rare diseases and improve the level in guaranteeing orphan drugs in China.

Keywords: Orphan Drug; Directory of First Batch of Rare Diseases; Shortage of Drug

Ⅲ Industry Reports

B. 9 A Summary of the Progress of the Construction of Chinese Herbal Medicine Modern Logistics System in 2018

China Association of Warehousing and Distribution, China Association of Traditional Chinese Medicine / 091

Abstract: It describes the implementation of the *Notice of the General Office of the State Council forwarding the Protection and Development Plan of Chinese Herbal Medicines* (2015 – 2020) *by Ministry of Industry and Information Technology and Other Relevant Departments* by Ministry of Commerce together with relevant departments and related progress in guiding the China Association of Warehouses and Storage and the China Association of Traditional Chinese Medicine, which organized companies to carry out relevant construction of the modern logistics system of Chinese herbal medicines in 2018.

Keywords: Chinese Herbal Medicine Logistics Base; Chinese Herbal Medicine; Logistics System

B. 10 Analysis of Operation of Listed Companies in the Pharmaceutical Distribution Industry in 2018 *Li Wenming* / 098

Abstract: The data of listed companies are an important indicator of the development of the industry. According to data in 2018 annual reports of 25 listed companies in the medicine distribution industry, it analyzes their performance in revenue growth, profitability, expense control, capital operation and strategy implementation in a bid to find some new trends along with the development of the industry.

Keywords: Listed Companies; Medicine Distribution; Operating Capability

Abstract: From the drug traceability system construction related policies, industry organizations actively promoting the drug traceability system construction, introduction to work of Drug Traceability Management Working Committee, standardization promotion, the construction of closed loop drug traceability system from the production enterprise to the final patient, it comprehensively analyzes the status quo of China's drug traceability system construction, and prospects the future of drug traceability system construction.

Keywords: Drug Traceability System Construction; Interconnection; Corporate Responsibility

Abstract: In 2018, the sales volume of typical drug wholesalers continued to expand. Among the nine categories of medicine products, sales volume of chemical drugs continued to grow, accounting for 72. 8% , followed by Chinese patent drugs and biological products. Sales of Chinese patent drug declined slightly, with negative growth, accounting for 15. 3% , and sales of biological products tended to be stable. With the further promotion of the "two-invoice system", the circulation link was further compressed, and the share of the allocated business continued to decrease. As the consistency evaluation of generic drugs, the "4 + 7" national quantity procurement, the National Directory of Essential Drugs and the medical insurance directory and other policies are carried out, local generic drug companies will further seize the market share of chronic disease drugs.

Keywords: Category; Wholesalers; Generic Drugs

Abstract: Realizing the sharing of medical institution prescription information, medical insurance settlement information and drug retail consumption is one of the tasks of deepening medical reform, and also a development trend, but it puts forward higher requirements for the innovation of pharmacies business model. Through the investigation and analysis of the pharmacy cases that have achieved or have not fully achieved the sharing of three-party information, it proposes that the three-party information sharing pharmacy must implement the innovative service model and meet four basic conditions, i. e. professional pharmaceutical services, the standardization of the use of medical insurance funds, and the scale of drug supply and the platform-based information system.

Keywords: Three-party Information Sharing; Retail Pharmacies; Innovative Models; Basic Conditions

Ⅳ Medicine Supply Chain Reports

Abstract: It analyzes the macro environment of China's medicine logistics development in 2018, the overall situation of the six aspects, the three overall development characteristics, the construction of relevant industry standards, the main existing problems, and the countermeasures for the industry focus. In addition, with the graphical data, it provides intuitive explanation, and finally puts forward the problems and countermeasures for the future development of China's medicine logistics.

Keywords: Medicine Logistics; Drug-related Transportation; Pharmaceutical Logistics Standards

B. 15 Professional Medicine Cold Chain Quality Management of Keyuan Xinhai

Abstract: As a large-scale pharmaceutical business enterprise that started the pharmaceutical cold chain logistics business earlier, Keyuan Xinhai has accumulated rich experience in the construction, efficient operation and continuous improvement of cold chain logistics system. It introduces the international advanced technology and equipment used by Keyuan Xinhai in cold chain logistics, demonstrates the advanced nature of enterprise medicine logistics, and describes the measures taken by enterprises in the cold chain logistics management system, which reflects the high-level operation of enterprises.

Keywords: Cold Chain Llogistics; Cold Chain Technology; Management System

B. 16 Guangzhou Pharmaceuticals Corporation's Multi-warehouse Operation and Network Construction in the Province

Abstract: Under the background of the new national medical policy, the medicine distribution industry faces many challenges and opportunities. As a leading enterprise of pharmaleutical business in Guangdong, Guangzhou Pharmaceuticals

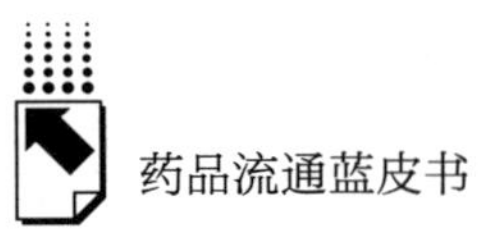

Corporation actively explores regional logistics network construction and multi-warehouse operations. At the same time, it combines information technology to achieve centralized control of network and platform in the whole process of drug circulation. It introduces the design ideas, actual control and effectiveness of regional network construction and multi-warehouse operation, and hopes to provide references for the development of medicine supply chain industry through its own experience.

Keywords: Guangzhou Pharmaceuticals Corporation; Multi-warehouse Operation; Network Construction; Distribution Mode

Ⅴ Chinese Pharmacies Reports

Abstract: In 2018, the drug retail market has steadily increased, the industry concentration gradually increased, and capital-assisted drug retail listed enterprises accelerated development. Under the era of strong supervision in 2019, China's drug retail industry will present rational high-quality, professional and standard development trend.

Keywords: Industry Concentration; Innovation; Professional Pharmacy; Pharmaceutical Professionals

Abstract: To reduce the burden on patients and improve the drug accessibility by patients, two negotiations on entry of the national high-value drug medical insurance were performed in 2017 and 2018. However, in the implementation stage, there is a dilemma for drugs under negotiation "difficult to enter the hospital". In this regard, China has adopted a social pharmacy channel to supply medicines and set up a series of management measures to further promote the "separation of medical service from drug sales" policy system and the "joint reform of the medical insurance system, health system and the medicine distribution system" process.

Keywords: Drugs Under Negotiation; Social Pharmacies; Joint Reform of the Medical Insurance System; Health System and the Medicine Distribution System

Abstract: Since the implementation of the examination in 1994 and after 25 years of development, the number of licensed pharmacists in the country has reached 1033100, and nearly half a million have registered and practised in the production, operation and use of drugs. While the team of licensed pharmacists continues to grow and the quality of personnel sustains to improve, the number of applicants and the pass rate, the development trend of the registration field, the retail pharmacies allocation rate and the allocation policy show different characteristics and development trends.

Keywords: Licensed Pharmacist; Retail Pharmacies; Drugs

Abstract: In recent years, M&A integration in China's drug retail industry has accelerated significantly, and the advantages of leading enterprises have gradually formed. With the development of the economy, the need for the quality and accessibility of medical services grow rapidly. China's pharmacies have the opportunity

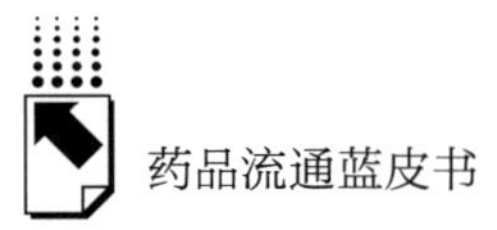

and objective conditions to develop from traditional single sales to multi-functional professional pharmacies. The improvement of profitability driven by the upgrading of professional service capabilities will become a new impetus for the development of the industry. It expounds the status quo of the professional development of China's drug retail industry, the professional development of overseas pharmacies, and analyzes and explores the development path of pharmacy specialization in China.

Keywords: Retail Pharmacies; Professional Pharmacies; Prescription Outflow

B. 21 Professional Service Practice of Sinopharm Group Hubei GuoDa Drugstore

Abstract: To comply with the industry development, Sinopharm Group Hubei GuoDa drugstore develops innovative retail medical services actively, and it has formed a scale in the development of professional pharmacy. This paper introduces the specialty characteristics of Sinopharm Group Hubei GuoDa Drugstore. Furthermore, itintroduces the three-level pharmaceutical service system and the three-level training system in detail.

Keywords: Sinopharm Group Pharmacy; Hankou Pharmacy; Pharmaceutical Service System; Pharmaceutical Training System

B. 22 The Provider of Big Data Application Solutions for the Pharmaceutical Industry Chain

Abstract: With the development of computers, big data, AI and other technologies, the new way for pharmaceutical industry on data production, collection, management, and application is used. It helps pharmaceutical enterprise to improve clinical research efficiency and refine market management level. Based on rich data management experience and perfect technical support service system, LinkDoc Technology provides integrated services and solutions for big data applications in the pharmaceutical industry chain. From data governance to value-for-money, LinkDoc Technology explores the way to use data to drive the pharmaceutical industry. At present, it includes medical institutions standardized intelligent follow-up, medical imaging intelligent diagnosis, one-stop medical research services, patients recruitment of pharmaceutical enterprise, real-world research, data insight, drug clinical research services, and "Internet Hospital + DTP Pharmacy + Outpatient Service" for patients outside the hospital, which establishes new models of medical services and new channels for pharmaceutical circulation.

Keywords: Medical Big Data; Data Brings Value; Solution

Ⅵ Medical E-commerce Reports

Abstract: It divides pharmaceutical e-commerce into drug e-commerce and medical e-commerce, expounds the development of China's medical e-commerce in 2018. It shows the characteristics of increasing profitability, accelerating the two-way integration of medicines, capital inflows to promote the listing boom, and favorable policies. However, there are still some problems such as insufficient flow and channels, weakness in operation and management of capital, and restrictions on medical reform policies. Looking forward to the development trend of medical e-commerce, we should accelerate the ecological construction of pharmaceutical e-commerce, strengthen online and offline integration, and accelerate model innovation and policy innovation.

Keywords: Pharmaceutical Industry; Medical E-commerce; Online Medical care; Medical Reform Policies

B. 24 Investigation and Analysis of Information Application of Pharmaceutical Distribution Industry in 2018

Intelligent Application Branch of China Association of Pharmaceutical Commerce / 299

Abstract: The pharmaceutical distribution industry has maintained a growth trend, while the overall industry environment and enterprise development have experienced tremendous changes. The emergence of innovative models such as digital transformation and AI has placed higher demands on existing information technology. Based on research, the report expounds enterprises development planning on drug basic data management, drug traceability system construction, enterprise digital transformation, and AI applications. It will effective reference for enterprise decision-makers and information construction participants, to benchmark the application of the industry, and to correct and optimize the informatization construction strategy of the enterprise; at the same time, it provides reference on policy optimization, technology and special fund support for the administrative department.

Keywords: Drug Distribution; Drug Traceability System; Digital Transformation; AI; New Medical Reform Data

B. 25 New Retail of Prescription Drugs under the Internet Age

Shanghai Pharmaceutical Comprehensive Health Cloud Co. , Ltd. / 313

Abstract: In the past few years, with the development of the "Internet +" action plan, e-commerce platforms, startup companies, and traditional pharmaceutical companies have entered the field of medical e-commerce. So far, the business model of medical e-commerce has gradually improved, but the industry characteristics of high drug supervision have made the progress of "Internet +" integration slow, and the B2C business of medical e-commerce has always been limited to OTC and health care products. Under the current government's strict control of medical insurance fees, the introduction of policies to encourage the development of "Internet +

medical health", and the outflow of prescriptions, the development of medicine e-commerce has ushered in new opportunities. It takes the Shanghai Pharma Cloud Health as an example to introduce an innovative Internet prescription drugs sales model.

Keywords: Medical E-commerce; Internet + Prescription Drugs; ePharmacy system

B. 26 Baheal Intelligent Pharmacy Model Helps Chain Drugstore in Intelligent Upgrading

Abstract: With accumulation of national medical reform policy dividends, the new opportunities and new challenges of retail pharmacies coexist. The intelligent pharmacy model developed by Baheal Pharmaceutical Group is driven by information technology to optimize various scenarios of drug retail terminals, and to provide solutions for the challenges faced by pharmacies, which will effectively help transform and upgrade retail pharmacies.

Keywords: Intelligent Pharmacies; New Technology Drive; Drug Retail Scene

B. 27 Drug Traceability Supervision Service Based on Data Bridge Chain

Abstract: To strengthen food and drug safety regulation, the state proposes that drug marketing license holders, production enterprises, operating enterprises, and users use information technology to establish a drug traceability system, so that the whole process of drug production, circulation and use can be investigated and traced. Data Driven Technology uses the "data bridge chain" technology to establish a data link between the parties in the drug supply chain with low cost and high efficiency without system transformation, and combines the IoT, AI and big data analysis technology to support drug traceability supervision services with timely, safe and complete data.

Keywords: Drug Regulation; Drug Traceability; Data Bridge Chain

Abstract: Driven by various reforms and favorable policies such as the national "two-invoice system", 4 +7 purchasing with quantity, and prescription outflows, "Internet + medical health" has accelerated development and offered great potential for future development. It introduces the Internet Medical Health Ecosphere that the 111 Group is working on. It consists of three modules: B2C medical platform 111. com, B2B medical platform 111 Mall and 1 Clinic-www. XI. GOV. cn. Relying on the underlying supply chain management, IT, Internet, cloud computing, AI and other technologies, it establishes a cloud service platform for pharmaceutical circulation, through T2B2C, realize the fusion of B-side and C-end, online and offline, self-operation and platform, doctor and drug and promote its development, and empowers doctors, pharmacies, hospitals, drug enterprises, and drug distributors, thereby reducing the intermediate links in pharmaceutical circulation, optimizing the supply chain, and providing complete solutions and benefits and convenience for the public to seek medical treatment and buy medicines.

Keywords: New Pharmaceutical Retail; T2B2C Model; PAMS Medication Safety System; "Diagnosis + Treatment" Integration Service; PBM

Ⅶ International Reports

Abstract: In order to protect patients across the EU from counterfeit drugs, Europe issued the *Falsified Medicines Directive.* It introduces the Falsified Medicines Directive, including safety features, verification systems and other important concepts. It also introduces the European drug verification system and the organizations that have joined the system and system operation alarms.

Keywords: European Falsified Medicines Directive; European Drug Verification system

Abstract: With the rapid development of new technology, information technology an increasing important role in the supply chain process. The paper starts with the related concepts of supply chain and drug supply chain, introduces the content of digital supply chain. It also explains the technology and innovation results of medical digital supply chain, analyzes and describes the key points of drug digital supply chain from four aspects. Finally, it proposes thinking about IT related aspects of the supply chain.

Keywords: Supply Chain; Digital Supply Chain; Drugs

Ⅷ Regional Reports

B. 31 Thoughts on Promoting the Innovation and Development of Tianjin Pharmaceutical Distribution Industry

Tianjin Association of Pharmaceutical Commerce / 373

Abstract: Since the second half of the "13th Five-Year Plan", Tianjin pharmaceutical distribution industry has seized the opportunity of public hospital reform, promoted business model innovation on the basis of realizing development, expanded public community medical care, non-state-run small retail medical treatment and direct selling market of pharmacy drug retail, developed the pharmacy retail terminal business and boosted the e-commerce transaction model, which exploited more development space for the Tianjin pharmaceutical distribution market.

Keywords: Pharmaceutical Distribution; Transformation and Innovation; Tianjin

B. 32 Development of the Pharmaceutical Distribution Industry in Hunan Province in 2018

Hunan Pharmaceutical Distribution Industry Association / 382

Abstract: Under the background of increasingly strict medical reform and industry supervision, the pharmaceutical distribution industry in Hunan Province aims to stabilize growth and protect people's livelihood, and actively explores the steady development of the industry. It demonstrates the overall situation and main features of the development of the pharmaceutical distribution industry in Hunan Province in 2018, based on the development and operation data of the pharmaceutical distribution industry in Hunan Province and the main work done by Hunan Pharmaceutical Distribution Industry Association.

Keywords: Pharmaceutical Distribution; Ratail Pharmacy; Hunan Province

✤ 皮书起源 ✤

“皮书”起源于十七、十八世纪的英国，主要指官方或社会组织正式发表的重要文件或报告，多以“白皮书”命名。在中国，“皮书”这一概念被社会广泛接受，并被成功运作、发展成为一种全新的出版形态，则源于中国社会科学院社会科学文献出版社。

✤ 皮书定义 ✤

皮书是对中国与世界发展状况和热点问题进行年度监测，以专业的角度、专家的视野和实证研究方法，针对某一领域或区域现状与发展态势展开分析和预测，具备原创性、实证性、专业性、连续性、前沿性、时效性等特点的公开出版物，由一系列权威研究报告组成。

✤ 皮书作者 ✤

皮书系列的作者以中国社会科学院、著名高校、地方社会科学院的研究人员为主，多为国内一流研究机构的权威专家学者，他们的看法和观点代表了学界对中国与世界的现实和未来最高水平的解读与分析。

✤ 皮书荣誉 ✤

皮书系列已成为社会科学文献出版社的著名图书品牌和中国社会科学院的知名学术品牌。2016 年，皮书系列正式列入“十三五”国家重点出版规划项目；2013~2019 年，重点皮书列入中国社会科学院承担的国家哲学社会科学创新工程项目；2019 年，64 种院外皮书使用“中国社会科学院创新工程学术出版项目”标识。

中国皮书网

（网址：www.pishu.cn）

发布皮书研创资讯，传播皮书精彩内容

引领皮书出版潮流，打造皮书服务平台

栏目设置

关于皮书：何谓皮书、皮书分类、皮书大事记、皮书荣誉、
皮书出版第一人、皮书编辑部

最新资讯：通知公告、新闻动态、媒体聚焦、网站专题、视频直播、下载专区

皮书研创：皮书规范、皮书选题、皮书出版、皮书研究、研创团队

皮书评奖评价：指标体系、皮书评价、皮书评奖

互动专区：皮书说、社科数托邦、皮书微博、留言板

所获荣誉

2008 年、2011 年，中国皮书网均在全国新闻出版业网站荣誉评选中获得“最具商业价值网站”称号；

2012 年，获得“出版业网站百强”称号。

网库合一

2014 年，中国皮书网与皮书数据库端口合一，实现资源共享。

基本子库 SUB DATABASE

中国社会发展数据库（下设 12 个子库）

全面整合国内外中国社会发展研究成果，汇聚独家统计数据、深度分析报告，涉及社会、人口、政治、教育、法律等 12 个领域，为了解中国社会发展动态、跟踪社会核心热点、分析社会发展趋势提供一站式资源搜索和数据分析与挖掘服务。

中国经济发展数据库（下设 12 个子库）

基于“皮书系列”中涉及中国经济发展的研究资料构建，内容涵盖宏观经济、农业经济、工业经济、产业经济等 12 个重点经济领域，为实时掌控经济运行态势、把握经济发展规律、洞察经济形势、进行经济决策提供参考和依据。

中国行业发展数据库（下设 17 个子库）

以中国国民经济行业分类为依据，覆盖金融业、旅游、医疗卫生、交通运输、能源矿产等 100 多个行业，跟踪分析国民经济相关行业市场运行状况和政策导向，汇集行业发展前沿资讯，为投资、从业及各种经济决策提供理论基础和实践指导。

中国区域发展数据库（下设 6 个子库）

对中国特定区域内的经济、社会、文化等领域现状与发展情况进行深度分析和预测，研究层级至县及县以下行政区，涉及地区、区域经济体、城市、农村等不同维度。为地方经济社会宏观态势研究、发展经验研究、案例分析提供数据服务。

中国文化传媒数据库（下设 18 个子库）

汇聚文化传媒领域专家观点、热点资讯，梳理国内外中国文化发展相关学术研究成果、一手统计数据，涵盖文化产业、新闻传播、电影娱乐、文学艺术、群众文化等 18 个重点研究领域。为文化传媒研究提供相关数据、研究报告和综合分析服务。

世界经济与国际关系数据库（下设 6 个子库）

立足“皮书系列”世界经济、国际关系相关学术资源，整合世界经济、国际政治、世界文化与科技、全球性问题、国际组织与国际法、区域研究 6 大领域研究成果，为世界经济与国际关系研究提供全方位数据分析，为决策和形势研判提供参考。

法律声明